推薦語（依姓氏筆畫排列）

孔誥烽／美國約翰霍普金斯大學偉森費特政治經濟學教授

要控制人民，先要控制歷史。中共深明此道，所以對歷史詮釋的壟斷，尤其執著。習近平不斷強調他的中國夢和中國特色社會主義道路，繼承了中國「五千多年連綿不斷文明歷史」，而所有黃皮膚黑眼珠的「海內外全體中華兒女」，都在這個文明之內。即是說，全世界的華人，都應該受到北京政權的指揮與統治。棄醫從文的民間學者徐承恩醫師，集合了亞洲史、中國史研究百年來的浩瀚成果，戳破了此一大中華種族主義與帝國主義史觀，為渴望自由自主的東亞人，提供了能醫治中華奴才病十分有力的心靈藥方。

吳介民／中央研究院社會學所特聘研究員

柏楊說中國文化像醬缸，禁錮個人思想、假道學、搞小圈子。徐承恩是不受拘束的民間學者，把醬缸論往前推了一步，發明了「欺負鏈」這個名詞，果然有見識上的勇武精神。

陳健民／中央研究院社會學所客座研究員

徐承恩棄醫從文，最早曾和我合著一些平實的論政文章，其後以本土觀點重整香港歷史，找到了生命的著力點。香港的命運受制於中國，而中國政治呈現的各種病態均有其歷史文化脈胳。他在此書中批判中國傳統意識形態如何箝制自由的心靈，亦是源於對香港命運的關懷。

黃春生／台灣基督長老教會濟南教會主任牧師

從文明深層結構出發，徐承恩以冷靜犀利的筆觸，剖析東亞政治文化的根源病灶，揭示極權如何成為毀滅民主社會的鬼魅。對台灣與香港而言，本書不僅是一部思辨力極強的歷史診斷，更是一份民主陣營的清醒提醒——唯有認清東亞大陸意識形態的內在邏輯，方能真正走出殖民與帝國的雙重幽靈，堅定走向自由普世的未來。

醬缸裏的欺負鏈

東亞大陸帝國意識形態的起源

【上古到近世】

徐承恩◎著

Gloria in excelsis Deo.

目次

本書用圖

本書用表

推薦序

層級壓迫社會與中國民主化的困境

練乙錚
香港經濟學者，現居日本

徐承恩先生是我敬佩的歷史學人，他之前出版的若干種香港史作，是港人自覺尋求文化獨立過程中的一個重要始創實踐。歷史的書寫或多或少基於事實，那是其客觀一面，但如何取材、怎樣鋪排、選取什麼重點、想得到什麼效果，等等，無一不繫乎寫史人的主觀；如果寫史的是史官或者御用寫手，那就不只是主觀問題。就以過去香港中學和大學所授的香港史為例，幾十年來有三種書寫取向，以前是民國史觀和大英帝國史觀共佔主導地位，今天則是由中國共產黨的史觀壟斷，但三種寫法都不是香港人自己的。徐先生以香港人視角寫香港史因此非常重要。然而，一直以來，香港人在學校裏讀到的歷史，主要還不是香港史而是五千年中國史，包括史前史、二十五朝代通史和現代史；支配其寫法的，是國民黨及共產黨都合意的那部分大漢中華一統史觀。那樣寫出來的歷史，對經歷過一九九七年以來中國在香港愈發高壓統治之後的香港人來說，已經沒有說服力。大家想要的，是一本與傳統觀點迥然有異、全面解構中華大一統意識，有助明白中國社會怎樣從古走到今、往後大致走勢如何、香港或將如何光復的史書。徐先生今年推出這本《醬缸裏的欺負鏈：東亞大陸帝國意識形態的起源【上古到近世】》（下稱《醬》），因此是再合時不過，而其主要思路和所採取的觀點，我不僅能夠理解，部分還與我自己十多年來的閱讀和思索結果或是互補或是不謀而合。這個契合令我頗感詫異，因為我和徐先生只有過短短一面之緣，而那次大家談論的，並不是歷史。

讀畢《醬》書，我認為其中最重要的訊息是：中國發展不出民主，因為它的社會結構和體制性質可歸結為層級式壓迫（Hierarchical Oppression）——作者說的「欺負鏈」，而這種體制後面有著强大且任何臣民都不容置疑的泛道德基礎，那就是政治化儒教裏說的「孝」。書中此命題的論述按其自身歷史發展鋪排在四百多頁的篇幅裏，我試為此作一撮要，並加入一些我個人的看法及有關的閱讀所得，以此與《醬》書内容互相印證，成此序文。

「孝」是中國古代家庭裏的一個道德指示，本屬私德範疇，後演化成維繫一特定社會結構的官方意識形態，其契機也許在《論語．為政》：

> 孟懿子問孝。子曰：「毋違。」

孟懿子是當時魯國大夫，亦稱仲孫氏，與叔孫氏、季孫氏同為魯國權臣，而且都是魯桓公家族所出，合稱三桓，受委權力而越軌犯上。孔子說的「毋違」，朱熹解作「毋違於禮」，含警誡之意，明白一點說就是「不要造反」。這裏微妙之處在於，事情在一個家族裏發生，因此孔子之言可以只看作是「孝」的一個狹義規戒，但另一方面，場景是一國之政，好好的「孝」因此變異，衍生出政治病毒從家庭傳播到國體。孔子說這話時，自己的主觀裏有沒有這個質的飛躍很難說；現代日本學者子安宣邦認為孔子那句話純粹是一種道德教誨[1]，但後儒引經據典把狹義的孝道引申為治國之本，卻多以此為濫觴。

這個引申既直接且快速。孔子晚年的一個門人曾參，是出名的大孝子，但他的成就不止此，一般認為《大學》就是他的手筆。《大學》講「三綱八目」；此「三綱」即「明明德、親民、止於至善」（港大學生無人不識)，「八目」則是大家熟知的儒學實踐心法「格、致、誠、正、修、齊、治、平」。「孝」的飛躍，就在「齊家」和「治國」之間。然而，這個關連，更早已出現在華夏興邦神話裏。

漢司馬遷作《史記》，其中〈五帝本紀〉按先秦傳說編出堯舜之間的禪讓故事。他先把接觸國家政治之前的舜描寫成一個身在地獄般家庭裏修煉出的難以置信、完全不近人情的孝子（成語「孝感動天」誇的就是這個天下第一孝、後世蒙學二十四孝之首）；繼而，他講堯聽聞舜如此賢能，要試探虛實，把自己的兩個女兒嫁給他，發現他把兩個家管理得井井有條，於是把政事逐步委託給他，最後在自己年事已高時連帝位也交付給他而不讓自己的長子繼承[2]；最後舜不負所託，把華夏引向黃金時代的高峰。此作為指向大孝與治國關係的神話，無可厚非，但有關堯舜的傳說不止一種，上述的也許不是最可信。

比《史記》更早、在戰國時成書、失傳後於西晉時出土的一批竹簡一部分，成為了之後流傳的《竹書紀年》，其後此書又失傳（或被失傳）千年，再現時已多所散佚。其中關於堯舜事跡的文字，只能在此書二度失傳前引用過此書而可幸沒有失傳的其他古籍裏收集得來，經整理後其中一段這樣說[3]：

昔堯德衰，為舜所囚也。舜囚堯於平陽，取之帝位。舜囚堯，復偃塞（帝子）丹朱，使不與父相見也。

后稷放帝子丹朱於丹水。

---

1 〈思想史的方法：如何閱讀《論語》〉，子安宣邦著、陳徵宗譯，《清華中文學報》，第二期，二〇〇八年十二月，頁一至十五；清末民初熊十力亦持此說，見中國人民大學哲學院劉增光〈家、國、天下之間——熊十力的《孝經》觀和孝論〉，《黑龍江社會科學》，二〇一七年第三期，頁六至十四。

2 見《史記．五帝本紀》。

3 見朱右曾、王國維《古本竹書紀年輯校》。

按此記載，堯並沒有把帝位禪讓給舜，舜反而是一個謀權篡位的奸臣，而堯的兒子丹朱也被舜的農官后稷放逐，不能盡孝。這段文字把舜的大孝聖人形象徹底顛覆了。

同是戰國時期的法家，不講仁義卻十分重視「孝」的政治功能。韓非子更利用類似《竹書紀年》等大量顛覆性史料，攻擊儒家歷史造假和忠孝虛僞；他的〈忠孝〉篇這樣說[4]：

堯、舜、湯、武，或反君臣之義，亂後世之教者也。堯為人君而君其臣，舜為人臣而臣其君，湯、武為人臣而弒其主、刑其尸，而天下譽之，此天下所以至今不治者也。夫所謂明君者，能畜其臣者也；所謂賢臣者，能明法辟、治官職以戴其君者也。今堯自以為明而不能以畜舜，舜自以為賢而不能以戴堯，湯、武自以為義而弒其君長，此明君且常與，而賢臣且常取也。故至今為人子者有取其父之家，為人臣者有取其君之國者矣。

儘管尷尬如此，後儒和擁抱儒教的皇權卻都把「孝」的地位一再拔高。秦朝有不孝罪，毆打父祖的，判臉上刺字塗墨加勞役[5]。漢代聲稱以孝治國，舉孝廉，鄉間行孝出名的可以到中央做官；董仲舒更把「孝」放進陰陽五行體系裏，變入世人倫為形而上天道。唐朝時，玄宗李隆基（唐明皇）為《孝經》作序[6]，强調「以順移忠」、「立身揚名」，大剌剌把「孝順」正式轉化為統治工具、求仕宦者的敲門磚。（這個玄宗更在序文裏抄襲了一本緯書裏的一句：「子曰：『吾志在《春秋》，行在《孝經》。』」此話當然有捏造成分，因為《孝經》是孔子或其門人曾子等所作[7]，故孔子自己無論如何也不會將之稱作「經」。）其後各朝統治漸趨高壓，儒教孝道有利統治，因而更獲青睞。元朝流行二十四孝圖，還有更誇張的百孝圖，矯情充斥，也造就不少假孝子混進官場。

後儒當中可謂最有分量的朱熹，也給「孝」的理論補上一筆，以符合他的「理—氣」學說。簡單講，他認為人是由宇宙間的理氣結合而成（形似西方靈魂肉身合體說），理是主導，在人身上首先表現為仁，仁之上分殊出孝悌忠信義禮智等各種品性，而「孝」排在首位；「行孝」是氣在作動，是「孝」的「用」（事功、實踐）。朱氏如此把「孝」、「行孝」與「理—氣」結合，其意為孔孟所無，但一旦談到孝的社會功效，便又掉進《論語・學而》說孝悌者不犯上的「移孝作忠」死胡同。其實，主流儒學經歷孔孟便大體定型，至漢董仲舒賦予陰陽五行形而上學詮釋、朝廷加入法家元素使成為御用儒教之後，便基本上乏善可陳；說得難聽一點，以後的就都是在玩弄概念遊戲、樂此不疲在心性理氣體用等無法界定清楚的二律背反中不斷精緻內捲。這從明朝時與朱氏理論打對台的王陽明學說可以看透。

王陽明否定理氣說，否定把「孝」及其他品性排位，認為「移孝作忠」的路徑全無必要；在他的體系裏，人的良知是本，由此生出的孝悌忠信仁愛等都是平排而且各自獨立；良知能夠讓你孝親的話，同一個良知也就足以直接令你忠君，不需要在「孝」那裏兜一個圈才修煉出「忠」。然而，生活裏的王陽明卻是忠不離孝、孝不離忠。明武宗正德十六年（一五二一年），王因父病向皇帝呈上〈乞便道歸省疏〉，

4 見《韓非子・忠孝》首段。

5 見齊繼偉〈簡牘所見秦代「為不善」罪——兼述秦代法律與倫常秩序〉，《史學月刊》，二〇〇二年三月。

6 見（唐）李隆基《孝經序》首段。

7 《孝經》的作者是誰，一般有兩說，一說是孔子自作，一說是出自曾子及後儒手筆、記錄孔子所言。班固《漢書・藝文志》：「《孝經》者，孔子為曾子陳孝道也。」此《藝文志》的說法乃基於劉歆《七略》，可知劉歆亦持此說。見北京清華大學哲學系陳壁生《《孝經》出于孔—曾考》，二〇一七海峽兩岸（嘉祥）曾子思想暨禮孝文化研討會會議論文。熊十力則認為《孝經》是曾子手筆，見注一。

請准回鄉省親。疏文說[8]：「欺君者不忠，忘父者不孝，世固未有不孝於父而能忠于其君者也；故臣敢冒罪以請，伏望皇上以孝為治，範圍曲成，特寬稽命之誅，使臣得以少伸烏鳥之私。」嘉靖七年（一五二八年），王病危中寫〈批增城縣改立忠孝祠申〉[9]，其中有云：「……天妃廟改立忠孝祠，看得表揚忠孝，樹之風聲，以興起民俗，此最為政之先務。」可見陸王心學在孝親忠君的事功上與程朱理學並無二致。

如此殊途同歸恐怕不是偶然。華夏遠古形成的大家庭多層級家長權力結構，因周武王得天下之初按血緣功勳封邦建國而植入管治體制，結果非常有利統治階級，雖經秦「廢封建、置郡縣」，但自漢以降仍多在皇室周圍延續存在，而層級式社會結構和壓迫則變本加厲。於東周時代興起，源於功能劃分但早已包含尊卑貴賤、經近人錢穆美化成的士農工商「四民社會」，至元朝演變為人分十等另加一個按膚色種族地域劃分的「四等人制」而形成了層數多至10×4=40的社會。然而，這些可數的層級不過是宏觀上分次第，其實每層級裏還有微細分野，這在近代小說野史裏看得更清楚。

《紅樓夢》裏丫鬟分四等，頭等稱通房丫鬟，例給男主人肆意欺負，毫無尊嚴。又晚清徐珂《清稗類鈔》記錄了當時娼妓和乞丐的實況[10]。妓分等級，「稱花榜，以狀元、榜眼、探花甲乙之。一經品題，聲價十倍，其不得列於榜者，輒引以為憾。然其間之黜陟亦有行賄而得者」；此外亦有以經營對象分宮、官、營、民等妓，以貴賤別。一地之丐幫皆有丐頭，「向分藍桿子、黃桿子兩種。藍桿子者，轄治普通之丐；黃桿子者，轄治宗室八旗中之丐也」。醜惡殘酷實相與簡潔淳樸如神話的「四民社會」相去甚遠。

極度層級化的中國社會結構，自漢儒依附皇權、發展出儒教「移孝作忠」核心理論而得以補強。意識形態與社會結構配合得天衣無縫，兩千年一直如此，無法突破。《醬》書第八章介紹明末清初大儒黃宗羲，最能說明此問題，下面引關鍵原文逐點討論：

黃宗羲否定明帝國將忠孝捆綁的官方意識形態。（頁三八四）

上文提到王陽明心學關於良知的見解時指出，就算王把「孝」與「忠」的概念完全分割，與主張「移孝作忠」的朱熹在此點上截然相反，實踐裏也不能不走到同朱氏一樣的「忠君」歸宿。黃宗羲秉承王氏心學，雖然進一步指出了君之惡，主張大力限制君權，把古代中國民本思想推到極限，卻始終無法、也不願意否定君皇專制。他在《明儒學案》（下稱《案》）首篇〈原君〉裏說「為天下之大害者君而已矣」[11]，卻在之前先說「古者天下為主，君為客」[12]，給君保留了位置、角色。這是因為他本來就接受了傳統儒家基本政治信念的全部：堯舜禹湯文武都是好的，只不過後來的君主墮落了。那麼黃宗羲要怎樣對待可能墮落的人君呢？

黃宗羲明確指出，「有明之無善治，自高皇帝罷丞相始也。」（頁三八五）

此乃《案》書〈置相〉篇第一句[13]。偌大的一個明皇朝傾側了，黃認為只是明太祖的一個錯誤人事

8 見《王文成公全書卷之十三》。
9 見《王文成公全書卷之十八》。
10 見晚清徐珂《清稗類鈔・乞丐類》。
11 見黃宗羲《明儒學案・原君》：https://upload.wikimedia.org/wikipedia/commons/4/49/ZHSY100094—黃梨洲先生明夷待訪錄—清黃宗羲撰—清初刻本.pdf，頁二（PDF檔頁五）。
12 同注十一。
13 見黃宗羲《明儒學案・原君》，同注十一，頁八（PDF檔頁十一）。

政策有以致之，而解決辦法是恢復丞相職位、選賢能擔任並輔之以能臣良吏；後者在《案》書〈學校〉及〈取士〉上下篇闡明。黃因此不是在為帝制把脈開方，而是替個別皇帝或者皇朝診斷治療。他限制君權是為了回歸「三代之治」；有關的討論就是《案》書〈原法〉篇的內容。說到底，黃不過是一傳統保守派，認為只要法先王，君主統治就會恢復健康，人民就可安居樂業。據此，《醬》書對黃宗羲給了評價：

> 黃宗羲的理想政治架構，提升了官僚知識階層在體制中的地位，從而把君主從乾綱獨斷的自然人，改造成國家機關的一部分。雖然君主仍然在朝廷擔任主導的角色，可是隨著宰相獲得直接向六部發號施令的權力，朝廷官僚在決策過程中就能獲得與君主同等的地位。而地方的官僚知識階層，則透過學校制度獲得商討朝政的特權，又能透過每月舉行兩次的講學制衡地方官僚的權力。可是即使官僚知識階層獲得與君主平等的地位，黃宗羲思想依然無法稱得上是平等主義和民主主義的先驅……如此被梁啟超譽為「中國的盧梭」的黃宗羲，其主張終究是以官僚知識階層為主體的先鋒黨主義（Vanguardism），精神面貌反倒比較接近貝淡寧（Daniel A. Bell）提倡的「賢能政治」，其組織結構則相當貼近當代黨國體系的「民主集中制」。（頁三八八至三八九）

此是的論。

中國的儒者、士人，跟皇帝在醬缸裏擁抱指罵打滾殺戮又繼續擁抱，前後兩千年終不濟事，期間社會上更形成了若干西方思想家包括馬克思等都注意到、以層級壓迫為主要特徵的「東方專制主義超穩定結構」，致令中華文明與近世出現的民主思想絕緣。

關於此點，近儒牟宗三先生曾這樣提出討論：儒家思想到底開不開得出現代民主觀念？他在《政道與治道》一書中為此費了不少工夫筆墨，最後說儒學與民主理論可以並容、甚或從儒學這個「老內聖」庶幾可以開出民主這個「新外王」，關鍵在於現代儒者思考這個問題時，必先要暫時把「內聖」這一塊放開一些（他用的字眼是「內聖自我坎陷」），讓「外王」那一塊從「主觀功能運用地想」轉為「客觀制度之架構地想」就可以了。對此，朱學勤認為牟老這樣說就等於認了「老內聖開不出新外王」[14]，因為理論之橋其實搭不通：若「內聖」可以足夠自我坎陷，肯讓「外王」不受泛道德傾向干擾、客觀地獨立地認識並處理世俗問題的話，那就不是儒學了。

其實，自漢末至今，中國各派思想家喋喋不休的理論交鋒都是廢的，完全駕馭不了社會發展。「東方專制主義超穩定結構」於二十世紀初在中國失去其家族和皇權共有的「大家庭」表徵（天子人君隕落、五世同堂讓路給核心家庭），「德先生」、「賽先生」看似即將光臨，但隨即取而代之的共產黨卻依然家長氣十足，一元化領導的社會，層級之深廣及其壓迫之嚴酷更有增無已。任憑你打倒多少個皇帝、更換多少個皇朝，層級壓迫體制卻巍然不動！對此，十九世紀英國漢學家密迪樂（Thomas Taylor Meadows, 1815-1868）如是概括：「開化民族當中，中國人是最不革命但最愛造反的了。[15]」也就是說，中國社會最易亂，但真正變革卻最無望。他山之石，一針見血。

的確，二十五史勾畫出的輪廓就是如此：無論是外族入侵、宮廷政變還是游民趕跑了皇帝，都不過

14 見見朱學勤，〈老內聖開不出新外王——評新儒家之政治哲學〉，《二十一世紀》，第九期，一九九二年十二月，頁一一六—一二四。

15 費正清的複述見“Meadows on China: A Centennial Review”, John K. Fairbank, *The Far Eastern Quarterly*, Vol. 14, No. 3 (May, 1955), p. 369. 密迪樂的原話在他的 *Chinese and Their Rebellions* (1856) 一書中，整句是 “Of all nations that have attained a certain degree of civilization, the Chinese are the least revolutionary and the most rebellious.”

是止於推翻政權（造反），而不是變革壓迫性的社會結構（革命）。一個政權倒了，新的政權搞一陣子輕徭薄斂之後故態復萌；如此周而復始，就是近代中外學者所謂的「中國歷史週期律」。毛澤東曾經說中國在共產黨帶領之下可以跳脫此律，其可笑亦復可悲處大家有目共睹。然而，我想還可以追問一句：除開意識形態，層級壓迫型社會結構能夠不斷阻止民主變革，關鍵在哪裏？

去年九月，在早稻田大學的一個學術會議上我宣讀了一篇論文，內容恰巧就是要嘗試給上述問題一個答案。方法上我採用了典型的經濟學分析——我的老本行，即以觀察和資料閱讀所得立論，以由此得出的初步直觀指導簡單模型建構，再借模型推導出直觀未能透視的若干邏輯結論，如果這些結論與更多更宏大的觀察吻合，那麼本來的立論就很可能觸到了事物的核心真相。

我的立論是：層級社會能阻擋民主變革，關鍵在於其分化力。

設想一個含一千人的極簡單模型社會。若此社會結構分五層級，則平均每層二百人；如果層級增至十，則平均每層減至一百人；如此等等。若此社會的生活資源分配制存在由上而下層層剝削壓迫，則可有三個初步直觀推斷：

一、層與層之間主要關係是利益矛盾；

二、每層人之上是他們的壓迫者，之下是他們的壓迫對象；

三、同志感（Camaraderie）只能在同層級之內發育而不能跨越層級，團結意識因此按層碎片化。那麼，如果社會制度的根本變革須有足夠多人同心同德去推動、足夠多人不反對的話，則此社會層級愈多，人民內部就愈難團結愈多矛盾，根本變革就愈難發生；層級社會是統治階級垂直分化人民的利器[16]。

上述所含推斷直接簡單；若在此上建構模型，可進而得出若干單靠直觀未必能馬上認知到的更深入推斷。下面介紹我的模型梗概及得出的進一步論斷。為方便比較，我以典型馬列雙階級模型——層級最少的社會結構（上／下，有產／無產……，人口比例是百分之一比百分之九十九）作參考系；另外，我假設社會已產出的總資源是定數R（有天災則此數下降），全部由社會最高層先壟斷、後分配；又假設凡人都有一相同的生物性存活基準（Subsistence Margin），記作s，例如，若每天一口飯就可存活的話，s=1；又假設收益一旦跌至低於s的人一定造反（「可能殺頭」比「一定餓死」好）。這個模型經量化之後可推出下列邏輯結論：

四、（a）層級社會的層級人均收益向下層遞減；所有層級數大於二的社會，最下層的平均收益一律低於參考系雙階級模型裏的下層平均。這意味層級愈多的社會對最底層的剝削愈深；（b）不過，在多層級社會裏，最上若干層的平均收益高於雙階級模型裏的下層平均。按此，數值分析清楚顯示愈多層級的社會，收入分布愈不平等（基尼係數愈高）。

五、給定R，若多層級社會的最底層收益剛好觸及s，則雙階級社會裏的下層人還有餘裕；此時，若發生輕微天災，R即輕微下降，多層級社會最底層收益相應跌至稍低於s，此層中人於是造反。反觀參考系中的下層人，本來還有餘裕，現在餘裕輕微減少，但還足以糊口，不會造反。所以，給定某一時

---

16 現實世界當然會有各種因素沖淡或強化這些推斷，例如種族因素會增加矛盾、弱化層級內的同志關係，而一些宗教大愛卻可以緩解層級之間的利益矛盾、增加跨層級非同志愛，所以馬列主義認為宗教是被壓迫人民的鴉片。但為求模型簡潔易懂好運作，這些不同的旁邊因素都不予考慮。

期裏的天災嚴重程度分布，期間多層級社會發生造反的概率高於雙階級社會。

六、如果某次天災嚴重得令雙階級社會的下層人收益剛巧低於s，則這個社會百分之九十九的人馬上造反了；此時，在多層級社會裏，下層人一定造反，但因為收入甚不均（基尼係數高），接近頂層的人的收益還是高於s，不會造反。即是說，此時兩個社會都有人造反，但雙階級下層裏的同志感豐實，造反齊心，成功的機會高；多層級社會則剛好相反。

七、層級化既有利專制統治，統治者自會挖空心思製造更多垂直分化的機制，產生更多層級，良性的根本社會變革愈發不可能，社會卻更形動盪。

這些推斷與上述密迪樂對中國社會的動態概括完全吻合。此等推斷可與《醬》書平行思考的結果互相印證，我因而比較有信心接受是書提出的重要看法：由於有強烈的「孝」及「移孝作忠」意識形態維護，醬缸裏的欺負鏈特別堅固——中國的專制多層級壓迫性社會無法民主化。

《醬》書的體例，幾乎同時是一本思想史和一本通史，更有部分章節專題貫串古今中外，寫時困難之甚我難以想像。徐先生十年磨一劍，成果斐然；我本來就是他的擁躉，如今更刮目相看。我期待讀者分享我這一份喜悅。

二〇二五年一月六日於寒盡湖

自序

筆者過往十數年的著作，內容大多圍繞著香港本土史。自負點說，筆者也算是香港本土史觀的奠基人之一。不過本人並非孤立主義的信徒：事實上國族主義（Nationalism）的主張，涵含著對國際關係的平等願景。國族自決（National Self-determination）的觀念，主張但凡擁有歷史文化連帶的社群（Community，又譯為共同體），都應該根據主權在民（Popular Sovereignty）的原則自行管治。這樣的主張，在邏輯定義上就已經是對帝國主義擴張的否定，並指定（Prescribed）理想的國際政治秩序，理當由民主國家以平等協商的方式維繫。

主權在民的內政原則、以及平等協商的外交原則，把國族主義與好戰沙文主義（Jingoism）區別起來：國族自決不只是國民政治意識的覺醒，也是社群倫理價值的開端。新生的國民欲要取得全民共享的主權，就得肩負隨之而來的社群責任，以求成為國族以及人類全體的祝福。在猶太人的起源傳說中，上帝在以色列人走進迦南美地前，讓摩西告誡他們不要以為「上主領我得這地是我的義」[1]，反倒提醒他

1 香港聖經公會（2010），《舊約聖經》和合本修訂版，〈申命記〉9．4。筆者在引用舊約聖經時，會按照猶太教傳統，把四字神名（Tetragrammaton）都改為「上主」。

們要記得上帝「為孤兒寡婦申冤、愛護寄居的，賜給他衣食」[2]。當猶大王國面臨埃及、亞述、巴比倫這些帝國的夾擊時，先知卻通過神諭譴責該國已淪為所多瑪的姊妹，「都驕傲，糧源充足、大享安逸，卻不扶持困苦和貧窮人的手」[3]。社群的建立，就是要為同伴和世界負起責任。國族自決的十字架，也是同樣的沉重：國族主義若要發揮其應有的作用，就必須本於超越的社群價值，把本土鑲嵌（Embed）到國際社會當中，使世界能本於主權在民和平等協商的價值止於至善。

是以筆者一直希望能夠從世界史的角度，重新檢視本土史的各種認知，使其能夠於世界的大舞台上站穩陣腳。而東亞史的研究，則是達成這個目標的關鍵。筆者在《思索家邦》中曾經寫過幾篇文章，試圖以東亞沿海世界的經驗豐富本土史的主張，可是如今卻對當中的主張不甚滿意。如今筆者因流亡海外而被迫退休，卻反倒獲得上帝豐富的供應，故特此重新梳理東亞自上古到近代的歷史，從根本上思考本土在東亞史和世界史上的定位。

筆者才疏學淺，學歷只有哲學碩士的程度、也未曾於博士班受過訓練，是以只能吃力地以土法煉鋼的方式潛心苦讀。幸得業師陳健民撥冗指點，這本著作才能夠以目前的方式呈現：健民師曾用心檢視拙著，從而能夠在十數分鐘內逐一指出初稿內的要害。業師昔日在香港時，曾經為爭取自由民主而身陷囹圄，如今又為推動臺灣的香港研究以勞心焦思，但願上主的平安一如以往地常與他同在。練乙錚老師的建言，也令筆者獲益良多，感謝他願意為拙著賜序。此外陳弱水老師、吳介民老師、吳豪人老師、孔誥烽老師和黃春生牧師都讀過初稿，並提供寶貴的意見。不過筆者剛愎自負，是位固執己見的壞學生，若拙著有任何不足或錯誤的地方，全都是筆者自己一人的責任。

本人的作家生涯，有賴左岸文化同工多年來的包容，使我們在過往的出版計劃中都能合作愉快。在臺灣的一眾義弟義妹，以及少數不離不棄的家人，都曾給予無法數算的支持，在此且不逐一道出姓名。

二〇二五年二月二十日
近識家中

2〈申命記〉10·18。

3《舊約聖經》和合本修訂版，〈以西結書〉16·49。基督教基要主義把同性戀與所多瑪等同，並極力反對性傾向平權。這樣的詮釋和實踐若非錯誤，至少也是極為偏頗的。

緣起 平等政治的東亞困境

筆者在一九七八年生於香港，自有意識之始，就目睹國人同胞為爭取自由民主前仆後繼。在及齡之後，則參與其中，並著力把民主運動提升為爭取香港國族自決的大業。在二〇一九年的時代革命，香港自決終於成為這座家邦的主流意識，可是其後中國的反應卻異常嚴厲：雖然，觀乎這個帝國威權的本質，他們的反撲縱是出乎意料、卻也在其「情理」之中。在二〇二〇年初，香港特區傀儡政權乘COVID-19疫情之便，利用香港民眾的自制，濫用檢疫制度的權力，令抗爭者從街頭上消失。此後中國人大常委會公然介入香港內政，在七月把《國家安全法》硬塞給香港。其後他們更以「完善選舉制度」的名義，把僅有的自由選舉改為事先審查參選資格的人大式選舉。隨之而來就是至今仍未歇息的大搜捕：不論是走上街頭的抗爭者、還是在野的政治人物，都遭到當局以司法手段報復，為數不少的香港人因此身陷囹圄。

中國帝國威權與香港特區傀儡政權聯手，將過往「開明專制」的遮羞布乾脆挪開，把香港半民主、半自由的制度轉化為絕對的威權。筆者因言賈禍，此後東渡臺灣，在這個島嶼當一個為自由奮鬥的小國小民。香港之戰雖然已經落幕，保衛自由民主的全球抗爭卻才剛剛開始：位處惡鄰旁邊的臺灣，如今已是守護世界自由民主的前哨。可是縱使臺灣是個民主的獨立主權國家，其自由民主的道路此刻仍是荊棘滿途：而這並不純然出自中國威權介入的不良影響。在戰後長期統治臺灣的黨國威權，建立起以獨裁手段推動經濟效率的發展型國家（Developmental State），這樣一九六〇年代以來的經濟急速增長，就使黨國威權能得到資源以蘿蔔和棍棒換取政權認受性[1]。臺灣在一九九二年轉型為自由民主國家，又剛巧碰到中國乘著全球化的大勢全面市場化，大批臺商亦於此時大舉投資中國市場，又把勞動密集的產業轉移過去。不甘特權受損的黨國餘孽，以及在中國持有大量利益的臺商，就與中國共產黨的威權帝國結為不神聖同盟：他們既要破壞臺灣主權獨立的地位、又要以經濟發展為由否定自由民主的價值。

在兩岸威權下「拚經濟」的集體經歷，令為數不少的臺灣民眾採取保守的政治態度，迷信不受限制的國家權力能為他們帶來實際上的利益。如此臺灣雖然已經實行自由民主的制度，立場保守的國民卻缺乏相關的民主素養，使「中國—黨國—臺商」的不神聖同盟有機可乘。他們透過煽動經濟至上的保守民粹，把反民主、反本土的論述塑造為主流（或是少數而堅定的）民意，通過民主的制度協助反民主的力量奪權。這個不神聖同盟的策略是否成功，倒是其次。問題的關鍵，在於這種策略令臺灣社會出現一批以私利私怨凌駕公益的民眾，而這些缺乏公民責任的人卻與其他國民擁有同等的民主權利，為臺灣的民主政治埋下了計時炸彈：這個國家每一次的選舉，都是民主與威權、本土與侵略的角力，都是有機會讓民主制度自我了斷的重大危機。而保守民粹營造的社會氛圍，亦會有意無意地使其他相對進步的國民陷入迷惘。在中國威權和黨國餘孽的雙重壓力下，政治平等如今仍然是社會的主流共識，這無疑是臺灣國民值得歌頌的成就。可是平心而論，臺灣人在經濟平等、社會平等、性別性向平等諸多議題上，仍然有很多需要進步的空間。這個國家的自由民主要完全鞏固，還有一段很長的道路要走。

倘若我們把目光放到整個東亞，我們會察覺到平等政治的窒礙難行，絕非臺灣和香港獨有的困局。根據V-Dem研究所在二〇二四年三月發表的統計，東亞與太平洋地區有百分之六十八的人口生活在封閉威權國家（Closed Autocracy），比率遠高於世界其他地區：雖然這個地區有百分之九的人口活在自由民主國家，其表現僅次於西歐和北美洲，可是整體而言這個地區的政治不平等仍高於世界平均水平。伊斯蘭世界的民主發展雖素以崎嶇見稱，可是中東與北非仍然有超過一半的人口，能活在有一定政治競爭的國度之中[2]。何以平等政治難以在東亞植根，乃是我們迫切需要回答的難題。

中國是世界上規模最大的封閉威權國家，其幅員涵蓋整個東亞大陸和青藏高原，也在東南亞高地、內亞和中亞佔據部分土地。這個大得不符比例的龐然巨物宰制著逾十四億人，大約是整個東亞的八成人口。中國共產黨雖然號稱實行社會主義，可是他們在一九四九年建立的政權，從一開始就建立在不平等的基礎上：剝削農村以成就城市的工業發展，是這個國家立國的基本政策。共產黨幹部與一般民眾的差異，並不只局限於政治上的不平等，他們之間的物質生活水平也是不可相提並論。中國在一九八〇、一九九〇年代展開經濟改革時，亦同時對社會主義國家的形式平等棄如敝履：中國共產黨以「有中國特色的社會主義」的名義，推行最赤裸的叢林資本主義，讓國家體系及其協作者實施徹底的資本壟斷。中國共產黨的高層，亦極力扶植「紅二代」於政經機關擔任要職，儼如要建立新時代的世襲貴族制[3]。是以當代中國不只是政治不平等的威權國家，其經濟不平等的程度，亦在

表0.1　世界不同地區生活在各種政體下的人口比例，2023年

	東亞與太平洋	南亞和中亞	中東與北非	撒哈拉以南非洲	東歐	西歐和北美洲	拉丁美洲和加勒比海
封閉威權	68%	4%	45%	13%	-	-	4%
選舉威權	10%	93%	51%	19%	66%	-	6%
灰色地帶	13%	3%	4%	26%	2%	-	24%
選舉民主	-	-	-	12%	27%	4%	62%
自由民主	9%	-	-	-	5%	96%	4%

世界中數一數二[4]；而中國在韓半島北部扶植的朝鮮，更是地球上最不平等的極權國家[5]。

與臺灣和香港同樣位於東亞沿海的日本和韓國，雖然在體制上都是自由民主國家，可是同樣受制於各種「封建遺毒」。雖然日本在明治維新開展後不久，就已經出現過爭取自由民權的社會運動[6]，可是卻有保守的聲音認為自由民主的制度，是美國在二戰後強行加諸日本身上的。日本人在戰後，並未真的抗拒過這樣的「文明開化」[7]，然而日本人對民主政治也沒有很大的熱情。縱使日本的公民社會在地方自治層次頗為活躍，可是自新左翼社會運動在一九七〇年代碎片化後，國人對全國性議題的反應卻相當冷淡[8]。日本人對選舉政治亦欠缺熱情，有異於世界各國，愈是年輕的國民對政治愈沒有興趣。在這種政治氛圍下，各選區往往會淪為政客家族世代相傳的「領地」，家族裙帶的私利凌駕社會的公益。而日本的人權水平亦比不上同等發展水平的民主國家：警察可以在未經審訊的情況下，對嫌疑人實施二十九日的行政拘留[9]，而刑事法庭的定罪率亦令人懷疑日本司法機關是否真正尊重無罪假定[10]。除此以外，日本的性別平權亦遠遠落後於其他高度發展國家[11]。

韓國在一九八七年六月民主運動後成為自由民主國家，在時間上略早於臺灣。而韓國的公民社會在東亞沿海諸國當中最為活躍，各種大型的社會抗爭至今仍然未有間斷。可是韓國亦瀰漫著論資排輩的父權文化，朝鮮王國時代兩班貴族的後人，至今仍然會以囂張跋扈的態度應對社會基層。朴正熙在一九六〇、一九七〇年代以獨裁手法建立發展型國家，並為韓國經濟帶來所謂的「漢江奇蹟」，令韓國社會像臺灣那樣出現一大群奉經濟發展為圭臬的保守民眾，使國家至今仍未能完全走出保守派和進步派各走極端的二元對立。除此之外，朴正熙亦留下惡名昭彰的財閥制度：他刻意資助財團經營國家規劃的各種事業，幫助他們壓制勞工運動等反對聲音，並授予這些協作者各種優惠和特權[12]。這些財團在威權政治的庇護下，逐漸壟斷國家的經濟活動，並演化成一堆大到不能倒的康采恩（Konzern）。即使在民主化之後，韓國政府亦無法忽略這些財閥的利益，只得縱容淩駕民主機制的金權政治。金權政治再加上父權文化，為韓國的經濟平權和社會平權帶來難以彌補的傷害。韓國的性別平權水平在高度發展國家中敬陪末座[13]，而仇女文化更在年輕男性當中尤其盛行[14]。令人諷刺的是，向來追求經濟平權和社會平權的進步派，在性別議題方面卻是劣跡斑斑。在二〇一八至二〇二〇年期間，連續多位進步派的地方首長因涉及性侵案件，接連鞠躬下台以至畏罪自殺。這一連串的醜聞，是導致進步派於二〇二二年大選失利的其中一條導火線[15]。

承傳自東亞大陸的政治文化，如今不單令中國陷入威權政治不能自拔，亦對東亞沿海國家的民主鞏固（Democratic Consolidation）構成障礙。歷史評論家柏楊（本名郭衣洞）生動地將這種路徑依賴（Path Dependency）稱為「醬缸文化」：不平等、反自由的政治文化，就像在醬缸中長期發酵的大醬那樣，不但黏黏稠稠難以清理、也帶著一股揮之不去的霉香味。他指出：

> 因為時間久了，長江大河裡的許多汙穢骯髒的東西，像死魚、死貓、死耗子，開始沉澱，使這個水不能流動，變成一潭死水，越沉越多，越久越腐，就成了一個醬缸，一個汙泥坑，發酸發臭[16]。

不過柏楊卻直覺地把東亞大陸視為封閉和停滯的場域，就像老一輩的漢學家那樣認為東亞大陸諸帝國故步自封，無法趕上西方文明近代化的步伐[17]。這種觀點認為這是因為東亞不夠近代化，無法理解平等政治這種西方舶來品，以致東亞諸國在爭取平權的路上跌跌碰碰。

這種講法把東亞的近代化，理解成一種出自西方外力的非原生過程：因為近代化就是西方化，而東亞又不是西方，那麼東亞的落後自是理所當然的。東亞曾經受到西方近代帝國的衝擊，這的確是歷史事實。可是與世界其他地方相比，東亞諸國要到十九世紀才真正受到西方帝國主義的威脅，比世界其他地域都來得要遲。反過來說，東亞國家在遭遇西方帝國主義的衝擊後，卻能在近代化過程中短時間迎頭趕上。在黑船來航後五十二年後，日本海軍在對馬海峽幾乎令俄羅斯波羅的海艦隊全軍覆沒，自此成為世界列強之一員。在清帝國於一八四二年簽訂《南京條約》後一百零八年，中國派出「志願軍」渡過鴨綠江迎擊以美國為首的聯合國軍，成為美國和蘇聯以外的第三大強權：即使在之前百多年的所謂「百年屈辱」，清帝國以及其後的中國仍然是個區域強權，並屢次出兵入侵內亞和中亞的「邊疆」，鎮壓當地土著追求國族自決的起義。臺灣、香港和韓國在二十世紀末之前，先後晉身高度發展國家的行列，其近代化的速度亦是世間罕見。五十二年或一百多年，在世界史的尺度只不過是一瞬之間。雖然東亞諸國曾經著力學習西方的先進技術，可是東亞若然沒有自生的近代化動力，就不可能在這麼短促的時間內與先進國家並駕齊驅。

假如我們把近代化過程（Modernization），理解成中世（Medieval）經近世（Early Modern）過渡到近代（Modern）的社會演變，那麼我們更無法堅持東亞在這個過程中，都持續落後於西方。內藤湖南曾經提出「唐宋變革說」，指出東亞大陸在十世紀就已經出現從中世轉型到近世的重大變革[18]。這樣的觀點，其後在宮崎市定等京都學派學者的研究中得以闡明[19]。此等變革，始於在八世紀開始出現的入世思想：知識階層的興趣從傳統經典的訓詁，轉移到嘗試運用抽象思辨分析和解決現實社會的問題，藉此應對唐帝國體系崩壞所造成的社會演變[20]。在宋帝國於九六〇年成立後，由考試產生的官僚取代貴族原有的地位，並建立起依據規程運作的科層體系（Bureaucracy），而在原則上官僚的升遷亦由考績所決定：縱使考績評核標準的詮釋不時會受到政治因素的影響。雖然王權往往會以私人裙帶關係的考量凌駕官僚科層的決策，可是皇帝亦須在內廷建立平行的科層體系，模仿官僚運作的模式管理宦官和女官[21]。

在社會經濟層面，世襲貴族的莊園在唐帝國末年動盪的局勢中瓦解，而莊園經濟亦由市場貨幣經濟所取代。市場經濟的原理不只促成都市的繁榮興盛，亦廣泛滲透到農村基層社會。地方社會的縣城不止扮演行政中心的角色，也是地方商業活動的樞紐：商人在這個地方經濟和帝國經濟的交接點，設置店舖、倉庫和旅館，以及提供娛樂活動的瓦子。縣城和縣界之間的交通幹道上，則冒起了大批新興市鎮，而在市鎮和農村之間的地帶則開設了墟市。農民把剩餘的作物帶到墟市販賣，巡迴墟市的客商則向農民販售各種生活用品，並把收購到的農作物在市鎮等上層市場販賣。而農民除了販賣剩餘的作物外，亦投身於各種手工業，充分利用農餘時過剩的生產力。物資在帝國各地之間的流動，則使社會出現新興的商業階層，而官僚知識階層亦開始染指各種牟利的經濟活動[22]。國家體制也運用市場貨幣經濟的邏輯，一方面促成帝國內部的資源分配[23]、另一方面則透過商業收益充實國庫：朝廷鼓勵來自西亞、南亞和東南亞的海商到東亞大陸沿海交易，在港口城市預留地方設置讓海外商旅聚居的「蕃坊」，並在進口貿易中抽成獲利[24]。

源自宋帝國的近世轉型，其後隨蒙古帝國西征擴散到整個歐亞大陸，而東亞沿海世界亦自然會受到影響。市場貨幣經濟的海外擴張，令鎌倉幕府治下的日本中世社會秩序走向崩潰[25]，隨之而來的近世轉型在一六〇三年展開的江戶時代邁向高峰。雖然江戶時代的幕藩體制內部的各種制度妥協和矛盾，令日本無法自力從近世再次轉型到近代，可是隨著德川幕府在黑船來航的衝擊下倒台，被解除封印的日本就把過往數百年的累積一次性爆發出來，轉瞬間華麗轉身為東亞第一個近代國家，甚至能與西方的近代帝國爭一日之長短[26]。雖然明帝國和清帝國近世轉型的程度比不上江戶日本，可是知識階層還是累積了不可忽視的潛能[27]，使中國在二十世紀中能夠在跌跌碰碰中崛起成新興的近代強權。

倘若東亞的近代化轉型，有好一大部分必須歸功於自身動力的話，那麼我們就不能輕易把東亞平等政治的困境歸咎於「不夠近代化」。即使東亞在政治近代化此一領域，仍然必須仰賴源自西方的各種進步思潮，我們亦必須從東亞的內部因素找出這些思潮未能植根的原因。而這正是筆者展開這個書寫計劃的理由：在這個書寫計劃中，筆者將會探索東亞政治意識形態的發展，以及這些意識形態與社會演變之間的互動，從而解釋何以東亞與平等政治失之交臂。除此以外，筆者亦期望能比較東亞各國在這個過程當中的差異：雖然臺灣、香港、日本和韓國這幾個東亞沿海國家，在追求平等政治的路途上都挫折重重，可是它們畢竟都曾經有過穩定的民主實踐，有異於東亞大陸古代諸帝國和現代中國。東亞沿海在平等政治的實踐上既然有別於東亞大陸，那麼東亞沿海各國的社會就很可能都蘊含對平等政治有利的思想資源。從另一個角度去想，平等政治之所以能在東亞沿海取得一定的成就，也許是因為當地與東亞大陸的壞因素相對隔絕：而這些國家在平等政治上之所以落後於其他高度發展國家，則可能是因為他們未能除惡務盡。

《醬缸裏的欺負鏈》是這個書寫計劃中的第一本著作。由於東亞大陸畢竟是東亞文明的發源地，筆者會在這本著作中探討東亞大陸的政治意識形態，如何與歷代的社會演變互動，從而發展成近世後期十八世紀的樣式。在書中我們會透過宗教社會學的視野，討論東亞大陸各種政治意識形態直到近世前期的發展，從而說明何以平等政治無法於近代化過程中在東亞大陸生根。

筆者計劃在這本著作出版之後，繼續著述以延續相關討論。這個書寫計劃的第二本書，將會討論東亞沿海世界如何在東亞大陸帝國的陰影下，發展出其異乎中國的文化，甚至在部分地方成立獨立於帝國的政治實體。筆者會在這個計劃的最後一本書，討論東亞沿海在十九世紀後與東亞大陸的互動，如何塑造出我們活在其中的當代東亞。

討論東亞政治意識形態如何形成之前，我們得先詢問一個更為基本的問題：何為權力？權力運作的前提，是社會關係和個人意識。根據最簡單的定義，當某甲令某乙違反自己的意願、從而依照某甲的意願行事，我們就可以說某甲對某乙施行了權力。不過個人的意識並非一成不變，往往會隨著社會關係中的交流而改變，也就是說每一個人的意願都有機會因他人而改變。倘若某甲在社會關係中的角色，能夠說服某乙，除了做出某樣（剛巧）合乎某甲意願的行為，就沒有其他可行的選項（There is no alternative, TINA），這其實也是一種權力的施展。這種議題設定（Agenda Setting）的做法，就是權力的第二個面向。

除此以外，某甲也可以透過改變某乙的習慣、信念和思想，令某乙在不自覺的情況下心甘情願按某甲的意願行事。在這種情況下，雖然某乙是按照自己的意願行事，可是某乙的意願其實乃出自某甲對他的影響：亦因如此，這種行為其實也是出自某甲的權力影響。這第三個面向的權力，就是意識形態的操控（Ideological Control）。第二和第三面向權力的施展，雖然並未有令被宰制者感到自己在吃虧，可是這既是出於施展權力者的作為、其結果也合乎他的期望和意願[1]。而這正好就是社會關係奧妙的魔法。

而宗教行為，則是社會權力關係最原始的展現形式。就如社會學家涂爾幹（Emile Durkheim）所言，宗教行為歸根究柢乃出自社群對自身的想像：

> 神明與社會就是同一回事……氏族的神明……其實就是氏族本身，只不過氏族被變形和想像成某種植物或動物的形態，而這些植物或動物也成為氏族的圖騰（Totem）[2]。

這種把社群當成動植物化身的想像，也就是一種意識形態。不過原始宗教並不像後期的宗教那樣著重教義的闡明或神學的思辨，而是通過各種儀式（Rituals）把社群的意識形態植根於氏族成員的生活當中。原始宗教有著各色各樣的禁忌，強調聖俗不能同時同地出現，而氏族成員則透過擁抱神聖、摒棄庸俗的行為，進入與神聖有所連結的精神狀態：這種神聖的狀態能在社群中傳播，使個人的神聖狀態凝聚成氏族的集體意志[3]。其後的祭祀儀式，既把氏族成員與代表社群的圖騰連成一氣，又將崇拜同一個圖騰的氏族成員團結起來。圖騰祭祀的過程中，通常都有氏族成員一起用餐的時間，部分氏族則有食用圖騰象徵動物的儀式[4]。除此以外，氏族成員在儀式中模仿圖騰的行為，讓社群成為作為圖騰的動植物之延伸[5]。氏族成員在同一圖騰前一起吃喝，甚至把圖騰變成身體的一部分，使他們得以在神聖的力量面前合而為一：這股神聖的力量，其實就是氏族成員集合成為社群後，所凝聚出來的力量。透過有規律的定期祭祀，氏族的社群生活就成為日常生活理所當然的環節，就像自然界的季節那樣[6]。

宗教理念既是社群精神的彰顯，那麼它亦會反映出社群內部的權力結構，其儀式則往往是讓此等權力結構得以延續的機制。倘若社群內有一群人能夠左右祭祀儀式的內容，他們就可以規範其他社群成員的宗教行為。雖然社群成員從事這些行為，是為了敬拜他們所尊崇的圖騰或神明，可是實際上這些行為卻與主導祭祀儀式的人契合：而這正好就是透過議題設定和意識形態控制，讓少部分人能夠施展權力的手法。筆者之前提到構成權力運作的要素，包括社會關係和個人意識。觀乎原始宗教的運作模式，權力運作所需的個人意識，並不涉及後來神學和哲學思辨須動用到的高層次思考（Second-order Thinking），而只是最基本的自覺意識。這種自覺意識和社會關係，在久遠的年代已經出現：當人類的祖先尚未是人類，這些要素早就一應俱全。

哺乳類動物在兩億年的演化中，很早就獲得與同類共情（Empathy）的能力：雖然那一開始主要存在於懷胎哺乳的母親，以及牠們的子女之間。經過長時段的環境磨練，哺乳類動物的行為模式日趨複雜，並獲得戲仿周邊事物的能力。部分哺乳類動物其後發展出建立社群關係的能力，牠們的戲仿行為也逐漸與自然環境的變化互相契合：也就是說遠在人類尚未出現之前，地球就已經存在著各式各樣的原始宗教。這些從事原始宗教儀式的動物當中，就包括了人類的祖先[7]。

大約七百萬年前，人族（Hominini）動物開始在地球上出現。這個族（Tribe）裡面如今只剩下兩個屬（Genus），分別是猩猩屬（Pan）和人屬（Homo）。在猩猩屬裡面，有黑猩猩（Chimpanzee, *Pan troglodytes*）和倭猩猩（Bonobo, *Pan paniscus*）這兩個物種，而作為現代智人（*Homo sapiens sapiens*）的人類則是人屬僅剩的物種。我們在人族動物的群體中，除了能見到近乎原始宗教的群體儀式、也能見到社會權力顯而易見的運作。這些物種全都是社會性動物（Social Animals），牠們都與其他同類共同組織社群，而群體內亦存在著能夠左右其他同類行為的領袖。黑猩猩的群體都是父權社群，雄性動物之間則透過打鬥，以暴力確立群體內的權力秩序。在群體內的同類若然拒絕領袖的指令，領袖就會率領其他成員對其施以體罰：倘若這位成員既是雄性、又能夠抵擋領袖的攻擊，那麼牠就會成為群體的新領袖，先前的領袖就會失去既有的權力。雄性黑猩猩都喜歡侵略，亦不時攻擊其他群體，透過征服擴大自己的地盤；而倭猩猩的群體則為母系社群，發號施令的通常都是作為母親的雌性，群體在大多數的情況下，只會在受到侵略的時候施展暴力。倭猩猩群體的領袖會與同類建立共情關係，並根據這種關係換取群體成員的合作。值得一提的是，倭猩猩會透過性交凝聚群體：在地球現存的動物中，就只有倭猩猩和人類會面對面性交。對於這兩個物種來說，性交除卻能夠繁衍後代和帶來生理快感，也能建立個體之間的共情關係。人類權力運作的模式，兼具這兩種猩猩屬動物的模式[8]。

人類的祖先直立人（*Home erectus*）在兩百萬年前出現，其後於世界各地演化出各式各樣的人屬動物。智人（*Homo sapiens*）在三十萬年前的非洲出現，二十萬年前開始向全球各地遷徙：這次遷徙開始後不久地球就踏入末次冰期（Last Glacial Period），由於海平線下降而出現的地峽，把南極洲以外的各大洲都連接起來，促成智人的全球大遷徙[9]。這時地球的氣候乾燥寒冷，各種人屬動物只得四處遷徙尋找食物，形成小規模的狩獵採集者（Hunter-gatherer）社群。作為人類祖先的智人，則在人屬動物之間的競爭取得優勢。當尼安德塔人（*Homo neanderthalensis*）在大約四萬年前滅絕後，智人就成為地球上獨一的人屬動物[10]。

在這段被稱為舊石器時代（Paleolithic Age）的時期，人類在宗教習俗中模仿大自然的現象，令社群的生活周期與大自然的季節互相契合。此後他們也模仿起逝去先人們的行為模式，透過禮儀把社群的祖靈與大自然的力量融為一體。在這樣的模仿文化（Mimetic Culture）中，自然與社群之間的邊界，因為儀式上的連結而變得模糊不清。人類逐漸認為社群的禮儀周期，與大自然的循環都是由同一股神聖力量所操控。他們因此相信自己可以透過社群內的儀式，反過來影響自然界的運作：這就是巫術（Witchcraft）的起源。而社群、祖靈和大自然的關係，亦透過口述傳統承傳下來，並衍生出各式各樣的神話（Myth）或傳說（Legend）。這個時候人類社群仍未有專職的宗教領袖，雖然群體中的長輩是各種口述傳統的來源，可是所有祭祀活動都是整個族群平等參與的盛事。狩獵採集者並無法累積資源，社群內也沒有人能因此壟斷所有資源，而按需分配的資源共享是讓社群能延續的唯一方式。權力的運作在這樣的社群中亦相對平等，不容易出現少數人向多數人發號施令的狀況。不過這些社群顯然並非自由社會：社群內每一個人都會參與同一樣的儀式、遵守同一樣的禁忌，沒有人比任何人更高尚、可是也沒有人可以有自行其是的權利。任何不參與儀式、或是觸犯禁忌的族人，都會被其他社群成員集體抵制。此時人類社會處於母系承傳（Matrilineal）的狀態，男女之間的性別分工比較平等，行為模式與倭猩猩比較接近[11]。

在大約一萬二千年前，末次冰期結束、間冰期開始，地球氣候變得溫暖濕潤[12]，使農耕成為狩獵採集以外另一個可行的選項。此後人類就開始踏入新石器時代（Neolithic Age）。起初人類只能刀耕火種，在地力耗盡後尋找新的土地繼續耕種。此後人類逐漸把各種穀物馴化，又發現能夠透過灌溉、輪作和施肥等方式在同一片土地上重複耕作，就開始在固定的地方建立聚居，而且這些地方其後逐漸發展成村落和城市。在農耕技術發展起來後，土地產出的穀物通常都會多於耕作者所需，而且也能在乾燥的環境長期儲存，這些剩餘的穀物就能夠用來供養耕作者以外的人。這樣各種手工業能隨即發展，而人類其後亦發現製作陶器、冶煉金屬的技術，逐漸擺脫對石器的依賴。可是這樣的發展卻非毫無弊處：由於穀物可以長期儲存，而維持耕地亦需要社群集中資源長期統籌協作，那麼資源壟斷就會是農耕社會的必然[13]。如此社群的領袖既可以透過拒絕物資的供給，迫使大部分人按照自己的意願行事，除此以外他還可以利用過剩的資源，供養專職為掌權者服務的人員：比如用暴力掠奪資源的戰士、或管理穀物和土地的行政人員。昔日零散的社群，也逐漸發展為有組織的城邦、國家以至帝國。隨著複雜政體的出現，領袖的權力亦從社會權力演化為政治權力：城邦（Polis）的出現，也就是政治（Politics）的濫觴[14]。

大約在公元前九十九至九十七世紀之間，在西亞出現大批以農業為基礎的聚居地[15]，而部分地方亦已開始城市化的過程。到前五五〇〇年左右，蘇美人（Sumerian）則在兩河流域（Mesopotamia）下游建立多座由國王統治的城邦：此時他們已經把符號刻在陶珠（Token）上記事，其後又在前三一〇〇年左右發明楔形文字，使蘇美文明成為世上第一個書寫文明[16]。在其後出現的新政體中，由於大部分民眾都需要從事農業或手工業生產，社會也就出現一群專職負責祭祀的神職人員：這些神職人員往往也是社會資源的分配者，又會以宗教禮儀規範信眾，使普羅大眾都虔敬地按照神職人員的意願行事。我們可以說在這個過程中，社群原有的信仰開始被少數精英「私有化」。而隨著文字的出現，如今神職人員也會運用神話、以及隨之衍生出來的原始教條，重新詮釋過往慣常的各種禮儀。隨著城邦和莊園國家逐漸拼合成王國，神職人員當中也開始出現魅力型領袖：他們宣稱自己就是神明、或是能夠代表神明的統治者。

這樣的神王既主宰國家的宗教禮儀、又被同為信眾的臣民當成是神明的化身，他就可以把自然界當成王國的延伸，把自己的政治和軍事成就都說成是神明的賜福；而他防治自然災害的作為，則被當成其神力的展現。君主結合政治權力與宗教禮儀並將其「私有化」，使王權得以無止境地膨脹，以前所未見的方式剝削一般民眾。而這種社會不平等，亦改變男女之間的性別分工：隨著物資的累積和承傳，再加上無日無之的暴力掠奪，使社會的資源和權力逐漸往男性靠攏。此後人類大部分的文明社會都採取了父權制度（Patriarchy），社會的運作也愈來愈接近大猩猩的行為模式[17]。

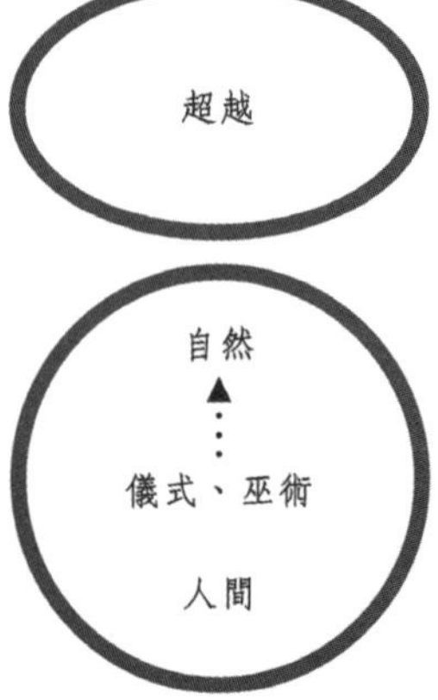

圖 1.1　人類文明發展初期的宗教理念

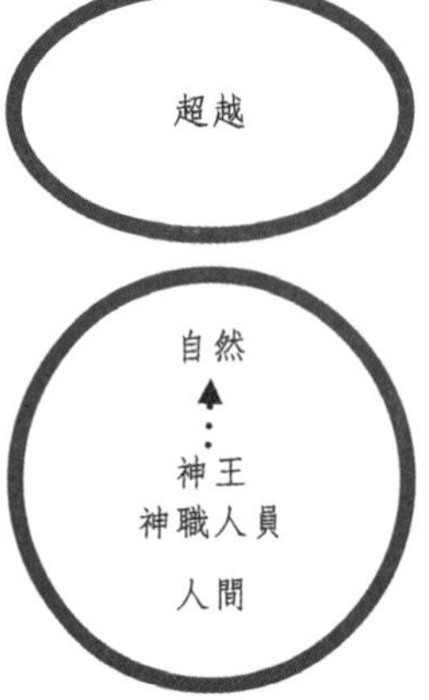

圖 1.2　上古文明「神明私有化」的宗教政治秩序

總括而言，在人類文明發展初期的宗教理念，神聖領域和人間社會之間雖然有聖俗之分，可是兩者同樣都是自然世界的事物：也就是說，神聖領域並不處於凌駕自然世界之上的超越空間。亦因如此，人類相信可以通過社群內的儀式或巫術，反過來影響神聖領域的秩序，從而改變自然世界的運作。隨著人類社會的資源因農耕技術的發展而出現剩餘，其聚居地也逐漸發展成城邦或王國這樣的政體，當中少數能夠控制資源流動的精英，就壟斷了與神聖領域的溝通管道。這些專職神職人員的領袖，其後開始宣稱自己擁有某些神明的特質，從而獲得統治社群的權力。這種「神明私有化」的過程，就是王權政治的開端：壟斷宗教符號和儀式的統治者，自此亦能夠「挾神明以令諸侯」，以神聖的姿態肯定自己高人一等的社會地位，甚至試圖把影響力擴展到鄰近的族群。這種國家建構過程（State Formation）伴隨著的各種政治、經濟和社會不公，也成為上古社會日益嚴重的文明病。

東亞文明的王權擴張

與在公元前五五〇〇年出現的蘇美文明、在前三三〇〇年前後出現的印度河流域文明、以及在前三一〇〇年前後出現的埃及文明相比，文明社會在東亞大陸的出現是比較晚近的事。大約在前一九〇〇至一五〇〇年之間的二里頭文化時期，黃河中游各地開始出現星羅棋布的中小型定居聚落：這也許是傳說中夏王國活躍的時期。有血緣關係的氏族把聚落設在容易守衛的地方，並於四周築起城牆：這樣的聚落被稱為「國」、而裏面的住民則稱為「國人」。這些「國」大多是農業社會，只有少部分是手工業和商業集中之地，故此實際上這些設有城牆的聚居地，是設防的社區（Walled Community）而非真正的城邦（City-State）：不過為方便討論，筆者之後會把這些多為莊園國家的聚落稱為「城邦」、把隸屬於其他政體的自治聚落稱為「城市」。這些城邦內部雖然有貴賤之分，可是由於所有國人都有共同的血緣連帶、而社群亦是靠全體參與的祖靈祭祀連繫，所以貴族與平民的關係起初還是相對平等：比如說輩分比較高的平民，也可以與貴族平起平坐地商討國事。

東亞文明發展初期的主要社會分層，並非城邦內部的貴賤之分，而是住在城牆內的國人、與住在周邊的「野人」之區隔。這些「野人」有的是在荒野的住民，亦有不少是被其他城邦征服的城市的原有「國人」。在這些被征服的城市裏面，來自征服者城邦的統治者就成為外來的貴族、而原本的住民則淪為受宰制的「野人」，兩者的差異則是東亞文明早期最顯著的社會分層。不過當時城邦與被征服的城市之間的連繫，就只有城邦國人與城市貴族之間的血緣關係。隨著世代交替，城市貴族與征服者城邦的關係日益疏遠，反倒與聚落底層的野人親近起來：這兩者最終結合成「類氏族」的群體，並採取有異於征服者城邦的祭祀儀式。也就是說，在擁有多於一個城市的政體中，中央對地方只能實施相對間接的統治，而宗主與藩屬之間的關係也會隨時間流逝變得疏遠[18]。

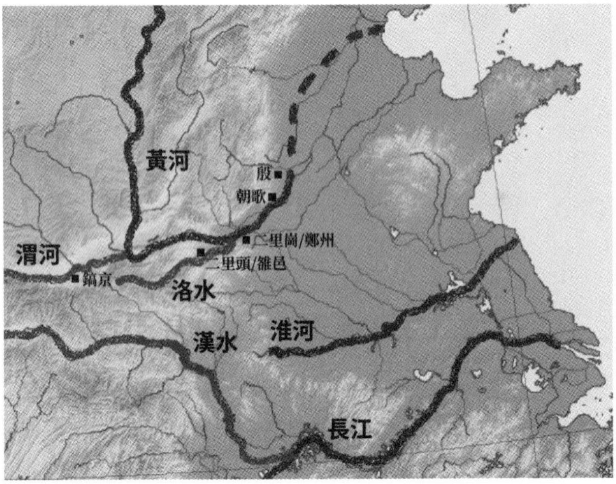

圖1.3 東亞大陸文明的搖籃

不過在公元前一八〇〇年左右，位於黃河中游南岸洛水流域的都市，既附設宮殿、也有大型的祭祀空間。考古學者亦發現當地的陶器風格，此後也傳播到黃河流域其他地方。這顯示當時已經出現規模比城邦更大的王國，這些新興強權會透過祭祀儀式，控制幅員比較廣闊的地域，甚至把影響力投射到洛水流域以外[19]。不過在前一五八〇年之後，這些被歸類為二里頭文化的王國卻逐漸衰落，並大約在前一五二〇年至一五〇〇年之間銷聲匿跡[20]。此時下七垣文化卻從山西高原與黃河之間的太行山山麓的向外擴散：考古學家認為此處興起的政權，有可能就是商王國的前身[21]，故此亦稱之為先商文化。先商文化其後擴展到黃河中游，於前一五〇〇年左右發展為二里崗文化，並一直延續到前一三〇〇年：考古學家多認為二里崗文化即盤庚遷殷時的商王國。

與之前的政權相比，商王國對周邊地區的宰制更為徹底，其權力相對上亦比較集中。位於鄭州的二里崗遺址，可能就是商王國開國者湯的王都：而這是座人口三十萬之大城。這種規模的城市在上古時期幾乎絕無僅有，在兩河流域最大的兩座城市拉格什（Lagash，又名 Al-Hiba）和烏魯克（Uruk），其人口在全盛時期才不過是七萬至七萬五千人左右。而過往在二里崗遺址的都市，其人口最多也不過三萬七千五百人。此後在前一三〇〇年左右，盤庚把王都遷到殷（今安陽西北），而商王國亦邁入其歷史的晚期：殷比鄭州商城的規模更大，是座有四十五萬人口的大都會。與此相比，位於商王國周邊的城市和外圍的城邦，人口都被縮限在數千和數萬之間[22]。商王國有意動用武力削減周邊城市和外圍城邦的實力，迫使它們削減規模，與此同時亦集中王國各地的經濟資源，又讓貴族都集中到王都附近：如此王都的規模和實力，完全壓倒黃河流域的城市和城邦，而商王國就這樣以「強幹弱枝」的方式確立在黃河流域的霸權，甚至一度把影響力輻射到長江中游的盤龍城（今武漢近郊）。除此以外，商王國的王都也是宗教祭祀的中心：商王國的王室及神職人員，透過祭祀稱為「上帝」的神明、以及各逝去商王的祖靈，一方面以卜辭向國人發號施令、同時亦讓外圍的政體向商王國臣服[23]：商王國透過「神明私有化」，一方面在國內彰顯王權的絕對權威、另一方面則大肆征伐四周的部落。

隨著商王國勢力不斷擴展，原先的貴族階層生養眾多，就開始分為不同的氏族。新形成的貴族旁枝就遷徙到遠離王都的地方，並建立新的城市。雖然來自王都的力量，不斷壓抑著這些新城市和更外圍的城邦，盡力使他們縮減到村落的規模。可是這些貴族旁枝的新城市、以及在商王國勢力範圍邊緣的外圍城邦，仍然能發展出為數不少的中小型聚落[24]。商王國中央則透過拜祭上帝的宗教儀式操控這些城市，又把周邊的城邦轉化為商王國的藩屬。而比這些城市或城邦更外圍的地方，就是「蠻夷」居住的化外之地。商王國不時會派兵攻打這些地方，而在戰爭中被俘虜的人，比如西北方的羌人、或東方的夷人，則會被商人當成奴隸。這些奴隸會在上帝祭祀的過程中，像其他禽畜那樣淪為被宰殺的「人牲」。商王國的王族和貴族逝世後，也會要求他們的奴隸一起殉葬[25]。

不過在函谷關以西的渭河盆地，商王國的勢力投射卻因地理環境而受限：當地姬姓的周王國雖為商王國的藩屬，卻得以乘機逐漸累積實力。到公元前一千年左右，周王國率領外圍城邦和被稱為「蠻」的族群結盟，揮軍直指商王國當時的王都朝歌（今河南淇縣）。不過商王國滅亡之後，周王國對黃河流域的控制並不穩固，使昔日的反商聯盟瀕臨瓦解。此後經過以十年計的戰爭，周王國才把東方的反對勢力完全清除，正式成為黃河流域的霸主[26]。

此後周王國以「去中心化」的方式，在黃河流域確立以中小型城邦為主的新國際秩序。周王國的首都設在容易防守的渭河盆地，比鄰的鎬京、豐京二城（今西安長安區）分別肩負行政和祭祀的功能，其後又為方便控制黃河流域的新勢力範圍，於洛水流域設置陪都雒邑（今洛陽）：這座新王都亦被稱為成周，正好處於商王國故地的西邊。這些都城設在戰略重地，規模卻不如商王國的王都。周王國又派遣信任的王族和親信，到黃河流域東部、特別是商王國過往的核心勢力範圍設置城邦。這些新城邦的成員都是具有血緣關係的氏族，其內部社會則由祖靈祭祀所維繫。而周王國的國王亦透過祖靈祭祀，把祖先奉為「私有」的神明，又以「神聖」的血緣連帶團結散落黃河流域各地的王族和姻親，讓他們為周王國守衛戰略重地和交通要衝。在周王國體系下的各個城邦，亦按照立國者的長幼嫡庶制定尊卑秩序，並按功勞賜予不同等級的爵位。而國際活動之中的禮儀亦多為祭祀儀式，按照各國的等級奠定其內容規範。與王族關係疏離的城邦，比如在黃河流域以外的土著城邦，則會被賜予較低的地位、並分封到較邊陲的地域[27]。

不過靠血緣姻親關係維繫的國際關係，終究會隨著世代的轉移而無以為繼。即使是由國王的兄弟成立的城邦，在經過好幾代人以後，這些城邦統治者之間的人情亦會趨向淡薄：他們反倒會愈來愈親近附近的土著。而周王國內部的權力鬥爭更是這個國際體系的致命傷。大約在前七八三年，在位的國王宮湼（謚號幽王）因為寵愛新入宮的妃子褒姒，就執意廢掉王后以及太子宜臼。申國的君主作為王后的父親、太子的外祖父，因此決定與西北邊疆的部落犬戎結盟擊殺宮湼。宜臼在十幾年的王位爭奪戰後，於前七五九年消滅鎬京政權，並把周王國的重心轉移到洛水流域[28]。

這場王位爭奪的風波損害了周王國霸權的國際認受，而宜臼借外公之力殺害父親和叔父以奪得王位，更是觸犯到祖靈信仰的禁忌：作為霸權根基的宗法秩序既然受到破壞，周王國也喪失以禮儀統領諸國的基礎。黃河流域和長江中下游此後踏入了春秋時代：威信大不如前的周王國，只能倚賴有實力的城邦維持國際秩序，而這些新興勢力的君主就被稱為霸主。此後權力的天秤逐漸向霸主傾斜，在初期興起的霸主還是會以「尊王攘夷」的姿態輔助周王國，可是後來霸主們卻都把重心轉移到「一方稱霸」。如今有實力的霸權在兼併其他城邦後，就會破壞其原有的氏族關係和祭祀秩序，將其轉化成霸主的直屬領土：這些被征服的城邦其後逐漸轉型為大國直接管轄的郡縣，由霸主派任的貴族或官僚管理。隨著戰爭日益頻繁，各國城邦內部能夠控制兵力的貴族亦萌生奪權之念，使用暴力消滅其他的貴族、甚至從君主手上奪取統治權[29]。隨著大國不斷吞併中小型城邦，領土型國家（Territorial State）亦於公元前五、四世紀之交興起。這些新興強權已對周王國過往的地位視若無睹，甚至開始像周王國的君主那樣自立為王。由於這些領土型國家為擴張勢力而不斷互相征伐，故此這個時期又被稱為戰國時代。

而位處渭河盆地的秦國，其祖先原為生活在東亞大陸西北方與內亞接壤地區的游牧族群。當這個族群發展成農耕社會、並接受周王國的冊封時，周王國體系已經猶如落日斜陽。其後隨著周王國重心東移，秦國得以在渭河盆地內開疆拓土，相對不受黃河中下游的國際衝突影響。由於這個從游牧族群轉型的新興國家，其貴族階層的勢力比較薄弱，使他們更易適應從城邦到領土王權國家的轉型[30]。秦國君主嬴渠梁（謚號孝公）在公元前三五六年任用商鞅推動中央集權改革，把過往經貴族之手間接管治氏族的封建制度，改為讓王權直接管治民戶的集權制度。商鞅首先清查秦國的人口和土地，從而讓王權直接掌握全國的人口和土地狀況。而其後推行的戶籍制度，則是東亞大陸的重大政治創新：商鞅把地方管治的單位，從氏族伸展到由核心家庭組成的「戶」，又造冊記錄各戶的人數、資產和所在地，依據各戶的男丁數目分配兵役和力役。為方便國家管理人口，民眾必須定居於戶籍地址而不得隨意遷徙。而地籍登記，則令國家能繞過貴族直接支配國內的土地，並依照王權的喜好進行分配：平民則在新的土地制度下，獲得自由買賣土地的權利。除此以外，國家亦透過公開的法令剝奪貴族因地制宜的權力，並讓國家派任的官僚取代分封於各地的貴族，使王權能伸延到國家每一寸的地域。商鞅亦讓當兵的平民能夠憑藉軍功晉身貴族階層，為戰場上的士兵帶來奮勇殺敵的誘因。不過對於秦國民眾而言，商鞅的改革帶來的卻不只是向上社會流動的機遇：為增加農業生產和兵源，商鞅也不惜以嚴苛的法令限制人身自由[31]。

雖然商鞅因為觸犯到秦國貴族的利益，而於嬴渠梁逝世後遭受清算，可是繼任的嬴駟（謚號惠文王）仍堅持沿用其制定的政策。在競爭激烈的新國際形勢下，商鞅的管治哲學就逐漸發展成法家思想，並成為東亞大陸諸國趨之若鶩的學說[32]。齊國稷下學宮的門人，其後偽託春秋時代齊國權臣管仲之名編纂《管子》，以黃老學的思想資源推動法家思想的進一步發展。當時東亞大陸的諸子百家，都有為數不少的學者到過稷下學宮求學或講學，令各種學術思潮都無可避免被法家思想刻下印記[33]：筆者將會在本章的末段，討論法家思想對東亞政治意識形態發展的長遠影響。這種學說站在統治者的立場，主張透過行政律令和愚民手段，讓君主取得直接管治民眾的管道，一方面促進農業生產、另一方面則鼓勵百姓生養眾多。此後君主應當以富國強兵為目標，禁制所有與軍事和農業無關的事物，並著力以有效率的方式從民間榨取兵源和稅賦。對於一般民眾而言，雖然法家提倡的改革能夠提升生產力，從而為他們的物質生活帶來改善，可是這種「先軍政治」卻也是政治壓迫的來源。隨著法家思想日益普及，東亞大陸諸國亦隨即獲得發動戰爭的資源，使戰國時期成為戰禍連年的動盪歲月。

雖然在秦國以外的列強都想按照法家思想推動行政改革，可是這些國家都有盤根錯節的貴族階層，以致君主無法在忽略他們利益的情況下徹底革新。這些國家仿照秦國的方式從民間榨取資源，卻不像秦國那樣改革貴族制度：世襲的貴族往往會為個人享樂虛耗搜刮得來的資源。對於這些國家的民眾而言，王權的擴張往往意味著政治欺壓、社會不公、動盪不安與民生困頓[34]。

推動平等的超越價值信仰

在公元前十一到一世紀之間，當東亞大陸踏入春秋戰國時期之際，韋伯（Max Weber）所論及的先知世代（Prophetic Age）亦於歐亞大陸各地開展[35]：此時各地都出現先知式的人物，他們主張在人類之上存在著超越（Transcendental）的領域，而宇宙萬物的運作都是由超越的規律所主宰。人類無法左右這些規律，只能設法理解和順從。而這些超越的規律，不單決定自然世界如何運作，亦是倫理和價值的基礎。

先知式人物本於超越人間的價值，否定過往的宗教儀式，並認為通過巫術操縱神明和自然就是對超越真理的褻瀆。人類反倒必須採用超越真理的視野，重新審視世間一切的固有秩序。過往透過壟斷祭祀儀式而獲得權力的神職人員與君王，在這種視野中成為人類認識真理的障礙。根據超越的觀點，人類應當超越血親、氏族等初級群體（Primary Groups）內部個別主義（Particularism）的恩庇侍從關係（Patron-Clientelism），把關懷的對象擴展到整個社會、以至是全人類的普遍（Universal）命運：人類不論親疏遠近，在普遍而超越的真理面前都是平等的，沒有任何人生出來就比其他人更為高尚。這個時期在歐亞大陸各地興起的新興信仰，以超越真理之名批判宗教建制與王權，並嘗試以理性化和系統化的方式重新確立社會倫理秩序[36]：部分學者將這個過程稱為軸心突破（Axial Revolution）[37]。

而在猶大王國（Kingdom of Judah）興起的大神論（Henotheism）信仰，則是這種新興宗教的典型。作為閃語族群（Semitic People）的猶太人在文化上與兩河流域比較親近，可是他們所處的黎凡特（Levant）山區，卻剛好被夾在埃及帝國、以及非利士人（Philistines）和腓尼基人（Phoenician）這類海洋族群的勢力範圍之間。猶太人長期活在邊陲地帶的經驗，亦使他們與亞述（Assyria）和巴比倫（Babylon）這類閃族帝國出現隔閡。當猶太人的部落逐漸凝聚成猶太王國，國家就出現內外交困的狀況：王權的擴張令濫權和社會不公的狀況日益惡化，而周邊的帝國亦對這個小國虎視眈眈。一些對建制秩序持批判態度的猶太人，開始重新詮釋固有的族神信仰：他們指出其族神乃是超越天地萬物的上主，並藉此批判閃族帝國的擴張主義，從而確立猶太人應自立自主的權利。比如〈創世紀〉當中巴別塔的故事，即為對巴比倫帝國擴張的批判：

那時，全地只有一種語言，都說一樣的話。他們向東遷移的時候，在示拿地找到一片平原，就住在那裏。他們彼此商量說：「來，讓我們來做磚，把磚燒透了。」他們就拿磚當石頭，又拿柏油當泥漿。他們說：「來，讓我們建造一座城和一座塔，塔頂通天。我們要為自己立名，免得我們分散在全地面上。」上主降臨，要看世人所建造的城和塔。上主說：「看哪，他們成了同一個民族，都有一樣的語言。這只是他們開始做的事，現在他們想要做的任何事，就沒有甚麼可攔阻他們了。來，我們下去，在那裏變亂他們的語言，使他們彼此語言不通。」於是上主使他們從那裏分散在全地面上；他們就停止建造那城了。因為上主在那裏變亂了全地的語言，把人從那裏分散在全地面上，所以那城名叫巴別（Babel）[38]。

巴別就是巴比倫的別名。上古時代兩河流域的帝國都會在首都蓋建磚砌的金字形神塔（Ziggurat），作為國家祭祀的中心：帝國及其君主透過壟斷宗教符號和祭祀禮儀，迫使周邊的族群順服其統治。猶太人的族神在巴別塔故事中，刻意透過變亂語音破壞修築巴別城的計劃，並分散這座城邦想要凝聚的人群：這樣的敘事，旨在批判當時巴比倫帝國的帝國擴張、以及其背後的城市宗教禮儀[39]，無疑是通過超越價值追求外部平等的主張。

到公元前八世紀阿摩斯（Amos）、何西阿（Hosea）和以賽亞（Isaiah）等先知，則奉上主之名批判國王，對猶大王國腐敗的王權作出警告：有異於早前的古希伯來信仰，這些先知關注的焦點乃是國家的內部平等，而非國際形勢下的外部平等。後來巴比倫於前五八七年攻陷耶路撒冷，並把國王與城裏的住民一併俘虜到巴比倫城：這些俘虜的後代要待波斯帝國消滅巴比倫後，才得以在前五三九年回到故鄉。目睹國破家亡的先知耶利米（Jeremiah），悲憤地控訴猶大王國國內各種的欺壓和不公，並指出這個國家之所以被巴比倫破滅，是因為猶太人惡貫滿盈得罪上主：

> 以色列的神如此說：你們要改正你們的所作所為，我就使你們仍然居住這地……你們若實在改正你們的所作所為，彼此誠然施行公平，不欺壓寄居的和孤兒寡婦，不在這地方流無辜人的血，也不隨從別神陷害自己，我就使你們仍然居住這地，就是我從古時所賜給你們祖先的地，從永遠到永遠……現在，因你們行了這一切的事，我一再警戒你們，你們卻不聽從；我呼喚你們，你們也不回應……我必將你們從我眼前趕出[40]……

猶太人的先知根據上主的超越真理，對國內政治和經濟上的不平等[41]、以及國際政治上的弱肉強食現象[42]都提出了批判：他們認為超越一切的上主，以普遍而絕對的真理主宰世間萬物，國內的王權和國際的霸權再是不可一世，只要違反上主的律法就必然招致敗亡[43]。猶太人在巴比倫帝國滅亡後回歸故鄉時，根據這種超越視野編撰《舊約聖經》當中的「申命記歷史」（Deuteronomistic History）[44]，並逐漸把過往的信仰發展成猶太教的思想體系。

不過猶太人此後先要面對希臘文化東傳的衝擊，到公元前一世紀更被納入羅馬帝國的勢力範圍，使社會出現文化淪亡的危機意識。處於這樣的環境下，彌賽亞信仰（Messianism）在猶太教的圈子內逐漸普及：他們相信超越的上主將會派遣救世主，幫助猶太人驅逐各種外邦勢力[45]。不過其中一支由耶穌帶領的教團，卻主張上主的愛能夠超越人世間的所有障礙，不管信徒之間有著怎樣的族群、階級和人倫關係，他們在上主的愛裏都是平起平坐的弟兄姊妹。耶穌批評當時的猶太教領袖，指責他們把信仰變成維持特權的手段：為此在耶路撒冷的猶太教領袖決定與羅馬人聯手，在公元三十至三十三年期間以謀反的罪名害死耶穌。可是教團的信徒卻相信耶穌既是彌賽亞（希臘語稱為 Christós／基督）、也是上主的肉身兒子，認為他在處刑後第三天從死裏復活，並在四十天後升天回到上主旁邊。這種奉耶穌為彌賽亞的信仰其後急速在羅馬帝國各地傳播，並破天荒地在猶太人以外的族群流行起來。基督教把用來處決叛亂犯的十字架當成圖騰，宣告耶穌將會再次降臨，讓上帝的國度取代既有的腐敗建制：他們一邊探索另類平等社會的可能[46]、一邊批判所謂「羅馬治下的和平」（Pax Romana）[47]。此後基督教長期飾演體制外批判者的角色，直到在公元四世紀被羅馬帝國收編為止。

而住在愛琴海沿岸的希臘人，則以神明祭祀為基礎於各地設立獨立的城邦，並透過近似的神話承傳和定期的宗教祭祀，在希臘文化圈建立國際社會。隨著波斯帝國的勢力逐漸經小亞細亞向愛琴海沿岸擴張，希臘城邦的國際宗教祭祀亦成為商討的場合。在前四七八年，希臘各城邦的代表在提洛島（Delos）的神殿聚首一堂，並在雅典牽頭下組成抵抗波斯入侵的軍事同盟。提洛同盟（Delian League）擋住波斯的入侵後，卻變成雅典向其他城邦施壓的工具，而雅典亦從民主自治的城邦蛻變成掠奪成性的帝國。斯巴達其後與盟友締結伯羅奔尼撒聯盟（Peloponnesian League）挑戰雅典霸權，令整個希臘世界在前四三一年捲入伯羅奔尼撒聯盟戰爭（Peloponnesian War）。雖然斯巴達在為時二十七年的戰爭中慘勝，其霸權最終也只能維持三十二年，而各希臘城邦亦於戰後瀕臨崩潰。希臘世界其後邁入漫長的衰退，並於七十二年後被北方的馬其頓征服。

蘇格拉底認為雖然雅典並非王權國家，可是其民主政治仍然並未能克服國家形成和帝國建構所帶來的各種弊端。問題在於，主導雅典民主的政治人物都是智辯者（Sophist），他們雖然見多識廣、能言善辯，卻只懂得為政治動員使用華麗的修辭，而沒有探究事物背後的真相，更無法在現有體制外想像別的可能[48]：其結果就是把整個希臘世界捲入戰爭的腐敗政治。蘇格拉底主張有識之士都應當成為愛智慧的人（Philosopher，今日「哲學家」一詞的原意就是「愛智者」）：他們應該透過質疑和探求事物背後的本質，藉此發現絕對的超越真理。雅典的當權者對蘇格拉底的教導深感不滿，並在前三九九年強迫他服毒自殺。蘇格拉底的門生柏拉圖，則在《理想國》（*Republic*）裏面提出了哲王政治的構想：他認為理想的政治，必須依照絕對的超越真理加以推動。因此國家必須是交由精於理性思辨的哲王（Philosopher-King）統治，讓他以乾綱獨斷的方式把超越真理落實到政治之中。為了長期保持理性思考，哲王必須拋棄家庭、物質和享樂，終身過著簡樸的生活。而輔佐哲王的官僚亦同樣需要成為苦行者，不能讓物欲和感情干擾尋求超越真理的理性思考。

柏拉圖的弟子亞里士多德，則是馬其頓王國亞歷山大大帝的老師。亞里士多德認為，不論是民主政治[49]、貴族政治[50]還是王權政治[51]，都會因為從政者的私利而導致腐敗。從理性思辨獲得的超越真理，不能夠只是知性上的真理，也同時必須是道德上的真理。政治的參與者必須掌握這種超越的德性，方能實踐造福社會全體的理想政治，透過在政治上的德性實踐，從而為社群全體成員帶來幸福，則是人類快樂的根本泉源[52]。

南亞的印度河流域和恆河流域的國家，則在公元前六至四世紀陷入漫長的大混戰，歷史把這段時期稱為十六雄國時代（Mahajanapads）[53]。婆羅門教（Brahmanism，俗稱印度教／Hinduism）的教義於這段動盪歲月逐漸成形，主張世界的運作都是由超越的法（Dharma）所驅使。而根據法的超越原則，一個人在社會上的位置，乃是由過往歷次輪迴累積的業力（Karma）而決定。人若不安於今世的地位，僭越之時就會累積惡業，令來世輪迴後的景況變得更加糟糕。起初這樣的教義，是要勸勉各地的君王安於各地分治的現狀而不要輕啟戰端，並肩負保護領地民眾的責任，免得為來世留下惡業。可是同樣的邏輯若然應用在基層民眾身上，就會斷絕他們在今生獲得社會平等的機會[54]：而這也就是印度種姓制度（Caste System）的淵源。這樣的宗教秩序不只剝奪基層民眾今生的權益，也同時剝奪了他們來世獲得救贖的盼望：因為根據婆羅門教的教義，只有來自神職階層的人才有資格參與修行，從而獲得靈性上的解脫。社會地位、政治權力和經濟分配上的不平等，也因此同時是靈性上的不平等：精英得善業、平民得惡業，各種不平等也隨著輪迴變成無法跳脫的無窮迴圈（Infinite Loop）。

在前七至六世紀期間，來自釋迦族（Shakya）的王子悉達多・喬達摩（Siddhārtha Gautama）為尋求解脫之道，脫離家族到荒野修行，於悟道後重新詮釋婆羅門教的神話，提出一條跨越階層的普遍救贖之路。悉達多的信眾把他們的導師稱為佛陀（Buddha），也就是「覺者」的意思。佛陀指出在世間之上有形而上的真實世界，而人類身處的自然界當中的各種事物，都只是虛幻的錯覺：人類把這些幻覺當成真實，滋生貪、嗔、痴的顛倒夢想，並為此迷失自我、你爭我奪，為人生帶來無盡的痛苦。人類若要從痛苦中獲得解脫，就必須斷絕各種在人世間的孽緣，捨棄各種物質、地位、階級、情欲和人倫的牽掛，與形而上的真實世界合而為一。佛陀認為眾生平等，任何人不論身分地位都可以踏上修行之路：修行者若要渡往真理的彼岸，也必須抹除任何與身分地位相關的標記[55]。在前五四四年前後佛陀涅槃後，他所創立的佛教首先傳遍南亞各地，其後再經內亞或東南亞傳播到東亞。筆者之後會在第二章，提及佛教與東亞固有意識形態的互動。

歐亞大陸各地出現的新興宗教，反映各地的有識之士，開始察覺國家形成所帶來的各種弊端，並嘗試紓緩其為人類社會帶來的各種苦難。他們嘗試透過凌駕自然界、舊宗教和王權之上的超越理念，以反身性（Reflexivity）的態度審視各種社會、政治和文化上的現狀。他們根據超越真理挑戰固有的宗教禮儀和世界秩序，重新界定社會整合、階級分層和政治認受性，而部分人士則藉此提倡體制上的改革[56]。超越價值的發現，通常都會與社會的平等化相輔相成：超越價值能夠改變相對封閉的政治意識形態，從而為既有的社會政治結構帶來衝擊。以政治意識形態和社會政治結構之間的互動，則會改變既有的社會分層，帶來比較平等的新社會秩序：其結果通常是社會的內部平等、有時也可以是國家或政體之間的外部平等。

不過超越價值所帶來的，往往只是有限而非徹底的改變。上文提及的各種超越信仰，雖然都會對不平等的現狀提出批判，可是他們對平等的追求往往只限於精神上或靈性上的層次[57]。而超越信仰對社會政治平等的追求，亦會隨著信仰體制化而終結：在這個過程出現的新

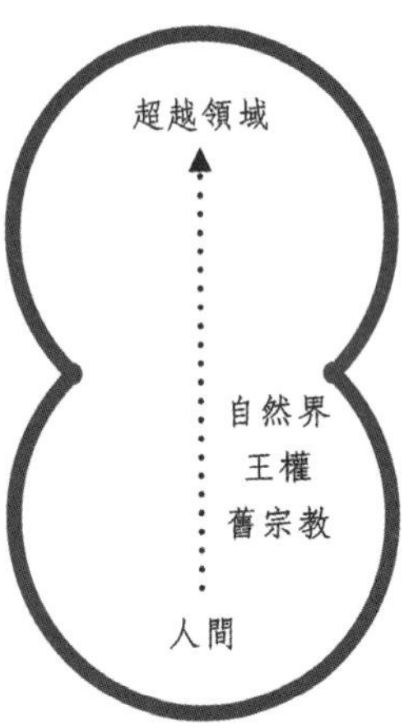

圖 1.4 超越真理的視野

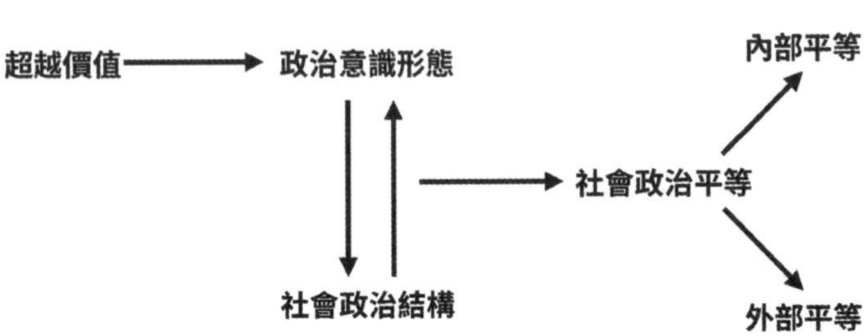

圖 1.5 超越價值的發現與平等化

興宗教階層，最終會為國家體制所收編、或是成為執掌政權的機關，並透過教義和禮儀把不公的既得利益合理化[58]。即便如此，超越信仰還是能夠令人類社會踏出了自我批判的第一步；而各信仰體系的後起之秀，亦有可能繞過宗教建制的宰制重新發現超越價值，繼而帶來新一波的平等化潮流。不過超越價值在不同地方、不同時段的再發現，對社會政治平等的影響不一：世界不同地區各有其發展路徑，並會隨著歷史的累積，構成當代平等政治的地域差異。

在上古希伯來信仰和希臘哲學首先發現超越價值後，歐亞大陸西部的歷史並未因此而終結：與此相反，超越價值的再發現乃是反覆出現的常態。在希伯來與希臘文化雙重衝擊下產生的基督宗教、於公元七世紀出現的伊斯蘭教、以及在十五世紀席捲歐洲西部的宗教改革，都是對超越價值的重新發現，同樣都對固有的宗教和意識形態帶來重大衝擊。這幾個新信仰的出現，亦是歐亞大陸西部社會政治發展的里程碑。而類似的過程，亦曾經在東亞的歷史中不斷出現。隨著超越價值不斷的被發現、體制化和再發現，歐亞大陸各地的社會亦在這種辯證的循環中，從上古時代依次過渡到經典時代、中世、近世和近代（表1.1）。在本章餘下的篇幅，筆者將會討論超越價值被東亞的知識人發現後遭到迅速馴化的過程。而本書隨後的章節，則會探討超越價值在東亞被反覆發現後、不斷由權力收編的歷史過程。

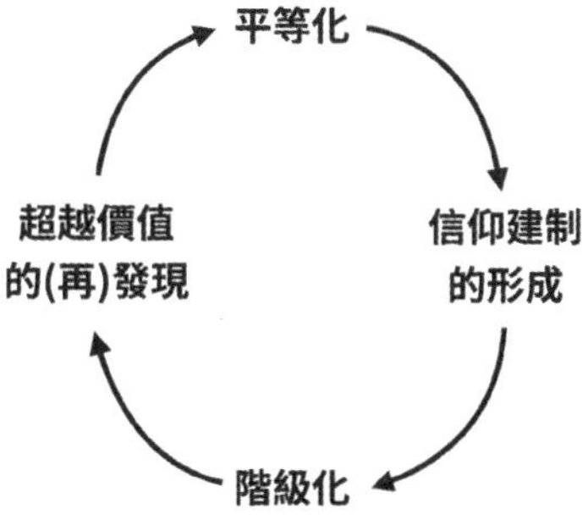

圖 1.6 超越價值與平等化和階級化的循環

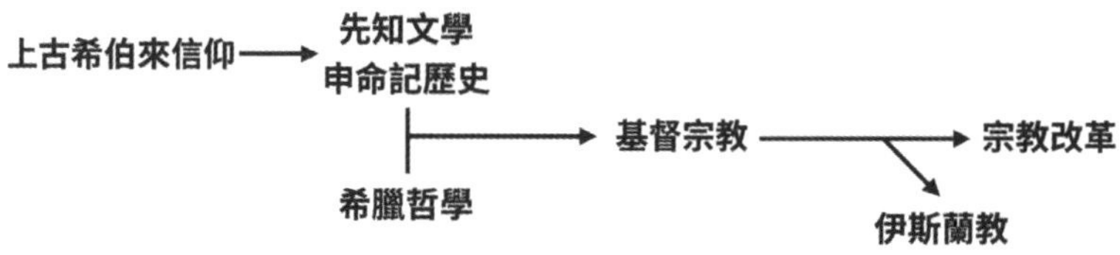

圖 1.7 超越價值在歐亞大陸西部的發現與再發現

圖 1.8 超越價值在東亞的發現與再發現

表 1.1 各歷史時期的特徵與時段

歷史時期	特徵	時段
上古 （ARACHIC）	• 尚未意識到超越價值（Transcendental Values）的存在 • 以巫術支持王權的政治體系 • 建基於部落主義（Tribalism）和個別主義（Particularism）的封建制度（Feudalism）	前五世紀及之前
「軸心時代」 （AXIAL AGE） ／ 古典 （CLASSICAL）	• 發現超越自然世界與政治體系的價值，形成各種超越信仰 • 以普遍主義（Universalism）批判部落主義和個別主義的新思潮 • 廣域帝國於歐亞大陸各地出現 • 跨大陸貿易網絡開始成型	前五世紀至 二世紀中（東亞） 前五世紀至 五世紀（西方）
中世 （MEDIEVAL）	• 部落主義與個別主義隨超越信仰的衰微或體制化而重新抬頭 • 廣域帝國的消失或衰落 • 封建勢力以超越價值「代理人」的姿態於各地建立莊園，促成社會的再封建化 • 在莊園經濟獲得鞏固的情況下，市場貨幣經濟的發展相對停滯	二世紀末至 十世紀末 （東亞） 五世紀至 十五世紀末 （西方）
近世 （EARLY MODERN）	• 超越價值的再發現，帶來重新審視宗教、社會、政治、經濟和自然科學原有觀念的新思潮，各種人文和自然科學的新知識紛紛湧現 • 普遍主義再次壓倒部落主義和個別主義，並帶來各種新制度 • 科層體系（Bureaucracy）下的中央集權（Centralization），逐漸成為政治上的常態 • 主權國家（Sovereign State）和國族主義（Nationalism），成為國內和國際政治運作的基本原則 • 會計制度的出現促成「數目字管理」，推動市場貨幣經濟急速發展，在取代其他舊有經濟制度的同時隨貿易網絡向海外傳播	十世紀至 十九世紀中 （東亞） 十五世紀末至 十八世紀（西方）
近代 （MODERN）	• 關於自然世界的新知識，促成對自然資源的大規模搜刮，為機械動力的出現鋪平道路，繼而令生產力大幅提升 • 關於經濟和組織原理的新知識，則帶來勞動力的突破 • 工業取代其他固有產業，成為經濟產值的主要來源 • 各地的市場貨幣經濟併合成跨越全球資本主義體系（Capitalist World System），各種旨在補充或取代資本主義的提案亦隨即出現 • 經濟生產與軍事力量的結合，令全面戰爭（Total War）成為可能	十九世紀中以後 （東亞） 十八世紀中以後 （西方）

東亞模式：內捲化的超越真理

隨著東亞大陸的國家建構過程於春秋戰國時代邁向高峰，當地就像同期的歐亞大陸那樣浮現試圖解決弊端的新思潮，當中以孔子（子姓孔氏，本名丘）在公元前六至五世紀奠基的儒家思想最具影響力。生於前五五一年的孔子本為宋國貴族的後人，曾經在魯國擔任高級官僚：在孔子的年代，訓練官僚熟習宮廷禮儀典章的技術學問也被稱為儒學。可是隨著魯國政治遭齊國滲透，仕途失意的孔子決定周遊列國講學，嘗試以知識為紛亂的世情尋找出路。

孔子以託古改制的方式，把周王國初年的國際禮儀當成典範，主張透過「復興」禮儀約束爭權奪利的貴族、並為各階層制定行為規範。孔子認為禮儀能夠促進知識人的道德修養，使他們能夠根據「仁」的普遍價值成為「君子」，懂得依據自己的道德情操自愛、並以愛他人的心不做損害別人的事。這些「君子」若能於列國任職，就有機會以道德修養感化君主，繼而促成和諧的國際和國內社會秩序[59]。

而開創道家思想的老子（李氏，本名不詳，字聃），相傳也是生活於同一個年代。他提出在自然世界之上，有一股主宰世界運作、卻無以名狀的力量，而這就是作為超越真理的「道」。他認為透過強制手段建構國家，勢必違反「道」的自然規律，為人類社會帶來痛苦[60]。老子認為權力的運作，必然會帶來構成危害的反作用力：動用軍事手段展現權力，必會對社會造成破壞，以至「師之所處，荊棘生焉；大軍之後，必有凶年」[61]；動用公權力操控民眾，最終必會令民眾變得麻木，造成「民不畏死，奈何以死懼之」[62]的局面。

不過老子卻未本於超越價值批判掌權者，反倒鼓勵統治者通過順應自然的方式，以間接路線（Indirect Approach）減低伸展權力所帶來的反作用力：就如英國軍事理論家李德哈特（B. H. Liddell Hart）所言，「那條迂迴曲折的路，通常可以最快回家」[63]。老子認為「天下莫柔弱於水，而攻堅強者莫之能勝」[64]，建議統治者應當採取低調和柔軟的作風，又主張權力的運作猶如烹調嫩滑而容易破碎的魚肉，必須小心翼翼避免激起反作用力，是以「治大國，若烹小鮮」[65]。

老子最為反對的是儒學所推動的道德教化之主張，他認為由上而下的意識形態建構，既會鼓勵虛偽、亦會令民眾滋生出欲望：是以「大道廢，有仁義；智慧出，有大偽；六親不和，有孝慈；國家昏亂，有忠臣」[66]，令統治者無法有效在社會彰顯權力。在自然狀態之下，民眾理應對事物都一無所知，是以他們在統治者以外就沒有是非、在安分守己之外也沒有其他的快樂。統治者不恰當的干預，則會令民眾獲得知識，從而激起各式各樣的私欲，令他們無法再甘心順服：

> 民之難治，以其智多。故以智治邦，邦之賊；不以智治邦，邦之福[67]。

亦因如此，老子主張統治者應當採用愚民政策，認為「古之善為道者，非以明民，將以愚之」[68]。統治者尤其不應違反自然之道，嘗試以道德教化改變民眾，反倒應該讓他們對道德倫理一無所知：

> 不尚賢，使民不爭；不貴難得之貨，使民不為盜；不見可欲，使民心不亂。是以聖人之治，虛其心，實其腹，弱其志，強其骨。常使民無知無欲。使夫智者不敢為也。為無為，則無不治[69]。

老子認為「無為而治」，是最高層次的政治，也是自然之道的終極實踐。他主張統治者「無為」，並不是出於對民眾的憐憫，反倒是為了幫助掌權者鞏固權力。老子的政治提案，終究是一種愚民的權謀：

當民眾對世事一無所知，又沒有自己的道德判斷，就會容易滿足快樂。他們填飽肚子，就不會向統治者提出額外的訴求，令掌權者能夠以最小的代價，實現對社會的全盤操控[70]。老子對「道」的領會，未曾令他對既有權力體系作出批判：他反倒把對超越價值的認識化為權術，協助統治者以更靈活的方式管轄民眾。

在前三六九年前後出生的莊周，雖然承傳了老子道法自然之說，卻是東亞大陸少數著重個人自由的思想家。他認為不論是法家提倡的中央集權制度，還是儒家透過禮儀確立社會秩序的主張，同樣是對人類自然天性的壓制。莊周主張要從超越的視野探究世間的事物，並指出與超越一切的道相比，人類社會所著重的身分、階級、經濟和文化差異，全都是微不足道的現象：這種說法就是有名的齊物論。人類若能夠從超越的觀點思考事情，那麼他們能夠擺脫制度和物質的桎梏，「天地與我並生、而萬物與我為一」[71]，以自由的心靈渡過逍遙的人生。莊周雖然反對公權力對人身自由的束縛，卻未曾提出保障自由的政治方案：他認為人類只能消極地逃避對權力的欲望，追尋去政治化的人生自由[72]。

活躍於前五至四世紀的墨子（子姓墨氏，名翟），與老子同樣反對儒家意圖「復興」周王國禮儀的主張。他主張復活商王國的上帝祭祀，以鬼神之名宣揚超越的政治公義，讓宗教領袖以帝王之姿實施神權政治：這位神王就如柏拉圖推崇的哲王，透過絕對真理的原則推行善治。民眾除神明和神王以外，再也毋須尊崇任何人，而身分、階級、以至是家庭角色的差異亦將被廢除。世人之間沒有尊卑之分和親疏之別，以絕對平等的身分友愛相待：這就是墨家主張的兼愛。既然民眾之間沒有尊卑親疏的分別，那麼對長輩的喪葬祭祀亦應該盡量精簡，把資源投放在對群體有益的實務之上。在國際政治層面上，墨家反對大國兼併小國、以及任何主攻的軍事行動，並為此動員弟子協助看守被侵襲的城池。墨家主張消滅身分差異的絕對平等，卻毫不重視個體的自由：這個思想流派的追隨者，都是捨棄一切追求真理的苦行僧，並對神權獨裁深信不疑[73]。也許正因如此，墨家思想在戰國時期結束後不久便銷聲匿跡。

其後在東亞大陸得以流行並延續的學說，都與齊國的稷下學宮有所關連：這座位於齊國的最高學府雖然兼容百家，卻是黃老學的大本營，亦與法家思想關係密切。稷下學人在編撰包含〈十六經〉、〈經法〉、〈道原〉和〈稱〉的《黃帝四經》時，把老子「道法自然」的權術與黃帝傳說融為一體，甚至把《黃帝四經》偽託為黃帝的遺作：在東亞大陸的神話中，黃帝是開創文明世界的傳奇君王，既被視為帝王和貴族的共同祖先、也被道家視為已經修練升天的仙人[74]。藉著黃帝曾經統一東亞世界的虛幻傳奇，老子的自然之道亦成為掌權者趨之若鶩的管治術（L'art de Gouverner）。稷下學宮的黃老學，其後亦吸收陰陽家的思想，並對儒學和法家思想後續的發展影響深遠。

大約在前三七五年出生的孟軻，雖然未曾是稷下學宮的一員，可是他卻曾經在齊國待過一段時間、也熟習出自稷下學宮的法家經典《管子》[75]。儘管孟軻承傳的是儒家學統，又是孔子之孫孔伋（字子思）的門人，可是他卻對周王國的禮制感到失望。他參考《管子》對「心」和「氣」的討論，主張社會秩序的確立基礎，關鍵在於發自內心的道德實踐、而非外在的禮制規範。孟軻認為人類皆有惻隱之心、羞惡之心、辭讓之心和是非之心，因此都有能力達成仁、義、禮、智的美德[76]：而父子以至君臣之間的情感，亦像眼耳口鼻的感官那般自然[77]。若然能夠按照人性的善良本質，對統治者和官僚加以適當教導、提升他們的道德修養，民眾就會遵從尊卑秩序、以禮相待，從而達成和諧的社會秩序。

是以君主必須「以不忍人之心、行不忍人之政」[78]，對民眾心存愛護之心，意識到建構國家帶來的戰爭必會損害民生。孟軻認為君主是為了民眾而存在，故此「民為貴，社稷次之，君為輕」[79]，而政治實踐也因此必須施澤於民。孟軻引用《尚書．泰誓》「天視自我民視，天聽自我民聽」一語，主張君主的權力認受乃來自超越的天命，而愛護民眾就是上天頒授的絕對道德律。倘若君主能夠用心照顧民眾，迴避擾民的政策、著力改善民生事項，那麼「保民而王，莫之能禦也」[80]，其政權也會變得堅實鞏固[81]。

不過，大約活在公元前三一六年至二三六年之間的荀況，對禮制的主張卻與孟軻南轅北轍。他曾經在稷下學宮留學十五年，與墨家、道家、法家和黃老學等學派有過交流。在這個多元的學術環境中，他必須綜合諸子百家提出的概念並加以分析，藉此提出本於儒家立場的見解，而非僅僅宣揚主觀的倫理立場[82]。荀況批評孟軻基於人性本善的假設，認為把仁義的「王道」寄託於統治者的道德醒覺流於天真。他指出人性雖有美善之處，可是欲望與良知同樣也是人性；良知使人行善，同時存在的欲望卻可以使人行惡。故此人類必須透過修練，學習以正確的方式處理欲望，令欲望不會成為惡行的根源：良知是天性、欲望也是天性，單靠天性無法克制天性，唯獨社會規範（Social Norms）能夠克制天性[83]。

荀況在稷下學宮接觸到道家和黃老學思想，並從中獲得啟發，運用「道」的概念重構儒家關於道德秩序的主張。同時被道家和黃老學尊崇的老子，指出「道」是主宰自然界萬物運行的超越真理，人類必須依照「道」的原理做出正確的抉擇：順應天道的必然興旺，背逆天道的必然衰微。荀況認為道德倫理運作的原則，亦是由超越的「道」所決定：人性既有異於天道，那麼道德的實踐就不能單靠人性的直覺、也必須透過尋道而瞭解天定的道德秩序，從而作出正確的倫理抉擇。主宰自然萬物的與決定道德秩序的，既同樣是作為超越真理的「道」，那麼我們就可以從自然界和人體運作的原理中，推論哪種道德秩序最能順應天道[84]。

荀況認為，人體五臟六腑的平衡，都是由心所主宰，而且正好可以類比成天、地、人之間的理想關係。道德的修練，始於確立理想的心理狀態，然後再以澄明的心參照天地萬物的運行法則，逐漸提升個人的道德質素[85]。而所謂的禮儀，就是參照萬物運行法則塑造的社會規範。知識人透過禮儀控制人性的欲望[86]，「修身」成為有道德修養的「君子」[87]，如此政治體系內才會有能夠促成善治的人才。人體的自然結構，正象徵著合乎道德的理想社會秩序：君主就如國家的心臟，官僚就是連結五臟六腑的經脈，而民眾就是需要有心臟主宰的五臟六腑。一個國家的管治是否良善，就要觀其施政是否能夠符合超越的「道」，從而使「五臟六腑」的運作能夠平衡。施政違反作為超越價值的天道，社會秩序就不能平衡，而這就是動亂的來源[88]。隨之而來的社會失範，則必須透過禮儀的社會規範加以匡正。

而政治秩序的基礎，則在於知識人官僚依照禮儀實踐的道德修練，以及君主能否按照禮儀的標準挑選「君子」擔任官僚[89]。作為國家經脈的知識人官僚，應當修身成為君子，並以忠信輔助君主的道德修練，勸勉君主依據禮儀的標準提升自我。如此君主作為國家的心臟，就能透過遵守禮儀作為萬民仿效的典範，而這就是法律的根源[90]。而在國家體系內部，每個人都以作為君子的上司為典範，並透過實踐成為下屬的典範，一層一層的把整個體系變成良善的力量。如此國家就有資格通過強制的刑法，約束民眾的不良行為[91]。透過典範和刑罰，民眾就會仿效當權者那樣，通過禮儀指導下的道德修練成為君子。最終實踐道德天道的國家體系，就可以按照國民的道德修為分配資源、並奠定社會尊卑分明的秩序，從而達成「由亂入治」的目標。

荀況欣賞法家在實踐上帶來的效果，又認為商鞅在秦國推行的改革，令當地出現類似周王國初期的社會氛圍：

> 觀其風俗，其百姓樸，其聲樂不流汙、其服不挑、其畏有司而順，古之民也。

可是他卻認為商鞅推廣的刑法，由於沒有內在道德修練的支持，終究還是無法持久。荀況甚至認為這個漏洞，將會令秦國無法在短期內統一東亞大陸（不過其後秦國卻於荀況身後大約十四至十六年一統東亞大陸）。荀況認同法律和刑法是必要的管治手段，可是他亦認為統治階層透過道德修練帶來的示範作用，是法律和刑法能夠正常運作的必要條件。如此在法律和刑法背後，就必須以具有道德感召能力的禮儀去支撐。而基於孝道的禮儀，則最容易為國家所用：這一方面父母與子女之間的親情，是大部分人都經歷過情感互動；而且過往商王國和周王國的祖靈崇拜的傳統，亦已為父子關係的規範化奠定了基礎。荀況認為家庭內部的父子和兄弟關係，能夠幫助世人掌握上下尊卑有序的社會分層，繼而支撐君主統領官僚、官僚輔助君主、民眾服從上位者的社會秩序：

> 能以事親為之孝，能以事兄謂之弟（悌），能以事上謂之順，能以事下謂之君[92]。

荀況的門人在這樣的思路下，編撰《孝經》以提倡「以孝治天下」的統治策略[93]，並主張君子應當以自身的孝行感化萬民，讓他們從孝親開始接受尊卑有序的道德秩序[94]。《孝經》認為孝道是道德的基礎、是順應天道的修為、也是一切善行的開端：

> 子曰：「夫孝德之本也，教之所由生也……身體髮膚，受之父母，不敢毀傷，孝之始也；立身行道，揚名於後世，以顯父母，孝之終也……[95]」

而家庭倫理既是政治秩序的縮影，也是任何道德實踐不能迴避的第一步：

> 夫孝，始於事親、中於事君、終於立身[96]。

又云：

君子之事親孝，故忠可移於君；事兄悌，故順可移於長；居家理，故治可移於官。是以行成於內，而名立於後世矣[97]。

對於知識人官僚來說，家庭就是國家的類比。父子關係就如君臣關係，子女如何孝順父母、遵守教誨、服侍照顧，君子在國家也要用同樣的態度尊敬君主、服從命令、輔助施政。兄弟長幼關係，就如國家體系的等級關係，弟弟如何尊敬哥哥，下屬也當如何服從上級；哥哥如何照顧弟弟，上級也當如何指導下屬。這樣家庭就猶如一個小國家，君子辦理家務，就是要訓練自己未來如何參與國事。而對於平民來說，他們理當遵守自然之道，四時耕作、謹慎行為、節儉過活，盡量留下更多的盈餘供養父母。

根據《孝經》的立場，子女孝敬父母是必須順應的天道，就如君臣、兄弟、長幼之間的尊卑秩序那樣。這樣的尊卑秩序，是良好管治不可或缺的根基；而不分尊卑，就是社會動亂的禍源。故此子女能否孝敬父母茲事體大，必須以禮儀的行為規範引導子女行孝。而那些未能孝敬父母的人，既是敗壞社會道德的罪人，就需要透過刑法加以懲戒。子女孝敬之情，也必須按照孝道的禮儀表達，方能夠有所節制而不逾矩。通過孝道的實踐，君主與官僚就能通過道德修練而成為君子，使他們能夠以聖王和賢臣的姿態實行「王道」政治，達成「禮治天下」的最終目標[98]。

而荀況的弟子韓非，則更進一步地引伸老師的孝道觀，將孝親的父權和尊君的王權捆綁在一起。韓非對人性的看法比老師更為悲觀，認為透過道德修練推動發自內心的善行，是曠日廢時的做法。與同為人性的良知相比，欲望對人類行為的影響更是立竿見影。畢竟好利惡害、好逸惡勞，都不是輕易能夠通過修練而改變的天性[99]：

> 夫安利者就之、危害者去之，此人之情也[100]。

故此韓非並未有承傳老師的儒家學說，反倒成為把法家思想推向高峰的思想家。在韓非展開其學術生涯之時，周王國留下的體系已經蕩然無存，而所有人對所有人的戰爭（War of All Against All）則已是國際政治的常態。在當時的國際體系內，不同國家的君主之間、以及國家內部的君臣之間，已經不再存在任何情感上的牽絆。透過壟斷國家權力，在弱肉強食的國際社會中力爭上游，才是現實社會所遵從的「道」。意圖透過個人修為和道德感召恢復社會秩序，就是用舊時代的方法處理新時代的問題，只可能以失敗告終[101]。世界既然已經改變，那麼若要維繫當時的政治秩序，就不得不採取嶄新的方法：

> 故治民無常，唯治為法。法與時轉則治，治與世宜則有功[102]。

而按照現實主義的觀點，在戰國末期的亂局下，統治者必須正視人性好逸惡勞的欲望，通過獎勵和懲罰誘使民眾改變自己的行為。若非如此，社會秩序也就不可能得以維持：

> 夫民之性，惡勞而樂佚。佚則荒、荒則不治、不治則亂。而賞刑不行，於下者必塞[103]。

而君主能否壟斷國家的權力，則是社會秩序的根源。可是領土型國家的規模，遠比昔日的城邦龐大，使君主不得不倚靠官僚的輔助。隨著官僚體系的膨脹，君主無法親自監督所有官員的表現，令國家體系逐漸脫離君主的控制：

> 夫為人主而身察百官，則日不足、力不給[104]。

可是君主同時也不得不以官僚為耳目，否則他單靠一人之力，也無法親身體會全國各地的不同狀況。而官僚則會透過這樣的兩難，形成自己的利益群體，使他們能夠根據官僚慣性敷衍君主：

> 上用目，則下飾觀；上用耳，則下飾聲；上用慮，則下繁辭[105]。

在最壞的情況，官僚甚至可以集合力量挑戰君主的權威。韓非以春秋時代齊國君主小白（姜姓齊氏，謚號桓公，卒於前六四三年）的遭遇，警告官僚體系若然失控，將會造成大權旁落的局面。小白雖然曾經一度是東亞大陸的霸主，可是他的喜惡愛欲卻為豎刁和易牙所掌握。這兩位大臣在獲得小白的信任後，逐漸掌握齊國的政治權力，最後甚至把小白軟禁在宮殿內，讓他死後到屍身腐爛也未能獲得安葬：

> 齊桓公妒而好內，故豎刁自宮以治內；桓公好味，易牙蒸其子首而進之……豎刁、易牙因君之欲，以侵其君者也……桓公蟲流出戶而不葬[106]。

故此君主非但不應向其他人展露自己的道德性情，反倒要保持高深莫測，並透過賞罰換取官僚的絕對服從：

明主之所導制其臣者，二柄而已矣。二柄者，刑、德也。

何謂刑德？曰：殺戮之謂刑，慶賞之謂德[107]。

君主必須完全駕馭屬下的官僚，壟斷國家體系的所有權力，如此才能避免權力鬥爭造成的動盪：君主能否實踐自己的意志，關鍵在於他是否能夠壟斷權力，與情感和道德上的感召完全無關。君主必須完全控制官僚體系，才能夠帶來政治穩定。此後還要動用國家的力量控制民眾，才能夠實踐富國強兵的目標，確立國內和國際社會的秩序[108]。若要達成這樣的目標，君主就必須法、術、勢三管齊下。所謂的「法」，就是透過掌握官僚和民眾的生殺大權，以清晰的規條訂明叛逆的下場、以及順從可以換來的獎賞：這樣的「法」純粹是透過強制手段（Coercion）訂立的規矩（Rules），而不是近代西方以利權（Interests and Rights）為基礎的法律（Law）；而「術」則是君主舞弄（Manipulate）官僚的心戰手段，透過掩飾一己之喜好，令官僚無法透過人性的弱點勒索君主，只得完全服從君主的命令；而「勢」則是三者之中最重要的一項：君主必須製造戰略優勢（Strategic Advantages），並確保只有自己能夠動用此等優勢[109]。戰略優勢若然不存，或是遭到其他人盜用，那麼「法」和「術」就不會有施展的空間：

夫有才而無勢，雖賢不能制不肖[110]。

在壟斷戰略優勢後，君主就必須動用「法」的強制手段管轄萬民，不然就沒有奠定社會秩序的可能：

無威嚴之勢、賞罰之法，雖堯舜不能以為治[111]。

韓非認為「法」是君主彰顯權力的前提，任何超越法規的道德感召，對國家權力的彰顯都是有害無益。他認為有道德感的賢臣「將乘於賢以劫其君」[112]，透過道德情操反過來情緒勒索自己的君主。在君主集權的原則下，並沒有「違法達義」的空間，任何假道德之名違反法令的人，就是對君主不忠[113]：韓非認為那些為彰顯「忠誠」而違反法規的人，都只在是謀求道德光環所帶來的名聲。要量度官僚和民眾對君主的忠誠，就只能夠以代表著權威的法令為準繩：

法令所以為治也。而不從法令為私善者，世謂之「忠」……不避刑戮死亡之罪者，世謂之「勇夫」。民之急名也甚[114]。

可是韓非並未有完全否定道德的力量。他期望官僚都可以成為忠臣，也希望君主能夠有辨別忠臣的能力，並重用這些忠誠的官僚：只是違反法令的道德、無視權威的忠誠，就不是真正的道德、不是真正的忠誠。韓非[115]引伸老師荀況對孝道的分析，說明父子、君臣之間不可逆轉的尊卑秩序[116]。既然子女是由父母所生，他們就無法取代自己的父母；那麼官僚和民眾生於王權的國度，同樣也不能代替君主：

孝子之事父也，非競取父之家也；忠臣之事君也，非競取君之國也[117]。

就像子女必須聽從父母的教導那樣，忠臣只應該全心全意服從君主的命令、遵守君主為國家定立的法規，而不應反過來以道德規條勒索君主：

為人臣常譽先王之德厚而願之，是誹謗其君者也。非其親者知謂之不孝，而非其君者天下此賢之，此所以亂也。故人臣毋稱堯、舜之賢，毋譽湯、武之伐，毋言烈士之高，盡力守法，專心於事主者為忠臣[118]。

韓非就這樣根據子女對父母的孝道，替萬民順服君主的制度作出道德證成（Moral Justification）。家庭內部的父權秩序，就與社會和政治體制的尊卑秩序捆綁起來，結合成為超穩定的社會結構（Ultrastable Social Structure）：

臣事君、子事父、妻事夫，三者順則天下治，三者逆則天下亂。此天下之常道也，明王賢臣而弗易也[119]。

荀況和韓非透過「孝」的價值，為政治領域的「忠」提供了道德基礎，從而把父權社會的家庭倫理、與王權體系的尊卑秩序合而為一，為東亞大陸政治意識形態的發展帶來深遠的影響。在隨後的討論中，我們會見到這種「忠孝一體」的觀念，如何逐步發展成鼓吹絕對王權的帝國神學。荀韓二人之論述，奉超越真理之名肯定血緣親族內部的不平等關係、再將之類比成王權體系的中央集權，這是同期超越宗教所無的「內捲化」（Involution）現象：東亞大陸的思想家雖然體會到何為超越價值，卻未曾全盤檢視政治體系和社會結構的問題，其後荀況和韓非更把「忠」和「孝」與超越價值畫上等號。如此當超越價值尚未能結出普遍主義和平等主義的果子，就被挪用（Appropriate）去肯定部落主義（Tribalism）和個別主義（Particularism）。超越價值的發現，在東亞大陸竟淪落為鞏固部落主義、個別主義舊制度的藉口：這種以超越價值實踐「去超越化」目標的做法，就是超越價值的「內捲化」。

雖然其他超越宗教在體制化以後，也會成為推動個別利益的社會力量，可是他們至少會在最初的階段批判部落主義和個別主義，沒有像在東亞大陸那樣一開始就替固有利益結構背書。此外其他地方的超越信仰，都會鼓勵追隨者離開自己的初級團體，擺脫既有社會結構的牽絆以全心探索超越價值：婆羅門教和佛教都認為修行者必須脫離自己的家庭，以及一切既有的社會連帶，才能夠領悟到處於人間以上的絕對真理。柏拉圖心目中的哲王、以及輔助哲王的官僚團隊，都必須離開自己的家庭，根據從理性思辨得出的超越真理關注普遍（Universal）的社會事務：他們的性生活需要受到嚴格限制，其子女則要交給城邦由民眾共同撫養，不得與父母共組家庭[120]。而基督教亦主張超越真理凌駕家庭個別的牽絆，甚至認為由信徒群體組成的社群才稱得上是真正的家庭。由上帝擔任家長的家庭，內部沒有尊卑親疏之分，而所有信徒都是平等的弟兄姊妹：

> 你們以為我來是要使地上太平嗎？不！我告訴你們，是使人紛爭。從今以後，一家五個人將要紛爭，三個和兩個相爭，兩個和三個相爭：父親和兒子相爭，兒子和父親相爭；母親和女兒相爭，女兒和母親相爭；婆婆和媳婦相爭，媳婦和婆婆相爭[121]。
>
> 無論甚麼人到我這裏來，若不愛我勝過愛自己的父母、妻子、兒女、兄弟、姊妹，甚至自己的性命，就不能作我的門徒[122]。

> 凡遵行我天父旨意的人就是我的兄弟、姊妹和母親[123]。
> 但你們不要接受拉比的稱呼，因為只有一位是你們的老師；你們都是弟兄。也不要稱呼地上的人為父，因為只有一位是你們的父，就是在天上的父[124]。

也就是說，東亞大陸的知識人雖然曾經發現過超越價值，可是他們隨即把超越的絕對真理，應用於個人內在的道德修養上。雖然這種「內在超越」在理論上仍然可能有「兼善天下」的普遍關懷，可是他們卻選擇以血緣群體的內部和諧作為修練的起點[125]。這樣一來家庭領域內部的個別關懷，就獲得超越真理的加持，以致東亞大陸的思想家無法批判家庭內部的不平等現象：我們必須留意當時東亞大陸的家庭，既是以父權原理運作的血緣群體，也是負責資源管理和分配的社會機制。這樣的家庭內部並沒有所謂「純粹的親密關係」[126]，裏面的祭祀禮儀和尊卑秩序，都涉及以物質利益為目標的權力運作。東亞模式內捲化的超越意識未有真正的「出家」，無法對家庭秩序作出批判，也就無法真正確立平等的社會秩序。自荀韓以來，東亞大陸的政治意識形態更把父權的家庭秩序，作為王權體系的模範，將家庭的「孝」倫理和國家的「忠」倫理相提並論。如此

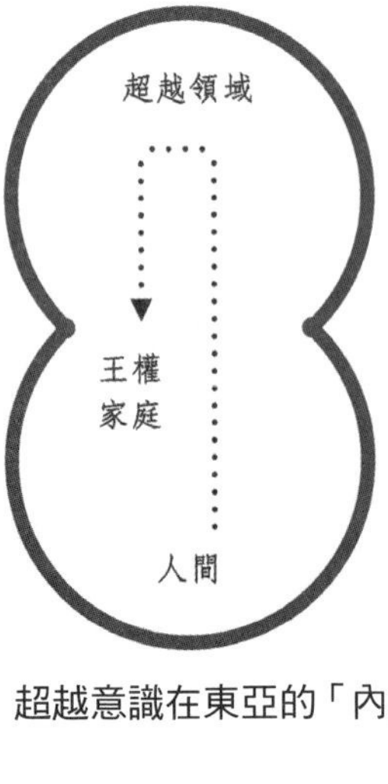

圖 1.9 超越意識在東亞的「內捲化」

東亞大陸的政治意識形態，在起跑線開始就與平等政治越走越遠。雖然此後東亞大陸的知識人，仍設法以超越的真理批判王權的運作，卻始終與平等政治的理念失之交臂。

大一統體系下的政治意識形態

嬴駟在公元前三三八年接任秦國公後，在消弭貴族的不滿情緒後，仍然堅持沿用商鞅富國強兵的政策[127]。隨著國家實力的累積，嬴駟於前三二四年宣布稱王，宣示秦國已經能夠與周王國平起平坐：如今秦國的君主已經是獨當一面的國王，再也不是周王國體系下的一個公爵[128]。嬴駟其後下令侵吞在四川盆地的巴國和蜀國：有異於長江中游的楚國、或是長江下游的吳國和越國，這兩個國家從未試圖加入周王國的體系，也維持著有異於東亞大陸各地的獨特文明。秦國在前三一六年取得的勝利[129]，徹底扭轉了東亞大陸的地緣局勢：秦國的領土在此一役後倍增，而四川盆地地勢平坦、土地肥沃，經過灌溉就可以獲得豐厚的收成。除此以外，秦國在獲得四川盆地後，勢力範圍也從黃河流域擴展到長江流域，並可以通過長江三峽順流而下，直接攻擊楚國原先的大後方。地緣政治的天秤，也自此向秦國那邊傾斜。

秦國在前三〇六至二五一年嬴稷（謚號昭襄王）在位期間急劇擴張，一躍而成東亞大陸最強勢的霸權。楚國國王槐在前二九九年（芈姓熊氏，謚號懷王）應嬴稷之邀請，前赴位於秦楚邊境的武關展開談判，不料秦國卻使詐將其俘虜。楚國在這次斷頭行動後元氣大傷，再也無法恢復。其後嬴稷向東邊接壤的趙、魏、韓三國出兵，秦軍在前二六〇年長平之戰殲滅趙軍的主力，並於四年後揮軍攻滅周王國[130]。

其後帶領秦國統一東亞大陸的嬴政在前二四七年即位。在十年後的一場宮廷政變中，二十三歲的嬴政從權相呂不韋手中奪權，自此把國政都掌於手中[131]。此後他決定採用韓非的學說治國，並重用同為荀況門人的李斯，進一步推動富國強兵的改革[132]。在十多年的攻勢過後，秦國終於在前二二一年消滅所有競爭對手，建立橫跨黃河流域和長江流域的帝國，並決定把次大陸（Sub-continental）規模的帝國當成是領土型國家管治。隨之而來的卻是延續好幾個世紀，時而成功、時而失敗的政治實驗。

秦帝國的中央集權制度只能夠暫時壓制各地的抵抗，卻無法把國家力量投射到社會基層：中央的國家能力（State Capacity）只能夠壟斷郡守、丞、尉等高級地方官員的任命權，在地方社會則只能從在地精英那邊招聘基層官僚、甚至就地採用其他領土型國家留下的地方官[133]。如此一來，中央就無法確保從咸陽（今咸陽渭城區）發出的政令，能夠在地方社會全面落實。而中央集權體系的維持，也必須仰賴強勢獨裁君主的威望：為此嬴政在前二二〇至二一〇年之間，曾五次出巡帝國各地，藉個人威望維繫帝國的統一[134]。

嬴政在統一黃河流域和長江流域後，仍然積極地謀求帝國的永續擴張。在帝國奠基後不久，嬴政就決定派出五十萬大軍侵略嶺南。可是當地地理環境有利於土著的抵抗，而來自黃河流域的軍人亦無法適應熱帶地區的疫病，釀成數以十萬計的死傷：在損兵折將後，嶺南雖然在名義上成為秦帝國的疆土，可是實際上卻只能夠控制番禺（今廣州）和桂林這類位於交通幹道上的據點。其後秦帝國再增兵十萬，並花費人力物力修建靈渠，讓運載軍糧的船隻能從長江水系的湘江，經靈渠和灕江航向珠江流域各地，才勉強壓下土著的抗爭[135]。

嬴政在前二一四年，更決定派出三十萬大軍北征內亞的匈奴：當時秦帝國才創立了七年，各地仍有爆發零星的叛亂。為方便行軍和補給，秦帝國在陝北的黃土高原修建筆直的馳道，把咸陽和鄂爾多斯高原（Ordos Plateau）連接起來。此後為了方便防禦，又在東亞大陸和內亞的接壤處修築長城[136]。如此秦帝國在吞併黃河流域、長江流域諸國後，社會並未回復和平穩定，反而迎來從不間斷的徵兵和力役，遠超秦帝國官僚體系的動員能力。為了彌補國家力量的不足，秦帝國以加重刑罰的方式從各地榨取資源，使基層官僚和民眾的怨氣與日俱增[137]。為了應付急轉直下的社會氣氛，秦帝國試圖透過意識形態操控壓抑基層的抵抗情緒：他們把法家思想定為官定意識形態，並先後在前二一三和二一二年銷毀其他學說的著作、以及殺害涉嫌誹謗朝政的知識人[138]。

這種建基於恐懼的政治平衡，最終隨著強人倒下而煙消雲散。在前二一〇年，嬴政於第五次出巡期間逝世，此後秦帝國的君主對中央和地方都失去了控制。秦帝國在嬴政死後爆發的權力鬥爭，使其迅速丟失統治的認受性[139]，而在帝國各地都有民眾奮起反抗。隨著反秦聯軍於前二〇七年開入咸陽，秦帝國在嬴政逝世僅僅三年之後，就迎來滅亡的命運[140]。

在秦帝國崩潰後，楚國人項羽自封為西楚霸王，成為東亞政治秩序的實際主導者。項羽仿照周王國時期的制度，在東亞大陸各地設立多個領土型國家，分封予參與滅秦戰爭的各方勢力。不過分封於漢水上游的漢國君主劉邦（尊號高祖）卻拒絕屈從於項羽，並在為時七年的漫長戰爭後，在公元前二〇二年擊潰項羽的軍隊，創立繼承秦帝國疆域的漢帝國[141]。

新成立的漢帝國從秦帝國的崩潰中汲取了教訓，以折衷和務實的方法統治其幅員廣大的疆土。雖然劉邦偏好中央集權，可是他卻只在比較鄰近首都的地方推行郡縣制，並把偏遠的疆土分封給諸藩王間接統治。在漢帝國的根基開始穩固後，劉邦決定奪去異姓君王在藩國的統治權，將其轉交予劉姓的宗室：可是這種中央集權改革，終究還是依從郡國制因地制宜的邏輯[142]。此後，要待前一五四年，在劉姓藩國發起的七國之亂被平定後，中央政權才最終決定剝奪藩國的權力，全面以郡縣制實行中央集權的地方管治[143]。而漢帝國在立國初期，亦一改秦帝國的擴張主義政策。他們首先放棄對嶺南的管治權，承認由秦將趙佗於當地創立的南越國。而劉邦雖然希望以更進取的態度對付北方的匈奴，可是在前二〇〇年在山西高原北部的白登山戰敗後，就決定與匈奴結為兄弟之邦、並讓漢帝國皇室與匈奴單于（Chanyu）結為姻親[144]。

漢帝國的統治者亦意識到法家思想的盲點：法規和刑罰雖然有助國家達成中央集權的目標，並透過提高生產力為國家帶來績效認受性（Performance Legitimacy）。可是在秦帝國統一東亞大陸後，生產力的提升已經接近極限，帝國的鞏固和擴張則需耗費大量人力物力，而法家思想卻沒有另一道板斧去提升政權認受。活躍於漢帝國初期的賈誼，就曾經在〈過秦論〉提出這樣的觀察：

> 秦王懷貪鄙之心，行自奮之智，不信功臣，不親士民，廢王道，立私權，禁文書而酷刑法，先詐力而後仁義，以暴虐為天下始。夫併兼者高詐力，安定者貴順權，此言取與守不同術也。秦離戰國而王天下，其道不易，其政不改，是其所以取之守之者無異也。孤獨而有之，故其亡可立而待……二世不行此術（按：儒學主張的仁政），而重之以無道……自君卿以下至于眾庶，人懷自危之心，親處窮苦之實，咸不安其位，故易動也……秦王足己不問，遂過而不變。二世受之，因而不改，暴虐以重禍。子嬰孤立無親，危弱無輔。三主惑而終身不悟，亡，不亦宜乎[145]？

不過對於執掌帝國大權的皇帝來說，法家思想仍然有其無可替代的吸引力，並因此繼續沿用秦律內大部分的規條[146]。可是他們仍然希望從諸子百家那邊尋找思想資源，而在漢帝國初年影響最為深遠的，則是糅合道家思想和黃帝信仰的黃老學：這種源自齊國稷下學宮的混合政治意識形態，與荀況、韓非以至是孟軻的思想都有一定的理論連帶。如此黃老學在漢帝國開國後，就成為具有指導作用的治國意識形態[147]，其實踐到前一八〇至一四一年劉恆（諡號文帝）、劉啟（諡號景帝）先後在位時達到高峰：漢帝國此時已擺脫秦末戰爭和楚漢戰爭的陰影，國力逐漸恢復過來，故此這段時期又被稱為文景之治[148]。

淮南王劉安生於前一七九年，他一直潛心研究道家和黃老學的思想，並與幕僚合撰《淮南子》秉述治理國家之道。劉安按照老子和莊周的思想，指出宇宙萬物都是源自「道」這種處於超越領域的宇宙力量。而「道」的運作會產生「氣」，而「氣」就是所有物質形成的基礎：所有物質的形態、運動和各種規律，都是由「道」所生成的「氣」所決定：

道始于虛霩，虛霩生宇宙，宇宙生元氣。元氣有涯垠，清陽者薄靡而為天、重濁者凝滯而為地……天地之襲精為陰陽，陰陽之專精為四時，四時之散精為萬物[149]。

就如天地萬物那樣，社會和人體同樣都是由「道」所生。既然都有著同一樣的源流，社會與人體自然就會與天地互相對應：

天地宇宙，一人之身也；六合之內，一人之制也[150]。

在「道」這種超越的真理之下，人類社會與天地早已合為一體，而且亦會互相感應。人類社會能否與天地和平共存，就看人類行事為人能否順應自然之道：若然無法做到，人類與天地之間的平衡就會被打破。而政治作為人類社會至關重要的事，若然無法依從自然之道而行，天地則會以災變作出警示：而這就是天人感應。統治者若然能夠推行善治，那麼就會風調雨順：

故聖人者懷天心，聲然能動化天下者也。故精誠感於內、形氣動天，則景星至、黃龍下、祥鳳至、醴泉出、嘉穀生、河不滿溢、海不溶波。

若統治者施行暴政，那麼各種天災就會接踵而來：

逆天暴物，則日明薄蝕、五星失行、四時干乖、晝冥宵光、山崩川涸、冬雷夏霜[151]。

若要防止各種自然界的災禍，統治者施行的政策就必須符合「道」的運行法則，在天人感應下使得風調雨順。可是超越的「道」並不是靜態的規條，而是動態的生命動力，而世界萬物亦隨著「道」的運行變幻莫測：

天地之道，極則反、盈則損；五色雖朗，有時而渝；茂木豐草，有時而落[152]。

亦因如此，理想的政治制度必須能夠適應世事的變化，因時制宜。法家的刑法、儒家的仁政，在特定的時空中都能發揮其應有的作用。可是倘若只擇其一，像秦帝國那樣將官定意識形態推到極端，國家就無法適應局勢的變化，違反自然之道而走向敗亡。故此不論是仁政還是刑法，既不可偏廢、亦不可固執，唯有剛柔並濟方能調和陰陽、切合世情：

聖人之道，寬而栗、嚴而溫、柔而直、猛而仁。太剛則折，太柔則卷，聖人正在剛柔之間，乃得道之本。積陰則沉、積陽則飛，陰陽相接，乃能成和……故恩推則懦，懦則不威；嚴推則猛，猛則不和；愛推則縱，縱則不令；刑推則虐，虐則無親[153]。

黃老學認為道家提出的自然之道，是運行不息的超越力量，由「道」衍生出來的「氣」則塑造了天地、陰陽以及世間萬物。倫理和法理也因此同樣是自然之道的延伸：透過把「理」和「道」扣連，黃老學將儒家和法家的概念，嫁接到自己的思想體系中[154]。由於「物各合于道者謂之理」，那麼統治者的政策是否合乎於「理」，就決定了他的政治得失：

理之所在，謂之順；物有不合於道者，謂之失理；失理之所在，謂之逆。逆順各自命也，則存亡興壞可知也[155]。

黃老學按照這樣的原則，指出法家所提倡的「法」，其實也是由超越的自然之道所生成。不過既然「法」是由「道」和「理」原則所生成，那麼統治者就必須重新審視「法」的原理，而非僅僅視之為君主意志的彰顯：

道生法。法者，引得失以繩，而明曲直者也。故執道者，生法而弗敢犯也、立法而弗敢廢也，故能自引以繩，然後見知天下而不惑矣[156]。

如此君主必須先領會自然之道，才會知道該如何立法；君主也必須自行守法，以自己立的法作為統治的準繩，方能夠在不受迷惑的情況下治理國家。而立法時必須依循的自然之道，就是人類自然而有的道德情感。道家反對儒家提倡的人倫規範，可是他們反對的卻非人倫道德本身，而是認為儒家的規範有太多的人為修飾，讓動機不純的人有作偽的空間。老子認為「絕仁棄義，民復孝慈」[157]，而莊周更直接批評儒家提倡的禮儀使人「妄作孝弟，而僥倖於封侯富貴者也」[158]。道家認為道德若然要成立，就必須出自人類自然的感情流露：

真者，精誠之至也……真在內者，神動於外，是所以貴真也。其用於人理也，事親則孝慈、事君則忠貞、飲酒則歡樂、處喪則悲哀[159]。

如前所述，荀況和韓非因為稷下學宮的學術承傳，都曾嘗試把道德倫理與自然人性連接起來：而他們亦因此高舉孝道為人倫之本。黃老學亦採納這一條進路，認為父母與子女之間的親情是人世間最原始的感情流露，並繼而主張孝道就是合乎自然人性的倫理規範。他們因此把莊周的邏輯倒過來運用，認為孝道既是出於自然本性，與其相關的人倫規範自然也算是「精誠之至」。關於孝道的規範既然能夠合乎「道」的原則，那麼君臣關係若然能夠以孝道的原則加以規範，「事君則忠貞」自然同樣也是合乎「道」和「理」的結果。黃老學把「孝」的自然法則（Natural Law）再加上陰陽家的思想，將夫婦、父子、兄弟和君臣等人倫關係都統攝到陰陽調和的「自然秩序」中，並以此證明建基於這些關係的尊卑秩序，乃合乎「道」和「理」的天經地義：

主陽臣陰，上陽下陰，男陽女陰，父陽子陰，兄陽弟陰，長陽少陰，貴陽賤陰[160]。

在這樣的觀念下，各種個別關係中的尊卑秩序、社會分工，背後都是由超越而普遍的「自然之道」所支撐：

天地有恒常，萬民有恒事，貴賤有恒位，畜臣有恒道，使民有恒度。天地之恒常，四時、晦明、生殺、輮剛。萬民之恒事，男農、女工；貴之恒位，賢不肖不相放；畜臣之恒道，任能毋過其所長；使民之恒度，去私而立公[161]。

社會的尊卑秩序，既是出於超越的「自然之道」，凡人也就不得不放下個人之「私」、順應自然秩序所界定的「公」。以下剋上，就是違反自然之道的失德行為，若不加以遏止就會釀成社會失序，並引發各種災變。是以統治者若要順應「自然之道」，就必須運用上天賜予的權力，透過刑罰和國家暴力鎮壓顛覆尊卑秩序的圖謀，藉此維持世間的和平：

凡觀國，有六逆：其子父、其臣主、雖強大不王。其謀臣在外位者，其國不安，其主不悟則社稷殘。其主失立位則國無本，臣不失處則下有根，國憂而存；主失位則國荒，臣失處則令不行，此之謂頹國。主兩則失其明，男女爭威、國有亂兵，此謂亡國……六順六逆乃存亡興壞之分也。主上執六分以生殺、以賞罰、以必伐，天下太平、正以明德，參之於天地，而兼覆載而無私也，故王天下[162]。

漢帝國初年的黃老學，提倡按照人類自然的道德情感，以父子之間的孝道肯定君臣之間的隸屬關係，又以家庭秩序為基礎確立帝國的社會秩序。為此統治者必須在「自然秩序」的基礎上，確立尊卑有別的禮儀秩序、並在這樣的基礎上訂立法規：

> 乃澄列金木水火土之性，故立父子之親而成家；別清濁五音六律相生之數，以立君臣之義而成國；察四時季孟之序，以立長幼之禮而成官[163]。

而訂立禮儀的目標，就是按照「自然之道」鞏固君臣、父子、兄弟、夫妻和朋友之間不平等的人倫秩序：

> 夫禮者，所以別尊卑、異貴賤；義者，所以合君臣、父子、兄弟、夫妻、朋友之際也[164]。

而這樣的社會秩序能否得以實踐，就取決於民眾的道德修養：人類若然缺乏修練，就會容易因為一時的欲望，而做出違反「自然之道」的行為。面對各種物質上的引誘，人類容易泄露真氣而釀成精神上的墮落，從而做出失範的缺德行為。民眾若缺乏思想上的指導，就會因為集體失範而危害社會的和平穩定[165]。為此統治者必須對超越的「道」、「理」和「義」有所領悟，然後以符合民情的方式去依照「自然之道」奠定禮儀，並鼓勵民眾透過根據禮儀修練德行，使他們自動自覺地遵守「自然」的尊卑秩序。除此之外，統治者亦需要按照禮儀的原則訂立法規，以刑罰阻止民眾從事違反禮儀的失序行為：不過在原則上統治者應當以道德教化，作為社會控制的首要手段，而刑法則適宜作為備而不用的輔助手段[166]。

不過黃老學也採用與荀況類似的觀點，認為若要令「禮治天下」成為有效的社會控制手段，統治者就必須以自身的修為當成臣民的典範。君主依照禮儀和法規成為有修養的聖王，並任用願意仿效聖王典範的賢人為官僚，教導民眾依照統治階層的道德修行依樣畫葫蘆。如此透過上行下效，就能以最少的強制手段維護尊卑有別的社會秩序：

> 民不知禮義，弗能正也……不知禮義，不可以行法。法能殺不孝者，而不能使人為孔、曾之行；法能刑竊盜者，而不能使人為伯夷之廉。孔子弟子七十、養徒三千人，皆入孝出悌、言為文章、行為儀表，教之所成也……聖王在上，明好惡以示之、經誹譽以導之、親賢而進之、賤不肖而退之，無被創流血之苦、而有高世尊顯之名，民孰不從[167]！

漢帝國在本質上無異於秦帝國，其施政以推動中央集權為目標，而且也採用類似的法規和刑罰。不過漢帝國卻出於現實考量，在策略上稍為退卻，以相對節制的方式執行刑法。過去被秦帝國輕視的各種學說，則成為漢帝國重用的思想資源，使統治階層能摸索出折衷的統治方式。與著重法規和賞罰的秦帝國相比，漢帝國更重視教化所帶來的規範作用。劉邦在漢帝國開國後依照叔孫通的建議，以折衷的方式參考周王國古禮確立宮廷禮儀。在劉邦逝世後，叔孫通也參照周王國的形式在首都長安（今西安未央區）南郊設立宗廟，以祖靈崇拜維繫皇室秩序[168]；在宗廟旁邊則設有官社和官稷，藉此延續周王國的土地神和五穀神崇拜[169]。透過定期而講究的宮廷儀式，中央朝廷持之以恆地向帝國上下示範其理想中的禮儀秩序。而漢帝國亦因應當時主流的家庭秩序，利用大部分民眾都體驗過的父子親情，提出一套以孝道為基礎的社會秩序觀，延續荀況、韓非以來將超越價值「內捲化」的作風：透過觸動民眾「父慈子孝」的人倫想像，漢帝國的管治階層提出了一套以家庭秩序的類比社會政治秩序的意識形態，透過當時盛行的孝文化肯定君主的崇高地位，以子女對父母的「孝」肯定臣民對君主的「忠」。這樣他們就可以在減少刑罰的同時，以道德教化的方式，幫助君主透過設定議程和操控意識形態施展權力。

儒學與帝國的共生

漢帝國在開國初期雖然偏好黃老學，卻也務實地兼容其他學說，不像秦帝國那樣打壓異學：畢竟黃老學本身具有折衷色彩，亦因稷下學宮的承傳而與儒家和法家有所交集。儒學在這段時期重新成為活躍於東亞大陸的意識形態，叔孫通、陸賈[170]和賈誼[171]等熟習儒學的知識人，在這段時期亦嘗試運用儒學協助漢帝國的國家建構。韓嬰等儒者則積極凝聚散落四周的同道，逐漸把儒者集結成一股不容忽視的社會力量[172]。

劉徹（謚號武帝）於公元前一四一年登基後，乘著藩國於前一五四年被鎮壓削權的大勢，積極鞏固朝廷的中央集權、並同時推動漢帝國往外擴張：漢帝國在他統治下與匈奴決裂，並把疆土拓展到河西走廊、中亞、韓半島北部和嶺南[173]。劉徹為斷絕知識人游走藩國擔任幕僚的路，於前一四一年創立察舉制度：在此制度之下，帝國各郡與藩國都有義務定期向朝廷推薦人才，將知識人往朝廷集中。這些被推薦的孝廉和秀才或是成為文吏，或是被派往新成立的太學進修，從而被納入朝廷選拔官僚的人才庫。朝廷亦從各地聘用有名聲的學者，擔任負責教授儒學經典的五經博士。察舉制度的出現為儒者提供了投身政治的機會，使儒學成為塑造國家意識形態的主流思想[174]。

以董仲舒為首的儒者以黃老學為切入點，利用「道」的概念將儒家的理想政治秩序與天意畫上等號。董仲舒在回答劉徹的提問時，提出了這樣的觀點：

臣聞天者群物之祖也，故遍覆包函而無所殊，建日月風雨以和之、經陰陽寒暑以成之。故聖人法天而立道，亦溥愛而亡私，布德施仁以厚之、設誼立禮以導之。春者天之所以生也，仁者君之所以愛也；夏者天之所以長也，德者君之所以養也；霜者天之所以殺也，刑者君之所以罰也。繇此言之，天人之徵，古今之道也[175]。

而自然之道，則說明尊卑分明的不平等秩序，乃是符合自然人性的社會狀態。而這亦與儒家的社會觀不謀而合：儒家認為人禽之所以有別，正是人類之間有情感的牽絆，而這種牽絆則帶來尊卑親疏之分。父子有親、君臣有義，就是人類有異於禽獸的證據：

人受命於天，固超然異於群生，入有父子兄弟之親、出有君臣上下之誼、會聚相遇則有耆老長幼之施；粲然有文以相接、驩然有恩以相愛，此人之所以貴也[176]。

人類作為萬物之靈，既是理所當然的自然秩序，那麼就應當順應自然秩序，在禮儀的幫助下修練德行，從而成為情操高尚的君子：

明於天性，知自貴於物；知自貴於物，然後知仁誼；知仁誼，然後重禮節；重禮節，然後安處善；安處善，然後樂循理；樂循理，然後謂之君子。故孔子曰「不知命，亡以為君子」，此之謂也[177]。

禮儀既是個人道德修練的基礎，也是社會秩序的根源。董仲舒依隨荀況的思路，強調普羅民眾缺乏自然而有的道德自覺，容讓一己之欲望不斷膨脹，就會為社會帶來動亂。社會若要維持和諧穩定，就不得不仿效神話時代的聖王對民眾實施教化。為此國家須於中央和地方設立學校教導民眾遵守禮儀，如此既可減輕刑罰、又能促進社會的和諧：

夫萬民之從利也，如水之走下，不以教化隄防之，不能止也。是故教化立而姦邪皆止者，其隄防完也；教化廢而姦邪並出、刑罰不能勝者，其隄防壞也。古之王者明於此，是故南面而治天下，莫不以教化為大務。立大學以教於國、設庠序以化於邑，漸民以仁、摩民以誼、節民以禮，故其刑罰甚輕而禁不犯者，教化行而習俗美也[178]。

而能夠教化民眾的，就只有統領國家的聖王。君主必須順應天意，以身作則教化民眾，並透過政策確立尊卑有別的社會秩序。這就是合乎自然之道的統治：

天令之謂命，命非聖人不行；質樸之謂性，性非教化不成；人欲之謂情，情非度制不節。是故王者上謹於承天意，以順命也；下務明教化民，以成性也；正法度之宜，別上下之序，以防欲也：脩此三者，而大本舉矣[179]。

董仲舒亦根據黃老道天人感應之說，指出有損自然平衡的政策，將會導致各種自然災害、甚至出現天象的變異：知識人則能夠透過讖緯之學詮釋各種異象，並藉此勸諫君主。若然君主仍然執迷不悔，上天就會令他失去天命、丟失政權。至於國家未來將會是風調雨順、還是會遭遇各種災害和異變，就純粹仰賴君主自身的主動作為：

> 國家將有失道之敗，而天乃先出災害以譴告之；不知自省，又出怪異以警懼之；尚不知變，而傷敗乃至。以此見天心之仁愛人君而欲止其亂也……道者，所繇適於治之路也，仁義禮樂皆其具也。故聖王已沒，而子孫長久安寧數百歲，此皆禮樂教化之功也……孔子曰「人能弘道，非道弘人」也。故治亂廢興在於己，非天降命不可得反，其所操持誖謬失其統也[180]。

為此君主必須以個人的道德修為感化官僚、民眾、以至化外之民。這樣中央之於地方、地方之於民眾、民眾之於化外之民，都能夠以道德楷模的姿態貫徹君主的執政意志，促成帝國內外的和諧。此後自然環境會因為天人感應而風調雨順，令外邦使臣聞風而至獻上珍品。這就是儒者夢寐以求的王道樂土：

> 《春秋》深探其本，而反自貴者始。故為人君者，正心以正朝廷，正朝廷以正百官，正百官以正萬民，正萬民以正四方。四方正，遠近莫敢不壹於正，而亡有邪氣奸其間者。是以陰陽調而風雨時，群生和而萬民殖、五穀孰而草木茂、天地之間被潤澤而大豐美、四海之內聞盛德而皆徠臣，諸福之物、可致之祥，莫不畢至，而王道終矣[181]。

雖然劉徹並未完全採納董仲舒的建言，也未依照儒學的禮儀修練道德，可是董仲舒對君主主觀意志的重視，仍能激起劉徹這位大有為君主的共鳴：為此劉徹容許儒學在察舉制度下逐漸壯大，使其逐漸成為漢帝國的主流學說[182]。董仲舒主張統一漢帝國的意識形態，貶抑儒學和傳統六藝以外的學術、並以儒學作為察舉制度的銓敘準繩，則契合劉徹推動統一規範的意圖。而董仲舒高舉《春秋》，透過微言大義的詮釋強調「大一統」和「尊君」，又透過陰陽五行的術語將此等思想普及化，更使儒學演化成不可或缺的帝國神學[183]。

董仲舒依據《公羊傳》對《春秋》的注釋，編撰把儒學禮儀與法家刑法合而為一的《春秋決獄》，容讓裁判官把禮儀當成司法判刑的準則。與刑法相比，禮儀本應是一種比較廣泛的軟性指引，而非定義清晰的詳細條文；刑法規範的是具體行為，而禮儀雖對行為上有所規範，卻會把焦點放在思想和心態之上。在判刑時將禮儀和刑法等量齊觀，就是鼓勵裁判官根據禮儀「論心定罪」：如此君主就可以根據自己的主觀意志，對行為上沒有過犯的政敵定罪、或以「情操高尚」為由免除親信的刑責[184]。

而董仲舒的門人更按照老師的思路，編撰《春秋繁露》論證皇權乃天意的延伸。雖然他們依照孟軻的觀點宣稱「天子不能奉天之命，則廢而稱公」，強調天命能制約皇權。可是在天命尚未轉移時，君主的神聖地位終究仍是不可質疑：

> 天子受命於天、諸侯受命於天子、子受命於父、臣妾受命於君、妻受命於夫，諸所受命者，其尊皆天也，雖謂受命於天亦可[185]。

而子女孝敬父母，乃順應人類自然而有的親情；臣民服從君主，則是家庭秩序的自然延伸：如此「孝」和「忠」都是不可逆反的自然原理。就如天在上、地在下，自然秩序的現實既是等級分明，社會秩序也理當如此。故此子女和臣民都應當效法大地，像仰望上天那樣服從自己的父母和君主：

是故孝子之行、忠臣之義，皆法於地也。地事天也，猶下之事上也。地、天之合也，物無合會之義。是故推天地之精、運陰陽之類，以別順逆之理。安所加以不在？在上下、在大小、在強弱、在賢不肖、在善惡。惡之屬盡為陰，善之屬盡為陽[186]。

人類社會不能違反自然的天道，故此應當依照陰陽平衡的原則，確立尊卑貴賤等級分明的秩序。陽尊陰卑，就如四季那樣是千古不易的定律。君尊臣卑、夫尊婦卑、父尊子卑，就是支撐理想社會政治秩序的三條支柱：

君臣、父子、夫婦之義，皆取諸陰陽之道。君為陽，臣為陰；父為陽，子為陰；夫為陽，妻為陰。陰道無所獨行，其始也不得專起、其終也不得分功，有所兼之義……是故仁義制度之數，盡取之天。天為君而覆露之，地為臣而持載之；陽為夫而生之，陰為婦而助之；春為父而生之，夏為子而養之；秋為死而棺之，冬為痛而喪之。王道之三綱，可求於天[187]。

在董仲舒門人的推動下，儒學取代黃老學而成為漢帝國的官方意識形態：縱使這種帝國神學仍然充斥著黃老學和法家思想的元素。劉奭（謚號元帝）在公元前四十八年登基後推動政治、經濟和禮儀改革，確立獨尊儒學的基本國策[188]。儒學主流化的過程對東亞大陸政治意識形態的發展影響深遠，此後想要統治東亞大陸的野心家，都必須按照儒學的邏輯確立其認受性。

漢帝國在公元一世紀初，因君王早逝而出現君權旁落的危機。劉欣（謚號哀帝）於公元前一年逝世後，繼位的皇孫劉衎（諡號平帝）即位時只有九歲。外戚王莽在劉衎登基後執掌政權，並主張依照周王國的古禮改革朝政。劉衎在位六年後英年早逝，王莽就立不足兩歲的劉嬰（孺子嬰）為太子，並自稱為攝皇帝。此後他就按照董仲舒的天人感應說，於公元九年根據「天降寓言」讓劉嬰「禪讓」帝位，建立以「新」為國號的政權[189]。可是王莽按照周王國古禮推動的改革，無視國有土地稀缺、土地私有化盛行的現實，招來強烈的反彈[190]。而過度頻繁的貨幣改革，更令新帝國的經濟急劇崩潰[191]。王莽於二十三年不敵民變兵敗身亡，最終劉氏宗室劉秀（諡號光武帝）於二十五年稱帝、遷都洛陽（今洛陽東郊），並在三十七年取得最後的勝利。劉秀仿效王莽的做法透過讖緯之學詮釋自然現象，向全國各地頒布圖讖之書「證明」自己已取得天命[192]。

重新復興的漢帝國沿用儒學為官方意識形態，並介入儒者之間的學術論爭。劉秀之孫劉炟（諡號章帝）於七十九年在洛陽白虎觀召集儒者，討論儒家經典抄本異同、以及經文詮釋的問題，並就親自就各種論爭作出裁決：皇權透過政治手段詮釋儒學，確立正統意識形態，自此以後成為東亞大陸諸帝國的常態[193]。漢帝國的儒者在劉炟的主導下，重申尊卑分明的社會政治秩序。這種高舉「三綱五常」的秩序情結，其後在東亞歷史中始終陰魂不散：

> 三綱者何謂也？謂君臣、父子、夫婦也。六紀者，謂諸父、兄弟、族人、諸舅、師長、朋友也。故君為臣綱，夫為妻綱……君臣、父子、夫婦，六人也，所以稱三綱何？一陰一陽謂之道，陽得陰而成、陰得陽而序，剛柔相配。故六人為三綱。三綱法天、地、人，六紀法六合。君臣法天，取象日月屈信歸功天也；父子法地，取象五行轉相生也；夫婦法人，取像人合陰陽有施化端也……君臣者，何謂也？君，群也，下之所歸心；臣者，絲繵堅也，屬志自堅固。《春秋傳》曰：「君處此，臣

請歸也。」父子者，何謂也？父者，矩也，以法度教子；子者，孳孳無已也。故《孝經》曰：「父有爭子，則身不陷於不義。」夫婦者，何謂也？夫者，扶也，以道扶接也；婦者，服也，以禮屈服。《昏禮》曰：「夫親脫婦之纓。」《傳》曰：「夫婦判合也。」[194]

可是一度復興的漢帝國，到公元二世紀中還是無法逃避衰落的命運。官定意識形態隨即面臨東亞大陸知識人的質疑，此後又於三世紀因佛教的傳入而受到衝擊。可是君尊臣卑、士尊民卑的皇權秩序，與父尊子卑、夫尊婦卑的父權家庭秩序結合，卻已經使尊卑親疏階級分明的思維在東亞大陸社會植根。在下一章的討論中，我們可以看到三世紀以來的各種新興思潮雖然曾經對儒學提出嚴厲的挑戰，卻於幾個世紀的時間內逐一被皇權收編。

自劉徹於公元前一四〇年設立察舉制度後，帝國各地的郡和藩國，都得定期向朝廷舉薦一定數目的人才。來自帝國各地的孝廉和秀才在抵達首都後多會到太學進修，並於學成後擔任官僚。來自地方的官僚人數此後急速膨脹：察舉制度於劉徹在位期間只能從地方徵集到五十名人才，可是到公元前一世紀末地方出身的人才數目已增至約三千人，到一世紀更激增至約三萬人。由於官職供不應求，此後朝廷規定孝廉和秀才必須先通過考試評核才能取得任官資格。

察舉制度的持續發展，為地方社會的豪族帶來晉身統治階層的機會。當時尚未有印刷術，而地方亦未廣設學校，令知識的傳播必須依靠知識人家族內部的家學承傳。只有那些擁有資源的大族，才有能力以抄寫的方式蒐集古籍，並讓一代接一代的子弟能捨棄穡事傳揚家學、修養德行，顯揚家族在地方社會的名聲。郡守或藩王傾向舉薦家學淵源深厚的豪族子弟為孝廉或秀才，使其族人加入官僚知識階層的行列，即所謂的士族。官僚知識階層倚著族人的官蔭，既在地方社會建立恩庇侍從關係，又以俸祿來囤積農地壟斷地方經濟[1]。中央朝廷派任的郡守往往無力號令地方社會，反倒必須任用豪族子弟為屬官，在地方豪族的協助下推行朝廷政令[2]。擁有家學承傳的豪族，亦因此在公元前一世紀至公元一世紀之間成為地方的實力派。

雖然地方豪族對中央朝廷的威脅，遠遠比不上七國之亂以前的藩國，可是地方勢力始終有一定的自主性、其分布也比藩國更為廣泛。把地方和中央連結在一起的，就是作為官方意識形態的儒學。郡守和藩王按照儒學倫理挑選孝廉或秀才，促使豪族以儒學禮儀自我規範。自覺為官僚知識階層的地方豪族，也會自願成為帝國秩序的守護者。帝國儒學的基調，就是高舉父權的家庭秩序、並將皇權類比成家庭的父權。這種等級分明的意識形態，有助於豪族維持內部秩序、確立家族成員的分工，使其能夠延續過往的好名聲。也就是說，帝國儒學讓中央朝廷和地方豪族能夠各取所需，從而結合成有利社會穩定的策略同盟[3]。

地方勢力在公元一世紀帝國的政權交替中，扮演著舉足輕重的角色。王莽之所以能夠奪取皇位，是因為他恢復周王國古禮的主張，能與地方豪族的儒學思想契合。可是當王莽的土地國有化政策損害到豪族的切身利益，他們就在地方支持意欲復辟漢帝國的劉氏宗室。劉秀之所以能夠在一眾宗室之間脫穎而出，靠的也是武裝豪族的支持：他因此亦無力強制解除地方豪族的武裝，只得透過察舉制度把他們逐一收編[4]。

漢帝國在一世紀後的孝廉名額，大體上依照各郡的人口而決定。在劉肇（諡號和帝）於公元八八至一〇六年在位期間，郡的人口達二十萬就須每年推薦一位孝廉、人口達四十萬則須推薦兩名，如此類推。在人口不足二十萬的小郡，則每兩年須推薦一位孝廉。這樣的配額分配，使不同地方豪族的子弟都能雨露均霑。為了促成北部邊疆的整合、並順便整編來自內亞的移民，漢帝國優待幽州（海河流域和遼東）、并州（山西高原和黃土高原東部）和涼州（黃土高原西部和河西走廊）的邊郡，為這些地方制定高於人口比例的孝廉名額[5]。

中央集權的朝廷與地方的豪族勢力，在察舉制度的整合下成為兩大支撐帝國運作的支柱。由於地方豪族的子弟能夠定期獲得舉薦任官，他們多願意認受帝國在地方的統治，而族人在朝廷任官的經歷，亦使豪族取得作為官僚知識階層的威望。來自地方豪族的人才則令官僚體系日趨成熟，從而加強了朝廷的管治能力。雖然維繫地方豪族的父權有其自主性格，父權的家庭秩序卻受到儒學政治意識形態的轉化，從而成為皇權的後盾。劉炟在七十九年召開的白虎觀會議，則調和儒學理論中皇權與父權的矛盾，使兩者融合為相輔相成的認受性來源[6]。

帝國崩壞與官僚知識階層

劉肇以來的漢帝國君主多於幼年登基，令豪族出身的後宮和外戚得以乘機壟斷朝政。到君主長大成人時，就只能倚靠自幼服侍在側的宦官，伺機從母后和外戚處奪權：由於宦官掌握著皇帝接收和發放資訊的言路，他們就能夠假借皇帝的權威黑箱作業[7]。劉肇在九十二年聯合宦官，以意圖謀反的罪名殺害竇太后的親族，並重用因政變立功的宦官鄭眾。此後漢帝國的政治，就一直徘徊在外戚干政和宦官專政的循環之中[8]。

察舉制度出身的朝廷官僚，雖然無法像外戚和宦官那樣輕易覲見皇帝，卻因著共同的政治意識形態凝聚成有自覺意識的官僚知識階層：他們把團結化作力量，結成抵抗外戚和宦官的「黨」。在外戚壟斷權力時，他們根據儒學政治秩序觀強調天子親政的必要；而宦官掌權時，他們就指出君主理應開放言路，讓儒者進諫協助君主修練個人的品德。如此官僚知識階層就成為一股能夠與外戚和宦官抗衡的力量，形成以儒教理想批評時政的「清議」[9]。漢帝國在一世紀末至二世紀中雖然政變頻仍，可是官僚知識階層所構成的「清流」，還是能夠與外戚和宦官抗衡，使漢帝國體系得以在緊張的政治平衡下持續運作。

然而這種脆弱的平衡，卻被二世紀中後期在位的劉志（謚號桓帝）和劉宏（謚號靈帝）打破。這兩位皇帝都試圖推動絕對皇權，在親政後借宦官之力鎮壓批評時政的官僚知識階層。在為時二十多年的政治清算中，大批官僚遭到罷免、流放和殺害，令官僚知識階層對漢帝國體系大失所望。他們回到故鄉經營地方社會，並專注維繫家族的利益[10]。一世紀那種讓地方父權與朝廷皇權相輔相成的共識，此時已煙消雲散。隨著官僚知識階層和外戚在政治鬥爭中慘敗，劉宏與他重用的宦官集團的權力也不再受到約制。不論是皇帝還是宦官，都熱衷於搜括民眾的資源，而朝廷亦為了滿足皇權的需要增收苛捐雜稅，這一切都干擾到民眾的日常生計。

而生活困苦的民眾，則從民間宗教尋求慰藉：當時東亞大陸的民間信仰，仍然依照著模仿文化的樣式，透過巫術和符咒試圖影響自然界的運作。這些信仰以宗教儀式替民眾治病，從而招攬到大批敬虔信眾：他們以道家的養生思想為根據，主張人類可以透過修練成為神仙，從而超越人類的疾病與苦痛。此外信仰領袖又借用黃老學的概念，把《老子》重新詮釋成支撐信仰的宗教典籍，並把老子和黃帝納入自身的神話體系。部分宗教領袖為建構有系統的神學，則自行編纂經典，比如於公元二世紀初成冊的《太平經》。東亞大陸原有鬆散的民間宗教，亦因此在漢帝國末年體制化，凝聚成新興的原始道教[11]。

信徒眾多的原始道教在政風日壞的公元二世紀後期，逐漸發展成有組織的教團，甚至開始提出自己的政治主張。當時最主要的原始道教教團，包括由張魯於漢水上游建立的天師道（又稱為五斗米道），以及張角創立的太平道。張角在一八四年自封為天公將軍，高呼「蒼天已死，黃天當立，歲在甲子，天下大吉」，召集信眾揭竿起義推翻漢帝國。太平道的信眾根據陰陽家的五德終始說，認為漢帝國屬於紅色的火德，並即將被黃色的土德取代，故此戴上黃色頭巾作為識辨：這次衝突亦因此稱為黃巾之亂。太平道的起義獲得部分對漢帝國失望的地方豪族支持，使叛亂迅速蔓延到帝國各地[12]。

為了鎮壓來勢洶洶的民眾起義，漢帝國改變既有的地方行政制度，為其後中央集權的瓦解埋下了伏筆。在民眾起義爆發前，漢帝國以郡級行政區為主要的地方行政單位。在郡以上雖一直設有由刺史負責的州，那卻是不具常設行政權力的監察機關[13]。劉宏為平息叛亂，在宗室劉焉的建議下把各州刺史改成執掌軍政大權的州牧，並把兵力集中在州的層級[14]。此後豪族為爭奪州牧的職位，紛紛在地方社會招兵買馬：地方豪族在鞏固勢力後把州牧改為世襲職位，建立實際上的獨立王國。而那些無法成為州牧的地方實力派，則在郡的層級拓展自己的地盤，使郡守亦轉型為世襲化的職位[15]。

劉宏在一八九年去世後留下兩位未成年的兒子，分別為十三歲的長子劉辯（尊稱少帝）和八歲的次子劉協（諡號獻帝）。外戚何進擁立妹妹何皇后的兒子劉辯，密謀與冀州牧袁術聯手清除被稱為十常侍的宦官集團，可是卻不慎泄露風聲。在袁紹率兵攻入洛陽屠殺宦官時，何進與大部分外戚皆已遇害。一世紀末以來支撐著漢帝國的三大支柱，此時悉數崩解：外戚和宦官經此一役幾為屠殺殆盡，早前被朝廷排斥的官僚知識階層則已回到地方社會，與各地的實力派連成一氣。劉宏兩位先後稱帝的兒子，都因為年幼的緣故而缺乏威望：劉宏在任時濫用皇權迫害異見者、又以苛捐雜稅損害民生，使朝廷失去認受性的基礎。如今漢帝國體系的崩潰已經無可挽回，而東亞大陸亦從古典時代（Classical Period）邁向中世（Medieval Period）。

并州牧董卓過往一直在西北邊疆與羌人爭戰，其兵力比其他地方勢力來得雄厚，就乘機攻入洛陽填補權力真空。他先是廢除劉辯的帝位、再扶植劉協為傀儡皇帝，然後又把劉協挾持到其勢力範圍附近的長安，意圖挾天子以令諸侯。帝國各地不願奉董卓為盟主的地方勢力，雖曾組織反董卓的聯軍，其後卻為爭奪領導權而互相廝殺。董卓在一九二年被部將呂布刺殺，其殘部也隨著內訌而崩潰，劉協則輾轉逃返只剩頹垣敗瓦的洛陽。曹操在隨後幾年的競爭中將取得上風，逐漸併吞黃河流域各地，並於一九六年迎接劉協到其根據地許昌。在二〇〇年擊敗旗鼓相當的袁紹後，曹操成為黃河流域獨一的霸主，以權臣的姿態掌握漢帝國的實權，並為八年後的南方征伐積極籌謀[16]。

不過以長江下游為根據地的孫權，卻決定與寄人籬下的劉氏宗室劉備合作，並於二〇八年在長江中游的水戰中擊退曹操[17]。曹操於南侵戰爭中損兵折將，此後把發展重心放在黃河流域，並以騰籠換鳥的方式打著漢帝國的旗號建立曹氏王朝。劉備則於戰後在荊州西南部取得根據地，於二一四年吞併四川盆地後改在成都發號施令，又於五年後取得漢水上游的漢中盆地[18]，不過同年劉備卻因為與孫權鬧翻而丟失荊州[19]。孫權戰後則征伐和收編長江中下游和錢塘江流域的土著[20]，並沿著海岸線把勢力擴展到東南沿海、嶺南和東南亞北部[21]。東亞大陸此後亦從群雄並立，演變成南北分治的局面，並為隨後幾個世紀東亞大陸的地緣政治帶來深遠的影響。

曹操在二二〇年逝世後，三子曹丕（謚號文帝）強迫劉協「禪讓」，從而創立魏帝國[22]。劉備（謚號昭烈帝）翌年在成都宣布「繼承」漢帝國的帝位，其後歷史將這個建立在四川盆地的政權稱為蜀漢。而孫權（謚號大帝）亦於二二九年決定自立為吳帝國的皇帝[23]。此後的國際形勢則主要是蜀漢與魏帝國之間的南北之爭，吳帝國則在兩者之間搖擺不定，無意爭奪整個東亞大陸的統治權。

蜀漢在立國後不久，即發兵東進，意圖奪回孫權佔據的荊州，卻於二二三年遭逢慘敗[24]。劉備在撤退期間於白帝城（今重慶奉節縣）身故，臨終前將帝位傳給十六歲的劉禪（稱號後主），並將國家大權委託予丞相諸葛亮。此後蜀漢即調整戰略目標，以「反攻」漢帝國過往在黃河流域的核心地帶為目標。可是在劉備逝世後，蜀漢再也沒有具有政治魅力的君主或政治領袖。過往一路跟隨劉備的官僚知識階層不再相信位處「邊陲」的四川盆地，會出現能夠獲得天命的正統政權；而在四川盆地土生土長的地方豪族，則認為蜀漢朝廷是虛耗地方經濟資源的外來政權。魏帝國對蜀漢發動反攻時，除了少數像姜維那樣的強硬派外，蜀國上下幾近毫無反抗。劉氏宗室在四川盆地僅剩的殘餘國家（Rump State），就這樣於二六三年隨風而逝[25]。

雖然魏帝國能夠擋住蜀漢的攻勢，並反過來將其吞噬，可是這個帝國本身亦無法駕馭國內的權貴和地方勢力。官僚知識階層出身的權臣司馬懿於二四九年發動兵變，取得統治魏帝國的實權。可是此後司馬氏以高壓手段打擊政敵，令官僚知識階層大失所望[26]。如此司馬懿之孫司馬炎（諡號武帝）在二六五年創立晉帝國時，新朝廷無法贏得地方勢力的忠誠，只得把子孫分封到帝國各地，擔任壓制地方的藩王，然而司馬氏的內部也稱不上是團結[27]。

吳帝國的國祚比蜀漢和魏帝國都來得要長，可是地方豪族和官僚知識階層卻捲入皇族的內鬥，陷入激烈的權力鬥爭[28]。在一連串的鬥爭過後，國家就一直處於離心離德的局面，而末任皇帝孫皓（稱號末帝）亦得以殘酷手段維持政權。如此晉帝國在二八〇年揮軍南下時，吳帝國已經無法組織有效的抵抗。當地的官僚知識階層其後雖然願意擔任晉帝國的官僚，卻始終懷有強烈的地方意識，為三十七年後的政治局勢埋下微妙的伏筆[29]。

從一八九年董卓入洛陽、到二八〇年吳帝國滅亡的九十一年間，東亞大陸陷入地方勢力各據一方互相混戰的階段。魏帝國、吳帝國和蜀漢的中央集權，既不為官僚知識階層所信服，亦無法安定地方的豪族。在多個政權的混戰之中，東亞大陸的官僚知識階層各為其主，既使用欺詐和權謀的手段完成任務、也會隨著形勢改變轉換效忠對象[30]：這樣的政治現實，與漢帝國以儒家禮法為根據的政治意識形態形成巨大反差，促使知識人在儒教的框架外重新探索超越價值。

超越價值與世俗的二元秩序

在公元二世紀後期，官僚知識階層先是遭受漢帝國朝廷的政治迫害、其後又目睹地方豪族於帝國各地雄據自立，使他們對中央層級的政治失去興趣：相對於日益困窘的中央朝廷，他們在由豪族控制的地方社會比較容易找到發展的空間。而隨著東亞大陸的政治形勢不斷惡化，官僚知識階層也傾向留在自己的鄉里中不問世事，寄情於山水、文學或抽象的思辨。這使得當時的知識風潮不再著重社會政治事務，反倒出現避世的傾向[31]。

雖然儒學於此時仍然有其政治上的功能，可是隨著奉儒學為官方意識形態的漢帝國土崩瓦解，知識人再也無法相信儒學能帶來精神上的解脫。他們不再像昔日那樣獨尊儒學，並把目光投向道家或黃老學之上。儒家提倡的君臣之義、尊卑秩序和家庭倫理，亦開始為知識人所批判[32]。比如孔子的第二十代孫孔融，個人自主意識極其強烈，也可能說過以下的狂狷之言：

> 父之於子，當有何親？論其本意，實為情欲發耳。子之於母，亦復奚為？譬如寄物缻中，出則離矣[33]。

雖然這句話可能只是曹操安插給孔融的罪名，不過這種反秩序言論倒是相當切合二世紀後期的時代精神（Zeitgeist）。

而官僚知識階層之間的清談，內容亦從過往關注的國家大事，改為本於老子、莊周思想的抽象哲理問題。他們放棄追尋理想的社會政治秩序，反倒自覺地追求個性的展現[34]。在這個時期興起的玄學思想主張依照性情抒發自我，並認為這樣方能符合自然之道，從而達到超越的境界：而任何否定人性、壓抑個性的主張和制度，都妨礙自然之道的運行。部分比較激進的論者，甚至會全盤否定禮儀和倫理的合理性。比如阮籍就認為儒家主張的禮儀，是幫助權貴壓制民眾的工具。權貴壟斷對善惡的定義，透過虛構的道德要求民眾奉承他們，促使他們為權貴的想望自相殘殺，從而釀成社會政治秩序的崩潰：

蓋無君而庶物定、無臣而萬事理……君立而虐興、臣設而賊生。坐制禮法，束縛下民；欺愚誑拙，藏智自神……今汝尊賢以相高、競能以相尚、爭勢以相君、寵貴以相加、趨天下以趣之，此所以上下相殘也。竭天地萬物之至，以奉聲色無窮之欲，此非所以養百姓也。於是懼民之知其然，故重賞以喜之、嚴刑以威之。財匱而賞不供、刑盡而罰不行，乃始有亡國、戮君、潰敗之禍。此非汝君子之為乎？汝君子之禮法，誠天下殘賊、亂危、死亡之術耳！

故此若然想要終結亂世，就必須拋棄約束人性的禮法，讓個體跟隨自己的意志重新與超越的自然之道結合、達成精神境界的超越：

必超世而絕群、遺俗而獨往，登乎太始之前、覽乎忽漠之初、慮周流於無外、志浩蕩而自舒、飄颻於四運、翻翱翔乎八隅[35]。

儒學崇尚尊卑分明的社會秩序，試圖透過禮儀、法令和刑法將不平等的秩序強加於社會之上，就是對自然之道的冒犯。自然界的萬物都能發揮自己獨特的本性，且能夠達成協調和平衡：這就是自然之道奧妙之處。故此人類社會亦應讓個體活出自我，令各人不同的本性互相輝映，從而達成自由、自然且沒有壓迫的社會狀態：

天地生於自然，萬物生於天地。自然者無外，故天地名焉。天地者有內，故萬物生焉。當其無外，誰謂異乎？當其有內，誰謂殊乎？……男女同位，山澤通氣。雷風不相射、水火不相薄、天地合其德、日月順其光，自然一體，則萬物經其常……是以重陰雷電，非異出也；天地日月，非殊物也。故曰：自其異者視之，則肝膽楚越也；自其同者視之，則萬物一體也[36]。

而嵇康則認為欲望是人類自然的本性，順應欲望就是順應自然之道，不應將其視為道德上的虧欠。儒學經典所承傳的禮法，反倒才是有違真理的存在：因為任何壓抑人性的主張都背棄了自然之道。儒者提倡的所謂道德，是人性墮落的產物，也只能夠滿足少數知識人的名利。儒學經典使五體不勤的知識人，能夠透過咬文嚼字獲得錦衣玉食，歸根究柢不過是精英階層用來混水摸魚的愚民之術：

洪荒之世，大朴未虧。君無文於上、民無競於下，物全理順，莫不自得：飽則安寢、飢則求食，怡然鼓腹，不知為至德之世也。若此，則安知仁義之端、禮律之文？及至人不存，大道陵遲，乃始作文墨以傳其意……故六經紛錯、百家繁熾，開榮利之途，故奔騖而不覺。是以貪生之禽，食園池之粱菽；求安之士，乃詭志以從俗。操筆執觚，足容蘇息；積學明經，以代稼穡。是以困而後學，學以致榮……

亦因如此，世人應該認清儒學經典的壓迫本質，放棄對禮儀的執著。虛假的道德不是道德，而是失德知識人自我開脫的謊言。人類只要按照自然之道活在真實中，所謂的禮法也就只是多餘無用之物：

六經以抑引為主、人性以從容為歡；抑引則違其願、從欲則得自然。然則自然之得，不由抑引之六經；全性之本，不須犯情之禮律。故知仁義務於理偽，非養真之要術；廉讓生於爭奪，非自然之所出也。由是言之：則鳥不毀以求馴，獸不群而求畜。則人之真性無為，正當自然耽此禮學矣[37]。

執著於道德禮法的人，誤以為縱容欲望將會使人沉溺。嵇康卻認為在自然狀態下，按照自己欲望行事的人類，在欲望滿足後自然就會懂得放手。滿足欲望，是人類的自然本性；在欲望滿足後還要強行追求，則是違反自然天性的行為：

夫不慮而欲，性之動也；識而後感，智之用也。性動者，遇物而當，足則無餘；智用者，從感而求，倦而不已。故世之所患、禍之所由，常在於智用，不在於性動。今使瞽者遇室，則西施與嫫母同情；憒者忘味，則糟糠與精粺等甘。豈識賢、愚、好、醜，以愛憎亂心哉[38]？

假如人類只按本性而行，在欲望得以滿足後就不會處於欲求不滿的狀態。盲人不會因伴侶長相而影響性體驗；神志不清的人只求飽肚，也不會在乎味覺上的體驗。故此超乎欲望的索求，必然是出於人為制訂的標準。就是因為那些建構社會秩序的人，向世人強加所謂賢、愚、好、醜的標準，才會誘發出那些超乎天性的需求：人類之所以會縱欲，正是自然之道受到侵蝕的結果[39]。

雖然阮籍和嵇康的思想往往被等同於三世紀的時代精神，可是我們得留意這並非時人的主流想法。在上一章的討論中，筆者曾經提及儒家「以禮治國」觀念的出現，是儒學與道家、法家和黃老學等思潮互動得來的產物：儒家借用「道」的概念把個別主義和部落主義的家庭倫理，化妝成「自然」的普遍真理，繼而把「忠君」和「孝親」這兩個概念連結起來。如此部分玄學家在討論形而上的秩序時，仍然不加批判地把儒家提倡的人情倫理和尊卑秩序假定為自然秩序的一部分[40]。比如活躍於晉帝國初年的郭象就認為：

> 夫仁義自是人之性情……恐仁義非人情而憂之者，真可謂多憂也[41]。

而論到尊卑分明的社會秩序，郭象則認為：

> 千人聚，不以一人為主，不亂則散……君臣上下、手足外內，乃天理自然[42]。

至於當時玄學的主流，則介乎以上兩種極端之間。他們不會全部否定儒家禮儀，仍然承認禮儀有感化民心的作用，可是亦同時主張禮儀應當出自民間的自然風俗，而非官僚知識階層的規劃。活躍於魏帝國時期的王弼，在詮釋《論語．泰伯》「興於詩、立而禮、成於樂」一語時指出：

> 夫喜、懼、哀、樂，民之自然，應感而動則發乎聲歌。所以陳詩採謠以知民志風，既見其風，則損益其焉。故因俗立制，以達其禮也……

故此禮儀的基礎，不是官僚知識階層塑造的意識形態，而是植根於民間的文化、風俗和價值觀。如此在建立禮儀秩序之前，就必須先研究、理解、採用和補充民俗。若然對民俗欠缺瞭解，所謂的禮儀就不過只是空中樓閣：

若不採民詩，則無以觀風；風乖俗異，則禮無所立；禮若不設，則樂無所樂；樂非禮則功無所濟。故三體相扶，而用有先後也[43]。

民間自然的風俗習慣，理應是制定禮儀的獨一基礎：唯有這樣，禮儀的規範才有可能完全與自然之道契合。是以王弼反對過往漢帝國獨尊儒術時，將禮儀、法規和刑法合而為一的統治術，更不能接受《春秋決獄》那種以禮入刑的歪風。他堅持禮儀必須是自然風俗的延伸，不應該淪為有權者賞罰民眾的機制。他在詮釋《老子》「絕學無憂，唯之與阿，相去幾何？善之與惡，相去若何？人之所畏，不可不畏」一語時補充：

畏譽而進，何異畏刑？唯阿美惡，相去何若？故人之所畏，吾亦畏焉，未敢恃之以為用也[44]。

王弼認為倫理必須建基於真實的感情，而非外在的規範：他主張「自然親愛為孝」[45]，認為孝道應該是親情的自然流露，而不是強制的長幼尊卑秩序。對人類在不同處境的各種行為作出鉅細靡遺的規範，最終帶來的只會是壓迫而非社會和諧：人類在人際關係中能夠自然流露友愛之情，才是和睦共濟的關鍵。掌權者若透過公權力強制不同地方的人放棄原先各式各樣的風俗，要求他們行事為人都依從統一的規範，則會帶來違反自然之道的暴政。讓世人按照自己的風俗流露真性情，與其他地方的人和平共處，各地風俗雖然迥異、民風卻同樣淳樸，如此才是從政者應當嚮往的社會秩序[46]。

而「現實 vs 超越」的二重世界觀，則是王弼社會政治思想隱含的前提。他借用老子關於「道」的討論，把各種有形的社會和自然事物稱之為「有」，並主張這些有形態事物的運作，背後都是由無法觸摸的抽象原理所塑造和推動：而這股主宰萬物卻不可見的力量，王弼稱之為「無」[47]。雖然人類的感官並沒有辦法感受到「無」，可是「無」卻是超越一切的根本，是「有」之所以能夠存在運作的先決前提[48]。不論是自然萬物運行的物理現象、人類的社會政治秩序、以至是個人身體和心靈上的平衡，無一不是靠「無」的原理而支撐：

> 天物之所以生、功之所以成，必生乎無形、由乎無名。無形無名者，萬物之宗也[49]。

宇宙萬物既然都須依靠「無」的原理驅動，那麼世人若不願意依從這股超越原理去辦事，就無法安頓世間各種「有」的事物和現象。唯有認清「無」是超越而真實的自然之道，以順應自然的方式維繫社會、推動政治、活出人生，方能達致美滿的效果。如此「以無為用」，不論在任何情況都是解決問題的最佳解方：

> 何以得德？由乎道也。何以盡德？以無為用。以無為用則莫不載也：故物無焉，則無物不經；有焉，則不足以免其生。是以天地雖廣，以無為心；聖王雖大，以虛為主[50]。

從王弼的思想中，我們可以看到在二世紀之後興起的玄學認為現世混濁且混亂，並將其歸咎於漢帝國無視自然之道的政治意識形態。世道亦因為世人枉顧主宰自然萬物的超越法則而趨向墮落：這個超越法則並非物質世界的事物，而是形而上的超越真理。人類必須與抽象而超越的自然法則重新連結，按照自然之道捨棄有違天性的教條，方能匡正動盪不安的社會政治局面、並獲得個人的精神解放。這種「現實vs超越」的二重世界觀，重視在超越領域的精神解放，亦為海外傳入的佛教鋪平道路[51]。

不過因為「現實vs超越」的二重世界觀，對現實世界的物質、文化和制度的全盤否定，終究只是少數思想前衛的知識人之想法。對於大部分的官僚知識階層而言，二重世界觀與其說是超越對現世的否定，倒不如說是精神追求與俗世實務之間的分工。官僚知識階層在三世紀以後出現精神解脫的需求，他們先是探究玄學的抽象思維、其後則透過佛教和道教尋求心靈的慰藉，卻仍然認可儒學是有效的實用知識[52]：畢竟他們依舊會為了聲望和俸祿擔任官職，也會為了維持家族聲望以家禮約束子弟。為此他們甚至曲解玄學的「緣情制禮」概念，通過套套邏輯（Tautology）將儒學禮儀的繁文縟節與人類的自然性情畫上等號，並把各種因應現實考量而制定的人為規條稱為「情禮兼到」的「創見」[53]。「現實vs超越」的二元區分，最終導致儒、釋、道分工的思想結構，而這種「佛／道為體、儒學為用」的二重世界觀，直到七世紀至八世紀中，仍然是東亞大陸官僚知識階層的主流思想[54]。

官僚知識階層的貴族化

東亞大陸的人口在三世紀中的動盪歲月大量流失：他們有的因為饑荒、疫病和戰亂而身亡，有的則因逃避戰亂而成為脫離戶籍的化外之民。與動盪前夕的一五七年相比，二八〇年晉帝國吞併吳帝國時，其戶口數目只有昔日百分之二十三、人口則只有過往的百分之二十八點六[55]。都市發展亦因多年的戰亂陷入停滯，令市場貿易無以為繼。地方豪族在東亞大陸各地招聚離散的人群，動用資源設立自給自足的莊園、以及具有防衛功能的塢堡，憑藉保護社區的實力讓民眾成為其侍從[56]。這些豪族多為官僚知識階層，除擁有雄厚的經濟和武裝實力，還有著深厚的家學淵源：他們不止是熟悉儒教的經典和禮法，也會鑽研包括文學、史學、醫學、天文、地理以至是命理術數等學問。豪族又會贊助各種宗教活動，並救濟社區內的貧民與災民，從而獲得道德和人格上的聲望。這樣以官僚知識階層為主的豪族就透過各種恩庇侍從關係，成為主導地方社會的名望家[57]。

地方豪族的急劇擴張，在漢帝國滅亡後成為國家政權無法忽視的現象。魏帝國成立時為拉攏地方豪族的支持，就以九品官人法補充過往的察舉制度，藉此將豪族既有的勢力制度化。朝廷亦試圖透過改革官僚選拔制度，阻止對曹氏懷有異心的人士任官：不過觀乎後來司馬氏的崛起，九品官人法在這方面的效果倒是相當有限。在魏帝國的新制度中，朝廷會聘任地方人士為中正官，讓他們對謀取官職者評級，最優秀者為一品、而僅堪聘用的平庸者則為九品：這就是所謂的「鄉品」。雖然鄉品的評級，理論上是依據謀官者的才能和名聲而決定，可是實際上家族威望才是主要的決定因素。而朝廷則會按照中正官的評級，決定新入職官僚的官位等級：這個被稱為「官品」評級亦同樣分為九品。一般而言，新聘官僚的鄉品就是他在職場生涯中的玻璃天花板（Glass Ceiling），而他第一份官職的官品則通常會比其鄉品低四等[58]。決定新聘官僚仕途的，除家族聲望外，還有其祖先和前輩的任官經歷。在魏帝國的朝廷中，三品或以上的高官幾乎都是高官的子弟：也就是說高品位的官僚，此時開始轉型為世襲的貴族[59]。

不過東亞大陸貴族化的官僚知識階層，卻有異於世界其他地方強調血緣承傳、而且地位相對比較穩定的貴族。公元二世紀以後在東亞大陸興起的新貴，強調其家族在名聲、品格和學問上的承傳。豪族子弟必須努力在官場扶搖直上，方能夠確保家族地位的延續。倘若豪族子弟庸碌無能、或是在尚未取得功業時英年早逝，其後人就要面對向下社會流動的危機。即便如此，豪族此時已不再自視為皇帝的附庸，其收入來源亦主要來自地方的莊園、而非朝廷發放的俸祿：故此東亞大陸諸帝國直到六世紀後期前，一直處於再封建化（Re-feudalization）的局面，無法實踐真正的中央集權[60]。

司馬炎於二六六年創立晉帝國後，除繼續任用魏帝國的官僚、亦沿用九品官人法招聘新人。司馬炎為安撫勢力龐大的地方豪族，決定正式將「門閥」地位與鄉品掛勾，讓豪族壟斷晉帝國的官僚體系，又把爵位分封予各地的豪族。如此消失了好幾個世紀的封建制度，就在東亞大陸捲土重來[61]。以官僚知識階層為主的豪族，既擁有家學承傳和社會聲望、又能夠讓子弟壟斷朝廷要職、並獲得朝廷頒授的爵位，成為了名副其實的貴族[62]。

司馬炎無力像中興漢帝國的劉秀那樣收編地方勢力，就只得把司馬氏家族成員封為藩王，並下放兵權讓他們鎮守地方以維繫皇帝的權威，可是這樣的努力卻在他於二九〇年逝世後歸於徒然。繼位的司馬衷（謚號惠帝）生性愚笨，無法駕馭其掌握兵權的家族成員，而皇后賈南風則乘機聯同外戚壟斷朝政。司馬氏諸王不滿賈氏專權，遂於三〇〇年攻入洛陽推翻賈氏，其後卻為爭奪政權而兄弟相殘。雖然朝廷一度在東海王司馬越的支撐下勉強維持，但隨著司馬越在三一一年逝世，晉帝國也再度陷入權力真空的局面[63]。

在黃河流域累積了一個半世紀的族群矛盾，卻不幸在這個時候集體爆發。在漢帝國步向衰微之時，黃河流域的人口因戰火連年而持續下降，來自內亞的各族群則乘機遷徙到騰出的荒地，甚至成為特定地域的主流族群。曹操為求促進農業生產，亦積極鼓勵內亞族群遷移到黃河流域，再從這些移民群體當中募集兵源[64]。不過新住民的大批湧入，令原有的編戶齊民感到競爭壓力而滋生排外情緒：他們貶斥新住民為缺乏文化素養的蠻夷，甚至鼓吹將其驅逐出境。比如江統就在二九九年提出〈徙戎論〉，指出「關中（渭河盆地）之人百餘萬口，率其少多，戎狄居半」。他認為「非我族類，其心必異」，又警告內亞族群的風俗將會顛覆社會秩序，「蕃育眾盛，則坐生其心：以貪悍之性、挾憤怒之情，候隙乘便、輒為橫逆」，是晉帝國必須正視的內部威脅。江統認為內亞族群就應該返回世居的內亞，讓東亞族群重新獨佔東亞，如此方能確保社會的穩定和諧：

以四海之廣、士庶之富，豈須夷虜在內，然後取足哉？此等皆可申諭發遣，還其本域，慰彼羇旅懷土之思、釋我華夏纖介之憂。惠此中國、以綏四方、德施永世、於計為長[65]。

隨著晉帝國軍力衰退，過往備受主流社會歧視的內亞族群亦決定起兵叛亂，嘗試透過武力逆轉過往的族群秩序。匈奴族出身的劉聰先後在三一一和三一七年攻入洛陽和長安，其他內亞族群亦於黃河流域各地建立短暫的政權[66]。此後黃河流域一直處於群雄割據的局面，直到三八六年鮮卑拓跋部建立魏帝國（在下文的討論中稱之為北魏帝國，藉此與曹氏的魏帝國區別），並於四三九年統一黃河流域為止[67]。雖然內亞族群先後俘虜了兩位晉帝國的皇帝，可是他們分屬匈奴、羯、鮮卑、羌和氐等族群，也說著蒙古語族（Mongolic）、藏緬語族（Tibeto-Burman）以至突厥語族（Turkic）的族語，故此無法集合力量推進到長江流域。他們把晉帝國逐出黃河流域後，無力建立自己的國家體系，只得倚靠未有逃亡的貴族間接統治當地的主流族群。隨著時光流逝，內亞族群的領袖亦模仿東亞族群的文化，建立屬於自己的貴族制度[68]。

而晉帝國的皇族則只能流亡到剛佔領的吳帝國故地，於當地成立由流亡政權統治的遷佔者國家（Settler State）。琅邪王司馬睿（謚號元帝）在內亞族群起兵叛變時，避走到長江流域下游，其後於三一七年於吳帝國的故都建康（今南京）稱帝。可是此時司馬氏已經勢孤力弱，不得不依靠豪族的力量維繫國家。當時左右政權的豪族又分為吳人和中人。吳人是在吳帝國時期就已經在長江流域經營的精英，他們有的是為了投奔孫權而從黃河流域移民過來，有一些則是被納入編戶齊民的土著領袖[69]。至於中人則是在晉帝國瀕臨崩潰時，率領莊園「附從」和「百姓」南遷的貴族：他們在長江流域開發土地重建莊園，並重新崛起為新興地方勢力[70]。司馬睿在這兩股勢力的支持下登上帝位，朝廷大權難免自此旁落[71]。在晉帝國「播遷」後頭十年，就發生過兩次豪族叛變：這包括三二二至三二四年間的王敦之亂，以及三二七至三二九年間的蘇峻之亂。在隨後的一個世紀，晉帝國始終籠罩在豪族干政、以至篡位的陰影之下[72]。

雖然晉帝國喪失了黃河流域的核心地帶，可是它的勢力範圍仍然遍及長江流域、珠江流域和紅河流域，統治著語言文化風俗殊異的多元族群，其疆土仍在向外擴張，稱得上是貨真價實的帝國。此時晉帝國不斷向長江中上游、四川盆地和東南沿海的無主地擴張，並在這些地方設置州郡。在東南沿海北部，晉帝國在靠海的地域設置福州、在靠山的地方設置建州：這是東南沿海後來被稱為福建的緣由[73]。這些地方的土著，則在國家力量的壓力下被納為編戶齊民，而當中的大部族則發展成宗部和山部，並逐漸按照官僚知識階層的樣式轉型為地方豪族。至於那些抗拒帝國的部族，則武裝起來抵抗朝廷的官僚和軍隊，而被帝國貶斥為「山賊」[74]。

夾在長江流域和黃河流域之間的淮河流域，則成為晉帝國與內亞族群政權衝突的前線。而駐紮在當地的，則多為出身自長江中游的世襲軍人：由於長江中游有荊楚之名，這些軍人因此又被稱為楚人。豪族環伺的晉帝國並無中央集權的實力，這些世襲軍人就在淮河流域建立自己的勢力範圍。他們雖然是朝廷冊封的將軍，其部屬卻多是向軍人世家效忠的私軍[75]，使這些世襲軍人逐漸轉型為與司馬氏並駕齊驅的軍事貴族。最終楚人劉裕（諡號武帝）憑著鎮壓叛亂的功績成為晉帝國的權臣，並於四二〇年強迫司馬德文（諡號恭帝）禪讓，並改國號為宋。此後建康帝國還經歷過三次政權輪替：在四七九年建立齊國的蕭道成（諡號高帝）以及在五〇二年建立梁國的蕭衍（諡號武帝），都是透過軍事政變上台的楚人，而這兩個政權的官僚則多是轉型為官僚知識階層的楚人。在五五七年建立陳國的陳霸先（諡號武帝）則為吳人將領，其屬下的官僚則是以吳人為主[76]。

隨著建康帝國在長江流域站穩陣腳，源自黃河流域的豪族新住民也逐漸在地化。他們既抗拒其他新興貴族的向上社會流動，也不再歡迎北方的遠親往南遷徙。隨著司馬氏勢力日漸衰微，他們開始結交在淮河流域駐紮的軍事貴族，而軍事貴族亦仿效官僚知識階層出身的豪族，鑽研包括儒學和佛學在內的學問：創立梁國的蕭衍更是文武雙全的典範。雖然長江流域的貴族隨著建康帝國於五八九年滅亡而樹倒猢猻散，可是他們所建立的貴族制度卻得以在黃河流域延續：不論是東亞族群還是內亞族群的地方勢力，都在模仿南方的制度，並逐漸演化成官僚知識階層或軍事貴族[77]。

鮮卑拓跋部的北魏於四三九年統一黃河流域，其後元宏（諡號孝文帝）又按照建康帝國的模式，把內亞族群和東亞族群的豪族轉化成官僚知識階層。其後黃河流域在五三四年再度陷入分裂，不過鮮卑宇文部創立的周帝國，在五七七年就將黃河流域重新整合起來：周帝國透過通婚和鮮卑貴族文化，把新興的軍事貴族結合為利益一致的貴族聯盟。由於聯盟成員多在渭河盆地或黃土高原起家，故此又被稱為關隴集團[78]。雖然此後黃河流域的帝國還是經歷了政權輪替，但執政者和權貴始終是這個貴族聯盟的成員，從而能夠持續累積向外擴張的實力。在五八一年，出身自鮮卑化東亞族群的楊堅（鮮卑名Puliuru，諡號文帝）奪得政權創立隋帝國，並於八年後統一東亞大陸，使其開始步入中古帝國（Medieval Empire）的時代。其後在六一八年取代隋帝國的唐帝國，其創始人李淵（廟號高祖）雖是比較低階的軍事貴族，卻仍然能夠透過與鮮卑貴族通婚與關隴集團建立關係。貴族聯盟的出現，使周帝國以來的黃河流域帝國能夠推動國家全體主義（State Totalism），令各種社會、文化和宗教力量都服膺於帝國的政治意識形態[79]：本來儒學的工具化、玄學的曇花一現、佛教的傳入、以及道教的發展，都曾經令超越價值得以在東亞大陸被重新發現，並為政治意識形態的發展帶來另類的可能。可是國家全體主義的出現，卻促使帝國積極收編各種新興信仰。在中世東亞重新發現的超越意識，雖然曾經對上古和中古的政治意識形態提出各式各樣的挑戰，最終還是不敵重新統一東亞的帝國霸權，再次走上內捲化的命運。

佛教的突破與內捲化

在漢帝國體系崩潰後，雖然官僚知識階層未有放棄對儒學的探究，可是他們卻將其視之為僅有實用價值的技術知識。連續好幾個世紀的社會亂象，使儒家的禮教倫理秩序喪失了精神上的感召力。玄學思想在公元二世紀的興起，使官僚知識階層開始積極尋求現實表象後面的形而上超越真理，可是其後對東亞文化影響最為深遠的，卻是同期自南亞引入的佛教。

佛教之起源可追溯到公元前五世紀，當時被尊稱為釋迦牟尼（Siddhartha Gautama）的悉達多．喬達摩重新詮釋婆羅門教的神話，提倡普遍而超越的救贖之道。他主張超越的絕對真理無法由少數宗教精英所壟斷：不論階級、性別、族群，任何人只要許下願心都能夠得悉超乎宇宙萬物的形而上真相，從而超越在世間輪迴（Samsāra）的無間苦難、達至涅槃（Nirvana）的終極解脫。能夠獲得精神解脫的，也不限於出家修道的比丘（Bhikkhu，俗稱和尚）和比丘尼（Bhikkhunī，俗稱尼姑），也包括立下善願的平信徒。佛教透過這種詮釋，批判婆羅門教的等級制度，提倡建基於普遍絕對真理的普遍救贖[80]。

由於佛教是透過詮釋原有宗教而創立，是以並沒有像猶太—基督宗教或希臘哲學那般著重與舊信仰的斷裂：如此佛教的教義亦比較多妥協的空間，而過往那些意圖透過儀式操縱物質世界的巫術、以恩庇待從關係為中心的個別主義倫理，亦因此能夠在佛教傳播的過程中保存下來[81]。佛教的妥協性格，使其無法在南亞完全取代婆羅門教，令後者能夠在吸收佛教的思想資源後東山再起，最終把佛教完全壓制下來。不過同樣的特性，卻有助佛教與東亞的固有思潮契合，使這個新興宗教能借用本地思潮的力量開枝散葉。比如佛教在傳播到日本後，即把本土神明嫁接到婆羅門教的神話中，使佛教能迅速透過這種「本地垂跡說」成為社會主流[82]。

佛教於公元前一世紀至公元一世紀傳到中亞，並於一世紀開始沿河西走廊傳入漢帝國。根據文字紀錄，劉秀的兒子楚王劉英是漢帝國首位皈依佛教的知名人士[83]。而聯同宦官迫害官僚知識階層的劉志，則是漢帝國首位禮佛的君主：他曾經在宮廷設壇向佛陀和老子獻祭。在襄楷寫於一六六年的奏疏中，除提及劉志尊崇佛老一事，亦論及漢傳佛典《四十二章經》當時已經刊行[84]。我們可以推斷該時的漢帝國，信奉佛教的信徒群體已有一定規模，不過他們似乎對基本教義認識不深，僅將佛教當成原始道教其中一個流派。即便如此，二至三世紀的洛陽和長安已是外來僧侶雲集之地。他們開始用漢語口授佛教經典的內容，信徒則筆錄講經的內容後抄錄傳閱：這就是首批漢譯佛經的來源，其內容往往只是經文要義之撮要，與原文內容頗有出入[85]。這批教徒通常都未受過高深教育，亦有不少是來自內亞的新住民，是以此時佛教尚未成為官僚知識階層趨之若鶩的新思潮[86]。

在漢帝國滅亡後，魏帝國和蜀漢都採用儒法並重的國家意識形態，而佛教在東亞大陸北部主要仍是內亞新住民的信仰。不過位於長江中下游的吳帝國卻相當尊崇佛教，不論在統治階層還是民間都有相當數目的佛教徒，如此其首都建業（後稱建康，今南京）亦成為佛教文明在東亞大陸的傳播中心[87]。官僚知識階層出於族群偏見，起初對作為內亞新住民民間信仰的佛教不感興趣。可是隨著東亞大陸社會日趨動盪，官僚知識階層愈來愈無法認同固有的儒家禮教，使著重抽象思辨的玄學蔚為風潮。這樣當官僚知識階層在三世紀接觸到佛教的大乘信仰（Mahāyāna）時，就覺得對超越真理的抽象思辨似曾相識：他們應用或超譯玄學的概念，逐漸理解智（Prajna）、空／明（Sunyata）、寂（Santi）等觀念，並開始視佛教為值得深究的學問。那些鄉品較低的官僚知識階層，則透過鑽研佛教的形而上學彌補官場失意的遺憾。隨著佛教逐漸進入官僚知識階層的視野，寺廟和僧侶亦因獲得資助而日漸壯大[88]。

雖然晉帝國在二八〇年重新統一東亞大陸，可是其後卻只有短短十年的太平歲月。東亞大陸在司馬炎於二九〇年逝世後，陷入比以前還要嚴重的政治動亂，而居於黃河流域的內亞族群亦乘機建立自己的政權。最終晉帝國丟失在黃河流域的核心地帶，並於三一七年在長江流域建立遷佔者政權：而帝國的新首都建康，在吳帝國時代就已經是佛教傳播的中心。有不少皇族和豪族被迫離開在黃河流域的故鄉，跟隨朝廷遷移到長江下游，這種顛沛流離的經歷使他們渴望從佛教尋求慰藉。起初主導南來政權的琅琊王氏，其成員亦多皈依佛門[89]。如此佛教就正式成為晉帝國其中一種官方信仰，官僚知識階層與權貴開始在清談時兼論玄學和佛理，使僧侶逐漸打入知識人的圈子中[90]。比如支遁（俗姓關，字道林）就經常參與豪門主辦的清談，又喜歡與玄學者爭論形而上的問題，此外他還參與過由王羲之牽頭、在會稽山下舉辦的蘭亭集會[91]。《般若經》（*Prajñāpāramitā-sutras*）亦於此時傳入晉帝國，並受到建康僧侶和信眾的重視。皈依佛門的官僚知識階層，運用玄學和道家思想當中「有」、「無」、「道」、「性」和「自然」等概念理解《般若經》當中的佛理，從而形成長江下游專有的本土化佛學[92]。

《維摩詰經》（*Vimalakīrti Nirdeśa*）的盛行，則反映出這種本土化佛學的另一個面向：這本經書的敘事者維摩詰（Vimalakīrti）是一位在家修行的貴族。他雖然明白佛法裏面的大智慧，卻同時維持著舒適奢華的生活：不過維摩詰為人樂善好施，熱心捐助窮人和僧侶，又熱心遊走各地說法普渡眾生。這剛好反映豪族和權貴的心態：他們希望能在安逸的生活中追尋靈性，故此決定成為在家修行的居士（Grhapa-ti），並以大額捐獻替日常的奢侈生活「贖罪」[93]。

而佛教在黃河流域，則在內亞族群政權的支持下蓬勃發展：這些政權的領袖往往都是虔誠的佛教徒，熱中贊助佛學研究和寺廟建設，內亞裔的民眾亦多跟隨領袖集體皈依。大批來自中亞和南亞的僧人，此時經過河西走廊到黃河流域弘法，並傳入各種原文佛教經典。由於有為數不少的官僚知識階層，決定跟隨晉帝國「衣冠南渡」，儒學的影響力在黃河流域大不如前：雖然內亞族群政權的領袖當中不乏熟悉儒學的人，可是他們多視之為行政管理的工具知識，須從別處滿足靈性的需要。與懷有排外心態的南遷豪族相比，逗留在黃河流域的官僚知識階層比較願意妥協，從而令當地東亞族群的民眾更願意皈依佛教。內亞族群的社會結構與儒家禮教的設定相距甚遠，而且向來信奉透過巫師通靈與自然界各種靈體溝通的薩滿信仰（Shamanism）：他們相信精通佛法的高僧，同樣擁有能夠保護國家的法力[94]。

先後由石勒與其侄子石虎統治的趙國，在三世紀三〇至四〇年代成為黃河流域的霸權。石氏叔侄對來自龜茲（Kucha）的僧人佛圖澄（Buddhacinga）甚為信任，認為趙國的興起是其「神通」能力的功勞，故大力支持其傳教事業。其後稱霸黃河流域的苻堅和姚興，亦因為類似的理由而以佛教的保護者自居。雖然同樣處於黃河流域，鮮卑拓跋部建立北魏帝國不久後即出現皇權與教權的衝突，可是其皇室成員與貴族仍然普遍相信佛教具有護國的法力。在內亞族群政權的支持下，長安和洛陽再度興起為佛教發展的中心，成為中亞佛學和佛經傳入東亞的第一站[95]。

之後到四世紀後期，晉帝國因政變頻繁而搖搖欲墜，部分僧人亦因此遷移到位於長江中游的江陵

（今荊州市）：當地接近連接長江流域和黃河流域的交通幹道，而當中的大城襄陽更是兵家必爭的邊防重地。四世紀中後期活躍於襄陽的道安（俗姓衛，本名不詳）和慧遠（俗姓賈，本名不詳），同樣都是來自黃河流域的官僚知識階層。他們受到中亞佛學的影響，並不滿足於通過玄學等東亞思想「格義」佛法的既有做法，希望能夠透過佛典原文去貼近佛法的原意[96]。在江陵僧人的努力下，在黃河流域流行、著重誦念禱文（念修）與冥想（禪定）的禪那（Dhyana）信仰，逐漸與長江流域流行的般若信仰結合，使東亞大陸南北的佛學開始走向共融之路[97]。

苻堅的秦國政權（後稱苻秦）於三七九年攻陷襄陽後，也許看上了道安的法力，就把他俘虜到長安。道安其後在長安開設譯館，餘生以翻譯佛經為志業。道安的弟子慧遠在遷居廬山東林寺後[98]，仍然與黃河流域的僧侶保持聯繫，而他與龜茲高僧鳩摩羅什（Kumārajīva）的隔空對話，對東亞佛教其後的發展影響深遠。苻秦將領呂光於三八二年攻陷龜茲，強迫鳩摩羅什擔任幕僚、又要他娶妻還俗：苻秦在不久後即土崩瓦解，而呂光則以河西走廊為根據地建立涼國。鳩摩羅什在還俗期間苦練漢文，並著手翻譯大乘佛教的經典[99]。在呂氏創立的涼國滅亡後，再次建立秦國的姚興邀請鳩摩羅什到長安擔任國師，期間翻譯了《般若經》、《維摩詰經》、《法華經》等大乘佛教經典，以及《大智度論》、《坐禪三昧經》和《阿彌陀經》等來自其他宗派的佛經[100]。慧遠對鳩摩羅什的成就甚為景仰，故兩人在四〇五至四〇九年之間多次通信，當中的問答內容其後被整輯成共三卷十八章的《大乘大義章》。鳩摩羅什基於《大支度論》的內容，解答慧遠關於法身（Dharmakaya）的疑惑。鳩摩羅什指出法身也就是自然身或真身，正正就是菩薩和佛陀所驗證過的超越真理[101]。經過這樣的南北交流，東亞大陸流傳的佛教於五世紀呈現其後反覆出現的特徵，造就漢傳佛教誕生。

慧遠因應平信徒和僧侶的需要，設定了兩種截然不同的修道法：而這兩種進路其後發展成漢傳佛教的兩大宗派。慧遠在平信徒面前推廣阿彌陀佛崇拜，要求信徒在阿彌陀佛的形象前立誓，矢志要彼此相助、並協助遇到的有緣人，盡量渡化更多人前往西方極樂世界（Sukhavati）。那些能夠超脫輪迴之苦的先行者，理當種下普渡眾生的善念，以慈悲心救濟陷入輪迴的同伴。如此皈依佛門的善信們，就因為佛法超越穹蒼的大智慧而結下善緣，從而成為超越血緣的信徒群體。慧遠強調平信徒無法透過一己之力獲得解脫，除了信徒群體互助互勉的力量，還需要靠阿彌陀佛（Amitābha）親自求助：而這就是所謂的他力本願。故此根據《般舟三昧經》的教導，慧遠主張信徒在家需透過念佛修練定法（定即三昧，Samadhi），透過誦念（Anusmrti）南無阿彌陀佛（Namo Amitābha），倚靠佛陀加持（Adhisthāna）的恩典獲得解脫的力量。慧遠在其《念佛三昧詩集序》，把這種修練功夫撮要成「功高易進，念佛為先」八個字。這就是東亞淨土信仰的根源[102]。

不過面對出家的僧侶，慧遠卻主張透過禪定（Dhyana），參透反映在其中的超越智慧（Prajna）。體會到超越真理，就能進入澄明的精神狀態，而這就是「寂」。當修練者在「寂」的狀態下以「照」的直覺參透萬物，就能得見絕對的超越真理，在入定的狀態下達到三昧的境界。來自南亞的高僧佛陀跋陀羅（Buddhabhadra）於四一〇年造訪廬山，向僧眾傳授透過靜坐、默思和冥想達成覺悟的瑜伽修行，而慧遠亦隨即讓其門下僧侶在與世隔絕的寺廟環境中，推廣以坐禪為主的修習法[103]。這種修習法其後逐漸理論化，並發展成東亞獨有的新佛學，也就是禪宗。禪宗認為覺悟是質變而非量變，故此最重要的功夫是要靠坐禪觀照內心，從而能夠通過直覺瞬間覺悟，看透萬物表象後面的真實原理。接納這種佛學觀點的僧侶前往安靜的深山專心坐禪，並逐漸凝聚成教團。最終這些禪宗信仰群體在七至八世紀，獲得唐帝國的支持而正式成為宗派[104]。

佛教的傳入，對東亞著重人倫關係和禮法秩序的個別主義提出挑戰，並鼓勵官僚知識階層積極探究超越人間的普遍主義真理。知識人不再把思維局限在人間社會的尊卑秩序，開始透過形而上學的抽象思辨理解何為「道」。這種轉變在生死觀方面尤其明顯：過往官僚知識階層著重的，是如何透過喪禮禮儀和祖先祭祀形塑家族內部的尊卑秩序，並以此作為社會秩序建構的基礎。在佛教傳入後，官僚知識階層卻開始重視死後靈魂歸屬的問題：他們有的決定皈依佛門，借助佛法的力量從因果循環的輪迴解脫出來，另一些人則寄望能透過養生修練為神仙[105]。不過妥協性格強烈的佛教，卻未有挑戰儒家的社會政治秩序，只在東亞大陸既有的個別主義人間秩序之上，建構另一個建基於普遍超越真理的平行領域。東亞大陸的佛教徒傾向將普遍主義理念局限在精神解脫和靈魂救贖的問題上，而未有藉此批判個別主義的人間秩序。也就是說，佛教採納了東亞原有的二重世界觀，並承認佛教專注精神領域、儒教專注社會政治領域的分工。這樣東亞大陸的政治意識形態，就未能隨著外來超越信仰的傳入而出現根本的突破。佛教雖然成功植根，並發展成東亞思想不可或缺的元素，可是在社會政治的面向上卻為東亞固有思想所征服。

即便如此，起初佛教仍能以不亢不卑的態度面對政權。在四世紀末期，楚人出身的桓玄以長江中游為根據地，開始挑戰建康朝廷的權威。此時他為求擴展勢力，就從寺廟那邊物色有才能的僧侶，迫逼他們還俗擔任幕僚[106]。慧遠為此發信向桓玄抗議，指出僧侶早已脫離世俗社會，理當向超越的佛法而非掌權者負責。故此他們既無法答應桓玄的要求，也無須像世俗社會那樣尊敬君王：

> 出家則是方外之賓，跡絕於物……此理之與世乖，道之與俗反者也……凡在出家，隱居以求其志、變俗以達其道、變俗則服章不得與世典同禮[107]。

桓玄後來於四〇二年往建康奪取晉帝國的主導權，並於兩年後一度篡位稱帝：只是不久後就被劉裕率兵推翻。慧遠在這段時期動筆撰寫〈沙門不敬王者論〉，重申僧侶不應順服世俗君王的權威：

是故凡在出家，皆遯世以求其志、變俗以達其道。變俗則服章不得與世典同禮，遯世則宜須高尚其跡[108]。

慧遠指出縱使君主能夠維持社會秩序、令民眾能夠安穩過活，可是唯有佛法才是絕對的超越真理，而皇權卻不是絕對的權威：

天地雖以生生為大，而未能令生者不死；王侯雖以存存為功，而未能令存者無患。是故前論云：達患累緣於有身，不存身以息患；知生生由於稟化，不順化以求宗。義存於此。斯沙門之所以抗禮萬乘、高尚其事，不爵王侯而沾其惠者也[109]。

不過歸根究柢，慧遠想要爭取的不過是僧侶的特權。除此以外，他並沒有從超越真理的觀點徹底否定皇權，反倒強調佛法對平信徒的要求，就是要孝順父母、尊敬君主：

處俗則奉上之禮、尊親之敬、忠孝之義，表於經文……此一條全是檀越所明，理不容異也[110]。

他甚至強調平信徒在家修練，得知因果報應招致的想法，會使他們品性變得善良、更願意遵守君主所定的秩序。而平信徒決定出家前，亦必先順從父母的旨意，須待父母同意方能付諸實行。慧遠希望君主能夠明白，若能給予僧侶特權、容許佛教壯大，就會有愈來愈多民眾皈依佛教，並為了信仰的緣故順服政權，如此對君主而言只有百利而無一害：

> 在家奉法，則是順化之民，情未變俗、跡同方內。故有天屬之愛，奉主之禮、禮敬有本，遂因之而成教。本其所因，則功由在昔是故因親以教愛，使民知其有自然之恩；因嚴以教敬，使民知有自然之重。二者之來實由冥應，應不在今則宜尋其本。故以罪對為刑罰，使懼而後慎以天堂為爵賞，使悅而後動。此皆即其影響之報而明於教，以因順為通而不革其自然也……是故悅釋迦之風者輒先奉親而敬君；變俗投簪者，必待命而順動；若君親有疑則退求其誌，以俟同悟。斯乃佛教之所以重資生，助王化於治道者也。論者立言之旨，貌有所同。故位夫內外之分，以明在三之志。略敘經意，宣寄所懷[111]。

慧遠甚至嘗試淡化佛教與儒教之間的差異，辯稱這兩種迥異的意識形態，背後其實有著相同的淵源。他指出佛法能夠透過應身或變化身（Nirmanakaya），變成各種不同的形象，藉此引導凡人尋索表象背後的超越真理。包括堯、舜、姬旦、孔子在內的儒教聖人，本來就是佛法道成肉身的展現。故此儒家禮教與佛法，兩者本為一體，只是分屬世俗領域和精神領域的分工而已：

> 常以為道法之與名教、如來之與堯孔發致雖殊，潛相影響，出處誠異、終期則同……經云：佛有自然神妙之法，化物以權、廣隨所入，或為靈仙轉輪聖帝、或為卿相國師道士，若此之倫在所變現，諸王君子莫知為誰[112]……

佛教只關注形而上的超越真理，從而在世俗領域向皇權妥協，這並非東亞大陸獨有的現象。雖然佛教普遍主義的教義主張眾生平等，可是這種主張卻主要局限在精神層面：佛教面對實行種姓制度、奴隸制度的南亞政權時，既沒有基於佛法否定這些政權的認受性，也沒有提出一套合乎佛法的社會政治主張。宗教歸宗教、政治歸政治、宗教不介入政治，並以專注精神解脫來迴避政治，這就是中世佛教的普遍面貌。隨著僧團組織擴大而日趨建制化，寺院本身亦淪為不平等社會結構的共犯：南亞的寺院既能從佃農身上抽成而獲得「供養」，有的甚至擁有服侍僧侶的奴隸[113]。誠然在南亞的處境中，僧侶仍是能訴諸婆羅門神話的共同傳統，在不參與政治的前提下以精神力量感化君主推行善政。可是在皇權藉由家庭倫理而變得「理所當然」的東亞，佛教去政治化的作風最終只會令佛教淪為皇權的奴僕，從而無法發揮超越信仰的平等化潛能。

當佛教傳到東亞大陸後，亦逐漸離棄本身的離世修行（Renouncer）傳統，並透過佛理替東亞既有的孝道倫理背書。南亞的宗教主流，向來認為超越真理的追尋遠比家庭責任來得重要：離開家庭的束縛尋求真理，是佛教、婆羅門教和耆那教（Jainism）共有的主張。釋迦牟尼本身亦曾離開父母、拋妻棄子，踏上尋求真理的修行苦路：在佛教的觀點中，佛陀在悟道後以超然者的姿態回到原生家庭、以佛法的奧妙勸導昔日的父母妻兒集體出家，就是以超越真理渡化俗世家庭的模範。雖然南亞社會還是會爭論出家尋道和在家修行兩者之間何者較為理想，可是那些爭論主要都圍繞在實務問題，並沒有人會認為離棄家庭尋道是違反倫理或社會秩序的行為。論者爭論的焦點在於「出家修行的人間條件」，都預設出家修行是合理且可欲的選項[114]。

這樣的家庭觀念，卻觸犯了東亞大陸社會最嚴重的禁忌。不論是儒家、道家還是法家，東亞大陸的政治意識形態都把家庭秩序當成社會秩序的根基，而「孝治天下」也是漢帝國及其後政權之意識形態基礎。經過好幾百年的意識形態建設，東亞大陸社會已普遍認為孝順父母、敬畏長輩，是毋庸置疑的倫理價值。而在法律制度上，不孝則是與叛逆同等的彌天大罪：子女若然不供養年長的父母、或是不順從父母的要求，在刑法上都是死罪。面對這樣的社會壓力，佛教還是依隨其妥協性格屈服於社會主流的孝道文化，不過起初佛教仍設法以佛法為中心擴展對「孝」的想像。他們主張佛法所帶來的個人解脫，其實就是整個家庭獲得救贖的開端：一人成佛，即可全家得救。《牟子理惑論》成冊的時間不詳，不過學界經研究後普遍認為這是三世紀的作品[115]。這本宣揚佛教的著作重新詮釋「孝」的定義，主張子女透過對超越真理的追尋，讓父母兄弟得以成佛、脫離輪迴之苦，這樣才是真正的孝順：

> 至於成佛，父母兄弟皆得度世。是不孝？是不為仁？孰為仁孝哉[116]！

而在四世紀或之前成冊、並從南亞引入的《佛說父母恩難報經》，也強調順從父母並不是真正的孝順。身為子女，反倒有責任按照佛法的超越真理教導父母，方能報答父母養育之恩[117]：

> 若父母無信教令信，獲安隱處；無戒與戒教授，獲安隱處；不聞使聞教授，獲安隱處；慳貪教令好施，勸樂教授，獲安隱處；無智慧教令黠慧，勸樂教授，獲安隱處……教信法教授，獲安隱處……如是諸子，當教父母行慈[118]。

而大約於同期自南亞引進的《佛說孝子經》亦同樣指出：

佛告諸沙門：「覩世無孝，唯斯為孝耳。能令親去惡為善、奉持五戒、執三自歸、朝奉而暮終者，恩重於親乳哺之養、無量之惠。若不能以三尊之至化其親者，雖為孝養猶為不孝。[119]」

可是其後漢傳佛教的立場，卻全面向作為帝國意識形態的孝道思想靠攏，反倒要求皈依佛門的子女供養年長父母報答養育之恩。漢傳佛教為求替講究長幼尊卑的孝道文化背書，甚至刻意偽造《父母恩重經》混淆視聽[120]。成冊於六九五年左右的安岳石窟版《父母恩重經》，非但未有要求子女依照佛法引導父母走正路，反倒提倡「當知是人能報父母其恩」，主張子女應當無條件地報答父母：不過這個版本提出的報恩方法，仍然著重在宗教儀式上。經文認為子女如要報答父母教養之恩，就應當為父母累積功德、傳播經文、並於盂蘭節供養佛陀和僧侶，藉此為父母爭取更好的果報：

父母之恩昊天罔極，云何若有孝順慈孝之子，能為父母作福造經、或以七月十五日能造佛槃盂蘭盆獻佛及僧，得果無量，能報父母之恩[121]。

《父母恩重經》在八〇〇年前後有過大規模改版，其篇幅則從過往的三紙增為十紙，又被偽託為鳩摩羅什翻譯的作品[122]。當中的內容則完全按照東亞大陸的固有觀念，列舉母親對子女的十種恩德：

如斯重苦，出生此兒，更分晰言，尚有十恩：第一懷胎守護恩、第二臨產受苦恩、第三生子忘憂恩、第四咽苦吐甘恩、第五迴乾就濕恩、第六哺乳養育恩、第七洗濯不淨恩、第八遠行憶念恩、第九深加體恤恩、第十究竟憐愍恩。

就像東亞大陸的帝國政治意識形態那樣，改版《父母恩重經》還將「孝」的定義擴大，涵蓋到各種家庭和社會的不平等秩序之上。這部偽經套用佛教的「因果」觀念，以滑坡邏輯宣稱子女年少時若忽略孝道，長大後就會習慣藐視秩序、觸犯法律，最終必會為自己和家人迎來悲慘的下場：

> 欺凌伯叔、打罵兄弟、毀辱親情、無有禮義。雖曾從學，不遵範訓；父母教令，多不依從；兄弟共言，每相違戾。出入來往，不啟尊堂；言行高傲，擅意為事。父母訓罰，伯叔語非；童幼憐愍，尊人遮護；漸漸成長，狠戾不調、不伏虧違，反生瞋恨。棄諸親友、朋附惡人，習久成性、認非為是。或被人誘，逃往他鄉，違背爹娘，離家別眷；或因經紀、或為政行，荏苒因循，便為婚娶，由斯留礙，久不還家；或在他鄉，不能謹慎，被人謀害，橫事鉤牽，枉被刑責，牢獄枷鎖；或遭病患，厄難縈纏，囚苦饑羸，無人看待，被人嫌賤，委棄街衢；因此命終，無人救治，膨脹爛壞，日暴風吹，白骨飄零。

經文除了訴諸情緒勒索，還透過地獄的刑罰恫嚇無視尊卑秩序的人：

> 不孝之人，身壞命終，墮於阿鼻無間地獄……一日之中，千生萬死。受如是苦，皆因前身五逆不孝，故獲斯罪[123]。

佛教的傳入，雖然成功使東亞成為佛教文化圈的重要組成部分，卻同時使漢傳佛教成為完全東亞化的宗教信仰。佛教在東亞化的過程中為應對皇權的挑戰，不斷向帝國政治意識形態妥協，使其超越的價值觀逐漸內捲化。這樣當東亞大陸的中世帝國在六、七世紀之交成形，佛教就被收編為官方意識形態的一部分：雖然佛教仍然在東亞大陸持續壯大、其寺廟的香火亦日趨鼎盛，可是佛教卻猶如穿上了黃金打造的拘束衣，無法再自主批判皇權和家庭的尊卑秩序。

東亞大陸固有信仰的體制化

當佛教在四、五世紀之交逐漸在東亞站穩陣腳，在政權和權貴的贊助下確立自身的經典和教義之際，原始道教仍只是個鬆散的信仰群體：他們由於缺乏嚴謹的教義，無法吸引習慣抽象思維的官僚知識階層。五斗米道的信眾三九九年在孫恩和盧循的帶領下發起叛亂，卻於四一一年被劉裕率兵擊敗。劉裕在九年後挾著戰功登基為皇帝，為原始道教的存續帶來陰影：此時官僚知識階層大多對佛教趨之若鶩，不太可能會為原始道教辯護。

為此，部分五斗米道的領袖決定按照佛教的模式，推動原始道教的體制化。他們採取擁護朝廷的政治立場，期望能夠被朝廷和權貴收編，並以戒律將信仰群體凝聚成有組織的教團：在這個過程中，他們把專職宗教人員與平信徒區隔起來，讓他們成為於道觀出家的道士。五斗米道在改革後重組為天師道，並吸收包括太平道、上清派和葛氏道等教派的教導，將其整理成能與佛教並駕齊驅的連貫教義。他們開始把自己的信仰稱為道教，藉此表達與儒教和佛教平起平坐的想望[124]。

天師道道士陸修靜其後積極蒐集各教派的經書，並編撰《三洞經書目錄》，將這些經書分類為洞真、洞玄、洞神三部，並將其稱為經寶。而五斗米道的創始人張陵、其子張衡、以及在漢帝國崩潰時一度控制漢中盆地的長孫張魯，則分別被稱為祖師、嗣師和系師；啟導一眾天師創立教派的老子，則被稱為師寶；道教所信仰的超越之道，則被稱作道寶。陸修靜在《太上洞玄靈寶授度儀》中仿效佛教的用語，指出道教徒應當「皈依三寶」[125]，也就是道寶、經寶和師寶[126]。道教弟子在拜師入門後，須於禮拜後如此誦唱：

至心稽首禮太上無極大道；至心稽首禮三十六部尊經；至心稽首禮玄中大法師[127]。

天師道稱其信仰為正一盟威之道。驅使宇宙萬物運行的超越之道，就是天師道尊崇的道寶：太清玄元無上三天無極大道。天師道起初把老子當成發現超越之道的首任教主，並尊稱其為太上老君。不過其後天師道參考了佛教的三身說（Trikāya），將太上老君神格化，認為他是超越之道化成肉身的展現。他們相信太上老君曾經在張陵面前顯靈，親身授予正一盟威之道，並讓張陵與其後的天師擔當統治鬼神界的職責。老子撰寫的《老子》，則被天師道奉為最重要的道教經典，並稱之為《道德經》[128]。

隨著《正一經》編輯成冊，天師道亦隨著教義日趨精緻，開始將各教派的經書評級：當中太玄部為大乘、太平部為中乘、太清部為小乘。不過教團仍然沿用過往把經書分為三洞的做法，只是如今各洞裏面都包括不同評級的經書。這三種等級的經書連同《正一經》，則被稱為四輔。教團透過傳授經典的次序，確立內部等尊卑之分。天師道面對平信徒，只會以淺顯的方式教導他們何為善惡，並授以《百藥律》和《百病律》這類入門典籍[129]。要待信徒出家成為道士後，教團才會開始教授更深奧的經典，並依次由基礎的《正一經》和《道德經》教起。道士其後隨著等級的提升，先後學習屬於洞神、洞玄和洞真的經書，並於熟習所有經書後成為最高階的三洞講法師[130]。

如此道教神職人員的訓練，亦隨經典體系成形而得以規範。過往負責原始道教祭祀的世襲祭酒，多是來自各行各業的兼職人員，其宗教知識都來自基本經書或世代相傳的傳統。天師道在創立初期以《老君說一百八十戒》為規範，輔導祭酒延續各種祭祀活動[131]。不過隨著愈來愈多的道士受過系統化的宗教教育，天師道就開始規定祭祀禮儀必須由出家的全職道士主持，並在指定的宗教場所執行。教團也爭取到君主和權貴的贊助，於各地修建道觀，讓出家的道士執行各種禮儀[132]。此後一般平信徒可以自行從事的祭典，就只有每年五個臘日的祖先祭祀、以及在農曆二月和八月的社竈祭[133]：其餘所有宗教儀式，平信徒都只能到道觀找專業道士幫忙[134]。

天師道吸納婆羅門神話的輪迴思想和世界觀，並透過神仙信仰的術語將其本土化，藉此確立自身的基本教義。他們把世界分為神仙居住的天上界、人類居住的地上界、以及包括畜生、餓鬼、地獄三塗的地下界。各種活物若於此生行善積德，即可於來世升等；若是惡貫滿盈，則會於此生招來災禍，並於來世沉淪降級。與佛教不同的是，道教並不認為活物有超越輪迴的可能：是以道教徒的最終目標，是要透過趨善避惡修練成為神仙，然後以善行確保自己一直留在仙界。佛教認為眾生皆苦，道教卻認為生命是幸福的泉源：能夠以神仙的身分一直生存下去，則是最大的福樂。

超越之道的運行，生出玄、元、始三炁，是為三天。而三炁各自生出三種氣，最終形成混氣、洞氣、皓氣、旻氣、景氣、遁氣、融氣、炎氣和演氣，而九氣則生出九天。這就是道教的創世神話（Creation Myth）。其後天師道再吸收佛教的三界說（Trailokya），指出宇宙共有三十六重天[135]。天上、地上、地下三界，共同組成最底層的二十八重天。在這二十八重天之上的就是四種民天，在四種民天之上的則是由玄、元、始三炁組成的三清境。最高那一重，則是超越之道所在的大羅天。這種層層堆疊的複雜世界觀，則成為道教終末論（Eschatology）的理論基礎。根據這種理論，包括天上、地上、地下三界的二十八重天，都會在遙遠的未來遭遇沒頂之災：除卻少部分能進入四種民天的種民，世間一切活物都會在這次災劫灰飛煙滅。此後太上老君將會以金闕後聖帝的姿態降臨，在太平盛世下統治餘下的種民，並給予他們永遠的生命。此後眾生都可以透過持續修練，達到三清境的境界，最終與超越之道完全契合[136]。

因此，道教徒必須努力修行，透過行善積福不斷提升自己的境界，先是成為神仙、並在末世災劫前成為種民，如此方能達成個人的救贖，在永遠的生命中持續享樂。在踏上救贖之旅前，平信徒必須保護自己免受惡鬼和疾病傷害，便得定期從道士那邊取得劵契、符籙、治籙和戒。此後信徒若然作了壞事、或是遇到了困難，就得找道士上章，向太上老君懺悔和求助[137]。行善積德則必須從孝順開始，並設法為祖先和父母洗清罪孽，使他們不致淪為畜牲或餓鬼、或是在地獄裏受無盡之苦。為此他們須找道士舉辦齋禮，在戒葷、戒酒和暫停房事後進行祭祀，藉此減輕祖先和父母的罪孽。此後信徒亦得讓道士舉行醮禮，在祭祀中以酒和臘肉敬奉神明。齋禮和醮禮本是兩種不同的祭祀，可是習慣上卻會同時進行[138]。

教團會按照專職道士的職級，提供各式各樣的培訓。等級較高的道士會仿效佛教的禪定，透過存思法以冥想的方式修練[139]。道教不像佛教那樣將肉身視為束縛，反倒認為身體與精神相通，身體的健康也就是精神上的超越：因此道教既會為信徒治病、亦會透過修練肉體提升境界。修練肉體的技巧則包括備受爭議的煉丹術：道教相信人體陰陽五行的平衡，既是健康的根本、也是精神力量的泉源。如此他們就可以按照各種藥材和礦物的陰陽五行煉製丹藥，透過改變其肉身提升精神力量，使自己的本質從凡人變成神仙。不過隨著服用丹藥後中毒的情況日趨普遍，煉丹術亦改為強調修練內丹：他們認為透過運行身體內的氣，就可以在體內煉出「丹藥」，在無需服藥的情況下改變自己身體的構成。此外道教亦有以性交調和陰陽的房中術、或是透過爭議較少的屈身導引進行肉身修練，令身體更接近神仙的境界[140]。

雖然道教在體系化過程中借用了黃老學和佛教的概念，卻也並未放棄源自原始道教的傳承。天師道信仰仍然不脫模仿文化的巫術色彩，認為人類可以透過宗教禮儀左右物理世界的運行：不論是用來趕鬼治病的符咒、還是透過改變體質升仙的煉丹術，其背後都是巫術的思維模式。而鼓勵信徒為祖先父母舉行齋禮洗清罪孽的教導，其邏輯也是個別主義而非普遍主義的：祖先父母因違反超越真理而受罪，卻可以因為子女的孝行而被網開一面，讓超越真理被個別主義和部落主義凌駕。而道教走向體制化的初衷，就是為了與建康帝國的政權和好，為教團贏得政權的護蔭。佛教本身是超越的信仰，只是隨著其信仰的傳播，才在與政權的互動中逐漸內捲化。道教的體系化一開始就是主動的內捲化：即使天師道費盡全力把教義抽象化，卻仍始終未能達到佛教的超越層次。

天師道的興起，成為其他道教教派體制化的模範。此後天師道於十世紀轉型為正一道[141]，與成立於十二世紀的全真道[142]並立為最具影響力的兩大道教宗派，期間一直與皇權維持緊密的關係。東亞大陸諸帝國在五至七世紀，亦不時動用道教的力量向急速增長的佛教施壓，並促成這個超越宗教的內捲化：此後道教與儒教和佛教並立，成為東亞大陸帝國官方意識形態的「三教」之一。當東亞大陸從中世走向近世後，道教則成為鞏固君主專制和中央集權的手段：君主此後亦不時透過道教儀式與「道」取得直接的連結，藉此抵銷來自儒學天命觀的道德壓力。

世界史的比較視野

漢帝國體系在公元二、三世紀逐漸瓦解之時，歐亞大陸西部的羅馬帝國亦面臨生死存亡的危機。當漢帝國的官僚知識階層離開朝廷投奔地方勢力，羅馬帝國亦無法再維持邊陲地方精英的向心力。過往羅馬帝國透過不斷擴張，把新征疆土的權力、職位、莊園和奴隸分配給邊陲地區的精英，將他們轉型為帝國貴族體系的一員。可是到三世紀，羅馬帝國周邊再也沒有能夠輕易征服的土地，「以戰養戰」的策略如今無以為繼，帝國也無法透過對外擴張確保地方精英的忠誠[143]。探究超越真理的希臘哲學，以及按照希臘羅馬原有信仰模式推動的凱撒崇拜，乃當時羅馬帝國的主流意識形態。可是隨著羅馬帝國失去對外征戰的動能，這些意識形態對帝國邊陲住民的吸引力也大不如前。

各地的實力派此時亦為凱撒的寶座你爭我奪，誘發從二三五年延續到二八四年的內戰，而羅馬帝國於戰後只好推行四帝共治（Tetrarchy）的折衷制度。要待君士坦丁（Constantine）於三二四年集四帝之權於一身，羅馬帝國政局才得以穩定下來。此時備受欺壓的基督宗教已經傳遍帝國各地，其生命力比希臘羅馬的原有信仰更為頑強：即使在迫害最為殘酷的日子，仍有大批貴族與皇親決定追隨基督。君士坦丁最終決定解除對基督教的禁令，並以保護者的身分贊助教會建設。此後基督教從地下教派轉型為主流宗教，成為不容忽視的新興勢力[144]。

狄奧多西一世（Theodosius I）在三八〇年頒布薩洛尼卡敕令（Edict of Thessalonica），把認同尼西亞信經（Nicene Creed）的基督教教團收編為國教。此後基督教教會成為羅馬帝國體系的一部分，並以政教合一的方式介入公共事務，動用政權暴力禁制別異教派（Heterodoxy）和異教[145]。此時羅馬帝國已無法像昔日那般推動中央集權，只得把帝國分為不同的統治區，並讓凱撒擔任地方統治者的共主：狄奧多西一世的權力無疑遠勝作為傀儡皇帝的劉協，但中央權力衰退和地方實力擴張，卻仍是歐亞大陸兩端共同的趨勢。基督教會在這樣的地方行政制度下，被分為羅馬、君士坦丁堡（又名拜占庭／Byzantium，今伊斯坦堡）、安提阿（Antioch，今土耳其安塔基亞／Antakya）、耶路撒冷和亞歷山大五大教區。東都君士坦丁堡和西都羅馬的教區，其後分別發展成東正教會（Eastern Orthodox Church，正式名稱為正統大公教會／Orthodox Catholic Church，簡稱正教或東正教）和羅馬大公教會（Roman Catholic Church，簡稱公教或天主教）。

在教義上反對帝國的基督宗教，如今卻吊詭地變成帝國庇護的主流。帝國政權借助基督宗教的教義，以神聖秩序為不平等的社會政治建制辯解，而淪為政權護法的教會建制亦因違背初衷而日趨腐敗。羅馬帝國體系此後逐漸崩解，使羅馬治下的和平（Pax Romana）無以為繼。為數不少的修道者對宗教建制的墮落感到失望，就根據福音書上的教導「去變賣你所擁有的，分給窮人……然後來跟從我」[146]，把所有家產變賣濟貧後，移居到渺無人煙的荒漠修練靈性[147]。這些沙漠教父（Desert Fathers）開創的修道傳統，確立地中海世界版本的「二重世界觀」：雖然基督教主流已經被政權收編，並墮落為持守個別主義和部落主義的建制；可是修道者仍然能夠脫離世俗社會，透過與超越真理的連結達成精神上的解脫，把基督宗教普遍主義的初心延續下去。

當東亞大陸帝國體系走向南北分治時，羅馬帝國亦於狄奧多西一世於三九五年逝世後展開東西分治的局面[148]。以君士坦丁堡為中心的東國，其核心地帶包括巴爾幹半島、希臘半島、愛琴海和小亞細亞，初時亦領有黎凡特和埃及等地。這個被後人稱為拜占庭帝國（Byzantine Empire）的東羅馬帝國，其後於七世紀中至九世紀中陷入衰退：可是君士坦丁堡仍然能夠通過正教會體制，間接維持對巴爾幹半島、希臘半島和愛琴海的治權，並把軟實力投放到東歐平原（East European Plain，亦被稱為歐俄平原／Russian Plain）和高加索山地（Caucasus Mountains）。這樣東羅馬帝國就在基督宗教的影響下，從上古帝國演變成中古帝國，並於九世紀末至十世紀末再次崛起成東地中海的霸權。不過此後帝國因為威尼斯的崛起、以及突厥族群的持續遷入而陷入漫長的衰退，並於一四五三年被鄂圖曼帝國（Ottoman Empire）消滅[149]。

而西羅馬帝國在東西分治後，則像漢帝國、魏帝國和晉帝國那樣面對族群遷徙的衝擊：來自東歐、北歐、中歐以至內亞的族群在四世紀開始大規模遷徙到西歐，他們有的在西羅馬帝國的邊陲建立政權、有的則遷到帝國境內從軍。族群問題使西羅馬帝國陷入內外交困的局面：隨著帝國邊陲的新政體成為邊患，帝國也不得不依靠外族僱傭兵的力量加以抵擋，外族將領則乘機向朝廷討價還價。西羅馬帝國的外圍領土此後不斷被新定居的族群瓜分，而朝政亦為外族將領所壟斷。日耳曼將領奥多亞塞（Odoacer）於四七六年廢黜皇帝羅慕路斯・奥古斯都（Romulus Augustulus）、並於四年後殺害意圖爭奪帝位的尼波斯（Julius Nepos），為西羅馬帝國的歷史畫上句號[150]。

此後西歐和中歐分裂成不同的領土國家，各部落的領袖則轉型為軍事貴族，中世歐洲的封建制度就此逐漸成形：當時軍事貴族首要的效忠對象，既不是已經消失的帝國、也不是所屬國家的國王，而是恩庇待從關係下的領主。這些貴族只有微弱的國家觀念，又會為自身和領主的利益與其他貴族互相攻伐。羅馬大公教會則透過宗教上的感召力，以宗教紀律規範歐洲信奉公教的國王和諸侯，塑造所謂「基督教世界」（Christendom）的鬆散國際體系。雖然七世紀的法蘭克（Franks）國王查理曼（Charlemagne）的勢力曾經遍及西歐和中歐，並被羅馬大公教會封為神聖羅馬帝國的首任皇帝，可是這個「中古歐洲帝國」終究只是封建領主的鬆散聯盟[151]。基督教世界體系本身亦是「二重世界觀」的體現：羅馬大公教會普遍主義的宗教價值，輔助根據個別主義和部族主義原則運作的王國和諸侯，使西歐和中歐能夠在缺乏中央集權的情況下，確立相對和平的社會、政治和國際秩序。

在歐亞大陸另一端的東亞大陸雖然亦出現過南北分治的局面，卻未有像地中海世界那樣出現多元的歷史發展，反倒形成大一統的中世帝國體系。這個過程，就是筆者在下一章所要探討的內容。

第三章 中世帝國體系的創建與衰落

自晉帝國於四世紀初被內亞族群驅離黃河流域，繼而流亡到長江下游建立遷佔者國家後，東亞大陸曾經一度出現多元發展的勢態。晉帝國雖然在豪族支持下站穩陣腳，卻被以地方莊園為根據地的貴族所牽制。位處黃河流域各地的內亞族群政權經過一個世紀的競爭，最後由鮮卑拓跋部創立的北魏帝國所吞併。東亞大陸因而呈現南北對峙的形勢，要到六世紀末才隨著北方帝國的勝利而終結。

東南亞化的建康帝國

晉帝國於三一七年在建康重建朝廷後，即陷入大權旁落的逆境。在八王之亂和族群衝突的挑戰過後，晉帝國已失去大部分的精銳部隊，不得不依靠南遷貴族和在地豪族的支持：他們分別被稱為中人和吳人。中央朝廷能夠掌握的地域，就只有鄰近首都建康的長江下游。控制淮河流域和長江中游的軍事勢力，則逐漸以軍事貴族的姿態介入朝政，他們則被稱之為楚人。在晉帝國於四二〇年滅亡後，楚人先後於四二〇年、四七九年和五〇二年建立宋國、齊國和梁國，而五五七年成立的陳國則是由吳人主導。在比較偏遠的地域，實際管治權則往往落入地方豪族手中[1]。東南沿海屬於原始南島族群（Proto-Austronesian[2]）的土著領袖，則模仿南遷豪族的文化風俗，以新興豪族的姿態成為地方政治的主導者[3]。嶺南的壯侗族群（Kra-Dai）、苗瑤族群（Hmong-Mien）土著，以及紅河流域的南亞族群（Austroasiatic）則於當地成立名義上「內附」建康帝國的世襲政權，並以獨立王國的姿態統治當地[4]。

宋國和齊國都曾經嘗試推動中央集權，並在過程中帶來社會流動。隨晉帝國自黃河流域南遷的中人，在政權輪替後失去原有的優越地位，而楚人、吳人以及被稱為寒門的下層貴族則成為新時代的贏家。即便如此，隨楚人政權興起的新貴並未有完全取代舊權貴的地位，皇權也未有因此得以鞏固。不同派系的貴族，都有著與朝廷抗衡的階級自覺[5]：那些受皇權提拔的下層貴族，最終還是會與其他貴族組成與皇權抗衡的私權力集團。縱使宋、齊都是掌握軍隊的武人政權，可是朝廷還是必須借助貴族的力量，方能對地方發號施令[6]。

而以槍桿子為基礎的武人政權，既無法獨力統率建康帝國，其家族成員也熱衷於爭權奪利。自晉帝國消亡之後，建康帝國的指定繼承人在登基後不久，通常都會被親族發動政變推翻：也就是說皇位的繼承每隔一代，都會因政變的緣故而中斷。武人政權既不能穩定承傳，也為貴族階層帶來操弄朝政的空間。宋、齊、梁、陳都是國祚不及百年的短命政權，貴族體系卻反倒成為穩定的勢力[7]。這樣建康帝國的中央政權，往往只能掌握首都一帶的戶籍，因而需要倚靠貴族的恩庇侍從網絡榨取其他地方的資源[8]。

建康帝國無法有效地在地方社會徵稅，使朝廷把目光放在中央能夠控制的都市、港口和關隘，令關稅和商業稅日漸成為重要的稅源[9]。齊國君主蕭賾（謚號武帝）於四八二至四九三年在位期間推動財政改革，除著手重整戶籍登記外，也制定向商人徵收關稅的制度[10]。從南亞出發、經過東南亞海域、嶺南沿海、東南沿海連接到長江下游的航道，亦剛好於這個時候活躍起來。佛教和婆羅門教隨南亞商人出海傳播到東南亞各地，以宗教和經濟的力量亦促成當地的國家建構（State Formation）。當中規模較大的國家包括位於現今越南中部、信奉婆羅門教的林邑（Lâm Ấp，其後被稱為占城或占婆／Champa），以及橫跨湄公河下游和昭披耶河（Chao Phraya，又被誤稱為湄南河）下游的扶南（Hvunân）：這個東南亞大國先是信奉婆羅門教，到五世紀後則奉上座部佛教（Theravāda）為國教。除此以外，在東南沿海亦隨著南亞貿易和東亞貿易的開展，從而湧現大批港口國家。來自南亞和東南亞的遠洋船隊，會先停靠在建康帝國位於嶺南的據點番禺（今廣州），然後再透過內陸河道或沿海水路把商品轉運到帝國各地。一眾南亞和東南亞國家，亦派遣使節攜帶貢物與建康帝國建交，藉此鞏固雙邊的經貿關係[11]。雖然莊園經濟始終是地方社會之主流，市場貨幣經濟卻能在都市和港口扎根，造就建康帝國的二元經濟體系[12]。

商業活動的興盛，亦改變了建康帝國的管治意識形態：他們認為儒學重農輕商的統治術，已經無法適應當時的社會狀況，故把目光投向新興的宗教信仰。於五世紀體制化的道教因為主動親近政權的緣故，成功獲得朝廷和權貴的贊助：他們相信修建道觀能夠換取神明對國家的庇護[13]。不過隨著海路的開通，來自南亞的僧侶就能夠繞過中亞、河西走廊和黃河流域的迂迴路線，直接搭船抵達建康。建康帝國此後就從佛教文化圈的邊陲，一躍而成佛教在東亞的傳播中心，使當地的佛教發展進入黃金時期。

蕭衍於五〇二年推翻由遠親創立的齊國，登基成為梁國的皇帝。在蕭衍執政四十七年期間，建康帝國在政治、軍事、經濟和文化各方面都達到高峰[14]。雖然梁國未能改變根深柢固的貴族制度，卻仍能在貴族制的基礎上推動中央集權：雖然貴族仍能透過九品中正制壟斷官職，可是蕭衍卻規定貴族子弟在任官前，必須於三十歲之前通過朝廷的考核。這個制度於五五七年為陳國所沿用，從而成為建康帝國晚期的通例[15]。

雖然蕭衍重視儒學對貴族子弟的教化作用，亦支持道教的持續發展，可是他顯然對佛教更為重視。蕭衍以南亞孔雀帝國（Maurya Empire）全盛時期的君主阿育王（Ashoka，大約於前二六八至二三二年之間在位）為榜樣，期許自己能夠成為皇帝菩薩，並於外交禮儀上刻意展露佛教聖王的形象[16]。此外他亦把佛教儀式奉為國家禮儀，並把寺廟當成國家活動的焦點：蕭衍甚至多次以捨身出家的方式，將皇帝菩薩的公共形象具體化，並誘導官僚將國家資源投放到寺廟之上[17]。信奉儒學教條的史家會貶斥尊崇佛教的蕭衍虛耗國家資源，可是這些不公道的批評卻未有顧及當時社會的實際狀況。建康帝國的寺廟既是民間經濟活動的重心，其慈善事業也是支撐底層社會的濟貧機制。而朝廷亦能夠借助寺廟的力量，繞過地方豪族介入基層社會，以宗教力量促進中央集權[18]。此時梁國的發展模式與南亞和東南亞國家比較貼近，倘若這種趨勢能夠延續下去的話，將會為東亞帶來以佛教為重心的另類政治意識形態。

在蕭衍執政的頭四十五年，建康帝國可謂處於太平盛世。雖然梁國在長期執政後衍生皇室貪腐的問題，而帝國的貨幣政策亦追不上市場貨幣經濟的發展，迫使朝廷鑄造鐵錢應付通膨問題[19]；可是就中世的標準而言，這些都不是特別嚴重的缺失。蕭衍之所以在歷史書寫中留下惡名，主要還是因為他在八十二歲時的致命誤判，令抱有儒學偏見的史家抓到把柄。

北魏帝國在六世紀初蕭衍執政時出現激烈的權力鬥爭，並於五三四年分裂為長安和鄴城（今河北臨漳）兩個朝廷。武將侯景原為鄴城朝廷權臣高歡的部下，卻於高歡逝世後遭其子高澄猜忌。他起初想投靠位於長安的朝廷，卻不為權臣宇文泰所信任，最終決定向建康帝國投降。蕭衍於五四七年容許侯景率餘部投降，並即時封他為大將軍[20]，讓他聯同建康帝國的部隊北伐鄴城政權。可是建康帝國隨後戰情失利，蕭衍之姪蕭淵明亦不幸被俘[21]，只得於翌年決定議和。侯景懷疑蕭衍會出賣自己以換取鄴城政權釋放蕭淵明[22]，就決定聯同部分蕭姓皇室發動政變，並於五四九年攻陷建康。不久後蕭衍則在軟禁期間飢渴而死，享年八十四歲。

在蕭衍逝世後，侯景卻因為權力安排與皇室中的盟友鬧翻，雙方隨即爆發武裝衝突。其後陳霸先和王僧辯分別從嶺南和湖南率兵反攻，才得以在五五二年平息動亂。不過其時建康帝國的核心地帶已被破壞殆盡，大部分豪族亦在動亂中家道中落。而位於長江中游的皇室成員，則因為家族內鬥的緣故決定投奔長安政權，使梁國丟失長江上游的四川盆地[23]。其後陳霸先填補侯景之亂留下的政治真空，在權力鬥爭中擊敗王僧辯，並於五五七年建立吳人主導的陳國。不過此時建康帝國已如風中殘燭，在三十二年後就被黃河流域的隋帝國征服[24]。而以佛教為官方政治意識形態的願景，此後也無法再次成為東亞大陸的選項：這個瀕臨被收編的超越信仰，亦因此又失去一次促進平等化的機會。

北魏帝國的漢化與崩潰

建康帝國既在南北對決下敗陣，那麼東亞大陸中世帝國的發展模式，就只能取決於黃河流域的發展。當晉帝國在三、四世紀之交陷入內戰時，部分懷有野心的內亞族群領袖就開始試圖建立自己的帝國。在三〇四年，匈奴人劉淵宣稱祖先是漢帝國宗室的結拜親戚，在山西的根據地以「復興」漢帝國的名義稱帝。其繼承人劉聰則先後在三一一年和三一六年攻陷洛陽和長安，把晉帝國趕出黃河流域。不過劉氏政權最終只能維持到三二九年。此後羯族的石勒、氐族的苻洪和羌族的姚萇先後在四世紀展開霸業，卻都無力整合黃河流域。苻洪之孫苻堅曾經短暫統一黃河流域，其帝國卻於三八三年侵略晉帝國失敗後土崩瓦解。這說明內亞族群在四世紀成立的「帝國」，終究只是靠領袖魅力維繫的鬆散部落聯盟[25]。

過往撰寫歷史的儒者並未考慮到內亞族群的社會構成，從而把當時黃河流域的政治動盪歸咎於內亞族群的「野蠻」，主觀地為這段時期貼上「五胡亂華」的標籤。這種漢族沙文主義的觀點，無法反映歷史之多元真相。事實上這些內亞族群帝國的領袖多具有文化修養，或至少是以溫情和敬意看待東亞大陸的既有文化：雖然他們多信奉佛教或薩滿信仰。把晉帝國趕出黃河流域的劉淵、劉聰父子，既熟悉文化經典、亦喜歡與官僚知識階層交流。劉聰不單熟習兵法，亦以詩、賦和書法聞名[26]。苻堅在八歲時即開始接受經典教育[27]，而姚興在位時亦經常邀請姜龕、淳于岐、郭嵩等名儒入宮講學[28]。石勒雖然不識字，卻仍然對文化經典展露濃厚的興趣：他會吩咐屬下向他誦讀歷史和文學經典，甚至會一邊行軍、一邊聽閱《春秋》、《史記》和《漢書》[29]。此時內亞族群已經在黃河流域定居超過一個世紀，其領袖階層與官僚知識階層有一定的交往，並累積了一批具有文化修養的精英。

問題的癥結，在於黃河流域在當時乃多族群的社會，當中東亞族群所佔的比重較高、而內亞族群內部也不是鐵板一塊。內亞族群來自廣闊的歐亞草原，包含著各種語言文化迴異的部族。內亞族群雖然擁有強大的騎兵，可是歐亞草原的食水和糧食供應並不穩定，必須從草原周邊的農耕族群換取穀物，而他們在市場上通常是比較弱勢的一方。亦因如此，內亞政治文化鼓勵部落透過戰爭搶奪領導權，讓比較能夠適應逆境的強者勝出，寄望他能夠率領眾人克服惡劣的地緣環境。因此內亞族群會隨著形勢轉移，迅速轉換效忠的對象，也樂於追隨語言文化不同的外族強者[30]。就如研究內亞遊牧民歷史的杉山正明所言：

> 當約束、聯合的關節開始出現鬆動時，毫無疑問地（遊牧民）這種聯合集團就會立即煙消雲散。歷史上遊牧國家經常是輕易地連結、輕易地瓦解之原因，也就在此。而遊牧國家的強項及弱點，也都在於此[31]。

由於晉帝國的貴族大批南遷，作為人口主流的東亞族群陷入群龍無首的局面。內亞族群無法直接統治這個主流族群，就只得放權予地方精英實行間接統治，而這些各自為政的豪族則欠缺涵蓋整個黃河流域的網絡[32]。這就是說，內亞族群的政治文化強調透過族群競爭輪替政權，另一邊廂的東亞族群同時也無法穩定局面。內亞族群與東亞族群之間的族群仇恨，也是令政局無法穩定的一個因素：在晉帝國流亡建康前，東亞族群一直抱有文化優越感，又會奴役內亞族群的成員。如此內亞族群在建立政權時，不時會乘機向東亞族群報復[33]。

鮮卑（*Särpi）拓跋部（Tabgač）的領袖拓跋珪（謚號道武帝）在三八六年於內亞與山西高原的交界處建立北魏帝國，並把首都設在山西高原北部的平城（今山西大同），同時向內亞和黃河流域拓展勢力。朝廷借用晉帝國的九品中正制，對各部族的首領進行評級，並根據官品決定其地位與權限。此後他解散各內亞部族的原有組織，將其成員分配到首都附近八個稱為「國」的行政單位，並交由朝廷派遣的官僚統領。各部族的子弟，則被吸納到中央朝廷的官僚體系，並按官品任命主要部族的成員擔任要職[34]。拓跋部統領的部族，自此轉型為皇權直接指揮的軍隊：這些部隊既因族群認同而團結、又能為中央朝廷所掌控，為北魏帝國帶來軍事上的優勢[35]。

此後北魏帝國從山西高原往南擴張，並於新領地設置負責軍事統治的「鎮」。在探清新領地住民的政治態度後，朝廷會把抱有敵意的群體強制遷移到山西高原，藉此方便朝廷監察。朝廷在徵收農地後，則以計口授田的方式分配予民眾，從而紓緩豪族囤地所引起的社會不公。在新領地的局勢穩定下來後，朝廷就會把軍鎮改為郡縣，並由中央派遣文官治理[36]。在另一些抵抗比較激烈的地方，朝廷則會按照軍鎮制度實行軍政統治，並派遣忠於拓跋部的士兵長期鎮守：這包括過往曾是鮮卑慕容部（Muren）領地的海河流域和遼東。

北魏帝國在拓跋燾（謚號太武帝）帶領下，於四四三年統一黃河流域，並成立二元平行的管治制度。

北魏帝國的中央朝廷分為外廷和內廷：外廷就是由官僚知識階層組成的官僚體系，其行政運作以儒學禮法為規範、又以儒學經典考核入職者，成員則包括東亞族群的知識人和受過儒學教育的內亞子弟。內廷則由皇族和內亞族群貴族把持，成員多是圍繞在皇帝身邊用鮮卑語議事的侍臣。兼通漢語和鮮卑語的近侍官，則負責在外廷和內廷之間傳訊[37]。在地方層次，則分為郡縣和軍鎮。前者多位處以農耕為主業的地區，地方精英主要是東亞族群的豪族和官僚知識階層，負責管治的則為官僚體系的文官；後者則多為戰略要地，民眾大半是有軍事背景的內亞族群，負責管治這些地方的則常是鮮卑軍事貴族[38]。

拓跋燾在經略黃河流域時，亦著手處理帝國意識形態的問題。他在四三一年從山東招募大批官僚知識階層，當中不乏家學淵源深厚的望族成員，比如清河崔氏的崔浩。崔浩其後獲得重用，負責按照儒學禮儀奠定北魏帝國的國家典章。此時朝廷雖以儒學為官定意識形態，可是皇親、貴族和民眾卻多信奉佛教或道教。隨著皇權開始透過政治意識形態建構彰顯權威，儒教、佛教和道教之間的矛盾亦日趨激烈。在北魏帝國統一黃河流域後，崔浩與道士寇謙之聯手倡議禁制佛教，並成功說服拓跋燾於四四五年下詔禁止民眾供養佛教僧侶。其後一年，拓跋燾宣稱長安僧人私藏兵器、暗中釀酒破壞專賣制度、又與貴族女子偷情行淫，下令在長安屠殺僧人、封閉寺院、焚毀佛像。此舉令信奉佛教的皇族和貴族人心惶惶，太子拓跋晃亦為此親自向父皇勸諫，可是拓跋燾仍於翌年堅持把禁令伸延全國。雖然大部分僧人在拓跋晃的保護下得以倖存，可是寺廟卻始終無法避免被毀的命運。

拓跋燾的廢佛政策激起皇族和貴族的反感，使崔浩成為眾矢之的，甚至連寇謙之也批評崔浩殺戮太過[39]。崔浩為確立儒教秩序而推動廢佛，又一度為拓跋燾所重用，就誤以為北魏帝國將會根據漢帝國的模式，讓東亞族群的官僚知識階層與皇權聯手主導政治：這種天真的傲慢最終為崔浩招來殺身之禍[40]。就如過往的儒者那樣，崔浩試圖透過編修歷史奠定北魏帝國的地位，又於修辭上貶低各內亞族群，正好令政敵有機可乘。最終拓跋燾以崔浩誹謗朝政為由，在四五〇年把他及其家屬、姻親全部處死[41]。拓跋濬（謚號文成帝）在兩年後繼承皇位時，隨即順應民情下詔恢復佛教合法地位。此後尊崇佛教成為北魏帝國的基本國策，而朝廷亦成為黃河流域佛教的主要贊助者[42]。

由是觀之，北魏帝國社會的演變過程，既不是單純的東亞化（所謂的「漢化」）、也不是純粹的內亞化（所謂的「胡化」），而是在二元並立的社會政治體系下的雙向融合。這個社會過程為秦漢帝國所無，亦於東亞大陸踏入近世後結束。雙向融合形成的新東亞族群，兼備原東亞族群和內亞族群二者的特色，是個融為一體卻多元混雜的新興族群。所謂「漢人」的觀念，乃北魏帝國時期東亞族群與內亞族群在帝國統合政策下互動的產物，其定義和界線亦會隨東亞大陸諸帝國的地緣政治形勢而改變[43]。「漢人」既是多元混雜的組合、其構成亦為政治力的作用，那麼所謂的「漢族」就不可能擁有跨時間、跨地區的同質性（Temporal-spatial Homogeneity）：隨著地緣政治形勢的改變，「漢族」既可以吸納外來成員不斷壯大，亦能夠隨著內部分歧的擴大而衍生出各行其是的新族群。

東亞族群出身的馮太后在四六六年以攝政的名義掌握北魏帝國的政權，並於二元體系下實施戶籍和土地改革[44]。她在四八六年實施三長法，將國家權力伸延到郡縣以下的地方社會：在這個制度下，每五個家庭組成一鄰、每五鄰組成一里、每五里組成一黨，其後朝廷會派遣官僚擔任各鄰、里、黨的長官，負責清查轄地的戶籍資料。在戶籍整理後，馮太后翌年宣布實行均田法，依照戶籍資料向所有民眾分配田地：獲得授田的民眾在年老或身故時，則須向朝廷歸還土地。此外朝廷亦透過優惠配額鼓勵民眾遷移到人口密度較低的地區。如此北魏帝國便能透過促進農業生產穩定稅基，讓飽受豪族囤地之苦的貧農得到比較公平的待遇[45]。

在馮太后於四九〇年逝世後，親掌朝政的拓跋宏（謚號孝文帝）決定把政治制度全盤東亞化。他在四年後將首都從山西平原北部的平城，遷到鄰近黃河的洛陽，又強迫內亞部族領袖和官僚一併遷徙。拓跋宏其後於四九八年按照儒學禮法實行官制改革，將原有的鮮卑官銜全數取消，又把內亞貴族的等級與東亞族群的門閥對齊。除此以外他亦推動創氏改名，強迫內亞族群採用漢姓，而皇族也從拓跋氏改稱為元氏。元宏將開國元勛的後代分為穆、陸、賀、劉、樓、于、嵇和尉八姓，並將其與清河崔氏、范陽盧氏、滎陽鄭氏和太原王氏這四大東亞族群的官僚知識階層望族列為同級。而其他內亞部族，則依照其功績、名望和家世分為不同的姓氏或宗族。為求促成貴族階層的內部團結，元宏鼓勵不同族群民族的望族通婚，而他本人既從崔、盧、鄭、王四大姓中納妃、又安排皇弟們從各大姓聘娶正妻[46]。在政治制度上，元宏則廢除過往由內亞族群主導的內廷，按照儒學典範設立由官僚知識階層主導的文官制度。鮮卑的傳統祭祀習俗，亦被依據《周禮》制定的國家祭禮取代[47]。

不過元宏的改革，卻破壞了北魏帝國原有的二元社會結構。遷到洛陽的內亞族群和東亞族群，確實如元宏設想那般融合為建康帝國模式的貴族階層，可是留守在故都平城一帶的軍人卻被朝廷所忽視：這些軍人多來自內亞部族，亦有不少為謀生而投軍的東亞族群。他們一邊在內亞邊緣替北魏帝國防備來自內亞的威脅、一邊遙望洛陽璀璨繁華的貴族文化，其相對剝奪感也日益強烈：如今不論是升遷的機會、還是帝國的物質資源，都為洛陽的貴族階層所壟斷。在平城一帶戍邊的軍事階層，不滿情緒逐漸接近爆發的臨界點[48]。

軍事貴族的興起與關隴集團

在五二四年，平城一帶的邊區終於爆發叛亂：此時元宏才剛逝世二十五年。這場叛亂迅速擴散到以懷朔鎮、武川鎮、撫冥鎮、柔玄鎮、沃野鎮和懷荒鎮為首的北方邊鎮，故此被稱為六鎮之亂。這場動亂在兩年後蔓延到北魏帝國各地，甚至連位處渭河盆地的西京長安亦受到波及。此時位於洛陽的貴族階層早已耽於逸樂，無法再像祖先那樣掌兵馳騁沙場。朝廷無法靠自己的力量平亂，只得仰賴地方勢力挺身勤王[49]。在地方的城民階層和鄉兵集團，就成為左右政局發展的新興力量。

所謂的城民階層，就是住在各地的軍事重鎮、世代以從軍為業的住民：他們有異於獲郡縣授田耕作的一般民眾，是靠官糧糊口的專業軍人[50]。他們的祖先大多是在北魏帝國擴張時，因國破家亡遭迫遷的俘虜，另一些則是因犯罪被判充軍流放的人。在族群構成上，則是以鮮卑族為主的軍事貴族，再加上自願加入或被俘的東亞豪族或內亞族群[51]。地方社會的豪族和名望家，則動用自己的資源在鄉村各族群募兵，寄望鄉兵集團建立軍功後，能夠獲得向上社會流動的機會。這兩個階層的成員，有的成為六鎮之亂的主力、有的則被支持朝廷的武將收編。朝廷如今則只能將盼望都投放到後者身上。

而洛陽宮廷的內部鬥爭，更令北魏帝國的局面雪上加霜。元詡（諡號孝明帝）對胡太后（本名不詳，諡宣武靈皇后）的專權日益不滿，就與武將爾朱榮密謀兵變奪權。可是在五二八年，元詡在爾朱榮上洛前就遭毒殺。爾朱榮此後攻入洛陽殺害胡太后[52]，又以洛陽的皇族、貴族與朝臣未有盡力救援元詡為由大開殺戒，藉此發洩對貴族階層的仇恨。此後爾朱榮掌握著北魏帝國的實權，又以私財招募城民鎮壓六鎮之亂，從而成為聲譽日隆的實力家。爾朱榮最終在五三〇年平定六鎮之亂，卻因招人忌恨而於冬天遭設局殺害。

爾朱榮的弟弟爾朱兆遂於翌年攻入洛陽復仇，卻無力延續兄長建立的霸權。高歡在東北的根據地掀起反旗，並於五三二年消滅爾朱氏。此後高歡取得洛陽和北魏帝國東部的控制權，並先後冊立元朗（稱號後廢帝）和元脩（諡號孝武帝）為帝[53]。但是元脩不甘受到高歡操控，便於五三四年逃到渭河盆地投靠妹夫宇文泰。此後北魏帝國就同時出現兩個朝廷：高歡在元脩出走後另立元善見（謚號孝靜帝）為帝，並從已經淪為戰場的洛陽遷都到鄴城；而元脩則於宇文泰的支持下於長安設立朝廷。高歡的次子高洋於五五〇年強迫元善見禪讓，並改國號為齊[54]。而宇文泰的長子宇文覺，則在七年後迫元善見之堂侄子拓跋廓（謚號恭帝）禪讓，改國號為周。北魏帝國自此滅亡[55]。

起初宇文氏掌管的西國實力不如高氏的東國，只能勉強擋住東面的攻勢。不過西國在困境下的改革，卻為東亞大陸中世帝國帶來重大的制度創新。由於宇文泰在渭河盆地的根據地剛好就為周王國的發源地，他就根據周王國的禮制「託古改制」，並以此作為政權認受性的基礎。他根據《禮記》記載的六官制改革軍事制度，設置六位柱國大將軍率領全國二十四軍，並從內亞族群和東亞族群徵兵：這二十四軍在周帝國創立後，則改為皇帝直屬的禁軍。而六位柱國大將軍，連同宇文泰自己及代表宗室的元欣，則被稱為八柱國。雖然宇文泰以儒教禮儀肯定自己推行的改革，可是他卻在軍中採用內亞族群的軍事習俗，既強制各軍士卒採用長官的姓氏，也要求東亞族群的軍官改用鮮卑姓氏[56]。

這種軍制改革背後的盤算，一方面是要把二十四軍改造成內亞族群軍事部落的模樣，從而促進戰力；另一方面則是透過六柱國確立軍事上的中央集權。在改革初期，宇文泰與六柱國的地位相對平等。不過在柱國大將軍李虎於五五一年去世後，宇文泰的地位就明確凌駕在六柱國之上，成為西國軍事貴族的首領[57]。宇文氏統率軍事貴族，連同元氏宗室、內亞族群貴族、以及東亞族群的官僚知識階層，於渭河盆地結合為擁有共同利益的階層。源自黃河下游的官僚知識階層紛紛杜撰族譜，謊稱祖先為世居渭河盆地的望族，又附會自己為六鎮軍人的親屬。有軍功的內亞族群，則以各種方式形塑自己與鮮卑族的淵源；從軍的東亞族群則被賜予鮮卑姓氏。這個階層不論族群身分，都會互相通婚、並壟斷西國朝廷的文武要職，漢人胡化、胡人漢化的事情在這個階層時有發生，甚至成為其獨有的身分認同。這個權貴階層後來被歷史學家陳寅恪稱為關隴集團[58]。

關隴集團的形成，使下層貴族可透過參軍採爭取向上流動的機會。創立唐帝國的李氏原為趙郡李氏下層貴族（寒門），其先祖李熙曾於六世紀初鎮守武川鎮，他的孫子李虎因輔助宇文泰有功被封為柱國大將軍，並獲賜姓大野（Daye）。李虎的族人此後乘機杜撰族譜，自稱為望族隴西李氏的後人、甚至把老子（傳本名李耳）尊為祖宗。李虎的兒子李昞、孫子李淵（廟號高祖）和曾孫李世民（廟號太宗）都與鮮卑望族通婚，藉此與關隴集團的核心緊密連結起來[59]。

西國在地方層面上，亦有意識地招攬各地的名望家和豪族為鄉帥，藉此把鄉兵集團收編入二十四軍的體系之中。鄉帥若能招募到一定的兵力，就會獲朝廷頒授正式的軍職，讓他們能憑藉軍功在體制內往上爬。參軍的民眾可獲得朝廷發放的軍餉、作為奴僕的則可以擺脫賤民身分。如此地方豪族與民眾皆踴躍參軍，並願意接受二十四軍的統轄，使西國能達成地方軍事層面的中央集權[60]。不過此時朝廷尚未實行全面的徵兵制，當時大部分的民眾仍然以務農為生，士兵和農民仍然是兩種不同的職業[61]。

宇文覺於五五六年在堂兄宇文護的支持下登上帝位，並把國號改為周。宇文氏把昔日周王國的禮制奉為典範，並自奉為神話人物炎帝神農氏的後人：他們主張自己的祖先本為東亞族群，只是後來因為炎帝被黃帝打敗，才被迫遷移到內亞發展[62]。由於作為內亞族群的宇文氏具有「東亞血統」，故此他們既有資格統治東亞族群，亦能夠擔當周王國傳統的守護者。不過自詡擁有東亞血統的宇文氏，卻透過推廣鮮卑文化凝聚關隴集團，要求他們採用鮮卑姓氏、使用鮮卑語言，並鼓勵跨族群婚姻。不過此時周帝國的政局，卻是由旁系的宇文護主導：他在宇文覺登基不到一年內將其廢黜，並另立宇文毓（諡號明帝）為帝，到五六〇年再另立宇文邕（諡號武帝）為帝。

宇文邕當了十二年傀儡皇帝，到五七二年終於找到機會除掉宇文護，並獨掌周帝國的軍政大權。此時二十四軍以內亞軍事部落的模式管理，率領各軍的開府儀同三司扮演族長的角色，而朝廷則透過文化、族群、姻親關係和同袍情懷等連帶，把各軍與中央朝廷綁在一起。宇文邕則任命侍官統率二十四軍，並令各軍直接聽命於朝廷，使中央集權的軍制進一步體制化。除此以外他亦擴大募兵的對象，並將部民籍改編為軍籍，迫使部分民眾世代從軍。雖然此時周帝國實施的仍然是募兵制，可是在實踐上已出現全民皆兵的傾向，而東亞族群亦自此成為軍隊中的多數[63]。

周帝國於五七五年向東邊的齊帝國發動總進攻，並於兩年後統一黃河流域。此時政令不出長江下游的建康帝國已經弱不禁風，而真正能稱得上是周帝國戰略對手的，就只有於內亞崛起的突厥汗國（First Turkic Khaganate）。統一東亞大陸的願景既近在咫尺，宇文邕就決定加強帝國對政治意識形態的操控，便奉儒學為正統政治意識形態。他認為任何宗教若要在帝國境內傳播，必須先得到國家的認可，不可私自在民間自由活動。在五六九年宇文護仍然掌權之時，宇文邕已經就宗教政策的問題，召集官僚、道士和僧人一起討論。起初宇文邕想以國家力量統合儒教、道教和佛教，實行「以儒教為先、佛教為後、道教最上」的宗教政策[64]。可是在會議過後，他還是採信佛教離教者衛元嵩和道士張賓的觀點，偏向廢佛崇道的立場。宇文邕執掌政權後，於五七三年再次召開宗教會議，並達成「以儒教為先、道教為次、佛教為後」的結論[65]。起初衛元嵩和張賓以為自己成功推動崇道廢佛的宗教政策，其後卻出乎意料地成為新政策的受害者[66]。宇文邕於五七四年春夏之交下詔，宣布把道教與佛教一併廢除，銷毀一切經典、神像和佛像，禁止一切儒學典籍未有記載的祭祀禮儀，又強迫道士和僧人還俗[67]。

宇文邕廢除佛教的政策，與拓跋燾和崔浩的滅佛政策有幾個明顯的差異。首先他並非一開始就執意要消滅佛教，也考慮過是否應該推動三教統合：他最後決定禁止佛教，並非出於個人一時之喜惡，而是討論過後的理性決定。在五七四年的詔令發布後，宇文邕仍然願意與淨影寺的慧遠展開討論。宇文邕亦把道教一併廢除，並未因為信任衛元嵩和張寅而給予道教優越的地位：是以其宗教政策並非旨在針對外來宗教，而是要消滅儒學以外的異學。宇文邕沒有屠殺道士和僧人，又把還俗的道士和僧人當作人才，將其納入國家體系之中。宇文邕於長安設納通道觀，並招攬一百二十位較有學問的道士和僧人，資助他們繼續從事宗教研究：這個制度既透過學院的藩籬，把宗教人士與民間社會區隔起來，同時令國家能夠從佛教和道教索取思想資源，塑造國家獨大的政治意識形態[68]。

雖然在宇文邕於五七八年逝世後，其篤信佛教的繼承人宇文贇（謚號宣帝）就決定推翻早前的宗教禁令，可是佛教的自主卻已受到無法逆轉的損害。雖然此後佛教隨著中世帝國的壯大而興盛，國家體系卻一直淩駕於宗教之上，國家全體主義（State Totalism）自此也在東亞大陸帝國體系扎根[69]。即使朝廷已經撤回宇文邕的極端政策，可是此後就算是虔誠禮佛的君主，也會要求寺廟在宣教前獲得朝廷的授權。國家體系亦對寺廟作出規範，決定出家者的資格、限制每間寺廟僧侶的數目，又以刑法規範僧人的行為[70]。如今不論是佛教的寺廟，還是其他宗教的廟宇和教團，都必須透過順服國家體系換取活動的空間。東亞大陸的佛教徒在八世紀以後在馴化的壓力下，選擇退讓而無法鼓起道德勇氣，未有基於超越價值批判皇權[71]。

雖然周帝國在宇文邕逝世後只維持了三年的光景，不過在黃河流域的帝國國力仍然持續擴張，其後接掌政權的都是六柱國的後人。宇文贇的岳父楊堅（鮮卑姓 Puliuru／普六茹，謚號文帝）在五八〇年趁宇文贇病重乘機奪權，並於其逝世後強迫宇文闡（謚號靜帝）禪讓，於五八一年創立隋帝國[72]。楊堅在開國六年後，於五八七年下令向建康帝國發動總進攻，建立一統東亞大陸的中世帝國。

楊堅的次子楊廣（謚號煬帝）於六〇四年繼位後，下令建設運河系統將東都洛陽與海河流域和長江流域連接起來，又向位於內亞的突厥汗國、位於青藏高原邊緣的吐谷渾（Tuyuhun）、以及橫跨遼東和韓半島北部的高句麗發動戰爭。雖然楊廣推動的建設有助促進帝國的物流，可是他急於求成的做法耗費大量人力物力，而對外戰爭亦一直處於膠著狀態[73]。地方豪族對朝廷的需索日益反感，於六一〇年起紛紛掀起反旗，使隋帝國陷入分崩離析的局面：避退江都（今揚州）的楊廣最終在六一八年的兵變遇害[74]。其後能夠終結亂局的，依舊是六柱國的後人。六一七年在太原起兵、向長安進軍的李淵，其祖父李虎是宇文泰的柱國大將軍，外祖父剛巧就是楊堅的岳父、楊廣的外祖父獨狐信。他在楊廣去世後不久，即於長安稱帝創立唐帝國，並於六二四年擺平各地的反對勢力[75]：不過他在兩年後就遭遇政變，被迫把皇位傳給次子李世民（廟號太宗）[76]。

東亞大陸的中世帝國體系

東亞大陸的中世帝國體系此後一直延續到十世紀：雖然自七五五年起，唐帝國就陷入潰而不崩的衰退期。楊堅和楊廣的制度創新，對東亞大陸中世帝國的政治體系、社會結構、經濟模式、以及地緣政治局勢影響深遠。

楊堅延續北周帝國納入鄉兵集團的政策，並參考齊帝國的制度，以戶籍制度為基礎實行均田制和府兵制。他先把軍籍和民籍合而為一，並讓朝廷繞過地方的民政軍政架構，直接掌握全國的戶籍。其後朝廷按照自身的需要，或是通過均田制向民眾授田，藉此達成農業生產的指標；或是透過府兵制從民戶徵兵，並將其交予由中央派任將領管理的軍府調動[77]。朝廷透過均田、府兵二元一體的制度，落實對一般民眾的直接管控：他們既可以透過土地規劃確保穩定的農業生產，同時徵召到一批既無家世背景、亦受中央直接指揮的職業軍人。普羅民眾或是能夠從田地滿足生活所需、或是能夠在軍旅生涯中獲得稅賦優惠和升遷成為動官的機會，如此皆有助地方社會維持穩定。

楊廣的政策雖然招致強烈的反彈，並導致隋帝國急速崩潰，可是他卻促成東亞大陸水路交通的革命，把黃河流域和長江流域連成一體[78]：如今東都洛陽與黃河中下游、東北的海河流域、長江流域沿岸，以及長江和錢塘江下游的海港之間，就可以實行高容量、長跨距的運輸[79]。前往西都長安的交通路線雖然較多障礙，卻仍有辦法與以洛陽為中心的全國交通網連接[80]。當時長江下游為帝國農業生產效率最高的地區，而運河系統則可以把當地的剩餘穀物，運往洛陽和長安供應朝廷、或是支援東北邊疆的軍需。在長江下游蓬勃發展的貨幣市場經濟，亦隨著水路運輸向北方擴散，而莊園經濟和貨幣經濟並存的二元經濟體系，亦於中世帝國時期逐漸向後者傾斜[81]。

在地緣政治方面，楊廣趁突厥汗國於五八三年分裂的契機，透過和親政策收編東突厥。而在唐帝國創立後，李世民亦沿用楊廣的戰略，把內亞的東西突厥視為主要的競爭對手：他於六二九年出兵東突厥、翌年將其消滅，其後又把勢力範圍擴展到中亞[82]。唐帝國其後於六五七年消滅西突厥，並一直留守中亞防備六八二年復興的後突厥汗國（Second Turkic Khaganate），直到七五五年才退出中亞[83]。就這一點而言，唐帝國可以稱得上是拓跋帝國的承傳者：在其創立後的第一個世紀，唐帝國既是東亞大陸的帝國、也同時是逐鹿歐亞草原的內亞霸權，就像之前的北魏帝國和周帝國那樣[84]。

隋帝國和唐帝國同樣也依據儒學「禮治天下」的理想推動律令制：國家制定的行為規範，在這樣的制度中分為著重刑罰的「律」、以及關乎行政、官僚、賦稅等章程議題的「令」[85]。律令的法源就是儒學主張的「禮」，譬如刑法的根源必須基於父權的家庭倫理、而朝廷的章程規則必須要著重君臣尊卑的等級。律令簡要而言就是皇權的彰顯，以「律」威脅懲罰那些侵犯皇權、或藐視皇權象徵的人，用「令」規定中央與地方的官僚服從中央集權的制度安排。雖然晉帝國曾在二六八年頒布《泰始律令》，可是其後就因政局動盪而無以為繼[86]。要待隋帝國於五八三年頒布《開皇律令》，律令制才得以在中世帝國真正實踐。唐帝國於六二四年頒布的《武德律令》，大體上亦依隨《開皇律令》的法制安排[87]。

中央的官僚體系，則分由中書省、門下省和尚書省統轄。中書省是皇帝的主要諮詢對象，負責起草議案和詔敕之職責，率領中書省的中書令是帝國的宰相。門下省專責監督中書省，並有權封駁中書省提出的議案；掌管門下省的侍中、以及他所帶領的諫議大夫，背後多是關隴集團貴族的勢力。其後隨著皇權的擴張，中書省就逐漸接管門下省的功能，最終合併為中書門下省。由左僕射和右僕射率領的尚書省，則負責政策執行，下面設有管理官僚的吏部、處理戶籍和稅賦事宜的戶部、掌管禮儀和外交事務的禮部、負責軍事的兵部、掌執刑事訴訟的刑部、和負責管理公共工程的工部。在三省六部以外，中央亦設有九寺、五監等輔助機構。在地方管治方面，則以州或郡為一級行政單位、以縣為基層行政單位[88]。

雖然貴族制度在中世帝國得以延續，朝廷卻透過迴避制度規定地方官僚必須在遠離出生地的地方任官，中斷地方豪族對地方政治的壟斷。而中央派任的地方官僚，則改為任期有限的流官，令豪族無法與地方官僚建立穩定的聯盟。雖然依據「鄉品」分配官職的九品中正制仍然以某種方式延續，可是楊堅亦將察舉制度改革為科舉制度，透過定期的公開考試從地方選拔人才[89]。唐帝國亦沿用透過公開考試選拔官僚的制度：朝廷在中央設立國子學和太學、在地方設立州學和縣學，從不同的社會階層招收有才華的學生，並讓他們在學有所成後參加選拔官僚的考試。雖然起初大部分的官僚都是獲得恩蔭的貴族，可是隨著考試出身的官僚開始獲得聲譽，貴族子弟亦逐漸偏好通過考試獲得官職[90]。

中世帝國的科舉制度分為明經科和進士科，明經科主要考核考生對儒學經典的認識，對擁有家學承傳的貴族和豪族比較有利；進士科則考核考生能否撰寫有質素的文章，講究的是文字技巧和個人創見，比較不受家學承傳所影響。亦因如此，中世帝國開始湧現一批沒有貴族身分的官僚，他們在當時被稱為與門閥相對的「寒門」。他們的出現亦使官僚知識階層出現質變，而著重經典承傳的舊貴族亦要面對新興知識人的挑戰[91]。

武曌（本名不詳，尊號則天大聖皇帝）為唐帝國第三代皇帝李治（廟號高宗）的皇后，她於六六〇年開始替抱恙的丈夫代理朝政，逐漸掌握帝國的實權。李治於六八三年逝世後，武曌以太后的身分掌權朝政，並於翌年褫奪三子（李治七子）李顯（廟號中宗）的帝位，另立四子（李治八子）李旦（廟號睿宗）為帝。她於六九〇年廢黜李旦自立為帝，直到七〇五年臨終前遭遇政變，才將帝位傳回李顯手中。武曌為抗衡李氏宗室和關隴集團，特意提拔通過進士科考試的寒門擔任要職[92]。雖然李氏宗室其後搶回皇位繼承權，但關隴集團的實力已大不如前[93]。不過寒門出身的新興知識人雖成為官僚體系內的新貴，卻始終無法完全取代家學淵源的貴族知識人。官僚知識階層內部的新舊之爭，為唐帝國中晚期的黨爭埋下了伏筆[94]。

在中世帝國的建構過程中，皇權運用儒學「禮治天下」的思想，制定維持君主專政和中央集權的律令制。而科舉制度的推行，則使儒學成為地方知識人爭取向上流動的工具，亦令這個官方意識形態得以向地方滲透：來自平民階層的新興知識人與貴族知識人在朝廷分庭抗禮，並對後者的家學傳承展開批判，為儒學思想在十世紀以後的復興埋下種子。雖然區分精神世界和現實世界的二元世界觀，在中世帝國統治期間仍得以延續，可是儒學卻隨著皇權的彰顯而取得最高意識形態的地位。雖然當時的君主、貴族、官僚和人民，仍然傾向從佛教或道教那邊尋求精神解脫，可是他們都意識到儒學乃三教之首，令佛教和道教無法批判獲得儒學加持的皇權。朝廷動用政治力把佛教等超越信仰，內捲成協助皇權安撫人心的心靈雞湯：雖然此時儒學在精神層面上，仍然不敵佛教和道教的挑戰，卻成功令二者走上體制化和國家化的道路，使其喪失推動平等化的潛能。

帝國中衰與新封建制度

雖然李顯在七〇五年再度登基，可是其政權卻被其皇后韋氏（本名不詳）架空。韋氏在李顯於七一〇年逝世後，試圖以太后的身分獨攬大權，卻遭李旦的兒子李隆基先下手為強，與姑母太平公主（李氏，本名不詳，丈夫為武攸暨）聯手除掉韋氏及其女李裹兒（安樂公主，丈夫為武延秀），並讓李旦繼承帝位。李隆基（廟號玄宗）於七一二年獲得父親禪讓帝位後除去太平公主，從而獲得絕對的權力。

此後李隆基一直執政到七五六年，雖然他登基時唐帝國的國力剛好處於巔峰，可是均田、府兵兩制卻已經走向無可挽回的崩壞。唐帝國曾大規模向宗室和官僚授田，到唐帝國創立近一個世紀後，土地兼併的問題已經積重難返。一般民眾能分配到的土地因此愈來愈少，如此除了令經濟分配不均的情況日益惡化，亦削弱了一般農民的生產力，連帶影響到朝廷的徵稅效能[95]。

戶籍上的資料在此前一直未有妥善更新，而民眾亦為避稅而不斷往外遷徙，成為戶籍上並未刊載的「流戶」[96]。如此朝廷不論要徵稅還是徵兵都比過往來得困難，帝國的財政和防衛亦因此日趨緊張。本應負責制定行政措施以解決問題的官僚體系，卻反倒因為意見不合而爆發黨爭。最終李隆基決定繞過官僚體系，給予宗室李林甫乾綱獨斷的權力：李林甫於七三四至七五二年之間擔任宰相，並獲得李隆基的完全信任，於就任十四年間因排斥異見而惡名昭彰[97]。

李林甫廢除徵兵制，以募兵制取而代之。此外他也推動廢除府兵制，主張擴大帝國各地節度使的權力，讓他們負責率領招募得來的軍人。他建議節度使的人選，應該從邊疆內亞族群當中挑選[98]。李林甫認為他們不是官僚和貴族的親信，可以幫助皇權繞過官僚和貴族的掣肘，達到軍事上的中央集權。不過李林甫也有自己的盤算：由於節度使是由內亞武官而非文官擔任，這樣即使他們建立了軍功，也不會威脅到自己的相位[99]。

不論如何，這樣的安排既然可以排除貴族和官僚對軍事政策的影響，李隆基自然也就樂於採納。當時唐帝國於十個軍事重鎮設置節度使，而范陽節度使負責海河流域到遼東的防衛，其駐地位於內亞、遼東與黃河流域交會的戰略重地，故此也掌握著最雄厚的兵力。這片地域當時乃東亞族群、內亞族群和各種東北亞族群混居之地，是個與帝國核心地帶迥異的多族群社會[100]。為有效管理當地招募得來的多族群士兵，范陽節度使一職多由具有內亞背景的人士擔任。在李林甫於七五三年逝世後，李隆基透過寵妃楊玉環的人際網絡實行親信政治，讓其堂兄楊國忠接任中書令一職，又將兵權託付予她的義子安祿山。安祿山父親是粟特（Sogdia，源自中亞的伊朗系族群）人、母親是突厥人，本身是東北邊區跨族群貿易的中介人。他因獲得幽州節度使張守珪賞識而從軍，並於入京覲見時成為楊玉環的親信，進而獲得李隆基重用。他於七四二年委任為平盧節度使，並於其後幾年兼任范陽和河東節度使，獨攬山西高原、海河流域和遼東的軍政大權[101]。

李隆基試圖透過以楊玉環為中心的恩庇侍從網絡，繞過貴族和官僚直接控制朝廷內政和東北邊疆的軍政。不過這種安排卻有一個致命的缺陷：楊玉環與親信的縱向裙帶關係，並不必然有助於各親信之間的橫向合作。安祿山長期與楊國忠不和，李隆基和楊玉環卻未能有效調停。最終安祿山於七五五年從內亞族群那邊招兵買馬，以「清君側」的名義揮軍指向洛陽和長安，並於攻陷洛陽翌年稱帝[102]。其後他再派大軍進攻長安，李隆基在前赴四川途中遇到兵變，楊國忠等楊氏親信遭禁軍殺害，李隆基最終也被迫下令楊玉環自盡。

李隆基之後決定遜位，將帝位傳給三子李亨（廟號肅宗），自己則繼續前赴四川避難。李亨則到位於黃河上游的靈武（今寧夏）策動反攻，可是此時唐帝國已經缺乏能夠調動的部隊，只得與回鶻汗國

（Uyghur Khaganate，回鶻又稱為回紇或維吾爾）結盟：此舉扭轉唐帝國在歐亞大陸的戰略地位，使其從逐鹿歐亞草原的強權，淪為受制於各內亞帝國的沒落勢力。此後直到十世紀，回鶻汗國、源自青藏高原的吐蕃帝國（Tibetan Empire）、突厥系族群沙陀（Shatuo Turks）和契丹（Khitan，Cathay 一詞之詞源）先後於內亞稱霸，並一直對位於東亞大陸的帝國構成壓力[103]。唐帝國與回鶻的聯軍於七五七年重奪洛陽和長安，並於七六三年平定叛亂，然而此時唐帝國的政治結構已經徹底改變。

唐帝國雖然能夠平定叛亂，卻無法清除安祿山東北的舊部，只得以懷柔手段將其收編為節度使，使其名義上順服朝廷。不過在實際運作上，這些節度使卻是世襲的地方政權，他們自行僱用幕僚建立小朝廷、又扣留應上繳朝廷的稅賦。當中由燕薊、成德和魏博節度使組成的河朔三鎮，儼如實力雄厚的獨立王國，是對中央朝廷的潛在軍事威脅[104]。此時朝廷已無力建立中央指揮的軍隊，只得在黃河中游培植地方軍事勢力，一方面作為東北邊疆與兩京之間的屏障、另一方面則確保連接渭水盆地與長江下游的水路網絡能夠維持暢通。唐帝國朝廷透過以藩鎮抗衡藩鎮的新封建制度，令中世帝國體系得以勉強維持：雖然位於黃河中游的藩鎮，仍然會擁兵自重，發展在地勢力，可是他們剛好夾在東北強藩和朝廷控制的核心地帶之間，並沒有反抗朝廷的有利地理形勢。如此這些藩鎮雖然有一定的自治空間，朝廷仍然有辦法確保他們服從中央的指令[105]。

弱勢的朝廷亦透過節度使制度，以權力下放的方式間接治理帝國各地[106]。位於長江下游的藩鎮專責向朝廷輸送當地豐饒的物資，其領地和兵力都比北方來得要少，擔任節度使的將領亦多自官僚知識階層出身。他們是任期較短的流官，比較習慣服從朝廷的命令。由於這些藩鎮是稅收的主要來源，朝廷會定期派員到這些藩鎮巡視[107]。在西部和南部戍邊的藩鎮，其駐地資源稀缺、又要維持相對龐大的部隊，故此甚為仰賴來自中央的補貼。朝廷尤其著重在西部戍邊的藩鎮：唐帝國在早前的內亂中，在西北部丟失大片疆土，令內亞勢力能夠長驅直達長安：比如吐蕃帝國就曾於七六三年，連同吐谷渾和党項（Tangut）的部隊攻入渭河盆地，並佔據長安十五日。雖然西部藩鎮受制於朝廷的供給，可是他們亦在鄰近長安的地域駐紮重兵，成為令朝廷頭痛的一大難題[108]。

藩鎮林立的新封建秩序，使皇權陷入孤立無援的局面。在李隆基執政時，皇權一直設法繞過貴族和官僚的力量，直接控制朝政和軍務。可是如今朝廷即使想要改轅易轍，再次從貴族和官僚那邊獲得奧援，亦不可能扭轉局勢：此時關隴集團已不再是具有現實政治意義的群體，官僚體系亦因門閥與寒門之爭而無法形成團結的勢力。如此皇權就需要在內廷建立自己專屬的科層體系[109]。因此由宦官主導的平行科層體系，就於唐帝國最後的一個半世紀成為主導政治的力量。

在平定安祿山叛亂期間，李亨不得不倚靠西北藩鎮的軍事力量，卻又無法對其完全信任。他後來決定創立神策軍，以此作為朝廷與藩鎮之間的緩衝，並交由寵信的宦官魚朝恩指揮。雖然魚朝恩其後因功高震主而被賜死，可是李适（廟號德宗）在繼位後仍然讓宦官掌管神策軍[110]。皇帝亦會派遣信任的宦官，到各藩鎮擔任監軍，監督節度使的施政，從而成為皇帝在各地的眼線[111]。

起初宦官只是皇權的代理人，可是他們既有掌管軍隊的權力、而帝國各地擔任監軍的宦官又能組成情報網絡，使他們能於有利的位置上壟斷權力。宦官對皇帝的忠誠，不一定會轉移到繼承人身上：倘若繼位的是年輕弱勢的君主，宦官就可以反客為主，取得領導地位。宦官集團起初憑藉自己的影響力，干預冊立儲君與皇位繼承的問題。其後他們開始趁君主病危擅自更改遺詔，最後甚至使用暴力自行廢立君主[112]。宦官集權內部的政治鬥爭，亦會左右皇權能否得以伸展。李純（廟號憲宗）在八〇五至八二〇年執政期間，在信任的宦官支持下推動軍事改革，提升中央的軍事力量、並以武力迫使藩鎮削權。雖然這項政策取得一定成果，可是支持李純的宦官卻於派系鬥爭中失勢。這次政變過後，李純於八二〇年疑似被宦官殺害，而削藩政策亦於李恆（廟號穆宗）繼位後遭到廢除[113]。

官僚體系對宦官掌權的狀況並非無動於衷。他們曾嘗試和藩鎮聯手，借用地方兵力入京消滅宦官，可是卻無法逃過宦官監軍網絡的法眼。宰相李訓在八三五年聯絡鳳翔節度使等藩鎮，調兵前往長安設局對付宦官。宦官仇士良卻識破他們的意圖，藉挾持皇帝李昂（廟號文宗）脫身後，隨即派兵鎮壓這場流產政變的參與者[114]。官僚知識階層內門閥和寒門之爭，不單令官僚體系內部無法團結一致，反倒令不同派系的官僚爭相借助宦官的力量打擊對方。在八〇八至八四六年期間，寒門出身的牛僧孺與貴族出身的李德裕各自率領黨徒互相攻擊，雙方都與不同的宦官派系結盟，意圖把對方趕盡殺絕。經過幾個回合的混戰過後，李德裕最終於八四六年被貶往海南島，並在三年後客死異鄉。屬於寒門的牛黨雖然成為黨爭的勝利者，可是實際上宦官卻藉著這次內部鬥爭，把官僚體系收編為自身附庸[115]。

安祿山叛亂雖然削弱中央朝廷的實力，從而塑造出由藩鎮支配地方秩序的新封建制度，可是唐帝國並未像晉帝國那樣崩潰，直到八七五年之前仍能對地方維持一定程度的控制。唐帝國的朝廷透過藩鎮之間的平衡，以間接方式有效管治東北邊疆以外的屬土，而且仍能有效控制作為稅收主要來源的長江流域。位於東北邊疆的藩鎮，雖然在運作上猶如獨立王國，可是他們仍在表面上服從朝廷法令，並利用朝廷頒授的官銜和爵位樹立威信。故此他們並未追尋名義上的獨立，只透過自行任命地方官員達成實質上的獨立。如此東亞大陸的中世帝國制度，在這一百一十二年間大體上仍得以維持[116]。

中世的崩潰與近世的曙光

不過唐帝國在八世紀後期以來的中世帝國體系，終究是個不可延續（Unsustainable）的亞穩定結構

（Meta-stable Structure）：這個體系的維持，乃是建立在朝廷和與藩鎮之間的平衡。雖然藩鎮之間的爭戰並不常見，可是藩鎮必須維持兵力制衡外藩，方能達成這種相對上的和平。為此他們必須扣押上繳朝廷的稅賦，甚至需要請求朝廷撥款幫助，方能夠應付募兵和養兵的龐大開支[117]。在資源緊絀的狀況下，藩鎮往往會先犧牲下層士卒的糧餉：而當時涉及藩鎮的叛亂，大部分都是下層士卒對上層壓榨的反彈[118]。

隨著下層士兵的不滿情緒日積月累，東亞大陸的局勢亦於九世紀後期一觸即發。唐帝國在八七四年爆發饑荒時，私鹽商人王仙芝趁民怨四起策劃叛亂，翌年於科舉考試屢次落第的鹽商子弟黃巢亦加入叛軍的行列。其後各藩鎮雖有率兵鎮壓，可是對社會充滿怨氣的士兵卻不願意服從指令，而部分中下層軍官甚至率領部下集體投靠叛軍。期間黃巢的勢力急劇膨脹，並於八七八年王仙芝兵敗後接收其餘部，然後從長江下游經東南沿海一直殺到嶺南。黃巢因部隊無法適應嶺南的亞熱帶氣候，故此在八七九年返回長江流域，並於翌年沿運河北伐，到年底攻陷洛陽。他在八八一年攻陷長安後稱帝，取國號為齊[119]。

此後朝廷依據過往鎮壓安祿山叛變的經驗，採取兩面手法對付黃巢叛軍。他們一方面借助沙陀族的兵力，並重用其軍事領袖李克用（本姓Zhuye／朱邪，其父朱邪國昌因軍功而獲賜姓李）[120]。以外他們亦向黃巢的部下招安，並於八八二年爭取到駐守渭河盆地的朱溫投誠[121]。朝廷此後成功挽回劣勢，於八八四年擊殺黃巢，其殘部其後亦為朱溫所殲滅。不過唐帝國在叛亂過後，卻無法恢復對帝國各地的控制。這場為時十年的動亂，堵塞了渭河盆地與長江下游之間的水路，使朝廷喪失固有的財政基礎。而朝廷為安撫投靠的黃巢舊部，就讓他們在唐帝國的核心地帶設立藩鎮：這些藩鎮此後成為朝廷無法制衡的軍事力量。朱溫在被封為宣武軍節度使後，就以運河交匯的汴州（今開封）為根據地，扼住帝國水路運輸的樞紐，逐漸向黃河中下游拓展勢力，到九〇一年更把影響力伸延到首都長安一帶[122]。

隨著朱溫的權勢不斷擴張，官僚體系重拾與宦官體系對抗的勇氣。宰相崔胤決定完成李訓近七十年前的未竟之業，與朱溫締結反宦官聯盟[123]，其後朱溫於九〇三年依照崔胤的建議屠殺宦官，並解散由宦官統率的神策軍[124]。不過崔胤此舉卻犯上與漢帝國末年何進一樣的錯誤：宦官體系的倒下，使唐帝國失去能夠抗衡藩鎮的最後一條支柱。朱溫本身對官僚知識階層缺乏好感，曾經多次對官僚展開大屠殺。他在屠殺宦官後就與崔胤交惡，並於九〇四年把他殺害。朱溫在強迫李曄（廟號昭宗）遷都比較接近汴州的洛陽後，就對他痛下毒手，然後擁立他的兒子李柷（謚號哀帝）為傀儡皇帝。此外他於九〇五年屠殺逾三十名官僚並投屍黃河，藉此嘲諷他們作為「衣冠清流」的名望。官僚知識階層在唐帝國的最後幾年幾乎沒頂，而貴族出身的門閥也自此一蹶不振[125]。

雖然朱溫能夠成為唐帝國的實質統治者，可是他能夠實際控制的地區，就只限於渭河盆地東部和黃河中下游。位於帝國各地的藩鎮，此時已經不聽朝廷號令，逐漸發展成獨立的國家。以山西高地為據點的李克用，更是朱溫的心腹之患：雖然李克用有著沙陀人的血統，卻自視為李氏宗室的傳人，矢志要消滅朱溫、復興大唐。儘管朱溫（廟號太祖）始終無法掌握整個東亞大陸，可是他還是於九〇七年強迫李柷禪讓，建立國號為梁的新政權，並把首都遷到汴州。可是這個四面樹敵的政權，最終只能勉強維持十六年。在其後五、六十年，東亞大陸都未能建立真正的帝國體系。在這段時期，黃河流域先後出現五個短暫的政權，其他地域則出現多個獨立國家或政治實體。這段被稱為五代十國的時期，也就是東亞大陸從中世走向近世的關鍵時刻。

李克用在朱溫稱帝後，在山西高原成立晉國，與朱氏的梁國持續對抗。李克用的二子李存勗（廟號莊宗）於九二三年消滅梁國，並自立為唐帝國復興之君：這個「帝國」與在九三六年建立的晉國、以及在九四七年建立的漢國，都是由沙陀人建立的政權。李存勗尚未消滅梁國時，就失志建立橫跨東亞和內亞的勢力，藉此恢復唐帝國全盛時期的光彩。他曾先後於九一七年和九二二年與契丹交戰，意圖爭奪對內亞的操控權，不過戰後雙方卻維持均勢[126]。李存勗在復辟唐帝國後，重新恢復派宦官到各地監軍的制度，藉此確立對黃河流域的控制，甚至曾經一度收復四川盆地。不過李存勗只當了三年皇帝就遭遇兵變，而其義兄李嗣源（廟號明宗）獲部下擁護而登上帝位。

李嗣源沒有再堅持向內亞擴張的大戰略，亦不讓宦官繼續干涉政治，反倒展開各種體制改革[127]。在軍事制度方面，他成立由皇帝親自統領的侍衛親軍：雖然這啟動了軍事上的中央集權化，可是其後的歷史發卻顯示這方面的改革尚未完善[128]。李嗣源亦展開了官僚體系的改革，廣泛任用官僚知識階層出身的官僚：他在九三〇年設立負責統管國家財政的三司使，並將其交予官僚體系管理。李嗣源在選拔官僚時，不再看重人選的鄉品和家世，改以科舉考試的表現為評核標準：當時固有的門閥貴族已幾乎消失殆盡，而復辟唐帝國的官制政革，更令官僚知識階層的內涵出現質變。此後官僚知識階層著重的，就不再是由家世決定的家學承傳，而是知識人個人自身的努力：比如是科舉的表現、所參與的學派、自身的學術成就、以及在官場上的名聲等[129]。隨著官僚體系的地位獲得提升，官僚知識階層亦完成去貴族化的過程，東亞大陸的政治體系亦展開了從中世過渡到近世（Early Modern）的轉型。

李嗣源在九三三年逝世後，其三子李從厚（諡號閔帝）只當了四個月皇帝，就被義兄李從珂（稱號末帝）推翻。不過李從珂雖然憑藉武力奪位，卻仍於掌權後延續提升官僚體系地位的政策。他在九三四年任命官僚體系出身、而且從未替軍人當過幕僚的韓昭胤，擔任掌管軍機要務的樞密使，又於翌年任命他為中書侍郎兼同中書門下平章事（簡稱同平章事，宰相級職務）。將軍事與民政事務同樣交由官僚體系統管，從此成為東亞大陸帝國的慣例[130]。

不過唐帝國復辟後推出的改革，卻未能完全杜絕軍人對朝廷的威脅。出身禁軍系統的石敬瑭私下接觸契丹，表示願意割讓山西高原和海河流域北部，其後於九三六年與契丹聯手消滅李從珂的朝廷。石敬瑭隨之稱帝建立晉國政權，可是他向契丹割地的舉動，卻徹底改變東亞大陸與內亞之間的戰略平衡：被稱為燕雲十六州的邊區遭割讓後，黃河流域與契丹之間頓失地理屏障，使其後的東亞大陸政權陷入被動的戰略守勢[131]。不過在內政方面，石敬塘卻延續前朝的中央集權政策，持續提升官僚體系的地位。他先後任命官僚系統出身的桑維翰和李崧為樞密使[132]，其麾下的軍人幕僚亦愈來愈尊重科舉出身的官僚，甚至鼓勵子弟參加科舉考試，期望能令自己的軍人世家轉型為官僚知識階層[133]。此外朝廷亦逐漸把軍人出身的地方勢力，調往中央的禁軍任職，並改派官僚到地方擔任長官。朝廷期望在中央開設的新職位，能夠安撫在地方被官僚取代的軍人，並同時擴大禁軍的規模[134]。

石敬瑭於九四二年逝世後，石重貴（稱號出帝）在禁軍的支持下登上帝位，並扭轉過去親契丹的外交政策。契丹為此於九四四年出兵懲罰晉國，並於九四七年進攻開封。石重貴在投降後淪為俘虜，而契丹君主耶律德光（契丹名 Yáogŭ／堯骨）則於開封稱帝，並以「遼」為東亞式的國號。不過新建立的遼帝國無法應付黃河流域各地爆發的騷亂，只得於同年率兵折返內亞，而耶律德光亦於歸途上染疫身亡。不過契丹的侵略，卻同時把至為囂張跋扈的東北藩鎮消滅，無心插柳地掃平開封朝廷推動中央集權的障礙。在遼帝國退兵後，河東節度使劉知遠（廟號高祖）率兵前往開封填補權力真空，稱帝並建立漢國政權。他把散落四周的晉國部隊編入禁軍，又延續派遣官僚管治地方的政策。此外劉知遠亦派遣軍官監督藩鎮，又命巡檢使率領禁軍到各地巡查，延續軍權集中的大勢[135]。

地方藩鎮此後失去威脅朝廷的實力，而原先為集中軍權而建立的禁軍，卻反倒成為主導政權更替的力量。此後於九五一年創立周國的郭威（廟號太祖）、於九六〇年創立宋帝國的趙匡胤（廟號太祖），都是出身於禁軍體系的實力人士。這兩次政變都發生在首都一帶，並未在地方帶來太大的騷動，而成熟的官僚體系亦有助促成相對平穩的政權更替[136]。周國在郭威、柴榮（廟號世宗）治下，開始統一東亞大陸的戰略，並於征伐南方諸國的戰爭中取得優勢[137]。趙匡胤在強迫周國幼主柴宗訓（謚號恭帝）禪讓後，隨即延續前朝發動的戰爭。此後宋帝國於九六三年取得長江中游、於九六五年取得四川盆地、於九七一年取得嶺南、於九七五年取得長江下游、最終於九七九年消滅漢國在山西高原的殘餘勢力，確立對東亞大陸大部分地區的統治權[138]。

宋帝國此時成功解除軍人對中央政權的威脅，其官僚體系的發展亦趨向成熟，東亞大陸自此從中世完全過渡到近世。可是東亞大陸的近世帝國，雖然能夠確保政治的穩定與經濟的繁榮，卻始終處於內亞軍事威脅的陰影之中。隨之而來的，還有近世社會發展帶來的各種轉型之痛。

第四章 近世轉型的陣痛與挫折

在宋帝國於九六〇年創立後，趙匡胤延續周國政權對東亞大陸各地的攻勢，並奠定以官僚體系輔助朝廷實行中央集權的原則。恩蔭制度雖然仍得以延續，可是循此途徑入職的官二代必須從低級官僚做起，其名譽也比不上通過科舉考試入職的官僚。而隨著貴族門閥在唐帝國末年的戰亂中消亡，如今官僚知識階層的成員多為富裕的平民，而向上社會流動的基礎也取決於個人的學力、而非家世背景所帶來的家學承傳[1]：在稍後我們會提到官僚知識階層的思想潮流，已經懷疑這些代代相傳的舊知識是否真確。

趙匡胤確立朝廷聯合文官統率武官的原則，鼓勵軍人透過進修成為儒將、又讓官僚修習各種軍事知識，以文武兼長的政治文化促進文官與武將的合作，讓熟悉軍事的官僚能夠協助朝廷駕御各地的軍人，亦令武官亦不會抗拒官僚系統的指揮。不過隨著東亞大陸的局勢變得穩定，官僚體系的地位於十一世紀初完全凌駕於軍人之上，而宋帝國的政治文化亦變得重文輕武[2]。

官僚體系經過十世紀各東亞大陸政權推動的中央集權改革後，亦演化為近世的科層體系（Early Modern Bureaucracy），並擁有以下各種近世體系獨有的特色：

一、過往的九品中正制，此時大體上已轉型為按表現評級的品官制度。

二、官僚體系內部各官職的權責，皆由法規所界定：宋帝國起初沿用唐帝國的律令，到十一世紀中再設定敕、令、格、式，使規範更貼近實質的政治運作[3]。

三、雖然仍設有優待官二代的恩蔭制度，但原則上以考試為選拔文武官員的標準流程。

四、官僚的主要收入來自俸祿，而非官授或私家的莊園。

五、官僚於任職期間為專職人員，不會在官場以外從事其他兼差。

六、地方官僚的權威主要來自朝廷的授權、以及其職銜帶來的地位，而非個人與地方人士的關係。

七、官僚的升遷大體上由官僚體系內部決定，雖然科層除考慮相關人士的業績外，還會依據體系內部的派系鬥爭決定升遷。

八、在一般的情況下，皇權無法直接干涉官僚體系的運作，需要透過體系內部的鬥爭作為介入的著力點[4]。

九、官僚體系內部設有內部監督的機制，這包括在中書門下省體系內的中書舍人和給事中，以及獨立於中央行政機關的御史臺。

上述宋帝國官僚體系的特色，大體上貼合馬克斯．韋伯對科層體系的定義[5]。除政治體系外，宋帝國治下的東亞大陸，在社會、經濟、交通、都市發展、文化、學術和政治意識形態等層面，都出現全方位的變革[6]。如此東亞大陸就成為世界上首批踏入近世的地區之一[7]。就如日本漢學家內藤湖南（本名虎次郎）所言：

> 在唐與宋的時代，一切文化生活都發生了變化。因此如果在此之外，對細微的個人生活也都加以觀察的話，我敢斷言，這種時代變化同樣會在任何方面都有所表現……要而言之，中國中世、近世的一大轉換時期，就是唐宋之間[8]。

而中世帝國留下的交通網絡，則成為近世經濟轉型的基礎。在運河系統把長江和錢塘江的下游與洛陽、長安兩京連接起來後，這些地域的生產力迅速獲得提升，使東亞大陸的經濟中心轉移到長江和錢塘江的下游[9]。運河建設亦令泥沙更容易堆積，使河流出海口的沼澤轉化成可耕作的新陸地[10]。此後在長江和錢塘江流域的住民利用泥沙堆積的現象，透過修築堤岸和運河把海洋和湖泊填為農地[11]。南北交通在公元九世紀後期的短暫中斷，更令長江和錢塘江下游的經濟發展大幅拋離黃河流域。過往作為政治中心的渭河盆地，自此淪為東亞大陸經濟體系的邊陲地帶。

而這股開闢土地的風潮，於十一世紀後傳入東南沿海和嶺南等邊疆。當時珠江下游的住民開始興建堤岸，把近岸的低窪地帶圈為魚塘、並在堤圍上植桑養蠶，而位於東南沿海的興化灣（今福建莆田、福清沿海）亦展開大規模的填海造陸工程[12]。這些與東亞大陸經濟體系融合所帶來的利益，持續侵蝕邊疆土著原有的族群認同：大批原始南島族群和壯侗族群的土著為擁有土地而杜撰身世，把自己偽裝成南遷的東亞族群[13]。

長江以南的地域氣候和暖，相比於每年只有一熟的黃河流域，當地新開拓的農田基本上都可以一年兩熟。而位於亞熱帶的嶺南和東南沿海，在地力容許的情況下甚至可以一年三熟。在宋帝國創立後，這些地方亦引入來自東南亞的高產量稻米品種，比如是在十一世紀自中南半島引入的占城稻。而新農具的開發、輪作技術（Crop Rotation）的發展、新肥料的引入、以及針對不同土壤的翻土技術，則令長江流域以南的農業走出粗放式耕作的階段，達成深耕細作的農業革命[14]。農業生產力的大幅提升，則使商業和工業的蓬勃發展成為可能。

市場貨幣經濟的普遍化

遷佔長江流域的建康帝國於五世紀起，就亟力鼓勵國內和國際的貿易，藉徵收關稅和商業稅穩定中央朝廷的財政。市場貨幣經濟因而得以在建康帝國的港口和都市蓬勃發展，其後運河開通後，長江流域以南的地區更因生產力增加而全面市場化。此時黃河流域卻依然以莊園經濟為主，唐帝國直到八世紀中，仍然在黃河流域的核心地帶採取嚴密管制市場交易的政策。這種管制體現在長安、洛陽兩京的都市規劃上：隋帝國在五八三年和六〇五年先後重建長安和洛陽，在城牆內設置有圍牆的「城中城」。這些被稱為「坊」的社區，其根源可追溯到六世紀軍事豪族的寨城：這些設防的社區建有由軍人守衛的大門，每天日出時開門、到日落時則把大門緊鎖，並在「坊」以外的地區實施宵禁。只有極少數的達官貴人，才可以在圍牆開鑿方便出入的後門。

這種都市設計，既不鼓勵都會民眾自由活動、亦不在民居附近設立商業設施。兩座京城都設有南北向的寬敞大道，藉此展示皇權的莊嚴：在大道的北端設有坐北向南的宮殿，而大道兩旁則是官署、寺廟、道觀和達官貴人的住所[15]。商業活動則被局限於遠離中央大道的市集，所有交易都必須在中午至日落之間進行，並受到朝廷嚴格的管制[16]。

唐帝國朝廷曾經嘗試在長江流域的城市，按照兩座京城的模式設立中央管理的市集，卻未有達成預期的效果[17]。位於運河與長江交界的揚州，其都市運作的模式則顯然異於位處黃河流域的兩京。隋帝國在五八九年消滅陳國政權後，就摧毀南方帝國的故都建康，僅保留其軍事防衛的功能。此後長江下游的商業活動，就轉移到位於運河與長江交界的揚州：該時揚州是通往長江、黃河和錢塘江流域的交通要衝，也通過海路與南亞、東南亞、日本、韓半島相接，從而成為唐帝國的商業中心。在兩京實施的坊市制乃莊園經濟的產物，無法適應揚州蓬勃的市場貨幣經濟，是以朝廷無法在此推動其心目中理想的都市規劃。揚州商人在交通便捷的大街設立店舖，令商業活動遍及城內的不同區域。頻繁的商貿活動亦促使地方當局取消宵禁，繁盛的夜市隨即自然形成[18]。

隨著朝廷權威在八世紀後江河日下，昔日對商業活動的規範得以放鬆，使商業活動也從官立市集往外擴張[19]。市場貨幣經濟的體系，迅即由長江下游擴散整個東亞大陸。農村社會亦從自給自足的莊園經濟，轉型為以市場買賣為中心的貨幣經濟：此後農民除販賣剩餘的穀物外，亦開始種植或飼養能換取貨幣的經濟作物（Cash Crop）。運河系統運輸的民間物資，於十世紀超越官方的稅賦和軍糧。隨著造船技術的進步，東亞大陸的船廠開始建造遠洋船隻，使東亞海商毋須依賴南亞海域的船隊，即能親自參與東亞沿海和東南亞海洋貿易，使海外貿易成交量大幅增長[20]。東亞大陸主要生產區之間頻繁的交通往來，令各地能依照其地緣優勢促進生產，從而形成涵蓋整個東亞大陸的經濟分工圈。

東亞大陸經濟圈在十世紀形成，亦改變民眾的飲食習慣。他們不再依靠自給自足的農業糊口，亦偏好食用南部出產的稻米，令長江中下游和錢塘江流域成為東亞大陸的飯碗。雖然位於邊陲的嶺南生產技術落後，可是當地氣候溫暖、田地廣闊，仍然有足夠的產能輸出稻米。這些稻米多銷售到缺乏耕地的東南沿海，而東南沿海的商賈則透過海洋貿易、以茶葉、水果和木材等經濟作物，換取購買米糧所需的貨幣[21]。在其他無法種植稻米的地方，同樣會透過販賣經濟作物換取米糧，從而促成不同地方的專業化生產[22]。各式各樣的經濟作物，也在東亞大陸的交通網絡上廣泛流通：這包括各種蔬菜水果、蔗糖、魚苗、成魚、家禽家畜和耕牛、茶葉、藥材、香料、染料、木材和油脂等[23]。在部分生產經濟作物的地方，更出現把物產加工增值的手工業，比如是造紙業、絲織業，以及漆器、鐵器和銅器的製作等[24]。

隨著市場貨幣經濟成為主流，唐帝國的宰相楊炎在七八〇年推動稅制改革，在每年的夏天和秋天徵收穀物時，改以貨幣為評稅和結算的單位（雖然朝廷徵收的，仍然是穀物而不是貨幣）。除此以外，稅賦的性質亦從人頭稅改為戶口稅。在長江以南的地方，則普遍使用貨幣繳稅，使民間對銅錢的需求與日俱增[25]。周國政權第二任君主柴榮曾於九五五年整頓佛教，其動機除彰顯國家全體主義外，也是為求取得寺廟的銅像鑄造銅錢[26]。宋帝國在十一世紀更試圖禁制銅錢出口，以應付銅錢不足的問題：可是隨著海外貿易的擴張，東亞大陸的銅錢仍然無可避免地大批外流，甚至對周邊國家的經濟造成衝擊。比如大批外流到日本的銅錢，對當地莊園經濟造成毀滅性的衝擊，最終在十四世紀初促成鎌倉幕府的崩解[27]。

當四川盆地在九六五年被納入版圖時，由於本地缺乏銅產，朝廷曾經鑄造鐵錢在此流通。其後宋帝國在四川發行了世界第一套由國家發行的紙幣，並稱之為交子，又向持有人承諾可以憑劵換取一定數目的銅錢。不過交子在實際運作上比較像是欠據，而非現代通行的紙幣：此時東亞大陸的商人，已經習慣在交易時把欠據當作現金使用。交子設有使用期限，故此只能應用在短期的流通和結算，而不能成為儲蓄的手段。交子亦往往因為朝廷銅錢儲備不足而貶值，使民眾和商人對紙幣缺乏信心[28]。此外朝廷亦實施茶葉和食鹽專賣，並以茶引和鹽引支付給替官方服務的商人，讓他們憑劵到產區換取茶葉或食鹽。不過商人通常會把這些有價票據作為長途貿易的交易工具，使其成為非正式的紙幣[29]。雖然不論是交子、茶引還是鹽引，其應用都因信用問題而受到局限，卻都有助於東亞大陸的經濟整合。

東亞大陸的近世市場貨幣經濟體系，亦於各地向農村持續滲透。除了開封、杭州和揚州這些位處交通幹道、人口以十萬至百萬計的大型都會外，帝國各地的州治也發展成區域都市，而在此以下的縣治亦多發展為城市。在一些比較繁華的縣，大批商戶因無法在局促的縣城內立足，只得把市街建立在城牆以外的城廓、甚至是接近鄉村的近郊之上。而在遠離縣城的交通幹道上，則出現設有商戶、客棧、市集和倉庫的市鎮。市鎮四周的鄉村地方，則設有定期開放的墟市，來自市鎮的商人會按墟期巡迴各個墟市，與基層社會的民眾交易。市鎮的商人會收集從墟市搜購的商品，搬運到較大的城市販賣，而區域都市和大型都會則透過環環相扣的市場圈取得各地的物產。隨著商業活動變得興盛，在城市和市鎮亦出現販賣消費品和日常用品的店鋪，以及各種正經或不正經的娛樂場所[30]。

隨著市場貨幣經濟的發展，東亞大陸的商業階層也羽翼漸豐。他們有的是從事集散轉運、管理業務的經紀，有的則是經營倉庫、旅館和販賣的批發商。來自各地的商人遊走於東亞大陸各地尋找商機，使稱為牙人的仲介應運而生。這些牙人協助買賣雙方議價、達成協議後負責起草契約、並將簽署過的契約交到官府備案，從而化解外來商人與本地商戶資訊不對稱的問題。此外牙人亦會協助商人徵收交易相關的稅款和服務費[32]。

各地的投資者為集中資本、分散風險，發展出各種合資合營的方法。不過當時尚未有法人觀念，是以這些合營事業都是臨時的非正式組織，需要有投資者以個人名義管理各種借貸關係[33]。那些想在其他地方拓展業務的商人，則會與當地的小店結盟：這些獨立小店會在獲利後與投資者分紅，這樣商人就可以在不增加營運成本的情況下擴大物流網絡。身

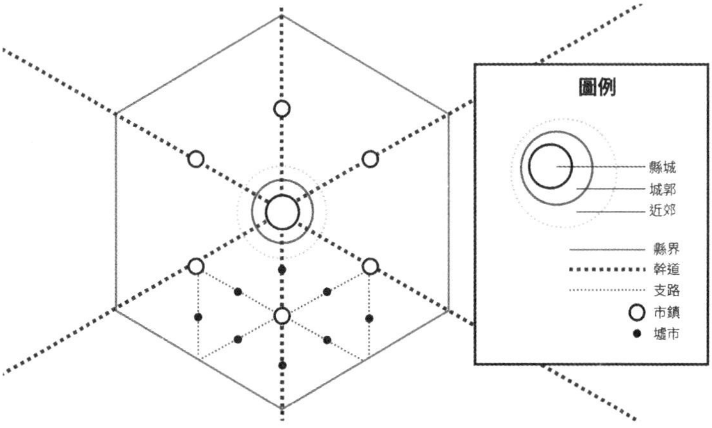

圖 4.1　宋帝國基層社會的市場經濟圈[31]

處城市的商人，亦可以透過這種間接的方式，控制在其他地方的資本流動[34]。

當商人的資產累積到一定程度時，就會把業務交予他人營運：如此缺乏資本的一般民眾，亦可以透過僱傭關係以商業謀生。那些資本雄厚的大家族，會聘用有才幹卻缺乏資本的人才擔任幹部，讓他們負責同時兼任管家、經紀和僱傭的角色。[35]一般農民亦會前往附近的墟市，販售他們耕種、飼養或製作的物產，換取貨幣購置日用品和消費品。家境欠佳的貧農、或是失去土地的農民，則會移居到市鎮或城市，成為商戶的僱傭、小販、攤販或小本商人[36]。在運河、河道和沿海地區居住的民眾，有的會成為以行船為業的家族，透過同鄉或同行關係尋找操作船隻的差事[37]。而各地對消費品的需求，則令農村可以運用過剩的生產力發展手工業[38]。

這段時期的商業發展，為普羅民眾帶來嶄新的工作機會，也令農村的過剩人口找到謀生機會。可是繁榮的商貿發展卻也帶來經濟上的不平等：從事商業活動的一般民眾，不時要忍受商人定下的不利條款，甚至需倚靠高利貸周轉。能夠透過商業活動獲得向上流動機會的民眾只是幸運少數，而能夠獲利的往往是官僚知識階層的成員：他們可以把任官親屬的俸祿當成資本，並憑藉其人際網絡獲得官府暗中扶持。官僚在執行契約和徵收稅款等事宜上，始終能擔當一定的角色，是以平民出身的富商多會設法購買官銜，並設法結交官僚知識階層[39]。

累積大量財富的東亞大陸商人，也欠缺投資和儲蓄的管道：有價票券只能作為短期通貨使用，無法成為投資保值的工具。而在欠缺法人觀念的情況下，所有合股業務都只是短暫融資的臨時手段。如此地產投資就成為各種資金的最終去向：商人會在城市購買商舖、或在農村購置田產，以租金作為額外收入來源[40]。比較進取的商人，則會與官府協調投入農村的水利發展，在湖泊和海岸填海造田[41]：不過這種涉及官方力量的大規模投資，自然是官僚知識階層的禁臠。當地產投資成為資產增值的唯一模式，商人的利潤也無法回流到工業提升生產力：他們不願投資改進生產技術，反倒把工序外包給貧民的小作坊，並透過壓低訂金牟取暴利。透過累積不動產而產生的利潤，也無法轉移到未能購置土地的普羅民眾身上，令貧富不均的情況日趨惡化[42]。

不過東亞大陸民眾的生活，仍然比中世時期來得舒適。即使是基層的民眾，在取得糧食後仍有餘力購買消費品，甚至對生活水準也有所要求。當時民間已經流行「開門七件事」的講法，這通常包括柴、米、油、鹽、醬、醋和茶，在某些地方甚至會包括豉、薑和椒等比較昂貴的調味料。除了食物之外，各種日用品和消費品的樣式也趨向多樣化。而富有人家的購物習慣，也塑造了普羅民眾共享的消費文化：假如他們在應付日常所需後仍有盈餘，就會設法模仿富人的衣著和飾物[43]。

如前所述，市場貨幣經濟在唐宋之間的擴展，令東亞大陸出現大型都會、區域都市、以及遍布地方社會的城市和市鎮。即使我們不計算在縣治層級以下的市鎮，東亞大陸到十一世紀仍然有百分之二十的民眾住在城市之中：工業革命前這種都市化程度堪稱罕見[44]。而且這還未列入在城市生活的流動人口，比如是到城裏做買賣的商旅、尋找短期差事的農民、或是周遊各大城市謀生的遊民等：這些在城市、市鎮和鄉村之間不斷流動的人口，在當時恐怕不是一個小數目[45]。

在中世或之前，大部分民眾都過著與土地連結的生活。此前的戶籍制度，並不鼓勵民眾離開自己農村的老家，又默認農業才是正常民眾應該從事的事業。可是隨著東亞大陸走向市場貨幣經濟，有愈來愈多的民眾離開農村遷居都市，而商業和手工業的生產力和僱傭人口都開始追上農業。此時社會結構已經出現天翻地覆的變化，衝擊著過往偏向靜態的價值觀[46]。

入世超越價值與思想轉型

關乎超越價值的抽象討論，若然延伸成對自然和人文現象的思辨和論爭，則會為學術帶來前所未見的範式轉移。這些新學問以超越和抽象的方式，重新理解習以為常的事物和制度，帶來能夠更貼近各種現象基本原理的新知識。隨之而來的技術和制度創新，則為社會帶來全方位變革，促成從中世走向近世的轉型[47]。畢竟在近世社會舉足輕重的各種制度，必須透過超越和抽象的想像維持運作。比如科層制度若要得以成立，人們就必須能夠在遇到權勢者時，將權責從權勢者的個人特質分別出來，從而把權責想像為職位賦予的能力：若然「鐵打的衙門、流水的官」無法成為大眾的想像，科層制度即無法正常運作。人們亦必須能夠從各種糧食、商品和服務背後想像出抽象的價值，再以與原物無關的貨幣或貴金屬進行結算，方有可能從事市場貨幣經濟的買賣交易。若然沒有集體想像（Mass Imagination）的建構，近世和近代社會的各種社會建制也都無法成為真實（Reality）。

從唐帝國到宋帝國的社會巨變，亦源自超越價值所帶來的思想突破，其開端則可追溯到八世紀以來禪宗佛學的影響。被譽為禪宗六祖的惠能（俗姓盧，本名不詳，活躍於七至八世紀），其生平雖多為後人編撰的神話，可是其佛學思想卻清晰地收錄於敦煌本《壇經》之中[48]。他不像其他佛教宗派那樣，強調透過脫離俗世的修行達成精神上的超越，反倒認為真正的修行必須入世、而超越的絕對真理亦可在人間裏尋。因為達成覺悟的因子，並非源自外來的環境，反倒早已深植在個人的內心：

> 三世諸佛，十二部經，亦在人性中本自具有，不能自悟，須得善知識示道見性。若自悟者，不假外求善知識。若取外求善知識，望得解脫，無有是處。識自心內善知識，即得解脫[49]。

善知識！若欲修行，在家亦得，不由在寺。在寺不修，如西方心惡之人。在家若修行，如東方人修善，但願自家修清淨，即是西方[50]。

而惠能的弟子荷澤神會（俗姓高，本名不詳），甚至重新定義了坐禪的意義。他認為心境若能保持澄明，單憑內心的本性就能對真理有所覺悟，如此靜坐冥想也不過是可有可無的輔助手段：

今言坐者，念起為坐；今言禪者，見本性為禪；所以不教人坐身、住心、入定[51]。

馬祖道一（俗姓馬，本名不詳）則直接指出，能夠守護人心的本性、以真誠讓內心變得澄明，就是佛法的奧義。如此日常生活與生產勞動，都可以是修行的一部分：

汝等諸人，各信自心是佛，此心即是佛心……故《楞伽經》云：「佛語心為宗，無門為法門。[52]」道不用修，但莫汙染。何為汙染？但有生死心，造作趣向皆是汙染。若欲直會其道，平常心是道。謂平常心無造作、無是非、無取捨、無斷常、無凡、無聖。經云：「非凡夫行、非賢聖行，是菩薩行。」只如今行住坐臥、應機接物，盡是道[53]。

而馬祖道一的弟子百丈懷海（俗姓王，本名不詳），甚至認為若然未能處理好日常生活、未能參與生產勞動，就無法達成真正的覺悟：

普請之法，蓋上下均力也。凡安眾處，有必合資眾力而辦者……除守寮直堂老病外，並宜齊赴。當思古人一日不作、一日不食之誡[54]。

禪宗的佛學既不強調出家修行，甚至把其他宗派的儀式視為可有可無之物，使其容易為熟習儒學的官僚知識階層接受，而禪宗的宗師亦熱中結交官僚知識階層。如此禪宗佛學在八世紀後，就成為官僚知識階層內部的常識[55]。這種佛學思想認為入世關懷無礙修行，甚至認為超越價值的實踐在於克盡人間的本分[56]。這種想法促使唐宋之間的官僚知識階層，按照入世的超越價值重新審視儒學[57]。

活躍於八、九世紀之交的韓愈，則被宋帝國初年的官僚知識階層奉為榜樣。他對當時的二元世界觀甚為反感，是強硬的儒家中心主義者[58]。在八一九年，李純（廟號憲宗）從法門寺那邊迎來相傳是釋迦牟尼遺下的佛牙，放於宮中供奉三年。為此韓愈呈上〈諫迎佛骨表〉，宣稱過往尊崇佛教的東亞大陸政權「事佛漸謹，年代尤促」，並斥責佛教「不知君臣之義、父子之情」，勸喻李純提防佛教的不良影響。幸得其他官僚的求情，盛怒下的李純才決定以流放代替死刑，讓韓愈到位於嶺南與東南沿海交界的潮州擔任刺史[59]。其後韓愈在〈原道〉一文闡明唯獨儒學的傳承才是超越的真理，而佛教和道教都是偏離真理的假貨：

曰：「斯道也，何道也？」曰：「斯吾所謂道也，非向所謂老與佛之道也。堯以是傳之舜，舜以是傳之禹，禹以是傳之湯，湯以是傳之文、武、周公，文、武、周公傳之孔子，孔子傳之孟軻。軻之死，不得其傳焉……[60]」

不過韓愈在日常生活中，卻不斷與禪僧保持通信聯繫，未有因自身對佛教的偏見而與佛教徒絕交。事實上就如余英時所言，「完全相反的對抗也是一種模仿」，韓愈的思想亦採納了將「心」視為澄明的本性、把現世關懷當作靈性修練的觀點。不過他始終堅持「正心」的目的，不應只聚焦於個人的靈魂救贖，反倒應該放眼透過重建道德秩序平定天下的目標：韓愈寄望能夠復興儒家的倫理秩序，藉此挽救飽受藩鎮、宦官和黨爭困擾的唐帝國[61]。而他認為儒學若要重新興起，儒者就必須仿效禪師那樣「傳道」和「解惑」，使人能夠誠實面對自己的內心、透過理解自己的本性而得以覺悟：

古之學者必有師。師者，所以傳道、授業、解惑也。人非生而知之者，孰能無惑？惑而不從師，其為惑也，終不解矣。

他感嘆當時的儒者多沉迷於對經典的訓詁，未把儒學當成活生生的學問，無法像禪師那樣解答弟子各種內心的疑惑：

彼童子之師，授之書而習其句讀者也，非吾所謂傳其道、解其惑者也。句讀之不知，惑之不解，或師焉，或不焉，小學而大遺，吾未見其明也[62]。

也就是說，韓愈對佛教的排斥乃是一種羨憎交織（Ressentiment）的情緒：他心裏覺得禪宗對超越真理有確切的理解，卻因為這種理解不是由自己偏好的儒學首先發現而感到懊惱。韓愈認為當時貴族階層代代相傳的經典家學，都無法達到澄明本心、改革世間的效果，故此只能算是「小學」。他參考了禪宗對「心」的重視，重新詮釋《禮記》的〈大學〉，認為禪宗透過澄明本性達致覺悟的修練，就是古人所謂的「修身」、「正心」、「誠意」和「至知」。他認為透過修練內心改變社會的修養功夫，才是真正值得深究的偉大學問：

大學之道，在明明德，在親民，在止於至善。知止而後有定，定而後能靜，靜而後能安，安而後能慮，慮而後能得。物有本末，事有終始，知所先後，則近道矣。古之欲明明德於天下者，先治其國；欲治其國者，先齊其家；欲齊其家者，先修其身；欲修其身者，先正其心；欲正其心者，先誠其意；欲誠其意者，先致其知，致知在格物。物格而後知至，知至而後意誠，意誠而後心正，心正而後身修，身修而後家齊，家齊而後國治，國治而後天下平。自天子以至於庶人，壹是皆以修身為本[63]。

在此之前的儒者，多傾向重視注重禮儀秩序的《荀子》。韓愈卻反其道而行，主張《孟子》比較貼近真正的聖人之道。他認為禪宗將心視為本性、並認為覺悟只須求諸於己的教訓，只不過是孟軻在一千多年前已經提出的觀點，也就是存心養性、修身立命、反身而誠：

盡其心者，知其性也。知其性，則知天矣。存其心，養其性，所以事天也。殀壽不貳，修身以俟之，所以立命也[64]。

萬物皆備於我矣。反身而誠，樂莫大焉。強恕而行，求仁莫近焉[65]。

韓愈認為禪宗澄明本性的主張，剛好呼應著孟軻對人性的判斷。孟軻雖然認同人有肉體上的欲望，可是他卻堅持人性在肉欲之上，還存在著更高層次的超越追求。親情、忠義、體面、智慧，雖然超然於肉欲之上，卻都源自人性的高層次追求：

> 口之於味也，目之於色也，耳之於聲也，鼻之於臭也，四肢之於安佚也，性也，有命焉，君子不謂性也。仁之於父子也，義之於君臣也，禮之於賓主也，智之於賢者也，聖人之於天道也，命也，有性焉，君子不謂命也[66]。

是以孟軻和孔子一樣，都承傳著源遠流長的聖人之道。荀況雖然也是學識淵博的儒者，可是他和活躍於公元前一世紀、公元一世紀之交的揚雄一樣，都無法對聖人之道有完整的理解。故此韓愈認為荀況的學問「大醇而小疵」，必須按孔子和孟軻的思想加以修正：

> 始吾讀孟軻書，然後知孔子之道尊，聖人之道易行、王易王，霸易霸也。以為孔子之徒沒，尊聖人者，孟氏而已。晚得揚雄書，益尊信孟氏……及得荀氏書，於是又知有荀氏者也。考其辭時若不粹，要其歸與孔子異者鮮矣，抑猶在軻、雄之間乎……余欲削荀氏之不合者，附於聖人之籍，亦孔子之志歟！孟氏，醇乎醇者也；荀與揚，大醇而小疵[67]。

如此韓愈以來的儒者，即按照禪宗關於「心」的理論重新詮釋儒家經典，強調「修身齊家治國平天下」，也就是透過知識人自身精神上的超越，從而達致儒學理想的社會政治秩序。宋帝國創立後，以科舉考試為選拔官僚的主要管道：如此修習儒學的知識人，就有空間兼顧理想與前途。趙光義（廟號太宗）

在九七七年推動改革，增加科舉考試頒授學銜的種類和名額：這些學銜除招募行政官僚的進士科和明經科外，包括招募技術人員和軍事人才的雜科。而在十、十一世紀之交，朝廷又推出一連串確保考試公正的制度：比如在評核考卷前，須要先複製一份不附考生姓名的謄抄本、再將抄本送交考官，藉此避免考官偏袒門生。而在一〇六六年起，則規定科舉考試須每三年定期舉辦一次[68]。

參與考試的考生須從各州舉行的考試開始。他們通過地方的州試即成為舉人，並取得前往首都參加省試的資格。通過省試的考生即取得擔任官僚的資格，不過他們之後會參加由皇帝監考的殿試確定名次，從而決定他們首份公職的職級[69]。考試制度雖優待原有官僚的子弟，卻有異於中世初期憑鄉品決定仕途的做法：官二代仍須通過簡單的考試，方可取得擔任低級職位的資格[70]。他們也可就讀設於首都的國子監，畢業後直接參加省試：不過朝廷其後決定放寬中央學校的入學資格，容許官二代以外的人士就讀，並將之改組為太學[71]。到宋帝國末年，朝廷容許高官子弟繞過競爭激烈的地方考試，讓他們在通過評核後直接參加省試[72]。

在中世透過家學承傳主導儒學，並且著眼於經典訓詁的貴族階層，在宋帝國開創時已不復存在。當時有能力讓子弟不事生產、專心讀書，然後資助他們到州治和首都參加考試的，則多為從市場貨幣經濟發展中獲利的階層[73]。而印刷術在八世紀之後日趨普及，則彌補了新興官僚知識階層缺乏家學承傳的問題[74]。莘莘學子們對暮氣沉沉的訓詁之學提不起勁，卻因為當時禪宗盛行於帝國各地，而對韓愈以來的新儒學思潮抱有親切感。這樣隨著新興官僚知識階層走進官場，以及出版印刷市場的興起，新儒學（Neo-Confucianism）一躍而成宋帝國最為火紅的學術潮流。如此新興官僚知識階層，就不只是經濟角色近似的階級（Class），更是因為擁有共同文化而獲得同等聲譽的地位群體（Status Group）。從新儒學推論出來的政治意識形態，更促使部分官僚按照其政治主張結合為黨團（Party）[75]。

新興官僚知識階層在宋帝國初年集體向上流動的經歷，使他們相信自己正在經歷東亞文明發展的高峰。他們把自己身處的時代，與漢帝國和唐帝國的時代並列為「後三代」，而且認為宋帝國的文化成就遠勝漢唐。官僚知識階層認為新儒學復興的當代，在文化上媲美傳說中的堯、舜和夏王國，以及上古時期的商王國和周王國的淳樸古風：這段被美化的過去又被稱之為「前三代」。他們自詡為復興文明的弄潮兒，並期望各種社會政治秩序，都可以隨著當代的文藝復興而有所變革[76]。

剛確立階級意識的官僚知識階層，透過宋帝國的制度壟斷官僚體系，成為政治上不可忽視的一股力量，繼而出現「以天下為己任」的政治主體意識[77]。他們既受惠於市場貨幣經濟的發展，卻又體察到這種新經濟制度帶來的各種流弊，就想要設法理解從中世走向近世的社會演變。他們察覺到過往「士農工商」的社會觀已經流於僵硬，無法解釋當代社會的各種現象，也對過往由貴族階層代代相傳的各種經典感到懷疑。他們把唐帝國的衰落，歸咎於三世紀以來過分著重裝飾的文藝風格，認為浮誇艷麗的修辭是令人道德敗壞的靡靡之音。他們相信回歸孔子和孟軻聖人之道的根源，依隨古文的樸實風格重塑言之有物的新文學，是匡正社會政治秩序的必要基礎[78]。他們期望知識人在個人道德修養之餘，肩負起改革社會政治秩序的責任，並在尊敬君主的前提下，克盡作為官僚的責任以真理輔助施政[79]。宋帝國的知識人為此引入抽象概念，思索新時代應有的社會政治秩序，為近世東亞思想帶來重大的突破[80]。

官僚知識階層的改革想望

縱使宋帝國在文化和經濟上取得超凡的成就，卻始終無法應付來自內亞的挑戰。第二代皇帝趙光義雖然曾經興兵北伐，卻為遼帝國的軍隊所敗，而李繼遷領導的党項族（Tagnut）也在西北邊疆叛服不定。

朝廷在地方徵收軍需的措施觸發了四川的叛亂，其後帝國各地又出現天災，迫使趙光義放棄再次興兵的計劃[81]。在趙恆（廟號真宗）於九九七年繼位時，遼帝國已經處於戰略攻勢，並於六年後大舉入侵。趙恆按照宰相寇準的建議御駕親征，並於開封東北偏北一百二十三公里外的澶州擋下遼軍，擊殺其主將蕭撻凜。可是其後宋軍無力乘勝追擊，令戰情陷入膠著狀態。最終宋遼雙方於一〇〇五年簽訂盟約，協議在宋帝國每年向遼國供應絲綢和白銀（也就是所謂的「歲幣」）的前提下，回復戰前的固有狀態（*Status quo ante bellum*）。這項協議令宋遼關係維持穩定，而宋帝國在其後一百二十年對黃河中下游的統治亦得以鞏固[82]。

雖然趙恆成功保住宋帝國的江山，卻對自己的統治認受性失去信心。過往東亞大陸諸帝國在取得「天命」時，通常都會伴隨著領土的擴張。可是宋帝國卻始終無法取回燕雲十六州，而澶淵之盟當中以歲幣換取和平之條款，看起來亦猶像城下之盟。為此他嘗試把道教的神仙信仰附會漢帝國儒者的讖緯之學，藉此將自己塑造成擁有天命的「有德之君」。他既高舉道家「無為之治」的政治方針，又鼓勵地方官府向朝廷「報告」各地「出現」的「祥瑞」[83]。在一〇〇八年，宮廷人員於皇宮「發現」了一本「來歷不明」的書冊，並將之呈交予趙恆閱覽。其後趙恆宣稱他曾於夢中「看見」這本書冊，認為這是上天降下的「天書」，故此把年號改為「大中祥符」，並舉行拜祭天地的封禪儀式確認自己的認受性。此後趙恆一直沉迷在道教的語言遊戲，三番四次重申自己獲得上天授命統治天下。他甚至在一〇一二年宣稱道教的聖祖「九天司命上卿保生天尊」曾經顯靈，向他表示自己曾經降世為「人皇九人中一人」，並透過「感電」令凡間女子產下黃帝。趙恆宣稱趙匡胤是黃帝的直系子孫，又預言宋帝國必會因此保持興盛[84]。

採納新儒學的官僚知識階層並不認同趙恆對道教的執迷，更不齒那些附和君主製造「祥瑞」、並撰寫各種道教禮儀文章的同僚。十三歲的趙禎（廟號仁宗）在趙恆於一〇二二年逝世後繼承皇位，而其養母劉太后亦開始垂簾聽政。劉太后在攝政期間意圖延續趙恆「太平無為」的政策，卻遭同仇敵愾的官僚群起上奏反對。劉太后在官僚體系的壓力下只得退讓，逐漸廢除過往趙恆制定的宮廷道教禮儀，最終於一〇三三年臨終前放手讓趙禎親政。官僚知識階層為此感到鼓舞，並寄望年輕的趙禎能夠推動恢復「三代之治」的政治改革[85]。

官僚知識階層在一〇三〇年代起，懷抱著「以天下為己任」的責任感，以「濟世澤民」的理想為目標積極介入朝政。八世紀以來強調入世修行、拒絕獨善其身的新思潮，也於此時發揮政治影響。他們認為皇權無法獨力承擔「治天下」的重任，必須要有官僚知識階層的扶持[86]。隨著各種經學研究和儒學思想，因文化活動和印刷術的流行而興盛發展，宋帝國的官僚知識階層自信比過往的知識人，更能理解何為超越的聖人之道，自信傳說中的「三代之治」的「復興」已經近在咫尺[87]。

比如在一〇三〇年考上進士的石介，在任官後即為狂熱的改革支持者。他在一篇書信中，宣稱聖人之道是一直在東亞大陸承傳的道統，並矢志要讓當代成為聖人之道的黃金時代：

> 使斯文也，真如三代兩漢、過於李唐萬萬。使斯道也廓然，直趨於堯舜禹、湯文武周公孔子[88]。

石介認為官僚知識階層的責任，就是要讓超越的絕對真理，轉化成世間實際的社會政治秩序。彰顯真理既為知識人的使命，他就當無所畏懼地貶斥世間一切的歪理：

> 今天下大道榛塞，人無所由。趨而之於堯、舜、周、孔之聖人，唯詰屈一徑而已。吾常思得韓（愈）、孟（郊）大賢人出，為薙去其荊棘、逐去其狐狸，道大辟而無荒穢，人由之直之於聖，不由徑曲小道。

如依大塗而行、憧憧往來，舟車通焉，適中夏、之四海，東南西北坦然廓如，動無有阻礙[89]。

新興官僚知識階層多為市場貨幣經濟的得益者，而他們對帝國地理的想像亦源於對商貿網絡的認識。他們把帝國想像為身體，把運河、水路和陸路當成連接身體各處的經脈，視城市、市鎮和墟市為帝國的五臟六腑。而作為首都的開封則是帝國的心臟：就像心臟的跳動帶來脈搏、使血氣運行於五臟六腑那樣，帝都的政令也同樣協調著整個帝國的規律。熟悉聖人之道的儒者，就是守護帝國健康的醫師：官僚按照新儒學的教導，以澄明的內心輔助施政，既有助皇帝順利管治、亦能舒緩民眾的民生困擾。書法家黃庭堅的父親黃庶於一〇四二年考上進士後，即撰詩抒發這種「上醫醫國」的情懷：

汴都峩峩在平地，宋恃其德為金湯。
先帝始初有深意，不使子孫生怠荒。
萬艘北來食京師，汴水遂作東南吭。
甲兵百萬以為命，千里天下之腑腸。
人心愛惜此流水，不啻布帛與稻粱。
漢唐關中數百年，木牛可以腐太倉。
舟檝利今百於古，奈何益見府庫瘡。
天心正欲醫造化，人間豈無針石良？
窟沉但去錢穀蠹，此水何必求桑羊[90]？

而改革運動的推手范仲淹，則撰詩闡明開封這座帝都的中樞角色：

上都有聖人，日月一以新。
煜煜天下才，西走堯舜賓。
百谷望東浸，萬星依北辰，
直者為之轅，曲者為之輪[91]。

後來范仲淹和韓琦，都獲得蔡襄的舉薦。蔡襄向趙禎力陳宋帝國正處於外憂內患，必須重用改革派力挽狂瀾：

西羌背違，舉兵寇邊，遣將興師，屢戰屢敗。饋運賦斂，百姓困窮。北庭乘勢，窺我疆弱，遣使求地，京師震駭。

之後蔡襄筆鋒一轉，把宋帝國比喻為病患。他認為宋帝國的問題若不妥善處理，將會惡化成無可挽回的危疾，故此應該盡早病向淺中醫。蔡襄把韓琦和范仲淹描述為帝國不可多得的良醫，鼓勵趙禎信任和重用二人，不要因為反對者的讒言而輕言撤換：

當今天下之病，臣請譬諸病者。其安時調養適宜，固不疾矣；病在皮膚，醫者能及早去之，疾且安矣；此二者皆已不及，而病在肢體，若得良醫可速愈也。天下之病，勢已如是。於可醫之時，陛下又選任良醫，倘信任不疑、聽其施設，非徒愈病及致民於壽考。苟於此時使良醫不得盡其術，則天下之病愈深，雖有和扁（鵲）之妙難責速效矣[92]。

范仲淹在一〇四三年向趙禎上奏〈答手詔條陳十事〉後，與富弼和韓琦一同被委任為樞密副使，著手推動政治改革。可是范仲淹等人的政治改革，卻激起利益受損的同僚反彈。而趙禎亦像蔡襄所憂慮那樣對改革派失去信心，於一〇四五年決定撤回改革，並貶任改革派成員為地方官僚，讓他們遠離朝政。不過改革派的士氣未有因而受損，還矢志繼續按照新儒學的理念關心社會政治事務。范仲淹在一〇四六年就任鄧州知事時，在碑文中宣告自己的志向並未因挫折而動搖：

嗟夫！予嘗求古仁人之心，或異二者之為，何哉？不以物喜，不以己悲。居廟堂之高，則憂其民；處江湖之遠，則憂其君。是進亦憂，退亦憂；然則何時而樂耶？其必曰：「先天下之憂而憂，後天下之樂而樂」歟！噫！微斯人，吾誰與歸[93]？

而被貶任為滁州知事的歐陽修，失落之餘仍未忘其經世濟民的心志。事實上歐陽修後來重返朝廷掌權後，仍設法改良朝廷的行政流程，不過卻因為採取循序漸進的作風，而被新一代的改革派當成保守勢力[94]。歐陽修在被貶職時撰寫的遊記，表露了他想要為民作主、以民為樂的志向：

然而禽鳥知山林之樂，而不知人之樂；人知從太守遊而樂，而不知太守之樂其樂也。醉能同其樂，醒能述以文者，太守也。太守謂誰？廬陵歐陽修也[95]。

可是宋帝國的政治制度和政治意識形態，卻令范仲淹等人的挫折不斷重演。雖然與過往東亞大陸諸帝國相比，宋帝國朝廷相對重視官僚體系，可是仍未有讓官僚壟斷行政權力。皇帝在大部分時間都留在皇宮內廷，與在外朝的官僚隔絕起來：皇帝雖會直接召見信任的官僚，卻傾向把對外聯絡的事宜交託予內廷的宦官和女官。這些平衡科層體系的存在，為追求變革的新興官僚知識階層帶來期望上的落差。

宋帝國鑒於唐帝國宦官廢立君王的往事，對宦官定下嚴格的規範。朝廷對宦官的數目定下了名額，並將其官品壓到從五品以下。而為免宦官結黨營私，朝廷也對宦官認養義子、會見官僚、晉見皇室成員等事宜加以限制[96]。即便如此，官僚體系對皇帝上奏、呈上劄子或其他文書、以及皇帝對外發布詔諭和敕令，都必須經過內東門司、御藥院或入內內侍省這幾個宦官機構處理。除此以外，設於內廷並負責管理皇家藏書和藏畫的翰林院，則是由宦官與官僚共同管理[97]。

宋帝國亦沿用唐帝國留下的尚書內宮制度。後宮大體而言可以分為三個功能有別的群體，分別是負責侍寢皇帝的妃嬪、負責文書的尚書內宮女官，以及負責處理雜務的宮女。尚書內宮負責管理皇帝親自接觸的文書，有時還會負責替皇帝草擬對外發放的書信，有別於照顧皇帝性生活和負責生育的妃嬪。不過實際運作上，偶爾會有尚書內宮的女官獲得皇帝寵幸，而妃嬪介入尚書內宮行政事務的情況則更為常見。在皇權更替、幼主登基的時候，獲先帝信任的遺孀往往會獲得攝政的權力，而尚書女宮則會在這個關鍵時刻發揮作用。當劉太后在一〇二二年開始攝政時，尚書內省設有六部二十四司，並聘任了二百八十二位宮官。尚書內宮的編制雖然會在皇帝親政時有所縮減，卻仍然維持一定的規模和功用[98]。

朝廷在負責行政事務的官僚體系外，亦設有由技術人員組成的科層體系。隨著市場貨幣經濟的發展，朝廷亦需要熟悉財經技術的人員負責徵收商業稅和關稅，以及發行各種有價票券，因此有愈來愈多的技術人員獲得聘任。隨著西北方的党項人於一〇三八年宣布獨立為夏國（後稱西夏），朝廷為應付日益沉重的國防開支，日益重視負責徵收的技術人員。有時候皇帝還會破格將技術人員提拔入官僚體系，讓他們以親信的姿態擔任朝廷要職[99]。

官僚知識階層認為政治決策過程理當由官僚體系主導，他們期望在中央和地方的官署和衙門任職的官僚，可以把意見經尚書省和中書門下省呈交宰相與皇帝商議。而在草擬政策時，皇帝則應與中書門下省商討，讓其屬下的中書舍人和給事中草擬詔令，再以此為根據發布正式的詔令。可是宋帝國的實際運作，卻有異於官僚知識階層的期望。獲得皇帝寵信的官僚或行政人員經常繞過中書門下省，直接透過宦官和皇帝商討。而皇帝亦不時差派宦官向執行部門直接發出御筆手詔，而不與宰相和中書門下省商量。在太后處於強勢時，尚書內省則成為主要決策機關，讓宦官繞過官僚體系發放由女官草擬的指令。對政治滿懷期望的官僚知識階層，則因為理想與現實的距離而出現抵觸情緒。

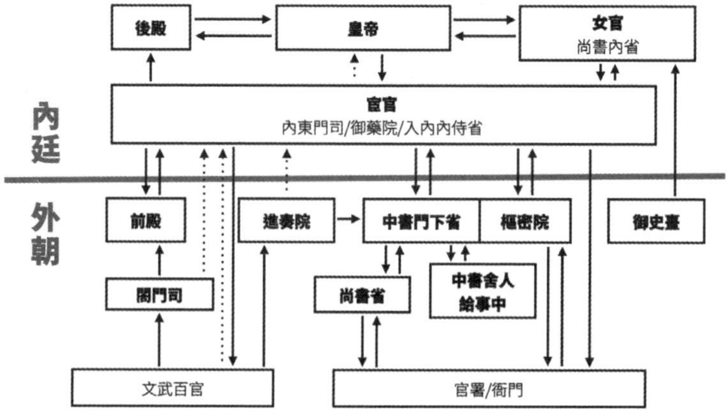

圖 4.2 宋帝國體系內部的通訊路徑。實線為正式路徑，虛線為非正式路徑[100]

天人合一與自以為是的人

官僚知識階層為面對現實政治的困局，就嘗試按照超越價值重建道德體系，藉此批判阻礙新儒學改革的國家建制。不過與超越價值作出連結後的結論，卻可以是兩種截然不同的世界觀。超越價值的概念，可以令人意識到人類與真理之間存在著難以跨越的鴻溝，並察覺到人間與超越境界之間，存在包括物理定律和形而上定律在內的阻隔。如此人類只能夠透過超越的視野觀照身處的世界，卻永遠無法與超越真理融為一體：也就是說超越真理永遠是人間以上可望不可即的參考框架（Frame of Reference）。人類透過超越的視野認識到人間之上各樣的限制，就能發展出各式各樣的學問：以超越視野觀察社會規律，是人文社會科學的開端；以此觀察物理定律，是自然科學的開端；以此觀察形而上定律，則是哲學和神學的開端。通過超越視野體察到人間以上的各種局限，繼而有條理地探究不同層次的局限、並找出在各種限制下的求生之道，就是從中世（Medieval）經近世（Early Modern）再演變為近代（Modern）的歷程。

而新儒學的人性觀，則認為只要透過修練達到內心的澄明，就能夠直接參透超越的真理，繼而成為能夠掌握普遍道德定律的「君子」。也就是說，由於人類與超越真理之間能夠以「心」或本性作為橋樑，那麼凡人能夠通過自身的努力，與超越而絕對的真理融為一體：這種一元論就是所謂「天人合一」的境界[101]。新儒學則借用禪宗的概念，重新詮釋〈大學〉「修身、齊家、治國、平天下」的觀點，認為凡人可以透過「修德」而「止於至善」，與超越真理融為一體而「成德」。若然參與政治的都是「成德」的聖人，那麼政治自然就會清明、社會亦會達致太平[102]。

這種認為可以透過修行與超越真理完全契合的想法，並不是新儒學的專利。道教亦認為懷著真誠的心踏上修行之路，可以令凡人達到神仙的超越境界。趙恆和趙佶（謚號徽宗）之所以虔信道教，部分原因是他們相信自己可以透過宗教儀式提升為超越的聖王，從而可以獲得在政治上乾綱獨斷的資格[103]。採納新儒學思想的官僚知識階層，本身並不反對君主可以透過修練成為聖王的想法，只是反對以道教禮儀替代品德的修養。他們認為君主若要達成善治，必須先修練出愛民如子的情操，方可能以聖王的姿態為天下帶來太平。活躍於十一世紀中的思想家張載如此主張：

能使吾君愛天下之人如赤子，則治德必日新，人之進者必良士，帝王之道不必改途而成，學與政不殊心而得矣[104]。

官僚知識階層強調君主的道德修練若要修成正果，就必須先戒掉獨斷獨行的壞習慣。因為作為君主最重要的品德就是知人善任、信賴熟悉聖人之道的人才，既要聽從他們的建議、也要放手讓他們輔助施政。而官僚知識階層既熟讀儒學經典、又受到新儒學的啟蒙，故此也只有他們能夠透過修身養心，洞悉承傳自聖人的超越真理。君主若要透過修德成為聖王，就不得不對官僚知識階層推心置腹。思想家程頤指出君主若要成為聖王，就必須用人唯才，並任用「成德」的官僚為宰相，讓他與君主共同治理國家：

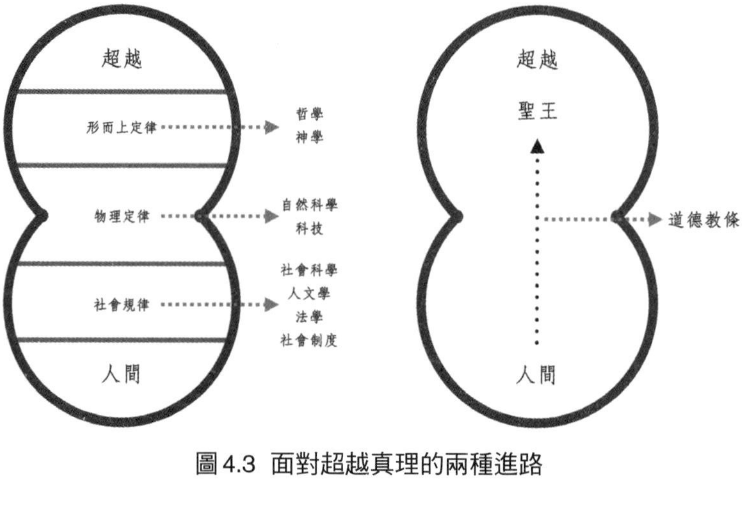

圖4.3 面對超越真理的兩種進路

帝王之道也，以擇任賢俊為本，得人而後與之同治天下[105]。從古以來，未有不尊賢畏相而能成其聖者……天下重任，唯宰相與經筵：天下治亂繫宰相，君德成就責經筵[106]。

所謂的經筵，就是官僚向君主講解聖人之道的課堂，當中的內容則主要是宋帝國立國先祖定下的「祖宗之法」[107]。任何人若要修身成為聖人，就必須孝敬祖先、為後世奠定孝順的典範；而孝敬祖先的君主，在施政時都必須遵從「祖宗之法」。而經筵的設立，則象徵著唯有讀過聖賢書、又懂得修身養心的官僚知識階層，才會知道何謂孝、才會懂得理解何為「祖宗之法」。換句話說，官僚體系能夠透過「祖宗之法」，在道德上凌駕皇帝的意志，推動本身偏好的政策選項[108]。

如此要在政治領域實踐超越真理，前提就是要讓君主按照「內捲化」的孝道倫理，順從官僚體系奉君主祖先之名提出的建議。可是官僚知識階層對「祖宗之法」的具體內容，卻未有清晰的共識。官僚知識階層宣稱「祖宗之法」是趙匡胤和趙光義的施政方針，卻會在提出政見時忽略當時的脈絡，使相關的討論淪為自由心證。最終官僚知識階層將「祖宗之法」簡化為「宰相須用讀書人」、「文臣治國」、「益重儒臣」和「事業付之書生」這類斷言，並將之奉為神聖不可侵犯的開國原則[109]。比如在趙恆沉迷運用道教儀式替自己「封聖」時，官僚知識階層紛紛引用趙匡胤和趙光義的往事，批判趙恆輕視儒教典範，從而違反了「祖宗之法」[110]。而在趙禎於一〇三三年親政後，懷有各種意圖的官僚在議政時，都會把「祖宗法」、「祖宗之法」或「祖宗家法」之語掛在嘴邊：不管他們是支持政治改革、還是絕對的反動、又或是別有所求，「祖宗之法」總是他們強調的理據[111]。

「祖宗之法」這種空洞能指（Empty Signifier）的背後，隱含著官僚知識階層促進階級利益的意圖。他們根據新儒學的邏輯推論，認為君主必須透過修養品德，方能夠成為愛民如子的聖王，並憑藉其道德威望懾服西夏和遼帝國，從而平定天下。唯有如此，君主才能確保天命不至轉移。倘若君主成聖之路出現偏差，如不改正就會有失去天命的風險，而上天亦會為此而以災變作出警告。教導君主修養品德、詮釋上天的警示，就不得不依靠官僚知識階層的指導。君主若要修練成為聖王，向祖先盡孝就是首要的道德責任。熟悉聖人之道的官僚知識階層，可以祭出「祖宗之法」，指出依照先皇的遺願讓官僚共同決策、承擔實務，就是聖王的孝道[112]。張彥博在一〇七一年與趙頊（廟號神宗）的對話，則顯明官僚體系「祖宗之法」論述的背後，想要確立的是官僚知識階層（士大夫）與君主「共治天下」的地位：

> 彥博又言：「祖宗法制具在，不須更張以失人心。」
>
> 上曰：「更張法制，於士大夫誠多不悅，然於百姓何所不便？」
>
> 彥博曰：「為與士大夫治天下，非與百姓治天下也[113]。」

不過這種動輒以「祖宗之法」為抗辯理由的作風，卻會把涉及制度、社會和物理限制的政治決策，無限上綱為涉及個人私德的倫理問題。如此政治辯論往往會墮入這樣的套套邏輯（Tautology）：因為我有依照新儒家的方法修身，所以我的政治主張就等同於絕對的道德真理，而不論我主張的政策在實際運行上會出現什麼問題，反對者就是否定絕對的道德定律、就是絕對的邪惡。亦因如此，在立場絕對「正確」的「德」面前，能夠適應制度、社會和物理限制的「才」就只能扮演次要的角色。就如司馬光的歷史評論所言：

是故才德全盡謂之聖人，才德兼亡謂之愚人，德勝才謂之君子，才勝德謂之小人。凡取人之術，苟不得聖人、君子而與之，與其得小人，不若得愚人。何則？君子挾才以為善，小人挾才以為惡。挾才以為善者，善無不至矣；挾才以為惡者，惡亦無不至矣……自古昔以來，國之亂臣、家之敗子，才有餘而德不足，以至於顛覆者多矣……故為國為家者，苟能審於才德之分而知所先後，又何失人之足患哉[114]！

而作為政治道德討論焦點的「祖宗之法」，卻沒有確實成文的內容。如此政治主張南轅北轍的官僚，都可以對「祖宗之法」各自表述，堅持自己才是絕對正確的一方[115]。而「祖宗之法」所謂的祖宗，也會隨時間發展而有所改變。在十一世紀時，「祖宗之法」所指的是趙匡胤和趙光義所「奠定」的「典章制度」；可是到十二世紀初，在十一世紀中支持政治改革的趙頊，卻已晉身祖宗的行列。主張恢復改革的趙佶、以及支持他的官僚派系，都認為自己正在捍衛「祖宗之法」，並以「紹述」和「繼志」的名義打壓抱有意見的黨派。在政治鬥爭中互相攻擊的不同黨派，都認為自己的政治判斷源自絕對的道德律，故此把自己的同道描述成「君子」、把其他黨派的成員貶斥為「小人」。如此宋帝國的政治辯論，往往會把道德議題與政治現實和個人私利糾纏在一起，使黨派競爭淪為互潑髒水的泥漿摔角[116]。

本於「天人合一」的信念，提倡改革的官僚知識階層相信自己能夠透過修練，而成為絕對完善的聖人。倘若他們能夠「得君行道」，讓君主按照官僚知識階層的儒學知識修養品德，君主也就可以成為聖王。如此作為聖王的君主，就可以在身為聖人的官僚協助下，推動類似柏拉圖所提倡的哲王專政，從而使人間成為回復「三代之治」的烏托邦[117]。這個聖王—賢臣集團既能與超越真理融為一體，就可以把他們的本質自我（Essential Self）等同為社會集體之我（Collective Self），繼而擁有能夠強迫其他個體犧牲自我的絕對權力[118]。在這種觀念下，那些在體制面前堅持自我權益的人，就是絕對邪惡的「小人」：為此聖王—賢臣統治集團就只能堅持絕對的道德真理，不能向邪惡勢力退讓半步。可是這樣的做法只能夠合乎意圖倫理（Ethics of Conviction），卻與從政者必須具備的責任倫理（Ethics of Responsibility）有所抵觸，必然無法帶來良好的政治效果[119]。而在聖王—賢臣專政的制度下，亦不可能會有寬容的空間：隨著國家能力（State Capacity）在近世以來不斷增長和深化，這種思維將會成為極權政治滋生的溫床[120]。

官僚知識階層在十一至十三世紀期間，一直按照「天人合一」的超越倫理，打著「祖宗之法」的旗號與宋帝國的平行科層體系抗衡。他們在政治層面上屢戰屢敗，其信念倫理卻因此而日發堅定。曾經被蔡襄譽為良醫的范仲淹，乃提倡政治改革的先行者，其政治作風卻為此後延續超過兩個世紀的爭拗掀開序幕。范仲淹任官不久即以敢言著稱。他在一〇二九年因為主張趙禎不應向劉太后行跪拜禮，而被貶任為地方官。他在回歸朝廷後，又在一〇三三和一〇三五年兩度因頂撞宰相呂夷簡，再度遭到貶官的懲罰。范仲淹這三次「榮貶」，使他被官僚知識階層當中具有改革意識的人奉為英雄[121]。不過到一〇四〇年，趙禎因為西夏建國後帶來的邊患而興起改革的念頭，決定起用主張政治改革的韓琦。范仲淹亦因韓琦的建議，獲得重返中央的機會[122]。

范仲淹和韓琦在一〇四三年向趙禎上奏〈答手詔條陳十事〉，公布其後的政治改革的藍圖。他們主張整頓中央和地方的行政架構，並輔以減少蔭官名額的科舉改革，藉此減少冗員和行政開支。朝廷則於地方投放資源，展開關乎土地開發、水利和運輸事宜，藉提升生產力增加朝廷能徵收的稅款。范仲淹和韓琦期望如此可以替朝廷開源節流，從而在穩健的財政基礎下減少擾民的徭役。在軍事方面，他們主張於地方招募民兵維持治安，藉此減輕正規軍隊承受的壓力[123]。

不過范仲淹卻抱著眾人皆醉我獨醒的心態，看不起主流官僚的品德，只願意結交和任用志同道合的朋友。他的友人梅堯臣曾經撰詩加以勸導，認為改革派必須廣結善緣爭取支持，不應抱著孤芳自賞的心態建立小圈子。他認為同道中人的美言，猶如味道鮮美卻劇毒無比的河豚，容易使人自我感覺良好而判斷失誤：

若此喪軀體，何須資齒牙？
持問南方人，黨護復矜誇，
皆言美無度，誰謂死如麻？
吾語不能屈，自思空咄嗟……
斯味曾不比，中藏禍無涯[124]。

除此以外，梅堯臣亦擔心范仲淹出於英雄主義心態，輕易地與主流官僚交惡。他勸勉范仲淹應當為政治改革的大局，以妥協的藝術避免硬碰硬：

吾今語汝，庶或汝聽：
結爾舌兮鈐爾喙，
爾飲啄兮爾自遂，
同翺翔兮八九子，
勿噪啼兮勿睥睨[125]。

不過范仲淹卻未能聽得下梅堯臣的忠告。起初趙禎對改革頗有期望，故此任命范仲淹為參政知事，並獲得與宰相同等的待遇。而富弼、蔡襄和歐陽修等改革派同道，亦於同一時間獲得提拔，使政治改革的前景看似一片光明。可是改革派關乎科舉改革和地方官僚評核的建議，卻令受影響的主流派產生抵觸情緒。然而范仲淹卻未有聆聽主流派的憂慮，亦不願意在政策上作出讓步，反倒出於自我保護的心態，動用權力提攜改革派的同道、藉此增加改革派在朝廷裏的聲浪。改革派把反對改革的人，都當成道德敗壞的「小人」而加以排斥，無法忍受任何善意或惡意的批評。范仲淹甚至從此與好言相勸的老友梅堯臣反目成仇[126]。改革派的作風在主流派眼中，就是在聯朋結黨壟斷行政權[127]。

改革派的歐陽修面臨結黨營私的指控時，亦自恃站立在改革朝政的道德高地，宣稱當時的政治爭拗乃「君子之真朋」與「小人之偽朋」之間的正邪鬥爭：

> 然臣謂小人無朋，惟君子有之。其故何哉？小人所好者利祿也，所貪者財貨也；當其同利之時，暫相黨引以為朋者，偽也。及其見利而爭先，或利盡而交疏，則反相賊害，雖其兄弟親戚，不能相保。故臣謂小人無朋，其暫為朋者，偽也。君子則不然。所守者道義，所行者忠義，所惜者名節；以之修身，則同道而相益，以之事國，則同心而共濟，終始如一。此君子之朋也。故為人君者，但當退小人之偽朋，用君子之真朋，則天下治矣[128]。

對「天人合一」的確信，使抱有改革熱情的儒者誤以為自己能夠壟斷超越價值的詮釋權：他們仇視一切的異見，並堅持君主有責任偏聽己方的高見。部分改革派人士甚至發表令人側目的狂狷之言，毫無遮掩地把自己與上古的聖人畫上等號。比如石介就把朝中的改革派大臣，描述成與邪惡勢力周旋的超級英雄：

汝貳二相，庶績咸秩；惟汝（范）仲淹，汝誠予察。
太后乘勢，湯沸火熟；汝時小臣，危言業業……
惟仲淹（富）弼，一夔一契[129]；天實賚予，予其敢忽……
皇帝明聖，忠邪辨別；舉擢俊良，掃除妖魃。
眾賢之進，如茅斯拔；大奸之去，如距斯脫[130]。

這種把反對者都視為大奸大惡的態度，也就斷絕了任何溝通協商的可能。而王益柔在一〇四四年末與改革派同道喝酒時，不顧大局地宣稱自己勝過皇帝、佛祖、甚至孔子：

醉臥北極遣帝佛，周公孔子驅為奴[131]。

王益柔不識大體的狂言，讓保守派的夏竦抓到把柄。他偽造了一封石介寄給富弼的文書，藉此誣告改革派密謀推翻趙禎。其他對改革不滿的官僚，亦乘機指責范仲淹和富弼圖謀不軌。王益柔等則被指責侮辱君王，幸得韓琦求情才得以從輕發落，僅被處以降級的處分。而范仲淹在處理人事問題上，無法以對付政敵的嚴格要求管束自己的盟友，更使他在爭議中處於下風。當時支持改革的涇州知事滕宗諒，因涉嫌濫用公款而被朝廷派員調查。滕宗諒非但未能配合調查，還當眾銷毀能夠成為物證的帳簿。即使是改革派的中堅歐陽修，亦主張滕宗諒應該接受彈劾，范仲淹卻堅持寬大處理，僅將滕宗諒貶為巴陵郡守了事。這種不分青紅皂白庇護盟友的做法，與那些「暫相黨引以為朋」的「好利小人」，難以稱得上有任何本質上的分別[132]。趙禎在王益柔案作結後，下詔嚴厲指斥改革派沽名釣譽、陰招賄賂、陽託薦賢、放肆異言，顯然已經完全失去對改革派的信任：

朕聞至治之世（按：傳說中的五帝時代），（八）元（八）凱共朝，不為朋黨，君明臣哲，垂榮無極，何其德之盛也。朕昃食厲志，庶幾古治，而承平之弊，澆競相蒙，人務交游，家為激訐，更相附離，以沽聲譽，至或陰招賄賂，陽託薦賢。又按察將命者，恣為苛刻，構織罪端，奏鞫縱横，以重多闢。至於屬文之人，類亡體要，詆斥前聖，放肆異言，以訕上為能，以行怪為美。自今委中書、門下、御史台採察以聞[133]。

范仲淹和富弼翌年被貶為地方官，改革派的杜衍和韓琦則被免去同平章事和樞密副使的職務，而大部分的改革措施都被趙禎下令撤回[134]。不過在政治爭拗的風波平息後，宋帝國仍然要面對遼帝國和西夏的邊防挑戰。與此同時官僚體系的行政效率持續低迷，而市場貨幣經濟的發展亦令社會出現分配不均的問題。官僚知識階層在冷靜下來後，亦意識到政治改革是無法迴避的議題。隨著改革逐漸成為官僚的共識，歐陽修、韓琦和富弼亦於一〇六〇年代重返朝廷，並獲得趙禎及其繼位者趙曙（廟號英宗）的信任。他們以低調和漸進的方式恢復部分改革，而一〇六〇至一〇六六年這七年間，則被後人視為某種黃金時代[135]。

不過這段相對平穩的日子，其實也是暗藏洶湧。歐陽修、韓琦和富弼等人過往自詡為「同道而相益」、「同心而共濟」的「君子之朋」，如今因為時間流逝而對理想政治有著不同的理解，使他們終究無法「終始如一」。富弼的立場亦變得特別保守，使得他與另外兩人的關係不斷惡化[136]。由於趙禎老來無子，他在一〇六三年逝世後，只得讓濮王趙允讓的兒子趙曙繼位。究竟趙曙應該稱呼誰人為皇考（官方禮儀上的父親），則在朝廷裏掀起一番爭議。有些論者本於「孝」的原則，認為趙曙應該把趙允讓稱為皇考；另一些人則堅持趙曙應該向先皇「盡忠」，把趙禎稱為皇考。最終歐陽修親自拍板，表態支持趙曙對生父盡孝的意願，並妥協地讓趙曙把趙允讓稱為「皇」而非「皇考」。在這次爭議中，持有不同意見的官僚都自以為義，把反對意見都稱為離經叛道的奸臣。那些堅持「忠」凌駕於「孝」的官僚，指責歐陽修為奉承趙曙，故意曲解古禮誤導太后。其中最嚴厲的批評者，正是歐陽修的舊戰友富弼[137]。

趙曙就任才三年，就於一〇六七年撒手人寰，並把帝位傳給長子趙頊。此時歐陽修被政敵誣蔑，控告他與長媳有不倫關係，使他對政壇意興闌珊，決意退隱為地方官僚。兩年後王安石被委任為參政知事、之後更被提拔為宰相，在趙頊的全力支持下推動另一次政治改革運動。歐陽修與新一代的改革派格格不入，卻不願意再次掀起對立，就於一〇七一年決定退休。新興改革派的興起，標誌著宋帝國的政治鬥爭將會踏入風高浪急的新階段[138]。

聖人之道與聖人之道的鬥爭

王安石不只有改革政治的熱情，也是一位聲名顯赫的儒學家。他要著手進行的政治改革，不只是政策和制度上的變革，更是一場道德重整運動。王安石主張改革必須從講學做起，在儒學典籍裏面尋找與政治相關的超越價值，然後依據此等價值進行全盤的變革。他在就任參政知事一職時，第一件事就是向趙頊闡明他的管治理念：

臣所以來事陛下，固願助陛下有所為。然天下風俗法度，一切頹壞，在廷少善人君子，庸人則安常習故而無所知，奸人則惡直詁正而有所忌。有所忌者倡之於前，而無所知者和之於後，雖有昭然獨見，恐未及效功，而為異論所勝。陛下誠欲用臣，恐不宜遽謂，宜先講學，使於臣所學本末不疑然後用，庶幾能粗有所成。

而政治改革若要取得成果，就必須先整治朝廷的道德風俗，讓「小人」無法在體制中有立足之地。如此資質平庸的主流官僚，就會因耳濡目染而逐漸活出「君子」的氣質，而政治改革亦會隨著官僚體系氣質的提升而變得順利。若非如此，主流官僚則會墮落為品格卑劣的「小人」，對政治改革構成障礙：

變風俗、立法度，方今所急也。凡欲美風俗，在長君子、消小人，以禮義廉恥由君子出故也。《易》以泰者通而治也，否者閉而亂也。閉而亂者以小人道長，通而治者以小人道消。小人道消，則禮義廉恥之俗成，而中人以下變為君子者多矣；禮義廉恥之俗壞，則中人以下變為小人者多矣[139]。

王安石依據當代思想家李覯的學說，認為《周禮》（又名《周官》）一書記錄了上古聖人的政治思想，當中的政治原理又具有富國強兵的實用價值。他援引胡瑗的觀點，認為唯有通過經世濟民的實踐，才能夠彰顯儒教典籍的思想精華。他亦甚為推崇《孟子》的思想，認為孟軻所描述的王道，就是實用的社會政治改革[140]：

養生喪死無憾，王道之始也。

> 王如施仁政於民，省刑罰，薄稅斂，深耕易耨。壯者以暇日修其孝悌忠信，入以事其父兄，出以事其長上，可使制梃以撻秦楚之堅甲利兵矣[141]。

《周禮》在王安石的構想中，是實踐儒學政治理念的實用指南。他相信這本典籍成冊於公元前十一世紀中後期，當時周王國在誦（姬姓，謚號成王）的統治下，令東亞大陸在周王國的霸權下踏入政治清明的黃金時代。王安石在《周禮》裝訂成冊時，親自撰序講解這本古籍在現實政治上的意義：

> 惟道之在政事，其貴賤有位、其後先有序、其多寡有數、其遲數有時。制而用之存乎法，推而行之存乎人。其人足以任官，其官足以行法，莫盛乎成周之時。其法可施於後世，其文有見於載籍，莫具乎《周官》之書。蓋其因習以崇之、賡續以終之，至於後世，無以復加。則豈特文、武、周公之力哉？猶四時之運，陰陽積而成寒暑，非一日也[142]。

王安石本於對《周禮》的研究，整理出一套把道德、文化、社會和政治視為整體的改革方案。他認為任何真正的改革，都必須是跨越領域的全方位變革。君子的道德修養，不能只修個人的品德、而不推動社會政治的改革。[143]他認為周公旦早就提出超越價值之實踐，除了個人層面的教化和修養外，亦必須伴隨著社會政治秩序的建構。唯有訂立完善的法規，以規範手段催促國人趨善避惡，超越價值之實踐才稱得上是功德圓滿。法規的制定與教育的推行，必須雙管齊下，才能夠達成真正的善治：

> 蓋君子之為政，立善法於天下則天下治、立善法於一國則一國治。如其不能立法，而欲人人悅之，

> 則日亦不足矣。使周公知為政，則宜立學校之法於天下矣，不知立學校而徒能勞身以待天下之士，則不唯力有所不足、而勢亦有所不得也[144]。

孟軻曾經指出「非禮之禮、非義主義，大人弗為」[145]，而王安石則以此為根據，認為上古聖人是根據社會脈絡和社會風俗訂立何為禮義：究竟什麼合乎禮儀、什麼事情合乎公義，都必須根據此時此地（Here and Now）的處境而定義。在太平盛世之時，「夫君之可愛而臣不可犯上」就是公義；在暴君專制之時，「桀、紂為不善而湯、武放弒之，而天下不以為不義也」[146]。孔子之所以偉大，是因為他能夠按照《易傳．繫辭下》為民生而有所變通的教導，因應社會的時代變遷而制定禮法：

> 蓋聖人之心，不求有為於天下，待天下之變至焉，然後吾因其變而制之法耳。至孔子之時，天下之變備矣，故聖人之法亦自是而後備也。《易》曰「通其變，使民不倦」，此之謂也。故其所以能備者，豈特孔子一人之力哉？蓋所謂聖人者，莫不預有力也。孟子曰「孔子集大成者」，蓋言集諸聖人之事，而大成萬世之法耳[147]。

也就是說，王安石眼中的聖人之道，就是根據超越的價值、按照現實社會的需要，制定完善的社會政治制度，從而理順國家的運作、紓解民間的困苦。而要真正實踐禮法的精神，就不應該在表面模仿古人的行為模式，而是要按照禮法的精神做有益於當代社會的事[148]。反過來說，若然以把形式視為禮法之本體、按照基要主義的謬誤遵從禮法的行為規範，「則其為天之下害莫大矣」[149]。這種觀點，與日本江戶時代儒學家荻生徂徠的論述頗為相似：荻生認為按照上古聖人的做法，創建對應時弊的政治制度，才是儒家思想的根本價值[150]。如此任何關乎聖人之道的道德實踐，就必須考慮到現實社會的運行模式，從而不得不講究功效的問題：

仁而後著、用而後功，聖人以此洗心、退藏於密，及其仁濟萬物而不窮，用通萬世而不倦也，則所謂聖矣。故神之所為，當在於盛德大業。德則所謂聖，業則所謂大也。世蓋有自為之道而未嘗知此者，以為德業之卑不足以為道、道之至在於神耳，於是棄德業而不為。夫為君子者，皆棄德業而不為，則萬物何以得其生乎[151]？

這種重視實際果效的作風，往往會被儒者斥之為「功利」，認為這是法家所提倡的「霸道」。王安石卻指出法家的「霸道」只會講求實際果效，可是他提倡的卻仍然是儒家的「王道」。他之所以講究果效，是基於道德情操而希望公益事業能夠造福更多的人。而不計較個人利益的王者，亦會因為自己真誠地實踐聖人之道，而獲得順應天理所帶來的好處：我們卻不能因為王者獲得好處，而指斥他的行為不符合倫理道德。務實的「王道」與功利的「霸道」，兩者之間有著根本上的分別：

夫王之與霸，其所以用者則同，而其所以名者則異，何也？蓋其心異而已矣。其心異則其事異，其事異則其功異，其功異則其名不得不異也。王者之道，其心非有求於天下也，所以為仁、義、禮、信者，以為吾所當為而已矣……夫王霸之道則異矣，其用至誠、以求其利，而天下與之。故王者之道，雖不求，利之所歸[152]。

就像韓愈以來的新儒學那樣，王安石也同樣把入世的關懷，視為實踐超越價值的不二法門。他基於對道德與現實的雙重關懷，跳出禮儀、傳統和文本的固有框架，展現出「回到根源、審視一切」的改革精神。介入此時此地的社會問題，則是上古聖人之道的實踐，就是超越價值在人世間的展現。起初官僚知識階層當中的有識之士，都對王安石的改革抱有熱切的期望[153]。後來成為王安石首要政敵的司馬光，亦承認他的對手曾是萬人景仰的榜樣：

> 好讀書，能強記，雖後進投藝及程試文有美者，讀一過輒成誦在口，終身不忘。其屬文動筆如飛，初若不措意，文成，觀者皆服其精妙。友愛諸弟，俸祿入家，數日輒無，為諸弟所費用，家道屢空，一不問。議論高奇，能以辨博濟其說，人莫能詘……少時懇求外補，得知常州，繇是名重天下，士大夫恨不識其面[154]。

王安石在一〇六九至一〇七三年五年間，提出多項涵蓋農業、商業、運輸、教育、稅制和軍事等層面的全方位改革，期望能畢全功於一役。他嘗試動用市場貨幣經濟的機制，讓朝廷介入市場達成政策目的，並以貨幣徵稅取代徭役。可是如此嶄新的嘗試，卻有極其濃厚的實驗性質。即使是王安石本人，亦意識到這些新政策背後可能的風險：他坦言免役、保甲和市易三法尤其困難，「得其人而行之，則為大利，非其人而行之，則為大害；緩而圖之，則為大利，急而成之，則為大害」[155]。如此單就王安石自己強調的果效而言，這些政策與聖人之道的理想顯然頗有差距（表4.1）。

這些改革措施之所以成效欠佳，除卻是因為操之過急，也是在推動時未有釐清政策想要達成的目標。按照王安石的構想，改革既是為了疏導市場貨幣經濟對民生不良影響，也是為了讓朝廷有足夠的收

表4.1 王安石改革的措施與成效[156]

政策	措施	成效
均輸法	取消兩浙、淮南、江南東、江南西、荊湖南、荊湖北六路向開封上供物資的固定配額，改為於物價低廉的地區採購儲存，藉此平穩物價。	其後未有繼續推行，並併入市易法。
青苗法	開放讓農民於春、夏兩季從常平倉和廣惠倉借取穀物和金錢，並於夏、秋的徵稅季節取回本金，另加20%的利息。政策的目標旨在抑制農村高利貸的現象。	受惠者通常是一至三等經濟能力較佳的農民，未能滿足四、五等貧戶的借貸需求。官府後期容許市鎮和墟市的坊郭戶以商業用地為抵押品借貸，背離起初扶助貧農之本意。
農田水利法	熟悉農業和水利事務的地方官僚和民眾，可以向當局提出開墾土地和修建水利設施的方案。地方政府亦積極調查各地適合開發的地段。相關工程若然開展，則由官府與民眾共同負擔費用，而民眾亦可借用青苗錢支付修建費用。以獎賞鼓勵富戶出資贊助工程。	政策成效存在地域差異，在地廣人稀的地方比較有效。
保甲法	原則上每十個家庭組成一個「保」、每五十家組成一個「大保」、每五個「大保」組成一個「都保」，藉此徵召民力負責維持治安。「保」的成員有責任舉報內部違法事宜，知情不報者須連坐受罰。此外亦曾嘗試將保甲整編為民兵。	從保甲制度徵召得來之民力，除負責維持治安外，只能應用於運輸糧草等雜務。民兵未能具有足以應付西夏戰爭的戰力。
貢舉法	廢除明經科和其他雜科，並在進士科外新設明法科，用以考核應徵者的《刑統》知識和斷案能力。進士科不再以詩賦為考試內容，改為考核考生的經義知識和論策能力。	王安石以自己撰寫的《三經新義》作為考核經義知識的標準，被質疑為公器私用。以策論為考試內容，亦無助提升新任官僚的政治才能。
太學三舍法	廢除國子監，以太學取而代之。太學內按學生能力，分為外舍、內舍和上舍三等。長遠規劃以校內評核代替科舉考試，並於州、縣設立官學培訓地方人才。	以《三經新義》為標準教材，被質疑為建立黨派的舉動。
募役法	容許民眾以免役錢取代力役，並以相關款項招聘人員擔任役職。貧困戶無需繳交款項即可免役。	免役錢往往用於招聘人手以外的用途，帳目不清。後來須新徵二分實利錢維持制度，增加民眾負擔。此外朝廷也未有妥善清理法令，令本應免役的四、五等戶須承擔額外的差役。

市易法	在開封設立市易務，負責以公幣低買高賣平穩物價，防止富商透過壟斷操縱價格。相關收益，則用以資助國家財政。市易務亦負責促進跨地域的運輸買賣。	市易務在運作上偏向替朝廷賺取利潤，未有充分發揮平穩物價的功能。
保馬法	容許開封府各縣的保甲領養軍馬，並提供免稅和補貼等優惠，藉此節省官府牧養軍馬的開支。而原先用來牧養軍馬的官地，則放租予農民耕作。保馬法其後擴充為強迫黃河流域富戶買馬、養馬的戶馬法。	實施時未有考慮部分地域不宜畜牧，以致部分軍馬體格欠佳。
方田均稅法	官府丈量土地並將土地評級，此後按照土地等級評稅，藉此杜絕漏報田產避稅的現象。期望能達成富戶增稅、貧戶減稅的效果。	未能達成均稅效果，反而提高民眾的稅務負擔。
軍器監法	設立軍器監負責統籌軍械事宜，並合併原有生產軍械的工場，藉此增加生產效率、防止浪費。	相關制度取消三司的管理財政事務的權力，並將其集中到宰相手中，被質疑為擴張權力的手段。

入富國強兵。這兩個雖然是可以同時達成的目標，可是其後的政策卻顯然偏重於增加國家財政收入。就如王安石的學生陸佃坦言，「法非不善，但推行不能如初意，還為擾民」[157]。而矛盾的根源，則在於王安石與趙頊對改革有著不同的期望：雖然王安石希望能平衡紓解民困和富國強兵兩個目標，可是趙頊卻急著想要富國強兵，以求盡快解決西北和北方的邊患。

而君臣之間最大的分歧，在於對待西夏的軍事策略：王安石勸勉趙頊應該顧慮民生，待國家財政穩定後再作評估，可是趙頊卻三番四次堅持對西夏用兵[158]。在一〇七一年西夏曾入侵宋境，趙頊在宋軍擋下攻勢後下令反攻，卻因為補給問題而無法取得勝果[159]。當西夏在十年後爆發內亂，趙頊就迫不及待出兵西夏，並計劃在消滅西夏後攻擊遼帝國的後方。可是宋軍這次出師不利，並於一〇七二年秋於永樂城慘敗，令數以萬計的宋軍在這場決戰中陣亡[160]。

不過趙頊正因為急於求成，才會在短短幾年間都把國家大權授予王安石。皇權雖然令王安石的改革變質，可是王安石能夠放手改革，卻是出於皇權的蔭庇。過往宋帝國的財政，歸由戶部司、度支司和鹽鐵司分工管理，可是如今王安石卻把三司的財政權集於一身。除此以外，他還憑藉著趙頊的信任，剝奪參政知事參與決策的權力，進一步擴張了宰相的權力[161]：而趙頊也藉著擴大相權，加強皇權對官僚體系的掌握。隨著官僚體系內部開始出現反對聲浪，趙頊甚至授予王安石推薦臺諫的權力，容許他壓制行政中樞內部的異見。而在科舉考試和新開設的太學，王安石都把自己的《三經要義》作為評分準則和標準教材，更使人懷疑他有乘機排斥異見之嫌[162]。過往曾對王安石殷切寄望的官僚知識階層，如今卻有被出賣的感覺，部分期望幻滅的人甚至指斥他是道德墮落的奸臣。比如范育曾經指責王安石心術不正：

> 心術者，為治之本也。今不務此而專欲以刑賞驅民，此天下所以未孚也[163]。

不過王安石並未因為改革措施不如理想，就重新評估政策的功效。他相信自己的《周禮》研究已經掌握了上古的聖人之道，故此只要把改革措施持之以恆，就必然可以克服各種制度、社會以至是物理上的限制：既然自己已經透過實踐聖人之道，掌握道德領域上的真理，那他為何還要調整既有的政策？王安石並未有因為強調功效，而在審視政治體系、社會組織、市場邏輯和自然科學的限制後調整政策，反倒把一切的障礙都視為道德倫理上的挑戰。事實上大部分質疑王安石新政的官僚知識階層，起初都並不質疑政治改革的必要，只是希望王安石能夠視乎實況調整政策[164]。然而王安石從一開始，就把自己的改革當成道德重整的工程，認為所有政令都必須一字不減。他認為只要堅守道德信念，這些措施的優良果效必會隨時間逐漸顯現：

古人為國皆約七年五年必為政於天下，其施行有次第可必故也。今朝廷事為之數年，行之未幾，輒復被沮壞，欲望成效，恐不可得也。

王安石認定那些希望調整政策的官僚，都是因為缺乏學識而流於悲觀，無法看到改革所帶來的好處。故此他沒有義務去參考這些出於無知的意見：

然利害之情難識，非學問不足以盡之。流俗之人罕能學問，故多不識利害之情，而於君子立法之意有所不思而好為異論。若人主無道以揆之，則必為異議眾多所奪，雖有善法，何由而立哉[165]？

他在回應陸佃的查詢時，甚至把反對意見稱為「邪說」：

吾豈拒諫者，但邪說營營，顧無足聽[166]。

王安石把自己定位為與邪惡勢力對抗的戰士，而原先想向改革措施建言的異議者，亦轉變為全盤否定改革的道德鬥士。最終王安石決定運用權力，禁制那些反對改革措施的「邪說」，在一〇七二年起讓皇城司於首都搜捕「謗議時政」的人[167]。言論審查的先例一開，致使關乎改革的意見分歧演變成你死我活的政治鬥爭，最終連王安石本人亦遭到這股浪潮反噬。

縣官鄭俠在一〇七三年的旱災過後，於翌年向趙頊進呈《流民圖》描繪災民的慘況，並指責改革措施所帶來的苛捐雜稅令災民百上加斤，迫使他們販賣妻兒應付生計。王安石無法應付隨之而來的爭議，於農曆四月辭去宰相職務，並讓改革派的親信呂惠卿接任[168]。可是呂惠卿卻有自己的政治謀算，在兩年執政期間設法鞏固權力。他上台後即彈劾鄭俠，將其貶往位於嶺南北部山區的英州（今廣東英德）[169]，其後又不斷擴大追究的範圍。最終王安國於一〇七五年初受到牽連，被剝奪官銜且終身禁止任官，並將其遣返故鄉：雖然王安國是反對改革的保守派，卻畢竟是王安石的親弟，呂惠卿此舉不免有向王安石示威的意涵[170]。儘管在王安國被革職後一個月，趙頊就邀請王安石回到開封再次出任宰相[171]，飽歷風雨的王安石卻感到意興闌珊。最終他在一〇七六年底以健康理由辭職，自此結束政治生涯[172]。

雖然王安石決定退出政壇，可是過往有份推動改革的官僚，卻已經形成具有政治自我意識的權力利益集團，這個黨派其後被稱為「新黨」。而那些反對改革的官僚組織成敵對的黨派，則被稱為「舊黨」。新黨為填補王安石留下的權力真空，在加強對舊黨的打壓的同時，亦於內部掀起爭取領導權的鬥爭。延續多年的政治爭議令趙頊倍感不安，使他對批評朝政的言論格外敏感。自此以言入罪的政治迫害一發不可收拾[173]。

在王安石辭職後三年，舊黨成員蘇軾（號東坡居士）在就任湖州知事後，禮貌地向趙頊呈上〈謝上表〉。新黨的監察御史何大正卻指文中「愚不識時，難以追陪新進；老不生事，或能牧養小民」一語是在嘲諷朝廷，呼籲趙頊高調懲罰以儆效尤[174]。而舒亶不只附和何大正的批評，還無限上綱地指斥蘇軾犯上大不恭（Lèse-majesté）的死罪：

> 臣伏見知湖州蘇軾，近謝上表，有譏切時事之言……至於包藏禍心，怨望其上，訕瀆漫罵而無復人臣之節者，未有如軾也……其尤甚者，至遠引衰漢梁竇專朝之士，雜取小說燕蝠爭晨昏之語，旁屬大臣而緣以指斥乘輿，蓋可謂大不恭矣……按軾懷怨天之心，造訕上之語情理深害，事至暴白。雖

萬死不足以謝聖時，豈特在不收不宥而已？伏望陛下體先王之義、用治世之重典，付軾有司，論如大不恭，以戒天下之為人臣子者[175]。

而國子博士李定則翻閱蘇軾的著作，透過曲解文意以言入罪，並主張以下的一段文字，是煽動官僚知識階層消極反抗的文宣：

古之君子，不必仕，不必不仕；必仕則忘其身，必不仕則忘其君。譬之飲食，適於飢飽而已。然士罕能蹈其義，赴其節。處者安於故而難出，出者狃於利而忘返。於是有違親絕俗之譏，懷祿苟安之弊[176]。

他認為「古之君子不必仕，不必不仕」的講法，是在鼓吹官僚知識階層「不必仕」，不要懷有服務國家的心志；而其「不仕則忘其君」一語，則是主張離開官場的知識人應當忘記君臣之義，毋須效忠和尊敬君主[177]。這些未有顧及上文下理的荒謬指控，令趙頊甚為憤怒，從而下令囚禁蘇軾聽候發落[178]。舒亶更想乘勢擴大打擊範圍，將曾與蘇軾有文字往來的舊黨領導人物一網成擒[179]。

蘇軾被捕的消息使朝野大為震撼，已經下野的王安石不同意新黨的做法，嗟嘆「豈有聖世而殺才士者乎」[180]。而其任職中書舍人的弟弟王安禮，則直言提醒趙頊「自古大度之君，不以語言謫人」，認為「今一旦致於法，恐後世謂不能容才，願陛下無庸竟其獄」。張方平亦上表趙頊替蘇軾求情[181]。而曹太皇太后（趙禎的皇后）臨終前的訓勉，其作用則至為關鍵。她苦口婆心提醒趙頊，指出蘇軾是趙禎在殿試中親自挑選的進士，是先皇甚為賞識的「宰相之才」：

嘗憶仁宗以制科得軾兄弟，喜曰：「吾為子孫得兩宰相。」今聞軾以作詩繫獄，得非仇人中傷之乎？捃至於詩，其過微矣。吾疾勢已篤，不可以冤濫致傷中和，宜熟察之。[182]

最終趙頊打消處死蘇軾的念頭，並把他押往黃州擔任團練副使，令這場鬧劇暫告一段落[183]。可是宋帝國的黨派鬥爭仍然方興未艾，政壇各界都奉「聖人之道」之名龍爭虎鬥，直到十二世紀初仍未完全平息。

黨爭惡鬥與失落的官僚知識階層

在趙頊於一〇八五年逝世後，他兩位兒子趙煦（本名趙傭，廟號哲宗）和趙佶先後繼承宋帝國的帝位。由於兩人在登基時年紀尚輕，在統治初期都出現過太后攝政的局面。趙煦和趙佶都想延續父親的中央集權改革，可是高太皇太后（趙曙的皇后）卻偏向舊黨的立場，而向太后（趙頊的皇后）則希望能促進兩黨和解。如此在十一、十二世紀之交，就出現新舊兩黨輪流執政的局面。在政權輪替之後，得勢的掌權者都會一百八十度扭轉過往的政策，甚至對剛下台的舊勢力展開報復（表4.2）。

在高太皇太后攝政期間，王安石的死敵司馬光獲任為宰相。雖然他

表4.2　新舊兩黨在十一、十二世紀之交的競爭形勢

君主	年份	形勢
趙煦	1085-1094	舊黨在高太皇太后攝政期間得勢，廢除王安石的改革政策，又被稱為「元祐更化」
	1094-1100	趙煦親政後，新黨重新得勢
趙佶	1100-1101	向太后攝政期間主張新舊兩黨和解
	1101-1106	趙佶親政後，重新任用新黨，並迫害被稱為「元祐黨人」的舊黨
	1106-1126	趙佶停止迫害舊黨，但仍然繼續偏好新黨

在一〇八六年秋就因病辭世，卻於任內決定了「元祐更化」的發展。司馬光的政治立場雖然與王安石南轅北轍，可是他們二人都是按照自己的儒學思想系統，提出其道德觀和政治觀：他們之間的主要分歧，在於對儒學經典有著不同的偏好。司馬光並不欣賞王安石推崇的《周禮》和《孟子》，尤其厭惡孟軻質疑等級差序的論述，反倒比較重視《春秋》，認為當中的歷史敘述蘊含超越時間局限的倫理。司馬光基於「以史為鑒」信念，於洛陽在野時與劉攽、劉恕和范祖禹合編《資治通鑑》，藉歷史事件說明東亞大陸諸帝國之存亡，皆取決於等級差序的格局是否能得以維持。他認為理想的政治制度，必須建基於尊卑分明的差序等級，讓下級的人尊敬服從上級、上級以恩惠照顧下級，如此社會政治才能夠達成和諧穩定。而這種差序等級的不平等，建基於超越的道德價值，並反映在自然世界的運行法則之中。天在上、地在下，君主亦應該淩駕於臣下與萬民；世間萬物有陰有陽、而陽尊陰卑，是以夫婦有別、而妻子也應當順服自己的丈夫。

司馬光雖然強調臣下有對君主盡忠的義務，卻也同時強調官僚知識階層的輔助角色。他認為擔任官僚的「君子」有著明辨是非的才能，當以歷史案例勸勉君主遠離「小人」，使君主能夠按照超越的道德價值履行責任。倘若作為社會金字塔頂層的君主，能夠對超越價值有所認識，就自然會懂得選拔「君子」擔當要職，在「明臣」的協助下確立各社會階級的價值觀與行為規範。來自不同社會階級的人，若然能夠按照自己的身分做出恰當的行為，就能形成良好的社會風俗。社會若然有良好的風俗，那麼即使官僚體系和朝廷出現腐敗，亦能透過社會整體的力量加以匡正，使帝國不會因為一時失誤而沉淪[184]。

由於被稱為「紀綱」的社會政治等級秩序，乃是帝國能否得以延續的根本，司馬光反對任何有違「祖宗之法」的變革。他認為任何涉及「國體」的政治改革，都會破壞等級秩序，從而令帝國因社會道德墮落而走向滅亡。守住行之有年的固有政治秩序，才是官僚體系應當肩付的責任：

明君臣之大分、識天下之大義，守死而不變斯，可謂之義矣[185]。

而朝廷的管治之所以會出現問題，並不是因為「祖宗之法」有任何的缺失，反倒是因為官僚為追逐個人利益，從而損害建制固有的尊卑差序格局。亦因如此，達成善治的基礎並不在於制度上的變革，而在於官僚能否以身作則確立良好的社會風俗。若非如此，不論朝廷推行怎樣的政策，都會因為社會風俗敗壞而不能達致良好的果效：

世俗之情，安於所習、駭所未見，固其常也。是故上行下效，謂之風；薰蒸漸漬，謂之化；淪胥委靡，謂之流；眾心安定，謂之俗。及夫風化已失、流俗已成，則雖有辯智弗能諭也、強毅不能制也、重賞不能勸也、嚴刑不能止也。

那麼宋帝國若然要長治久安，官僚體系必須以身作則尊崇「祖宗之法」、維護建基於「祖宗之法」的舊體制，從而確立君臣之間的上下之分。這種合乎尊卑差序格局的展現，就會成為民眾模仿的典範，令社會能夠維持合乎道德的風俗和秩序：

所以習民於上下之分也，夫朝廷者四方之表儀也。朝廷之政如是，則四方必有甚者矣……此所以尊朝廷也。上下已明、綱紀已定，然後修儒術、隆教化、進敦篤、退浮華，使禮義興行、風俗純美，則國家保萬世無疆之休，猶倚南山而坐平原也[186]。

司馬光認為官僚體系若能尊重帝國固有制度的權威，民眾就會以官僚為榜樣，並在模仿的過程中把上尊下卑的不平等秩序視為尋常。在這樣的基礎下，朝廷就可以透過推廣儒學確立禮教秩序，使帝國的管治能夠長期維持穩定[187]。

就像王安石那樣，司馬光認為自己的政治方針源自對超越價值的理解，並把自己的施政當成是道德重整的全盤計劃。他的舊黨同僚雖然都反對王安石的改革，卻沒有像司馬光那樣堅持「祖宗之法不可變」，反而認為政治改革確實有其必要，只須糾正王安石在執行上的弊端即可[188]。在司馬光接任宰相時，曾經向趙煦承諾「擇新法之便民益國者存之、病民傷國者悉去之」[189]：可是他其後卻出於鬥爭心態，把王安石的改革措施都當成是「病民傷國」，將其盡數廢除。他的舊黨同仁並非都認同司馬光這種偏激的做法，比如范仲淹之子范純仁就認為，王安石的免役法雖有流弊，卻仍然有其合理的地方。司馬光身為宰相，應該放手讓行政部門處理修改法規事宜，集中精力招募人才組建管治團隊：

法固有不便，然亦有不可暴革，蓋治道惟去太甚者耳。又況法度乃有司之事，所謂宰相，當為天子搜求賢才、布列庶位，則法度雖有不便於民者，亦無所患。苟不得人，則雖付以良法，失先後施行之次，亦足以為民病矣[190]。

又云：

治道去其太甚者可也，差役一事尤當熟講而緩行，不然滋為民病。願公虛心以延眾論，不必謀自己出，謀自己出則諂諛得乘間迎合矣。役議或難回，則可先行之一路，以觀其究竟。

蘇軾亦平衡地指出，免役法與過往徵召徭役的做法各有利弊。是以徹底廢除免役法，一夕之間恢復立國之初的舊制，並不是有利民生的妥當做法：

差役、免役，各有利害。免役之害，聚斂於上，而下有錢荒之患。差役之害，民常在官，不得專力於農，而吏胥緣以為奸。此二害輕重蓋略等矣……法相因則事易成，事有漸則民不驚……今免役之法實大類此，公欲驟罷免役而行差役、正如罷長徵而復民兵，蓋未易也[191]。

不過司馬光未有聽從范純仁和蘇軾的意見，他堅持廢除王安石的改革措施，只願意微調改革前的舊法[192]。他亦像王安石那樣大舉任用親信為臺諫，並鼓動他們彈劾新黨的官僚。在司馬光逝世後，舊黨主流派仍然不打算罷手，甚至透過以言入罪的方式打壓異見。臺諫在一〇八九年針對新黨的蔡確，主張其〈夏中登車蓋亭十絕〉有誹謗朝政之嫌。他們認為當中「睡起莞然成獨笑」一語，是在誹謗攝政的高太皇太后意圖仿效武曌謀朝篡位。蘇軾想起昔日因言賈禍的悲痛經歷，不顧政治立場與彭汝礪、范純仁和王存一起出手營救。可是朝廷在高太皇太后授意下，仍然決定把蔡確貶往位於嶺南西部山區的新州（今廣東雲浮新興縣）任官。當時宰相呂大防和副相劉摯認為新州過於偏遠，特此向高太皇太后求情，她卻堅持「山可移，此州不可移」。范純仁為此向高太皇太后仗義執言：

方今聖朝宜務寬厚，不可以語言文字之間曖昧不明之過，誅竄大臣。今日舉動，宜與將來為法，此事甚不可開端也。

其後他繼續向趙煦上疏，準確地指出各黨派都以為自己掌握絕對真理，就是宋帝國政治爭拗未能平息的主因：

朋黨之起，蓋因趨向異同。同我者謂之正人、異我者疑為邪黨。既惡其異我，則逆耳之言難至；既喜其同我，則迎合之佞日親，以至真偽莫知、賢愚倒置。國家之患，率由此也。

他還呼籲呂大防必須堅持在高太皇太后面前據理力爭。若然就此放棄的話，就會開出惡劣的先例，令任何官僚都無法倖免：

此路自乾興以來荊棘近七十年，吾輩開之，恐自不免[193]。

可是呂大防沒有繼續抗辯的勇氣，而高太皇太后亦不肯虛心納諫。蔡確也許未能適應亞熱帶的氣候，在新州就任四年後就與世長辭。呂大防與劉摯未有從事件中吸取教訓，其後把呂惠卿、章惇、蔡確等人及其部下列入黑名單，並將名單置於廟堂向眾朝臣展示。而范純仁的預言，亦於蔡確逝世之後那年不幸應驗：趙煦在一〇九四年親政後，再度掌權的新黨對「元祐黨人」展開報復[194]，而呂大防亦於一〇九七年被貶到位於嶺南的循州（今惠州），並於漫長的路途上染病身故[195]。

在舊黨執政的九年間，主流派不只迫害新黨成員，亦把矛頭指向舊黨內部的異議者。蘇軾和范純仁等人，只不過願意實事求是地看待王安石的改革，就被舊黨的主流派質疑忠誠。舊黨成員亦會因為不同的學術觀點，而淪為不共戴天的仇敵。比如蘇軾在籌備司馬光的喪禮時，曾經幽默地駁斥程頤對古禮的詮釋：程頤對此一直未能釋懷，因而在其後的政治爭論中，一直挾著私怨故意在蘇軾面前無事生非。如此就在舊黨加緊迫害新黨之時，舊黨內部亦爆發派系之間的內訌：一邊是蘇軾、蘇轍和呂陶等人的蜀黨，另一邊則是程頤、朱光庭和賈易的洛黨，以及由司馬光門生劉摯和劉安世組成的朔黨。舊黨成員在派系鬥爭中，亦如同對付新黨那樣動員臺諫攻擊政敵。如此在新黨再度執政後，他們就能依據舊黨內鬥時釋出的黑材料，羅織罪名迫害所謂的「元祐黨人」[196]。

隨著政治鬥爭的白熱化，十一、十二世紀之交的官僚知識階層，逐漸失去一個世紀前想要改變世界的熱情。在宋帝國初創之時，官僚知識階層見識過隨市場貨幣經濟發展以來的文明、目睹儒學和文藝隨出版印刷市場的拓展而復興，而自己又能夠經過科舉考試達成向上社會流動，就對未來的社會政治發展甚為樂觀。他們自信已經掌握儒教的聖人之道，並相信透過介入市場貨幣經濟的發展，就能達成理想中的「三代治世」。可是十一世紀的政治改革，非但不能帶來長久期盼的善治，反倒令官僚知識階層內部紛爭不斷。如此官僚知識階層就出現了認知上的危機：他們確信自己已經掌握著超越的聖人之道，卻發現同僚竟對超越價值有南轅北轍的見解，一切就如范純仁所言：「真偽莫知，賢愚倒置。」而各種出於良好動機的社會政治關懷，最終都因為意氣之爭而歸於徒然[197]。

如此理想幻滅的官僚知識階層，就開始遠離作為政治和經濟重心的城市，回歸位於農村的故鄉，在遠離塵囂的地方展開內在的自我修練。此後宋帝國政治思想的重心，亦從城市轉移到農村的基層社會。官僚知識階層不再以朝政為主要的關懷，反倒在地方社會以士紳的身分管理社區事務，並專注於學術和教學。他們把焦點放在個人品德的提升，並強調在地方以由下而上的方式改善社會。令人（毫不）意外的是，領導這股思想潮流的代表人物，就是曾經因為熱中私怨而興風作浪的程頤[198]。

第五章 以地方包圍中央的新正統

趙佶可說是宋帝國皇室當中最才華洋溢的成員：他的書法和繪畫舉世無雙，在音樂、茶道、古物研究、建築和園藝方面都有一定造詣，也熱心於醫藥研究。除此以外，趙佶也擅長於箭藝、足球（蹴鞠）和馬球（擊鞠）等體育運動，是一位典型的文藝復興人（Renaissance Man）。倘若他只是一位普通的王公，或是生於三百年後的義大利半島，那麼他的人生應該會順遂得多。

可惜他的父親，正是授權王安石推動政治改革的趙頊。雖然趙頊逝世時，已經決定要把帝位傳給趙佶的六兄趙煦，可是這位年輕的皇帝未有留下子嗣，就在一一〇〇年二十三歲時英年早逝。趙煦在世的兄弟當中，就以趙佖年紀最大，向太后卻因為他患有眼疾而堅持要讓趙佶繼承皇位[1]。不過趙佶多才多藝、興趣廣泛，令部分官僚覺得他不夠莊重，宰相章惇甚至直言「端王輕佻，不足以君天下」，希望向太后回心轉意讓趙佖繼位[2]。不過向太后始終不為所動，而趙佶在登基後亦禮尚往來，請求向太后垂簾聽政：儘管當時趙佶已經十八歲，已經可以親自處理政務[3]。

向太后在攝政期間採取兼容新舊兩黨的方針，令宋帝國的政治局勢得以稍為緩和。不過一年之後，新舊黨爭隨著向太后與世長辭再度惡化。趙佶在新舊兩黨之間並無特殊喜好，本身亦與舊黨領袖陳瓘頗有交情，可是他卻有一套自己的政治理想，期望透過道教禮儀在人間建立與仙界同等的神聖秩序。他認為自己作為直接與超越真理連結的君主，將會為人世間的社會、政治和經濟帶來全新的秩序，從而達到「足國裕民」、「豐亨豫大」的目標[4]。不過陳瓘卻反對動用國家資源舉辦道教儀式，認為趙佶通過盛典把自己包裝為道教聖王的做法過於奢侈。趙佶為此逐漸倒向新黨：因為新黨提倡的中央集權政策，能夠讓他繞過官僚體系的制衡，取得推動「道教革命」所需的資源[5]。

在一一〇二至一一〇六年間，獲得趙佶支持而執掌大權的新黨，對舊黨成員展開大規模報復。新黨把舊黨成員列入黑名單，禁止他們與後代擔任公職，又於帝國各地樹立〈元祐黨籍碑〉以儆效尤[6]。朝廷亦查禁舊黨成員的著作，並將其印版充公銷毀[7]。不過趙佶本人與得勢的新黨官僚相比，對政治迫害並未有太積極的投入。被列入黑名單之中的舊黨成員，有好一部分已不在人世。在全國逾兩萬名官僚之中，受影響者則有二百二十六人。趙佶在迫害展開一年後，即開始逐漸放寬對舊黨的待遇，最後於一一〇六年以彗星出現的「凶兆」為理由，宣布全面恢復舊黨成員的官僚身分[8]。雖然此後朝廷要職仍是由新黨成員壟斷，卻沒有為王安石改革帶來最終的勝利：官僚體系此時已轉化為輔助的角色，而皇權則達成對宋帝國政治的壟斷。

在巔峰時刻摔跤的宋帝國

躊躇滿志的趙佶在親掌政權後，決意運用皇權達成他心目中的理想政治，為此偏好運用官僚體系外的平行科層體系。他經常批出御筆手詔，繞過既有機制對外發施號令，並設置大量負責執行詔命和籌措經費的臨時部門（Ad Hoc Commissions）。趙佶起用技術人員擔當要職，又派遣宦官監督帝國各地臨時部門的運作，盡量避免讓官僚體系參與其中[9]。他也試圖透過展現文化力量，為宋帝國建立不朽之業，想要贏得流芳百世的威望（Legacy）：他相信這種威望，有助宋帝國確立在東亞國際舞台上的地位。趙佶相信文化藝術是國家的軟實力，故此讓畫院聘用大批藝術家[10]，並從各地蒐集各種書籍和藝術品。此後，他對其藏書與藏品分門別類、編纂目錄，藉此呈現宋帝國立國百多年來的文化成就[11]。

趙佶亦對建築深感興趣，期望透過規範建築風格，提升帝國各地建築物的美學標準。他起用李誡等享負盛名的建築師，除了讓他們負責修建宮廷建築，還吩咐他們修撰《營造法式》[12]：以李誡為首的建築師依據當時工匠的不成文知識，清晰界定各種建築構件的製作和工地的施工程序，並藉此作為評估營建費用的基礎。他們把建築物分為宮廷的殿堂、富有人家的廳堂、一般人家的寓屋和結構相對簡單的亭舍，並規定寓屋以外其他建築物的樣式、工法和物料。這份建築指南一直得以流傳和編修，此後對東亞建築的發展影響深遠[13]。不過趙佶透過建造皇家園林展現國力的做法，卻因勞民傷財而飽受爭議：由宦官率領的花石綱，在長江和錢塘江下游開採因水流侵蝕而形成獨特花紋的石頭，運往開封作為宮殿庭園的裝飾品。由於開採和運輸奇石的過程需要花費人力物力，令當地民怨不斷累積，最終於一一二〇年引發動亂[14]。朝廷不足一年就擒獲起義領袖方臘，動亂的餘波亦在短期內平息：可是我們會看到這場動亂帶來的蝴蝶效應，將會徹底改變其後的政局發展。

在國家禮儀方面，趙佶在宮廷內修建舉行祭典的明堂，並依照上古禮儀定立各種宮廷禮儀制度[15]：事實上趙佶熱衷於修建宮廷建築，並不只為求自己的享樂，更是為求把道教儀式與儒教古禮結合，融入到宮廷生活和國家祭典之中。其後他對道教的支持趨向高調，又宣稱自己是神霄玉清真王的化身長生大帝君，並於一一一八年頒布成立道籙院。他嘗試透過蒐集道教經典，以及道教教育的體制化，向官僚知識階層證明道教與儒學來自共同源流，並主張道教禮儀能使國家和官僚獲得神明的庇護。除此以外，趙佶亦在帝國各地修建神霄宮，期望能透過宗教祭祀連結地方民眾：不過他對神霄派的支持並未帶來預期的果效，其個人之宗派偏好，也未有阻礙其他道教教派的發展[16]。

重視宮廷禮儀和宮殿建築的趙佶，並未有像批評者所說的那樣忽略地方民生。他認同蔡京提供普及教育的理想，推行在各地廣設小學、縣學和州學的三舍法。州學的學生在畢業後，即可到首都的太學進修、並於學成後參加進士科考試，合格後取得成為官僚的資格；而在地方社會以德行聞名的鄉民，亦有資格獲推薦到縣學或州學進修一年，並於其後獲得升讀太學的資格。不過這個制度既要在民間推動普及教育、又想提拔精英擔任治國人才，最終矛盾的政策目標和地方政府的資源貧乏，使提升教育水平的成效不如理想。不過三舍法仍然有助提升地方官學的地位，而透過官學系統成為官僚知識階層的地方人士，其數目仍是有所增長[17]。

趙佶亦在宋帝國濟貧制度的基礎上，構建領先世界的公共衛生制度。對醫藥頗有研究的趙佶大力支持醫學發展，既將原有醫學教育制度加以擴充，並提升醫官的地位。他曾經撰寫《聖濟經》講述自己對醫學理論的理解，又贊助發行《經史證類大觀本草》、《重修政和經史證類備用本草》和《政和聖濟總錄》這三本重要的藥學典籍[18]。趙佶制定改革濟貧制度的居養法，於帝國各地設立收留供養無家者的居養院、向貧窮病患贈醫施藥的安濟院、以及協助安葬客死異鄉者的漏澤園。雖然這些救濟機關其後入不敷支，可是仍然能夠持續運作到十二世紀中，才因為戰爭而中斷。他亦進一步改革公共藥局制度，設立販賣簡便配方的醫藥和劑局：這些包括飲、散、丸、膏在內的配方，無需煎煮就可以立即服用。朝廷亦因應醫藥和濟局的設立，制訂和發布《太平惠民和劑局方》，讓病患在沒有醫師協助的情況下，也能夠按圖索驥依照病徵配備藥方。當疫情爆發時，醫藥和劑局亦能為前來救援的醫官預備藥物[19]。

趙佶一直想完成父親趙頊的未竟之業，徹底消除西夏對西北邊疆的威脅，故此在一一〇二年命宦官童貫帶兵到柴達木盆地（古稱青唐）攻打西夏[20]。宋軍在兩年後奪得柴達木盆地，在西寧設立隴右都護府[21]，並曾進軍到接鄰中亞的地域[22]。宋帝國於一一一四年再次向西夏開戰，迫使西夏在遼帝國斡旋下向宋帝國入貢稱臣[23]。由於官僚體系始終不肯認可西夏戰爭，趙佶必須任用宦官負責帶兵和募餉。軍隊乏善足陳的表現，亦令戰事淪為代價高昂的消耗戰（Attrition warfare）[24]。然而趙佶卻因為勝利而沾沾自喜，無視軍隊在實戰能力上的缺陷，從而為七年之後的悲劇埋下了伏筆。

遼帝國在十一世紀中開始逐漸衰退，而居於松花江（Sunggari Ula）流域的女真族（Jušen）萌生獨立的意志。完顏部（Wanggiyan）的首領阿骨打（Aguda）於一一一四年率先揭起反旗，於翌年將女真各部整合為金國（Aisin Gurun），向遼帝國發動全面攻擊，意欲建立橫跨內亞和遼東的新興帝國。剛以武力令西夏臣服的趙佶，隨即把目光轉移到北方的遼帝國，想要乘機收復燕雲十六州。故此他打聽到金帝國崛起的情報時，就決定要與他們聯手滅遼。宋帝國的使節於一一一八年搭船越過渤海，與金帝國簽訂盟約，協議共同派兵攻打遼帝國，又承諾在戰後把原先供應給遼帝國的歲幣都盡數轉移金帝國；金帝國則禮尚往來，任宋帝國取回燕雲十六州[25]。

不過趙佶卻錯判遼帝國和金帝國的軍事實力。雖然遼帝國的國力大不如前，可是其軍事規模仍然遠勝於西夏。若金帝國能夠在戰事上取得上風，那麼其實力至少會與遼帝國不相伯仲。這樣即使宋帝國能夠輕鬆地解決遼帝國，其北方邊界也有可能要面對一個實力同等、甚至更為強橫的新霸權，令宋帝國陷入更惡劣的國際形勢。事實上宋軍在西夏戰爭後的疲憊、以及金軍的氣勢如虹，都遠遠超乎趙佶的想像。

宋帝國本應在一一二〇年按協議興師北伐，卻不巧碰上方臘的叛亂，逼使宋軍須把計劃延後到一一二二年春。縱使宋帝國尚未加入戰鬥，金帝國在這兩年的攻勢就已經令遼帝國土崩瓦解，使其部隊集體變節投誠。根據宋金盟約的協議，即使金軍已經進軍到燕京（今北京）的外圍，宋帝國仍須自行攻下燕雲十六州。可是宋軍於一一二二年秋天圍攻燕京時，卻反遭遼帝國守軍反殺，而朝廷也只得硬著頭皮向金帝國求助。宋帝國為此須與金帝國修約，承諾獻出燕雲十六州部分戰略據點，並出讓燕雲十六州部分稅收。金軍最終於年底攻陷燕京，並於翌年春季交由宋軍接手，然而金帝國已認定宋帝國言而無信[26]。

此後宋帝國卻出爾反爾，策反張覺和郭藥師等東亞裔遼將，繼而霸佔原先承諾撥歸金帝國的據點，又以上國心態處理與金帝國的邦交[27]。金帝國不滿於滅遼戰爭時被宋帝國佔盡便宜，又得知宋軍早已疲憊不堪，就決意在消滅遼帝國後展開報復。金帝國於一一二五年春俘虜遼帝國皇帝耶律延禧，而耶律大石則率領餘部越過蒙古高原到中亞重建朝廷：這個國家其後被稱為西遼或喀喇契丹（Qara Khitai）。金帝國遂於該年底率兵南侵宋帝國[28]，那些早前被宋帝國策反的遼將，也隨即二次變節加入金軍的行列。

開封在戰爭再度爆發後陷入恐慌，不論是朝廷還是民眾都歇斯底里地尋找代罪羔羊，未能務實地應付金帝國的侵略：有的人提倡以贖金換取退兵，卻反倒鼓勵金帝國漫天要價；另一些人提倡誓死抗敵，卻無法提出有效的軍事策略。由於開封與前線之間無險可守，在金軍於一一二六年初越過黃河時，宋帝國理應有秩序地撤到南方重建防線：可是任何提出這種建議的人，都會被情緒高昂的群眾指責為叛徒。趙佶在遭到朝廷重臣李綱和吳敏譴責後，於一一二五年底被迫讓位予長子趙桓，隨後以太上皇的身分「出巡」長江流域，意圖為撤退做好準備，可是其後的輿論壓力卻迫使他於一一二六年四月返回首都接受軟禁[29]。

朝廷在亂作一團的爭議中完全癱瘓，在不戰、不和、不守的狀況下不斷拖延，直到年底兵臨城下之時，趙桓才與金帝國協議以贖金換取和平。然而此時金帝國提出的金額，已遠超朝廷的負擔能力。翌年初，金軍俘虜趙桓為人質，並向朝廷索取贖金，其後又派兵進城搜刮物資。金帝國於一一二七年二月初六宣布廢除趙桓的帝位，又把趙佶、趙桓父子連同大部分的宗室和後宮，都俘虜到遼東囚禁。而部分後宮和女性宗室，則被迫成為女真人的妻妾或性伴侶：金帝國將這種性侵害，當作正式的戰爭賠償。其後金帝國嘗試透過建立傀儡國家，以間接管治的方式控制黃河流域，可是這些政權都無法穩定運作[30]。

趙佶按照道教教義建立理想國的實驗，此刻完全化作泡影，爾後東亞大陸諸帝國皆未再提出道教立國的構想。不過宋帝國卻沒有因為首都淪陷而覆亡。趙佶的九子趙構（廟號高宗）當時身在南京應天府（今河南商丘），成為少數倖免於難的皇室成員。他於五月初一稱帝重建朝廷，並不斷往南方撤退[31]。此時宋帝國的發展中心，已經隨市場貨幣經濟的發展，轉移到商業、貿易和手工業發達的長江和錢塘江流域。這些地方的政治和經濟體系未受到北方的戰事波及，其民眾大多仍效忠於宋帝國的朝廷[32]。在這樣的地緣政治結構下，宋帝國得以再延續一個半世紀，在惡劣的地緣政治形勢下保持繁榮。

倖存帝國的權臣獨裁體系

雖然宋帝國在南方有穩固的政治經濟基礎，可是如何重整軍力抵抗金帝國的侵略，卻始終是新朝廷難以克服的難題。宋軍的主力部隊此時已經潰不成軍，在南方撐住局面的則多是地方自行組織的新部隊。起初朝廷無力直接控制這些地方部隊，而部分將領也懷有政治野心。趙構於一一二九年遷都杭州後不久，禁軍將領苗傅和劉正彥即起兵要求趙構讓位給三歲幼子趙旉，意圖挾天子以令諸侯。江東制置使呂頤浩收到情報後，隨即組織勤王軍反攻杭州，並於四月初重新平定局面。趙構雖能迅速重掌政權，其獨子趙旉卻因過度驚嚇而病逝，也使他始終無法擺脫對政變的恐懼[33]。

隨後幾年，宋帝國在南方穩定下來，就對金帝國反守為攻。在這種有利的形勢下，趙構於一一三四年任命主戰派張浚擔任樞密院知事。張浚於兩年後策劃大規模反攻，卻遭到岳飛、劉世光和張俊等地方出身的將領反對。劉世光甚至公開發表反戰言論，迫使忍無可忍的張浚下令收回他的兵權。劉世光的部下鄺瓊聞訊後，卻違命率領超過一半的部隊投靠金帝國，反攻計劃遂無以為繼。趙構此後失去恢復故土的決心，並專注於重建中央集權的軍事指揮系統[34]。

趙構在一一三七年開始主張宋帝國應該接受丟失黃河流域的現實，並準備與金帝國講和。他期望在恢復和平後削減國防開支，推動與民休息的減稅政策[35]。為此他開始重用主和派秦檜，在一一三七年委任他為樞密使[36]，又於翌年讓他兼任左僕射同平章事（宰相）[37]。秦檜此後一直執政到一一五五年逝世為止，是為宋帝國後期權臣獨裁的濫觴。此後宋金兩國邊戰邊談，到一一四一年二月趙構下令對金帝國發動總進攻，並於柘皋（今安徽巢湖市）取得大捷。趙構發動這場戰役，既要迫使金帝國在談判桌上讓步，也期望能透過總動員鞏固中央統領軍隊的機制。可是岳飛在會戰期間卻以軍糧不足為藉口，拒絕支援張俊、楊沂和韓世忠的後續攻勢[38]。趙構於是役後委任張俊、韓世忠和岳飛為樞密院正副大臣，藉此給予這些將領體面的下台階，讓朝廷將其舊部改編為中央統率的部隊[39]。可是岳飛卻堅持在政治上保持高調，既公開反對宋金兩國的和談，又催促趙構趕快處理冊立太子事宜[40]。在部隊收歸國有後，岳飛仍然堅持與舊部下通訊，更令趙構認定他圖謀不軌[41]。最終秦檜通過可疑的司法程序，把岳飛、岳雲父子送到大理寺控以謀反的罪名，而趙構則於年底下令處決兩人[42]。

宋金兩國在岳飛受審期間簽訂和約。宋帝國於條約中正式放棄黃河流域的領土，定立東至淮河口、西至大散關的國境邊界，並成為金帝國名義上的藩屬。此外宋帝國每年亦須向金帝國繳交二十五萬兩白銀，以及同等價值的絲綢。此外金帝國亦釋放了趙構的生母韋太后以及部分被擄走的官僚和宮廷人員，並向宋帝國歸還趙佶的靈柩[43]。

秦檜之所以受到趙構重用，並不單取決於其外交態度。此時原有的戶籍紀錄大多隨開封淪陷散佚，嚴重削弱朝廷的徵稅能力[44]；而在十世紀末定下的稅額，亦早與現實的生產力脫節[45]。為此朝廷必須重新整理戶籍，透過增收商業稅、間接稅、附加稅和其他雜稅維持收支平衡：隨著帝國的重心轉移到商業興盛、城鎮林立的長江和錢塘江下游，非農業稅收佔國家財政收入的比例亦有所提升。而作為新首都的杭州，既是運河和河道運輸的樞紐，也是海船停泊的港口。為此朝廷設法鼓勵海外貿易，透過貿易稅和舶來品專賣充實庫房[46]。這些商業相關稅項都是由被稱為「吏員」的技術人員徵收。秦檜的家屬多為「吏員」，故能夠於各交通要衝安插親信，幫助朝廷從長江和錢塘江沿岸榨取資源[47]。而秦檜亦將親友從地方取得的財產，捐獻給趙構和朝廷內的親信[48]。在朝廷重建財政基礎時，趙構就必須讓善於理財的秦檜擔任助手。

此外，秦檜夫婦亦有任職於傀儡政權的親人，特別是秦檜妻子的表親鄭億年。鄭億年一直在開封的傀儡政權任官，最終官至吏部兼禮部侍郎，卻於一一四〇年突然投奔宋帝國。正在宋帝國籌備總進攻以戰迫和之際，秦檜力排眾議任用鄭億年為資政學士：秦檜從親戚套取的情報，可說是邊戰邊談策略能夠奏效的原因[49]。

自王安石改革期間起，相權在皇權的眷顧下不斷擴張，而秦檜則把權臣專制的管治邏輯發揮得淋漓盡致。他著手削減副相和樞密副使的權力，讓宰相壟斷當面會見皇帝的權力，令官僚體系無法建立平行的權力中心。他亦仿效王安石和司馬光的做法，任用親信擔任臺諫，讓他們彈劾異見官僚。秦檜不止透過親屬控制各地的技術人員，亦熱中與宦官和後宮建立聯繫。秦檜與宦官張去為頗有私交，曾經替他向趙構關說，使張去為能夠升任內侍省都知一職。秦檜又把孫女許配予吳皇后的弟弟吳益，藉此成為吳皇后的親信。如此秦檜一人就能夠透過與皇室、後宮和宦官的連結，壟斷官僚體系內部的權力，從而成為一人之下、萬人之上的獨裁者[50]。權臣獨裁，此後成為宋帝國政治秩序的常態[51]。

趙構於一一六二年退位後，宋帝國的政治在趙慎（廟號孝宗）、趙惇（廟號光宗）執政期間有過比較寬鬆的局面。提倡改革的官僚知識階層抓緊這個時刻，嘗試以「得君行道」的方式說服皇帝推動變革，並大舉引薦同道擔任高官和臺諫[52]。不過趙慎一直受到比較保守的太上皇趙構掣肘；到趙慎成為太上皇時，在位的趙惇無心改革，主張改革的派系因此未能在其後的派系鬥爭取得上風[53]。即使是比較同情改革的趙慎，亦不是完全信任倡議改革的官僚知識階層[54]。

到了一一九四年韓侂冑掌權之後，官僚知識階層便徹底失去倡議政策的空間。韓侂冑為吳太皇太后（即趙構的吳皇后）的外甥，他是未曾參與進士科考試的技術人員[55]。韓侂冑始終未能獲得官僚知識階層的信任，就透過政治迫害除去執政的障礙[56]：他不只把反對派革職或貶到地方，還以公權力查禁他們的「偽學」[57]。韓侂冑在一一九七年除掉共同執政的趙汝愚，成為一人之下、萬人之上的權相[58]，並為了提升威望，決定向金帝國開戰。可是宋帝國未能贏得這場戰爭，而韓侂冑亦於一二〇七年兩國議和期間，在金帝國的授意下遭到暗殺[59]。史彌遠隨即填補韓侂冑所留下的權力真空，繼續施行權臣獨裁的政治。

表5.1 宋帝國南遷後的權臣

年份	權臣	君主
1138-1155	秦檜	趙構
1197-1207	韓侂冑 （外戚背景的技術人員，於1205年正式成為宰相）	趙擴（廟號寧宗）
1208-1233	史彌遠	趙擴 趙昀（廟號理宗）
1239-1246	史嵩之（史彌遠之族侄）	趙昀
1259-1273	賈似道	趙昀 趙禥（廟號度宗） 趙㬎（尊號恭帝）

筆者在第四章曾提及官僚知識階層在公元十一世紀後期，已經對制度改革的努力失去信心。而宋帝國南遷後的權臣獨裁體系，更摧毀官僚知識階層對體制內改革的盼望。他們若選擇留在官僚體系之內，即使能夠拒絕主動奉承當權者，也必須顧全政治氛圍隱藏自己的改革期望。此時堅持理念的官僚知識階層，多選擇離開政壇返回故鄉，或是以士紳身分推動地方政治、或是透過講學宣揚其政治理想。

在野知識人群體認為宋帝國在十二世紀幾近沒頂，乃從政者喪失道德情操，繼而因為「天人感應」而招致災變。而王安石推行的政治改革，則是道德敗壞的源頭[60]。他們認為王安石的儒學有違正統，未有做好修練內心品德的「內聖」功夫，反倒走去挑戰建基於超越價值的「祖宗之法」[61]：這些知識人為尋找代罪羔羊，有意無意地忽略王安石對道德重整的堅持。在野知識人群體擔心宋帝國失去對東亞大陸核心地帶的控制，將會使其失去統治的認受性，故此認為確立正統的政治意識形態乃朝廷當務之急。唯有讓文明的「道統」在宋帝國得以承傳，金帝國才不會因為統治著東亞大陸文明的發祥地，而自動成為正統政權。他們認為參透超越真理的孔子乃為創立儒學的「素王」，並將「道統」一路經曾參、子思傳予孟軻，最終於一千三百多年後承傳到程顥和程頤兄弟手上。在野知識人於各地設立書院，讓這套關於文明正統的論述在官僚知識階層當中廣為傳播[62]。

在野知識人認為宋帝國若要成為正統的文明帝國，就必須從官僚知識階層的道德修養工夫做起，把他們的人格與孔子的道統連結起來。知識人若成為品學兼優的「君子」，就可以「學而優則仕」輔助君主施政。作為臣下的君子必須贏得君主的信任、取得向君主進言的機會，這就是「得君行道」[63]。在品格和學問上都合乎正統價值的君子，必須以聖人之道輔助君主「格物致知」、「正心誠意」，把他培育成

「君以制命為職」的聖王，令皇權成為建立合理人間秩序的力量[64]。

宋帝國的官僚知識階層，雖然對政局的發展失望透頂，卻仍舊對人性極為樂觀。他們把改革的盼望都投放在從政者的道德提升上：他們相信只要透過講學等方式傳揚聖人之道，就能喚醒官僚和君主的道德自覺，讓「三代之治」重臨世間。官僚知識階層相信「天人合一」，認為君主若能透過道德修養「止於至善」、與儒學的超越價值融為一體，就能夠解決所有社會政治問題[65]。他們未曾設法制衡失德的權臣和君主、或是限制當權者的權力：官僚知識階層只信任道德、不信任制度，認為制度變革容易重蹈王安石改革的覆轍，對「祖宗之法」構成危害。這樣他們只能以道德批判應對政治體制的缺失，並強調自己對君主的忠誠，期望藉此感化為政失當的君主回心轉意：官僚知識階層並不反對君主獨斷獨行，只是寄望君主能按照聖人之道善用其絕對權力[66]。這種道德主義的天真期望，使官僚知識階層無法正視國家能力從近世到近代的擴張，令其後東亞的政治意識形態無法應對近世威權政治的威脅[67]：獨裁者反倒學會轉化官僚知識階層強調的道德價值，並以此為掌握絕對權力的理據[68]。

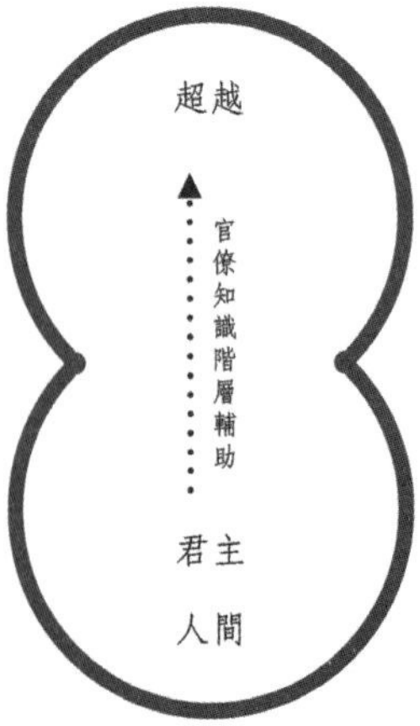

圖5.1　宋帝國官僚知識階層「得君行道」的想望

在野知識人這種基於於「天人合一」達成「聖王專制」的主張，雖為天真且乏善可陳的顛倒夢想，可是他們在十一至十二世紀所提出的形而上論證，卻成為宋帝國官僚知識階層反覆探究的學問[69]。他們在討論時假定「理一分殊」為人間的理想秩序，認為人世間存在著普遍而絕對的超越價值：這種「理」不論在何處都會始終如一，是為「理一」；可是他們亦認為人類在這種大一統的真理之下，仍各有其尊卑分明的身分地位，是為「分殊」。

程頤的老師周敦頤於一〇七三年寫成的〈太極圖說〉，開創儒學形而上探究的先河：隨後應運而生的新儒學（Neo-Confucianism）[70]，則被稱為道學或理學。周敦頤借用道家和陰陽家的概念，指出世間事物都是由精神上的「理」所驅動，而理在運行的時候形成「陽」、在靜默的時候形成「陰」。陰陽組成的「太極」，就是支撐著世界的絕對價值。陰陽的不同組合，則會形成金、木、水、火、土五行，而這就是形成世間所有事物的元素，也就是「氣」。氣的運動和結合，使世間的生物都有雄性和雌性之分，從而造就變幻無窮的宇宙萬物：

> 二氣交感，化生萬物。萬物生生，而變化無窮焉。

宇宙萬物的轉化，使人類得以誕生。由於人類擁有各種情感、又有分辨善惡的能力，故此他們就是萬物之靈。上古的聖人按照人類受造的本性，定立仁義中正的道德標準，使人類能夠透過修養而成為完全的人。這就是聖人之道的開端：

> 惟人也，得其秀而最靈。形既生矣，神發知矣，五性感動，而善惡分，萬事出矣。聖人定之以中正

仁義，而主靜，立人極焉。

不論是物理秩序、人倫秩序、還是社會政治秩序，都是由理生氣、氣生五行、五行生萬物、萬物生人間的自然規律所主宰。而上古的聖人發揚的道德秩序，就是自然規律的延伸，就如《易傳．說卦》所言：

立天之道，曰陰與陽；
立地之道，曰柔與剛；
立人之道，曰仁與義[71]。

因此人類行事，也不得不遵從理氣的自然原理。人類在物質層面，乃是由「氣」所構成，也就是「氣質之性」；而身體與心智的運行，則隨著日月運行和四季循環的規律不斷改變，這種規律就是「理」的作用，亦即人類的「天然之性」。而「氣」與「理」的調和與平衡，就是中庸之道。人類的行事為人必須依循「天然之性」的規律，既不可以怠惰、也不能過分熱心，必須以「理」為依據找到最為適切的最佳點（Optimal Point）。達致這種中庸，就是「禮」的展現。

圖 5.2〈太極圖說〉的插圖「太極先天之圖」

然而人類在物質上，卻是由「氣質之性」所組成，而這就是各種感官和欲望的起源。感官和欲望本身並無善惡之分，可是卻始終有異於「天然之性」。是以人類若然只依據自己的感官行事、毫無止境地追求欲望，他就無法依照「天然之性」達致中庸，還會做出各種不合於禮的行為。若然世人都如此行動，社會秩序就會遭到損害。為此人類必須修養品德，在精神上與太極的超越價值連結，讓自己的「天然之性」主宰「氣質之性」，從而心無罣礙地達致中庸，透過守禮成為完人[72]。

程頤在退出政壇後延續老師對理氣的討論，主張「氣質之性」可以有清濁之分，而這就是善與惡的根源：

氣清則才善、氣濁則才惡[73]。

他指出聖人與凡人生而不平等，各有不同的「氣質之性」：聖人天賦異稟，其澄明的「氣質」不會對「天然之性」的運行構成障礙，故此他們能參透作為超越原理的「理」，從而能夠達致中庸、成為一個守禮的人。可是凡人卻有混濁的「氣質之性」，必須透過修練才能夠變得像聖人那般澄明。為此他們必須透過「格物」觀察宇宙萬物的運作，根據自然現象洞察「理」的運行原則，然後修養心性以「理」達「禮」克制欲望：

人患事繫累，思慮蔽固，只是不得其要。要在明善，明善在乎格物窮理。窮至於物理，則漸久後天下之物皆能窮，只是一理。

視聽言動，非理不為，即是禮，禮即是理也。不是天理，便是私欲。人雖有意於為善，亦是非禮。

無人欲即皆天理[74]。

透過品格的修練，人類就能夠令「氣質之性」從混濁變為清明，使其不會與「天然之性」產生衝突，使其能夠不受干擾地達致中庸、並透過遵守禮儀而成為完全的人：程頤把這種境界稱之為「敬」。而不論是物理的規律、還是社會的運行規則，背後都是「理」的運行，只是不同的事物都會呈現「理」的不同面向。如此修練者必須好學，要懂得認識和觀察世間的萬事萬物，如此他們才能窺見「理」的全貌：

莫先於正心誠意。誠意在致知，「致知在格物」。格，至也，如「祖考來格」之格。凡一物上有一理，須是窮致其理。窮理亦多端，或讀書、講明義理、或論古今人物，別其是非，或應接事物而處其當，皆窮理也……若只格一物便通眾理，雖顏子亦不敢如此道。須是今日格一件、明日又格一件，積習既多，然後脫然自有貫通處[75]。

人類的「天然之性」，包含了仁、義、禮、智這四種人倫關係的必要元素，這就是孟軻所強調的「四端」。聖人因為有著澄明的「氣質之性」，就可以自然地獲得四端，從而成為道德的典範。凡人雖然必須修練其「氣質之性」，卻仍然可以透過「格物致知」掌握何為四端、然後克制欲望讓四端得以發揮，從而展現其合乎道德的真實本性：

仁義禮智，天道在人，賦於命有厚薄，是命也。然有性焉，可以學，故君子不謂命[76]。

程頤認為物理規律，與人類社會的道德秩序有著共同的淵源，那就是「理」這種超越一切的自然之道。人類可以透過認識自然世界獲得實踐道德價值的力量，從而促進和諧穩定的社會政治秩序。而社會政治秩序的完善，亦同樣可以反過來影響物理規律，令自然世界不至出現災禍。人類集體的品德修養、道德完善，將會透過「天人感應」促成宇宙萬物之間的協調，使社會政治秩序與自然世界同時達致臻善臻美的境界[77]。

不過在這些深奧的形而上學討論背後，卻隱藏著循環論證的套套邏輯：周敦頤和程頤先把道德秩序與自然秩序畫上等號，然後再以自然秩序來證明道德秩序之合理。日本政治學家丸山真男曾經如此批評這種思維模式：

> 在此必須注意的是，這種作為社會秩序基礎的「自然」中，真實的社會秩序價值一開始就被湮沒了。因為天高地低為天地的秩序，所以，人亦同樣必須按上下貴賤結合，才能保持正確的秩序。這個邏輯即使把是天地為上下關係的自然形式的樸素性完全置之度外，也只有在空間意義的上下關係原封不動地適用於價值意義的上下（貴賤）時才能成立。通過社會等級觀念來把握的自然，當然能成為社會等級的基礎。這種「同義反覆」沒能作為「同義反覆」被人們認識，說明這種倫理下的社會關係和這個社會的人間意識的特質……使自然運行的「道」是天道，支配人際關係的「道」是人道。認為這兩種「道」本質上同一，這種意識，是等級社會關係的支柱……從這個意義上說，作為道學代表者的儒教，特別是其中理論性最完善的宋學，其思維方法徹底地表現了舊制度下的人、社會與自然的特殊存在方式[78]。

在宋帝國南遷後，朱熹按照周敦頤和程頤的思路繼續探索，從而建構出對東亞政治影響深遠的朱子學。朱熹在趙慎、趙惇執政期間曾經在朝廷任官，卻始終無法得到君主的重用，自此放棄「得君行道」並以講學著述為志業。他其後糅合不同學派的觀點，指出對超越真理的追尋，既需要透過「格物」參透驅動萬物運作的「理」、也需要通過靜坐反思讓內心能夠體驗「理」的原則。起初他比較強調讀書和觀察的作用，到晚年卻偏好在安靜中持養心性[79]：

二者誠不可偏廢，然聖門之教，詳於持養而略於體察[80]。

對於朱熹來說，「心」的持養乃是修練品德時的頭等大事。他把程頤的「天然之性」稱之為「心」，或是稱之為「自然之性」和「天理之性」。人類之所以能夠體會作為超越真理的「理」，就是因為「心」的作用；而「心」若然能夠正常運作，就可以令人的行為符合〈中庸〉論及的中和，從而達致社會和自然界的平衡：

喜怒哀樂之未發，謂之中；
發而皆中節，謂之和；
中也者，天下之大本也；
和也者，天下之達道也。
致中和，天地位焉，萬物育焉[81]。

「發而皆中節」，就是要讓情感的表達合乎場合的需要，既不能過度壓抑、也不可以失去控制。透過持之以恆的修練，使受控的情緒表達成為習慣，那就是中和的境界。可是「心」的運行，卻受到「氣質之性」的影響：「氣質之性」為善者能夠行善、而「氣質之性」為惡者則只懂行惡[82]。聖人之所以能夠成聖，就是因為他們擁有善性。是以讓「氣質之性」能夠去惡揚善，就是品德修練能否成功的關鍵：

> 以為善不足以言性，則不知善之所自來矣！知言中此等議論，與其他好處自相矛盾者極多，却與告子、楊子、釋氏、蘇氏之言幾無以異[83]。

而「心」若能透過善性而得以發揮，那就能達致「仁」：

> 蓋仁之為道，乃天地生物之心，即物而在。情之未發，而此體已具；情之既發，而其用不窮。誠能體而存之，則眾善之源、百行之本，莫不在是。此孔門之教，所以必使學者汲汲於求[84]。

是以「仁」就是「心」在德性上的彰顯，也是人與人之間的愛背後的「理」，也就是人世間一切善行的源頭。換句話說，「仁」就是「天地生物之心、人得之為人之心」[85]，是令人類能夠互相愛護、以善相待的根本。但是「心」若要達致「仁」，「氣質之性」就必須為善；若然「氣質之性」為惡，那麼人就會滋生私欲，從而壓抑「心」的發揮，使他成為做壞事的惡人。如此人若要讓「心」能夠正常運作，透過「仁」而對社會以至萬物發揮良善的影響，就不得不透過修練更新「氣質之性」，使其本質從惡轉變為善。這一點就是社會變革的開端：唯有透過推廣禮制，讓世人都能夠以禮制克制惡性、從而成就善性的培養，社會才能夠因為「心」的自然運作而變得美善[86]。朱熹強調若要達成對善的追求，就不得不以「克己復禮」為修練工夫：

學者「克己復禮」上做工夫，到私欲盡後，便粹然是天地生物之心，須常要有那溫厚底意思方好。須是就自己實做工夫處，分明見得這箇道理，意味自別。如「克己復禮」則如何為仁？「居處恭，執事敬」，與「出門如見大賓」之類，亦然。「克己復禮」本非仁，卻須從「克己復禮」中尋究仁在何處，親切貼身體驗出來，不須向外處求……正如疏導溝渠，初為物所壅蔽，才疏導得通，則水自流行。「克己復禮」，便是疏導意思；流行處，便是仁[87]。

以家庭倫理改造社會

故此朱熹把社會變革的盼望，都放在禮制的推行之上：「得君行道」這種由上而下的變革既然行不通，那就先透過普及禮制營造善良的社區，再以由下而上的方式逐漸改變政治。推行禮制的第一步，就是組成基層社會的家庭。他在討論張載《西銘》上面「乾稱父、坤稱母」一語時，指出家庭的倫理秩序就是一切自然秩序的預表：

以乾為父，坤為母，便是理一而分殊；「予茲藐焉，混然中處」，便是分殊而理一。「天地之塞，吾其體；天地之帥，吾其性」，分殊而理一；「民吾同胞，物吾與也」，理一而分殊。逐句推之，莫不皆然。某於篇末亦嘗發此意。乾父坤母，皆是以天地之大，喻一家之小：乾坤是天地之大，父母是一家之小；大君大臣是大，宗子家相是小，類皆如此推之。舊嘗看此，寫作旁通圖子，分為一截，上下排布，亦甚分明[88]。

家庭成員之間，因為輩分的差異而有長幼和親疏之分，就像社會當中尊卑有別的差序格局。在父母面前態度恭敬、對父母的需要無微不至、對父母的愛護存感恩的心、若父母未有愛護則感謝他們的管教，這就是子女對父母的「孝」。若以這樣的態度看待超越價值，就是在「敬天」、就是以「禮」克服私欲達成「仁」。若是如此對待君主，那就是「忠」的展現。雖然一般的基層民眾，未能明白家庭倫理背後的形而上意義，卻可以透過家庭生活達致道德情操的修練：

他不是說孝，是將孝來形容這仁；事親底道理，便是事天底樣子。人且逐日自把身心來體察一遍，便見得吾身便是天地之塞，吾性便是天地之帥；許多人物生於天地之間，同此一氣，同此一性，便是吾兄弟黨與；大小等級之不同，便是親疏遠近之分。故敬天當如敬親，戰戰兢兢，無所不至；愛天當如愛親，無所不順。天之生我，安頓得好，令我當貴崇高，便如父母愛我，當喜而不忘；安頓得不好，令我貧賤憂戚，便如父母欲成就我，當勞而不怨[89]。

在家庭裏面，父母、夫妻之間有男女之別，父子之間有輩分之別，兄弟之間有嫡庶長幼之別：由血緣關係界定的人際關係，都會「自然」地產生上下、尊卑、親疏有別的差序格局。「且如人之一家，自有等級之別」[90]，而家庭作為最「自然」、最親密、最基本的組織既是如此，那麼同樣都是由「理」驅動的社會，都應當遵從尊卑等級分明的「自然」秩序。也就是說，不平等的尊卑秩序既合乎天理、也貼近人情[91]。

朱熹在一一六九年喪母後，就著手整理過去對家族禮儀的研究，並將其編輯成《家禮》。他在五年後再把古今學者對家族禮儀的敘述，整篇成《古今家祭禮》。其後朱熹在這兩本著作的基礎上，編撰收錄各種家庭禮儀的《儀禮經傳通解》。他認為「理」既然是禮儀的根本，那麼縱使禮制條文並非「理」的本身，人類仍必須透過有限的禮儀而與「理」合為一體。唯有熟悉禮制的條文，並依照場合選擇合適的禮儀，才能夠以「致中和」的方式抒發情感、令私欲不會隨情感流露失去控制，從而培養出鼓勵行善的「氣質之性」[92]。而「克己復禮」的品格修練，則應當從家庭的禮儀秩序開始。

雖然禮制條文看似是外在的規範，可是卻與世間自然之「理」互相契合，故此這種規範是合乎自然天性的。禮儀雖然有一定的強制性質，可是唯獨禮儀能夠幫助人類改善其「氣質之性」，使他們能夠擺脫私欲讓「自然之性」能夠得以發揮。透過禮儀淨化人類的「氣」，就能令他們的「心」自由地達致「仁」，並在「理」的作用下成就道德的真我：

> 禮者，天理之節文，人事之儀則也。和者，從容不迫之意。蓋禮之為體雖嚴，而皆出於自然之理，故其為用，必從容而不迫，乃為可貴。先王之道，此其所以為美，而小事大事無不由之也。

人類沒有禮儀的規範就無法真正發揮「自然之性」，繼而因為失去與「理」的連結而喪失自我：

> 以其徒知和之為貴而一於和，不復以禮節之，則亦非復理之本然矣，所以流蕩忘反[93]。

朱熹就像過往的儒者那樣，訴諸於禮儀即自然、自然即禮儀的套套邏輯。他在指出禮儀是根據自然之道訂立後，就以自然世界的秩序作為理據，主張禮儀規定的不平等尊卑秩序，就如自然定律那樣無法按照喜好而改變：

此一章「因」字最重。所謂損益者，亦是要扶持箇三綱、五常而已。如秦之繼周，雖損益有所不當，然三綱、五常終變不得。君臣依舊是君臣，父子依舊是父子，只是安頓得不好爾。聖人所謂可知者，亦只是知其相因者也。如四時之運，春後必當是夏，夏後必當是秋；其間雖寒暑不能無繆戾，然四時之運終改不得也[94]。

各種由人類組成的組織之中，又以家庭與自然世界最為接近：因為男女交合、懷孕產子、供養教育，即可組織家庭。在國家尚未形成的洪荒時代，人類就已經開始組織家庭，並以家庭作為最基本的社會組織。如此在家庭內部透過禮儀奠定長幼尊卑秩序，就是社會能夠正常運作的必要前提。沒有家庭，就沒有社會；沒有社會，就無法形成國家；是以家庭秩序就是一切社會政治秩序的根本[95]。

而家庭能否繼續傳承，則有賴於男女之間的交合，是以朱熹認為婚姻禮儀是一切禮制秩序的基礎。他基於《禮記．昏義》的敘述，指出婚姻在禮制秩序中的關鍵地位：

敬慎重正而後親之，禮之大體而所以成，男女之別而立夫婦之義也。男女有別而後夫婦有義，夫婦有義而後父子有親，父子有親而後君臣有正。故曰昏禮者，禮之本也[96]。

確認男女之間的等級差異，婚姻才能夠正常運作、父母才能夠成為子女的模範。夫婦關係若然能夠合乎禮儀，子女就能體察到不同輩分的尊卑貴賤，從而學會以謙卑的態度服務君主。家庭若能遵守婚姻禮儀，其子弟就能體會尊卑有序乃世界運行的鐵律：

所以昏禮為禮本者。昏姻得所，則受氣純和，生子必孝、事君必忠，孝則父子親、忠則朝廷正。是昏禮為諸禮之本也[97]。

祖先祭祀的禮儀，則可以展現家族內部不同成員、不同分支之間的長幼尊卑[98]。父親高於兒子乃是理所當然的，可是兄弟之間雖為同輩，卻也必須遵從尊卑有別的秩序：是以哥哥必須高於弟弟，而哥哥的子孫，其家族地位也必須高於弟弟的子孫。正室所生的嫡子，地位也必須高於側室所生的庶子。這種尊卑差距應當世代相傳，是以在家族成員逝世後，祭祀禮儀也必須反映家人之間的尊卑親疏地位。對祖先祭祀的禮儀規範，就是確立家族內部等級秩序方法：

宗子只得立適，雖庶長，立不得。若無適子，則亦立庶子，所謂「世子之同母弟」。世子是適，若世子死，則立世子之親弟，亦是次適也，是庶子不得立也。大宗法既立不得，亦當立小宗法，祭自高祖以下，親盡則請出高祖就伯叔位，服未盡者祭之。澤則別處，令其子私祭之。

祭祀，須是用宗子法，方不亂。不然，前面必有不可處置者。

排祖先時，以客位西邊為上。高祖第一，高祖母次之，只是正排看正面，不曾對排。曾祖、祖、父皆然。其中有伯叔、伯叔母、兄弟、嫂婦無人主祭而我為祭者，各以昭、穆論。如祔祭伯叔，則祔於曾祖之傍一邊，在位牌西邊安；伯叔母則祔曾祖母東邊安；兄弟、嫂、妻、婦，則祔於祖母之傍。人家族眾不分合祭，或主祭者不可以祭及叔伯之類，則須令其嗣子別得祭之。今且說同居，同出於曾祖，便有從兄弟及再從兄弟了。祭時主於主祭者，其他或子不得祭其父母。若恁地滾做一處祭，不得。要好，當主祭之嫡孫，當一日祭其曾祖及祖及父，餘子孫與祭。次日，卻令次位子孫自祭其祖及父。又次日，卻令又次位子孫自祭其祖及父。此卻有古宗法意[99]。

家族的宗法制度，把夫為婦綱、父為子綱這兩種源自核心家庭的禮儀規範，擴展到整個透過血緣關係連帶的親族。這樣核心家庭的內部秩序，就被擴展為整個家族的長幼秩序原則[100]。朱熹其後按照同樣的邏輯，把這種禮制原則的擴充到由家族組成的農村基層社會。也就是說家族內部的禮儀規範的制定，目的是為了確立地方社會的社會政治秩序。

位於農村的基層地方社會，是官僚知識階層與普羅民眾交集的場域。這個夾在國家和家庭之間的閾限空間（Liminal Space），就是知識人改造社會的戰略重地。知識人透過學習和修練成為有品德的人，就能在地方社會以身作則、對其風俗潛移默化。知識人基於對「理」的認知，能夠按照儒學禮儀糾正各家族的內部秩序，從而令鄉民懂得互相尊重、孝順父母、尊敬長上，讓出自「自然之性」的尊卑秩序在地方社會得以落實。而知識人亦能設立學校，讓鄉民接受整全的儒學教育，並最終通過科舉考試為國家帶來正面的影響。如此在農村基層社會推動禮儀改革，就是由下而上推銷「修身治國平天下」[101]。

朱熹認為農村基層社會的禮儀改革，必須從知識人群體內部做起：知識人群體應當確立自身的禮儀，使其成員能夠互相敬重、保持尊嚴，從而成為普羅民眾的模範。在此之後，知識人就可以舉辦鄉飲酒禮，在與民同樂時示範長幼尊卑的禮儀。他們在飲宴前先邀請長者入席，再按照輩分和德行決定其他鄉民的入席次序，藉此教導他們尊敬長輩和有德之士。在飲宴過後，知識人亦會舉辦投壺射箭這樣的康樂活動，在鄉民的競技過程中觀察其品德，好讓他們之後能夠因材施教[102]。朱熹認為這些簡單的禮儀能夠發揮重大的教化作用：

鄉，鄉飲酒也。易易謂教化之本，尊賢尚齒而已。國之所尊，君也，雖父不得抗之；家之所尊，父也，雖母不得抗之。羣居五人，則長者必異席，則羣居所有尊也。喪制、燕飲，皆有賓有衆賓，則賓亦有尊也。故飲酒之禮，賓介與衆賓送迎之節有等，所以別貴賤也。飲食之間，可以化民成俗。則升降之文，不為末節也。[103]

《周禮．地官司徒》曾論及周王國一種名為師氏的職位。朱熹認為地方社會的知識人就是當代的師氏，肩負著教育民眾的重任：

掌以媺詔王。以三德教國子：一曰至德，以為道本；二曰敏德，以為行本；三曰孝德，以知逆惡。教三行：一曰孝行，以親父母；二曰友行，以尊賢良；三曰順行，以事師長。居虎門之左，司王朝。掌國中失之事，以教國子弟，凡國之貴游子弟學焉[104]。

朱熹認為知識人在地方社會教化民眾，讓他們懂得為人世間的美善、而克服一己之私欲，從而尊敬長上、明辨是非、堅守原則、不忍為惡，就是在確立社會政治秩序的基礎：

德者誠意正心、端本清原之事，道則天人性命之理。事物當然之，則修身齊家治國平天下之術也。敏德者强志，力行蓄德廣業之事、行則理之所當為，日可見之跡也。孝德者尊祖愛親，不忘其所由生之事；知逆惡則以得於己者，篤實深固；有以真知彼之逆惡，而自不忍為者也[105]。

透過教化地方社會的普羅民眾，從而使農村基層社會組織的整頓成為可能，是朱熹殷切渴望的目標。就如朱熹的門生於其身後所言：

自少時，即以興起斯文為己任……出而事君，則竭忠盡誠、不顧其身；推以臨民，則除其疾苦而正其風俗，未嘗不欲其道之行也[106]。

而「正其風俗」，則是由下而上的道德重整運動。家族作為地方社會最根本的組織，也就是朱熹首要的改革對象。他透過推廣儒教的家庭禮儀，提倡建立輩分尊卑親疏分明的家庭等級制度。這種制度建構的思路，首先把夫婦和父子的差序關係與自然定律的「理」畫上等號，繼而根據「孝」的原則確立「禮」的等級秩序，使家庭成員的「心」都自動按照「仁」的標準尊敬長輩。而在鄉村層面的禮儀，則讓基層社會中各大家族在聯誼活動中聚首一堂，並透過潛移默化把家族內部不平等的尊卑邏輯，從家族伸延到社會之上。基層社會的民眾在鄉禮中學會如何延伸尊敬長上的邏輯：他們既要尊敬其他家族的長者、也要尊敬社區內有德行的人、籌備各種禮儀的官僚知識階層，以及統治帝國的君主。而官僚知識階層就通過對理學的理解，以及自己透過「克己復禮」修練出來的品德，以地方士紳的身分領導道德重整運動，從基層社會開始建構等級分明的世界秩序[107]。

這種以地方包圍中央的道德重整運動，其重心在於農村而非城鎮。官僚知識階層在這種道德重整的理念背後，都預設了一個遠離都市塵囂、以農業和農民為基礎的農村社會。他們寄望只要在農村家族確立等級輩分尊卑的原則，使晚輩學會服從長輩、使長輩能本著督責後進的責任照顧晚輩、讓家族的富人能基於惻隱之心幫助貧弱的親戚，就能讓這些家族成為能夠自我照顧的組織。若然家庭內部的尊卑原則能夠進一步延伸到基層社會，那麼基層社會無需動用朝廷的公權力，就可以於在地知識人的指導下穩定運作。

朱熹並未全盤否定王安石的改革措施，卻主張這些措施必須配合由下而上的道德重整運動：他認為單靠政治力推動的改革，最終會因為不合人性而事倍功半[108]。事實上朱熹在擔任地方官時，曾經參照王安石的青苗法推出向貧農出借穀物糧食的政策，只是他把執行的重心從城鎮轉移到鄉村。朱熹要求地方人士捐獻穀物，在地方官員的督導下成立社倉，到貧農需要借貸時就從社倉撥出穀物。朱熹強調這種制度必須源自地方社會自發的互相救濟，是以社倉借出的穀物盡皆取之於地方社會[109]。與之相比，王安石的青苗法卻是由朝廷推動，動用的則是國家的資源。朱熹認為這兩者差之毫釐、繆之千里：即使是內容大同小異的改革，若是出於由上而下的權力強制，那就只會造成腐敗；若是發自基層社會的道德自覺，卻能開花結果。

末路帝國的正統意識形態

權臣獨裁在十二世紀後期成為宋帝國政治的常態：君主授權的宰相獨力掌控官僚體系，並透過各種非正式管道向衙門和軍隊發號施令。雖然官僚知識階層的大部分成員都傾向作出若干程度的妥協，可是理學思想的興起和傳播，卻把不願「同流合汙」的少數凝聚起來。這些堅守信念的官僚知識階層，卻因為強調修心養性的道德修練，就認為鑽研技術流於「功利」，從而對技術人員心存藐視。如此在其後的政治鬥爭中，君主往往會認為提倡理學的官僚不夠務實，反倒對權臣和平行科層體系更為重視。理學的提倡者面對當權者的反對意見，對現實政治的批評就日趨激烈，甚至出現教條主義的傾向，令君主對他們更敬而遠之[110]。

雖然宋帝國的君主始終不願重用提倡理學的官僚派系，可是朝廷對理學的官方立場，卻隨著政治形勢而有所轉變。韓侂冑在一一九七年獨攬大權後，曾經下令禁止「偽學」，卻在社會激起強烈的反彈。此後他準備要向金帝國開戰，期望主張「恢復」的理學門人支持其北伐大業，於是在一二〇二年解除禁令[111]：不過支持理學的官僚卻並不領情，韓侂冑最後亦因為這場政治豪賭而丟失性命。

不過去到一二三〇年代，東亞大陸的地緣政治形勢卻出現翻天覆地的巨變。自蒙古各部族於世紀初在鐵木真（Temüjin，稱號為成吉思汗／Chinggis Khan）的帶領下凝聚為大蒙古國（Yeke Monggol Ulus）後，就大舉於歐亞大陸各地南征北伐，金帝國則是成吉思汗的首要攻伐對象[112]。金帝國在為時二十三年的戰爭過後，最終於一二三四年滅亡，黃河流域隨即成為蒙古帝國的領土[113]。鐵木真在統治黃河流域時，倚重提倡儒教、佛教、道教三教合一的全真道[114]為間接統治的代理人[115]，理學亦透過全真道的引介輾轉傳到北方。鐵木真之孫忽必烈（Kublai Khan，廟號世祖）對儒學頗有研究，故此他在一二五一年開始管治東亞大陸北部時，就重用許衡、姚樞等提倡理學的官僚，藉此挑戰宋帝國的正統地位[116]。

就在蒙古帝國為統治東亞大陸積極籌謀之際，權相史彌遠剛巧在一二三三年離世，為宋帝國帶來短暫的政治真空。君主趙昀為確立政權認受性，決定於一二四一年收編理學為官方正統意識形態，又於孔廟供奉朱熹、張載、程顥與程頤這四位為理學奠基的思想家。不過趙昀之所以尊崇理學，純粹為求換取政權認受性，並未有按照理學的主張推動改革。那些提倡理學的官僚雖然獲得提拔，卻多擔任有名無實的榮譽職：畢竟這些教條主義者除道德說教外，確實也缺乏推動政策的才能[117]。

宋帝國的權臣獨裁體系，並未隨著理學成為正統而有所改變。在理學的地位獲得提升時，宰相一職剛好是由史彌遠的族侄史嵩之擔任：雖然他的權勢比不上族伯，卻還是於一二三九至一二四六年間連續執政了七年。此後賈似道於一二六〇年展開獨裁統治，並一直延續到宋帝國滅亡前夕[118]。在金帝國滅亡之時，宋帝國曾經乘亂起兵侵佔開封和洛陽，卻因而與蒙古帝國交惡[119]。其後蒙古帝國於一二三五年發動侵略宋帝國的長期戰，卻也意識到單靠武力壓制，並無法在東亞大陸推動穩固的管治。故此蒙古帝國在發動戰爭時，也同時對宋帝國的官僚和武將展開心戰，並對投誠的文武百官委以重任[120]。

在一二五九年，蒙古帝國的大汗蒙哥（Möngke Khan）在征伐宋帝國時突然身故。已經打到長江中游鄂州的忽必烈為了與弟弟阿里不哥（Ariq Böke）爭奪繼承權，就與賈似道達成停戰的祕密協定。賈似道隨後卻向朝廷謊報宋軍大獲全勝，後來又為了避免事情敗露，軟禁前來和談的蒙古使臣郝經。賈似道違背外交禮節的魯莽決定，斷絕了宋帝國與蒙古帝國和平共存的最後可能：被拘禁的郝經對經學素有研究[121]，反倒顯得宋帝國正站在文明正統的對立面。忽必烈在取得汗位後就恢復對宋帝國的攻勢，並準備按照東亞大陸帝國的模式，建立合乎儒教標準的正統政權。他首先在一二六〇年採用皇帝的稱號，並於七年後把首都從位於內亞的上都（今南蒙古錫林郭勒盟正藍旗上都鎮，又名開平），遷移到位於海河流域的大都（今北京）。其後他在一二七一年後根據《易經》對六十四卦之首乾卦的描述，取「大哉乾元」之意把國號定為「大元」（蒙古語為 Dai Ön Yehe Monggol Ulus）。

不過起初宋帝國還是能夠守住襄陽這個戰略要地，令蒙古無法沿著漢水運送消滅宋帝國所需的兵力。可是賈似道卻為圓謊而繼續謊報軍情，令朝廷無法供應必須的糧草和人員，在為時六年的圍城戰中供應襄陽守軍。在元軍於一二七三年攻陷與襄陽隔水相望的樊城後，襄陽守將呂文煥不滿遭朝廷無視，憤而倒戈投奔元帝國。忽必烈隨即任用呂文煥為朝廷命官，其擅長水戰的部隊則被編入元軍，一路沿著漢水和長江向杭州進發。此時趙禥剛好逝世，帝位傳到其三歲兒子趙㬎，並由謝太皇太后和全太后垂簾聽政。宋軍於一二七五年在丁家洲（今安徽銅陵市）被元軍擊潰後，賈似道因謊情敗露而遭到罷免，但朝廷此時已經無力繼續防禦，只得盡力爭取有利的投降條件。翌年二月朝廷宣布以投降換取杭州無血開城，部分不願向元帝國投降的官僚，則乘亂拐走趙㬎的弟弟趙昰（廟號端宗）和趙昺（稱號少帝），並在經東南沿海流亡到嶺南的路途上，先後擁立二人為帝。不過他們的努力既無法獲得多數人的支持，亦無法改變宋帝國已經滅亡的事實。而宋帝國復活的盼望，亦於一二七九年春隨著殘缺不全的海上朝廷，於嶺南海域葬身魚腹[122]。

欠缺普遍關懷的地方自治

雖然忽必烈樂於招募儒者當官，又參考儒教禮儀建立元帝國的制度，可是其管治邏輯仍有異於東亞大陸的習慣。此時蒙古帝國的幅員橫跨整個歐亞大陸[123]，於是把歐洲、亞洲和北非原有的經濟體系連結起來[124]。雖然部分蒙古汗國並未服從忽必烈的權威，可是蒙古世界內部的商貿交通卻沒有因此受阻。

是以元帝國並不像過往東亞大陸諸帝國那樣倚賴農業稅，反倒以各種與商業貿易相關的稅項為主要財政來源，令朝廷更願意任用具商貿經驗的技術人員，而非那些鄙視「功利」的官僚知識階層。其地方管治亦以促進貿易為重心，並為此採用因地制宜的間接統治[125]，也傾向委任世代從商的非東亞族群（泛稱為色目人）為地方官。元帝國的體制既不再由官僚主導，因此也未在立國初期舉辦科舉。這種行政制度的演變雖有助維持蒙古帝國的統治，卻對東亞大陸的政府官僚知識階層帶來重大的衝擊：他們若要堅持出仕任官的傳統，就必須從低級胥吏做起，嘗試靠工作表現換取被推薦的機會[126]。

向上社會流動機會的縮減，使官僚知識階層對元帝國抱有偏見。修纂元帝國歷史的儒者往往基於個人的挫折，繪形繪色地描繪野蠻侵害文明的族群壓迫。可是那些「九丐十儒」的指控情緒過於氾濫，並未反映元帝國的真實面向。忽必烈還未當上蒙古大汗，就已經開始修習儒學，又任用竇默、姚樞和許衡等名儒為幕僚[127]。朱子學在元帝國成立後也被定為正統，其後朝廷亦廣設以理學為標準課程的官學，又在基層社區開辦社學[128]。官僚知識階層雖然無法輕易任官，可是他們在地方社會仍然享有昔日的聲望和地位，既能夠主導基層社會的地區治理、亦享有自由探究學術的空間。在地方社會的官僚知識階層仍然是有聲望地位的身分集團，而部分蒙古人和色目人甚至主動成為儒者的門生[129]。

是以官僚知識階層傳統的承傳，並未隨著中央行政架構的鉅變而斷絕：畢竟他們自十一世紀末起，就已經開始離開首都和城市，把活動重心轉移到地方基層社會[130]。在宋帝國南遷後，由於考試制度大幅向官二代的利益傾斜，令更多官僚知識階層決定留在地方發展：他們有的投身商業活動、有的在農村經營田產、亦有的決定以講學著述為業[131]。而理學的興起，大體上亦為地方知識人的學術成果：他們著重官僚知識階層的個人修練，又主張透過地方禮儀改革推動由下而上的變革[132]。

留守地方社會的官僚知識階層既是基層農村社會的領袖，也是推動理學發展的中流砥柱。朱熹最具影響力的學術著作，都是在退居福建地方社會時的著作：他對儒家經典的注疏，更是後世儒者必備的參考資料。他在一一八九年編撰《中庸章句》，之後將其擴充為《四書章句集注》，把主張「修身、明德、格物」的《禮記·大學》、提倡「致中和」的《禮記·中庸》、收錄孔子言論的《論語》、以及強調「義利之辨」的《孟子》定為「經典中的聖典」(The Canon of Canons):而這就是所謂的「四書」[133]。當時朱熹對儒學經典的注疏在學術水平上無出其右,是以宋帝國尚未把理學列為官方意識形態,就率先在一二一二年把朱熹對《論語》和《孟子》的注疏列為太學的標準教材:此時韓侂胄對理學的禁令才剛廢除了不過十年[134]。

東亞大陸的地方基層社會,在十二世紀起開始成為官僚知識階層的改革試驗場,其帶來的社會演變亦於宋元鼎革後得以延續。受到理學思想影響的官僚知識階層,按照范仲淹的經驗把有血緣連帶的核心家庭集結為家族,並透過禮儀改革建立互助的治理機制:他們讓家族成員集體出資成立義莊,購置家族共同擁有的田產,並運用租金支援貧窮的族人、資助子弟的學費[135]。他們認為透過禮儀凝聚家族、讓家族成員互助互惠,將有助復興上古時代的理想政治[136]。魏了翁認為上古時期的純樸民風,就是家族成員之間的守望相助:

> 古者比閭而居、夫井而耕、出入必相友、守望必相助、羨不足必相補、凶荒必有待、委積必有給,莫非使民相生相養,以輔成天地生生之德。

而在他們身處的時代,經濟條件較好的人非但沒有看顧社群內的弱者,反倒拒人於千里之外:

> 後世以身發財者,膠固滯吝,人緩急扣門、拒之恐不峻。

范仲淹在家族設立義莊、幫助貧困子弟的往事,則被魏了翁視為官僚知識階層的模範,認為這有助扭轉自私自利的歪風[137]。隨後地方的官僚知識階層亦把他們的目光，從自己的家族擴展到鄰居身上。他們以知識人的身分，透過編纂族譜和設定族規，把地方社會的家庭集結成家族，並鼓勵這些家族依照范仲淹的榜樣成立義莊。他們也在義莊以外開設義役，鼓勵家族以租金聘用專職人員替家族成員為官府服役，從而達到平均負擔的目的。官僚知識階層又把各家族的義莊和義役，與地方的社倉結合成基層的社會互助組織，發揮救急扶危的作用。比如在發生天災的時候，他們就能夠經由義莊從地方大家族蒐集米糧，並開設粥局救濟飢餓的災民[138]。義莊的救濟範圍隨後不斷擴大，甚至涵蓋到整個社區的官僚知識階層，協助陷入經濟困境的學生和學者維持生活[139]。

而在家族的層次以上，官僚知識階層亦根據鄉飲酒禮的原理，去設立可以涵蓋整個基層社區的鄉約組織[140]。朱熹受到《藍田呂氏鄉約》的啟發，提倡按照《周禮》記載的禮儀，在基層社會設立從事道德教化的志願組織[141]。他所修撰的《增損呂氏鄉約》此後成為地方官僚知識階層訂立鄉約的指引。鄉約組織容許基層地方社會所有鄉民自由參與：雖然實際運作上鄉民會礙於知識人的威望、以及鄉親的群眾壓力，半推半就地集體加入。在組織成立後，領頭的知識人就會與鄉民立約，要求他們遵守各種成文規則，並勸勉他們互相監督。這些成文規則，大體上都依從《增損呂氏鄉約》裏面的規條：

> 見善必行，聞過必改；能治其身，能治其家；能事父兄，能教子弟，能御僮僕，能事長上；能睦親故，能擇交遊；能守廉介，能廣惠施，能受寄託；能救患難，能規過失；能為人謀，能為眾集事，能解鬥爭，能決是非；能興利除害，能居官舉職[142]。

領導鄉約的知識人，除了會指導鄉民遵守包括鄉儀、賓儀、吉儀、嘉儀和凶儀等家族禮儀外，亦會要求他們推舉作為組織負責人的約正，部分鄉約則會多推舉一名副正。而每個月都會有鄉民擔任值月，負責組織的雜務事宜。鄉約會定期在鄉校舉行聚會，每個月舉行一次小型聚會、每季舉辦一次大型集會，成員會在飲宴中體驗尊卑長幼有序的禮儀，又會檢討各人行事的善惡得失。組織會把成員的行事為人記錄在案，把各人的善行列入善簿、惡行列入惡簿，並在開會時公開朗讀記錄在善簿的各種善人善事。惡簿則在會中讓各成員暗自傳閱，藉此對行惡者作出無聲的警惕。

在聚會開始之前，領頭的知識人會在鄉校懸掛孔子的畫像，供赴會的鄉民禮拜。而約正、副正和值月則須在出發前在家中行禮，並於抵達會場後和鄉民互拜。此後鄉民就要先向社區的長者和賢者敬禮，再向約正禮拜，之後聚會才正式開始。這種安排既是為了讓鄉民習慣把禮儀融入日常生活，也是為了確立基層社會內部的尊卑長幼秩序。聚會結束後，則有讓鄉民在會場自由活動的時間，或是討論儒學知識、或以操練射箭技術、又或是一般的聯誼[143]。

在十二世紀末至十三世紀，義莊、義役和鄉約在宋帝國基層社會如雨後春筍般冒起。作為地方精英的官僚知識階層運用日趨壯大的基層互助組織，出錢出力推動各種地方建設。可是我們得留意此時地方基層社會的互助組織，與現代的公民社會（Civil Society）大相逕庭，甚至也稱不上是民間社會（Community Sector）。這些基層社會組織的領袖雖然身不在官場，可是仍舊與官僚體系有著千絲萬縷的關係：他們有的是仕途失意的退休官僚、有的是在任官僚的親屬，而與在任的官僚有過同窗之誼的更不在少數。不論是專注地方事務的知識人、還是透過科舉考試力爭上游的各級官員，在青少年時期都曾經在同樣的學校體系中接受儒學教育：雖然他們各有不同的動機和目標，可是其共同的生命歷程仍會讓他們凝聚成同一個地位群體（Status Group）。

亦因如此，在基層地方社會發起互助組織的官僚知識階層，嚴格而言並非真正的民間人士。即使他們已經辭去公職、甚至從未成為有任官資格的進士，他們在地方社會上仍然擁有半官方的身分，而地方官僚亦會與他們平等相待。在野的官僚知識階層仍然擁有一定的特權，能夠直接與地方官僚溝通，透過儒學思想的共同語言討論各種關於吏治、稅賦等令民眾感到困擾的問題，以及提出關於水利建設和徵糧措施等政策的提議。地位高於普羅民眾的官僚知識階層，在基層社會以社會賢達的姿態「為民請命」：他們是民眾的代言人，而不是民眾的一分子[144]。

官僚知識階層大多不是以耕織為本業，反倒會動用自己或家族成員的俸祿、以及與地方官僚的特殊交情，透過商業營運、購置田產或收取學費維持生活開支。而那些透過經商發跡的民眾、或是擁有田產的富農，亦會透過捐官、資助子弟教育或參加特別考試等方式，加入官僚知識階層的行列，並模仿其主流文化品味[145]。如此官僚知識階層就不只是特殊的地位群體，也是在生產模式（Mode of Production）上取得有利位置的特殊階級（Class）。地方知識人在基層社會發起互助組織時，亦多願意與地方官僚合作：那些無法參與中央朝政的地方官僚，也會像地方知識人那樣接受理學的意識形態，懷有教化民眾的道德使命。即使是講求實利的地方官僚，亦會因為基層互助組織有助減輕政府的財政負擔，而大力支持地方知識人的「志願團體」[146]。

不過，地方知識人能夠籌集到的資源相對有限，即使他們有能力發起各種社區建設，卻往往無法自力負擔維持和保養的開支。地方知識人通過儒學禮教凝聚的地方家族，亦未能把目光從家族擴展到整個社區，缺乏長期支援地方建設的動機。是以地方知識人發起的社區建設，最後大多交由官府接收經營，甚至需要在開展時向地方官僚募集資金[147]。譬如明州（今寧波）的地方知識人魏峴就曾如此感嘆：

> 近者連歲旱涸，峴多自出力，催募開淘。私家之力，終不如官[148]。

而義莊、義役等家族互助組織，往往在幾代人的時間後無以為繼，必須交由官營的州學接手。這些組織在交由官方接手後，其救濟對象會從個別家族擴大至整個社區，並成為國家救助體系的一部分[149]。這些現象反映出地方知識人的局限：地方知識人往往根據理學思想，以家庭禮儀和家族制度作為地方改革的切入點，可是其後組成的地方互助組織卻囿於家族的個別利益，無法對整個社區的貧苦民眾實踐普遍關懷。理學思想強調「修身、齊家、治國平天下」的順序，可是在「齊家」和「治國平天下」之間，卻有著難以逾越的鴻溝：畢竟家族禮儀確立的是個別主義（Particularism）和部落主義（Tribalism）的道德秩序，而不是維繫民間社會所需的普遍主義（Universalism）原則。

雖然受到理學思想啟發的地方知識人，會認為自己是實踐道德修練的「君子」，並擁有在地方社會推行「聖人之道」的能力，可是他們在實踐上卻會為個人和親族謀取權益。真正擁有公益精神的地方知識人，終究只是官僚知識階層當中的少數。地方知識人往往會高舉公益的旗號，假社區建設之名幫助自己的家族開墾田地，甚至不惜為此破壞地方的水利[150]。建基於理學思想的地方社會參與，終究是建基於局限在家庭私領域（Private Sphere）的「孝」文化，從而受困於個別主義和部落主義的束縛，無法蛻變成重視公領域（Public Sphere）的「義」文化[151]。

官僚知識階層推動的社區互助組織，亦建基於講究尊卑長幼秩序的價值觀。領導這些組織的地方知識人，與地方官僚有著共同的地位和階級身分，並擁有各種正式和非正式的官方特權。這些組織的運作，通常都會尋求地方官僚的協助、或是獲得地方官府的支持：其運作的前提是透過「官民合作」達致社區和諧，而不是根據民眾的立場主張其應有的權益。這些互助組織絕非真正的民間志願團體（Voluntary Groups），並不能夠歸類為處於國家與家庭之間的第三部門，反倒比較接近是國家的延伸。倘若我們以

「公民社會」的概念，去理解東亞大陸在近世至近代社區互助組織的運作，那恐怕只是張冠李戴[152]。由儒學精英領導的近世地方社會，與都鐸時期（Tudor Period）英格蘭的地方鄉紳有著根本的差異：前者始終認為自己是通過道德修練而變得超凡脫俗的「君子」（縱使其行為往往都是假公濟私），並無法像都鐸時期的鄉紳那樣把自己想像成普羅「國民」（Nationals）的一分子[153]。理學思想把超越價值內捲成家庭內部缺乏普遍關懷的尊卑規範，而官僚知識階層的「志願活動」則使他們在地方社會取得特權，進一步加強東亞大陸社會既有的不平等秩序。官僚知識階層主導的地方結社，因為政治意識形態上的個別主義、部落主義偏見，無法成為推動社會政治平等的公民社會。

不論基層社會互助組織的本質究竟如何，地方官僚知識階層仍是能夠通過這樣的機制，在無法參與朝政的情況下以「地方包圍中央」的方式推動改革。即使選拔官僚的科舉考試，在宋帝國滅亡後曾經長時間停辦，地方知識人仍然能夠在地方社會嘗試建立理學提倡的理想社會。元帝國雖然缺乏讓官僚知識階層投身官場的機制，可是其推崇理學為正統意識形態的政策，卻促成理學在地方社會植根的大趨勢。

宋元鼎革下的社會秩序

元帝國的統治，對官僚知識階層而言可謂苦樂參半。元帝國沿襲宋帝國末年的政策，把朱熹理學定為國家正統意識形態，又於帝國各地廣設官校：到十三世紀末，元帝國在各地設立超過一萬五千間社學，促成國家正統意識形態的地方傳播[154]。而官學的課程，則奉程頤到朱熹一系的理學為正統，並以《禮記》中的〈大學〉和〈中庸〉，以及《論語》、《孟子》、《孝經》和《小學》為核心課程。此外官學亦教授被稱為「五經」的《詩經》、《尚書》、《禮記》、《周易》和《春秋》，以及奠定儒學政治禮儀的《周禮》[155]。

橫跨歐亞大陸的蒙古帝國幅員廣大，元帝國因而推行職業世襲的戶計制度，藉此協調各蒙古汗國之間的地域經濟分工：透過規限各地各種資源的生產總額，朝廷就能夠確定各地跨地域貿易的總量，並由此制定財政政策[156]。戶計制度把官僚知識階層編入儒戶，讓他們根據戶籍獲得國家補助、以及免除力役的特權[157]。鐵木真的權臣耶律楚材曾建議把儒戶制度擴展為選任官僚的機制，卻並未將其付諸實行[158]。元帝國對儒戶的政策一直舉棋不定，甚至曾經兩度廢除豁免勞役的優惠。知識人亦必須成為官學或書院的門人方有資格成為儒戶，其身分不像其他匠籍那般可以世襲。是以有好一部分官僚知識階層未能「無縫轉接」成為儒戶，並處於尷尬的社會地位[159]，其實際處境則取決於地方官員的態度。在宋元鼎革初期，在地方任官的多為蒙古人、或是來自內亞、中亞和西亞的色目人，而且多為財經或商貿技術人員，知識人亦因而面對向下社會流動的壓力[160]。不過隨著理學思想在各族群的知識精英流行起來，地方知識人的景況也在十四世紀漸入佳境[161]。

元帝國以商業稅為主要財政來源，特別重視歐亞大陸兩邊的物流交通，故此朝廷會以族群界線決定政治體系內部的分工。在這樣的體系中，蒙古人會負責軍事和政治、財經商貿政策則交由世代從商的伊朗系族群或畏兀兒人（今維吾爾人）負責，而女真人和東亞族群則專責文書工作[162]。在這樣的制度下，官僚知識階層若要跨越族群之間的藩籬，就必須先由從事技術工作的吏員做起。若然他們表現良好，就有機會獲得提拔，與著重技術能力的蒙古人和色目人共事：可是受理學熏陶的官僚知識階層，卻嫌棄這種看重「功利」的升遷制度有違儒學價值[163]。如此在宋元鼎革初期獲得機會向上流動的，多是從事海洋貿易的地方商人：他們過往因為缺乏文化資本，只能在地方社會扮演次要的角色，如今卻因為其商業才華而獲得擔任地方官員的資格[164]。

縱使官僚知識階層需要設法爭取地方官員的支持，他們終究是推動基層社會管治的必要力量。社學在元帝國的制度下成為國家資助的官方機構，為以社學為舞台的地方知識人帶來一定的便利[165]。而那些透過商業技能成為地方精英或地方官員的新貴，則會透過文化資本鞏固自身的地位，鼓勵後代透過儒學教育轉型為官僚知識階層[166]。在元帝國統治東亞大陸逾一個世代後，蒙古人和色目人精英亦學會欣賞東亞文化，甚至成為理學思想的堅定支持者：蒙古人社群實行尊卑分明的根腳制度（Yazgurtan），故此蒙古精英偏好與官僚知識階層結交，反倒疏遠地位較低的蒙古「同胞」[167]。在色目人當中，原為西夏主流族群的唐兀人（党項人）本來就崇尚東亞文化，而畏兀兒和回回（穆斯林）等擁有知識人群體的族群，亦熱衷於探究精緻的異文化。如此官僚知識階層在十三、十四世紀之交，即已成為跨族群精英交際網絡之一員，從而逐漸恢復在宋元鼎革前的社會地位[168]。不過這些認同東亞文化、並與官僚知識階層交往的蒙古人和色目人，在元帝國治下仍然維持其固有的族群認同：他們要待明帝國在一三六八年把元帝國逐出東亞後，才逐漸融合到東亞大陸的主流族群當中[169]。

元帝國在一三一四年首次試辦科舉，並於一三四二年之後決定定期舉辦[170]。而宋帝國官僚的後代，亦因此逐漸恢復家族原有的身分地位[171]：不過在中央朝廷的層次，官僚體系仍然扮演著相對次要的角色。元帝國規定每屆科舉考試最多只能選拔一百位進士，並設置類似積極行動措施（Affirmative Action）的族群配額：而蒙古人、色目人、原金帝國領土的主流族群「漢人」、以及原宋帝國領土的主流族群「南人」，在配額制度中皆獲得四分之一的中舉名額[172]。在科舉恢復舉辦後，族群背景迥異的元帝國官員逐漸與東亞文化涵化（Acculturation），使地方官員的文化與地方知識人愈走愈近。地方知識人乘著文化融合的大勢動用文化資本，透過文藝交流結識地方官員，譬如在詩歌、散文和序言頌揚地方官員的政績，或是於官員調職時樹立「去思碑」歌功頌德。他們又動用與官員的交情為自己的基層社區建設背書，提升自己在地方社會的影響力[173]。

由下而上的不平等秩序

官僚體系在元帝國的政治角色大不如前，而科舉考試能夠提供的向上流動機會亦相當有限。官僚知識階層無法透過「得君行道」改變社會，就改為跟從十二世紀以來的大趨勢，根據理學思想採取由下而上的進路[174]。他們在推動家族禮儀改革時，彈性地詮釋朱熹的《家禮》，將地區社會的同姓家族（Houses）整合為規模更大、組織更嚴密的宗族（Clans）。

根據朱熹本來的規定，一般民眾只能拜祭父親、祖父、曾祖父和高祖父四代先祖，惟有皇族能夠把祭祀追溯到「得姓之祖」。元帝國的地方知識人卻根據當時的社會狀況，容許一般家族在上至高祖的祭祀儀式中，添加對「同宗」的大宗祭祀。如此他們就能夠配合地方的社會結構，透過杜撰族譜讓不同的家族「認祖歸宗」：倘若過往社區互助機制無法衝破家庭私領域的局限，如今地方知識人則可以透過擴展「家庭」的規模，增加能夠受惠於社區互助機制的人口基數。地方知識人除幫助各家族「發現」其共同根源之外，還可以把這些家族之間的地位差異，轉化為宗派各「支族」之間的長幼嫡庶關係。在地方知識人的鼓勵下，宗族內不同「支系」會定期聚首一堂，一起拜祭他們的所謂「同宗」。不同的「支系」透過祭禮等禮儀，展示他們在「宗族」內部的尊卑秩序，按照所屬的等級遵從不同的行為規範。而那些對社會國家有過功績的「祖先」，則會在定期的祭祀中受到頌揚。這些原本毫不相干的家族，透過定期舉辦的禮儀以「支系」的姿態凝聚起來，藉此塑造以共同「血緣」為基礎的群體意識[175]。

那些著手於宗族建構的地方知識人，根據理學的形而上理論指出宗族成員的「氣」因著其「共同血緣」而互相串連，從而主張先人逝世後應當埋葬在相近的地方。他們認為宗族成員身故後，若按照民間習俗分葬到互不相連的風水福地，就會切斷宗族內部本應連結在一起的「氣」，從而違反「理」的自然定律：這既是道德上的缺失，也會令自然秩序失調，從而為宗族成員帶來災禍。「同氣連枝」既為「理」所界定的超越價值，那麼各家族就必須設法「追本溯源」，與分散各地的「支系」重建宗族，並把他們的祖先都遷葬到同一個「祖墓」之中。在完成遷葬後，新創建的宗族就應當興建祠堂供奉「同宗」以及各「支系」的祖先，並透過祭祀儀式讓「同氣連枝」的後人得以重新連結，透過順應自然之「理」維持宗族的秩序與和諧[176]。

地方知識人認為宗族內部的秩序，理當「行於一家，以建乎一鄉一國」，是帝國尊卑秩序得以奠定的基礎。理學思想所規範的家庭祭祀，亦於宗族建構過程中從官僚知識階層向外擴展，從地主、商人和富農等新貴一直傳到平民家庭[177]。地方知識人透過宗族建構，按照「孝文化」的邏輯制定大型群體的秩序規範：他們先把男尊女卑、長幼有序的家庭內部差序，延伸為宗族「支系」之間的等級秩序，其後再通過鄉約組織把整個基層社會當成大型的模擬家族。作為地方社會領袖的官僚知識階層，既是基層社會鄉民的道德典範、又是他們的「衣食父母」，故此得以「父母官」的姿態「為民作主」。再加上君主率領臣下、臣下輔助君主的「君臣之倫」，整個社會尊卑分明的不平等秩序，就能夠透過「孝」和「忠」的價值得以確立。東亞大陸的地方社會結構，就於十四世紀隨著宗族建構而得以確立，並一直延續到二十世紀初。

而宗族建構的邏輯，亦成為推動東亞大陸帝國往南擴張的力量。嶺南和東南沿海過往一直遠離帝國的核心地帶，是以原始南島族群或壯侗族群土著為主流的社會。可是隨著市場貨幣經濟的擴展，這些地方的土著目睹來自北方的移民，透過開墾土地生產經濟作物獲得厚利，就開始想要成為有權擁有土地的編戶齊民。宗族建構運動的開展，就為這些土著帶來可乘之機：他們透過杜撰族譜謊稱自己是北方移民的後代，並以「追本溯源」的名義凝聚地方部落的力量。而演變成為「宗族」的地方部落聯盟，則集中資源推動填海造陸的水利工程，並培訓優秀的子弟參加科舉考試，從而成為有官僚知識階層在背後支撐的望族。隨之而來的圈地競賽，更迫使土著紛紛投身於宗族建構的遊戲：他們若不如此行動，就會淪為喪失土地使用權的賤民。如此嶺南和東南沿海的土著，就逐漸丟失其固有獨特的身分文化，融入到東亞大陸的主流族群當中。而東亞大陸諸帝國則透過這樣的拓殖事業，在十四世紀開始把南方的化外之地，轉化為帝國直接管轄的領土[178]。如此理學家庭倫理所釀成的內部不平等，就轉化成帝國秩序的外部不平等。

也就是說，受到理學思想熏陶的地方知識人通過由下而上的方式，從根本改造東亞大陸基層社會的文化和權力結構。而這股社會力量，同時助長東亞大陸帝國往南方的擴張，而過往一直以土著為主流的南方邊疆，亦於這個過程中被納入所謂的「中國本部」（China Proper）之中。即使蒙古人對東亞大陸的統治無以為繼，元帝國時期的社會演變，仍然為東亞大陸社會帶來無可逆轉的影響。

第六章 認信國家建構與聖王專政

鐵木真在統一蒙古各部後，於一二〇六年召開忽里勒台（Kurultai）大會，召集各部族長老來商議可汗的人選。結果赴會長老都推舉鐵木真為他們的可汗，並賜予他成吉思汗（Chinggis Khan）的名號。不過此時誰也沒想到新成立的大蒙古國（Yeke Mongol Ulus），竟然在幾十年間發展成橫跨歐亞大陸的世界帝國，版圖的遼闊遠超昔日將霸權限於內亞的游牧政權所能想像[1]。

人類史上最早的世界帝國

蒙古帝國立國後不久，即展開對西夏的侵略，並於一二二七年將其吞併。更且，他們於一二一一年向舊宗主金帝國展開攻勢，並在四年後攻陷其首都中都（今北京）。金帝國治下的契丹人、東亞族群以至是女真人，此役過後集體投向蒙古帝國，當中包括後來成為宰相的耶律楚材。此後金帝國只剩下黃河與宋金邊界之間的狹長地段，並苟延殘喘到一二三四年[2]。起初蒙古帝國並未打算往西擴張，反倒想憑藉位於內亞的有利地位，派遣商隊參與來往中亞和東亞的貿易。可是其後橫跨帕米爾高原（Pamir Mountains）和伊朗高原的花剌子模（Khawarazmian Empire）卻扣押蒙古的商隊、屠殺蒙古的使節，促使鐵木真於一二二一年興兵消滅花剌子模[3]。

在一二二七年鐵木真逝世後，窩闊台（Ögedei）繼承蒙古帝國的汗位，以中亞為踏版，將勢力範圍擴展到歐洲。他在一二三八年展開西征，並於兩年後消滅在東歐平原（又稱歐俄平原）上被稱為羅斯（Rus'）的國家，當中包括實力最為強大的基輔羅斯（Kyivan Rus'）。此後蒙古帝國進軍歐洲，一二四一年擊敗波蘭和匈牙利的軍隊，經波希米亞攻到奧地利的外圍。可是窩闊台卻於此時突然逝世，迫使蒙古軍隊退回東歐平原[4]。其後繼位的貴由（Güyük）雖然無法維持政權穩定，蒙古軍隊卻仍然能夠在入侵宋帝國的同時，向敘利亞和安納托力亞（Anatolia，即小亞細亞）發動攻勢。此後蒙哥（Möngke）於一二五一年奪取政權，一邊委託弟弟忽必烈繼續入侵宋帝國、一邊派兵襲擊伊朗高原和美索不達米亞，並於一二五八年消滅定都巴格達的阿巴斯帝國（Abbasid Caliphate）。

蒙哥在一二五九年進攻宋帝國時逝世，忽必烈於其後的政治鬥爭中擊敗阿里不哥，成為蒙古帝國的大汗。如前所述，忽必烈按照東亞大陸帝國的樣式建立元帝國，於一二七六年消滅宋帝國、一二七九年在嶺南沿海擊潰忠於宋室的殘餘勢力[5]。此外忽必烈一直派兵向位於韓半島的高麗施壓，並在崔氏武臣政權於一二五八年的政變遭到推翻後，把高麗收編為蒙古的附庸國[6]。

就在忽必烈把統治重心放在東亞之時，遍布歐亞大陸各地的鐵木真後人卻開始質疑蒙古大汗的權威：這些孛兒只斤氏（Borjigin）的成吉思汗後代，也就是俗稱的黃金家族（Altan Urugh）。他們在蒙古帝國各地建立實際獨立的汗國，包括位於東歐平原的欽察汗國（Kipchak Khanate，又被稱為金帳汗國／Golden Horde，自稱大國／Ulug Ulus）、位於西亞的伊兒汗國（Ilkhanate，又稱為旭烈兀國／Hülegü Ulus）、察合台汗國（Chagatai Ulus，又被稱為蒙兀兒斯坦／Moghulistan）則和窩闊台家族（Ögedei Ulus）分治中亞。包括大元帝國（Yeke Yuwan Ulus／Dai Ön Yehe Monggol Ulus）在內的汗國之間雖偶有敵對關係，可是他們名義上都是由身兼元帝國皇帝的蒙古大汗統領，也會遵從孛兒只斤氏的行為規範。隨後的一個世紀中，各蒙古汗國主導著歐亞大陸的國際關係，從而帶來相對平靜的蒙古和平（Pax Mongolia）[7]。

在蒙古帝國擴張時，各部落組織都因為戰功而獲得征服地的利權，相關的配額則被稱為忽必（Khubi）。由於這些部落的足跡遍布整個歐亞大陸，其忽必因此分布在各汗國之中。不時互相攻伐的蒙古汗國，仍會以君子協定確保貿易路線的暢通，藉此確保各自部署的物資供應不致斷絕[8]。比如在十三世紀末，窩闊台家族的海都（Kaidu）控制了察合台汗國，並與欽察汗國聯手起兵挑戰忽必烈作為蒙古大汗的地位[9]。即便如此，忽必烈仍然容許海都從長江下游取得租賦[10]。這些做法繼承了鐵木真在立國初期奠定的以商立國國策，旨在積極推動橫跨歐亞草原的商貿活動[11]。

雖然元帝國按照宋帝國發行有價證券的經驗，以紙鈔為主要的通貨手段，可是白銀卻逐漸成為跨地域貿易的通用貨幣：銀本位制度其後成為國際貿易的基石，到十八世紀才開始受到金本位制度的挑戰，並一直延續到二十世紀初期[12]。歐亞大陸的海陸交通路線在十三世紀至十四世紀初一直保持暢通，則令市場貨幣經濟不斷擴散，繼而把歐亞大陸貫通為同一個經濟圈。歐亞大陸各地的商業活動，在蒙古和平的國際形勢下迅速增長，而以都市為中心的交易圈亦在西歐、北非、西亞和東亞蓬勃發展[13]。

蒙古帝國在十三世紀初東征西討時，積極從俘虜中收編知識人和工匠，從歐亞大陸各地吸取各種先進技術[14]。他們在征戰的過程中把蒙古軍隊從傳統的草原騎兵，演化為多兵種合成作戰、並且能夠動用重型器械的近代軍隊。歐亞大陸各地的軍隊其後都參考蒙古的經驗，促使全球軍事技術的近代化：即使到第二次世界大戰時，同盟國和軸心國的將領亦能從蒙古經驗中取經，並將相關戰術應用於機械化的近代戰爭[15]。在蒙古和平的時代，被俘的知識人和工匠散落於各大汗國，促進各種知識技術在歐亞大陸的傳播。蒙古統治者喜歡任用擁有專門技術的人員，讓他們擔當達魯花赤（Darughachi）等地方行政職位。他們放手讓熟悉商貿財經的技術人員，與地方精英協力推動間接統治：蒙古帝國以商品貿易印花稅（Tangha）為主要收入來源，又廢除歐亞大陸各地原有的過路費和關稅，並減輕人頭稅和驛站稅等稅項。他們透過減少苛捐雜稅提升跨地域的貿易總量，從而以間接的方式提升財政收入[16]。

知識人和工匠的流動令各種近世知識和技術在歐亞大陸廣為傳播，使整個歐亞大陸從中世步向近世。由於西歐的社會經濟發展，在西羅馬帝國滅亡後就落後於其他地域，故蒙古和平對當地的影響尤其顯著。此時從東亞傳入西歐的新技術，包括適用於農業生產和短途運輸的手推車，以及促進知識傳播的雕版印刷；後來在西歐蓬勃發展的金屬活字印刷，亦不能排除是由高麗輾轉傳入[17]。不過蒙古帝國對西歐最重要的影響，是激起當地知識人對東方的好奇心。威尼斯商人馬可波羅（Marco Polo）等人的地理誌書寫改變西歐固有的地理觀念。此後西歐人對東方文化的好奇、以及對東方物產的渴求，就成為他們推動社會變革的動力[18]。

源自東亞和西亞的各種財政技術，在傳入義大利後得以發揚光大，並發展出各種支撐近代市場貨幣經濟的體制。他們在猶太人家族那邊，學會透過借貸盈利的技術，又從西亞商人那邊學到有助資金籌集、利潤分成和分擔風險的合資機制[19]；而從南亞和西亞引入的各種數學知識，特別是阿拉伯數字的傳入，則促成複式記帳法（Double-entry Accounting）的發明。這種記帳法令查帳變得簡易，造就近代會計學的誕生：如今帳目內自相矛盾之處更容易顯明，亦比較容易快速識別涉嫌造假者，從而提升商行以至國家的帳目透明度[20]。

隨著複式記帳法在十四世紀前後於義大利普及，使西歐能夠受惠於近代會計學，克服有價證券和紙幣促成通貨膨脹的弊端，將這種源自東亞大陸的發明轉化成可靠的金融工具：由此衍生出來的紙幣、債券和股票，更是近代市場貨幣經濟得以運作的支柱。蒙古和平促成的各種變革，令西歐從歐亞大陸的一個邊陲角落，發展成能夠與世界各地並駕齊驅的近世地域。

不過蒙古和平卻只能維持一個多世紀，可謂相當短暫。蒙古帝國透過鼓勵跨地域貿易的收益供養其軍事體系，可是由於生產力都集中在遠離歐亞草原的地域，使蒙古本部反倒成為帝國經濟體系的邊陲。蒙古帝國亦無法持續擴張的態勢：元帝國兩度東征日本都以失敗收場[21]，而西歐和北非亦有能夠抵擋蒙古的實力[22]。這樣蒙古帝國就無法透過軍事行動取得戰利品，藉此收買各地精英的忠誠。在這種情況下，一旦歐亞大陸出現任何經濟或人口上的衝擊，損害到跨地域的交通貿易，蒙古帝國就會失去支撐運作的資源[23]。

雖然鐵木真在創建蒙古帝國時，把不同的部族都納入為軍事科層體系的一員[24]，可是卻未能解決權力繼承的問題。蒙古人並不以長幼嫡庶確立繼承權的承傳次序，而世代傳承則取決於兄弟之間的實力競爭。這種繼承制度適用於軍事擴張的階段，可是卻會在和平時期削弱帝國體系的穩定性。忽必烈雖然在與阿里不哥的競爭中獲勝，卻在孛兒只斤氏內部造成裂痕，其後各自為政的蒙古汗國亦為爭奪區域霸權勾心鬥角。比如欽察汗國一度與東羅馬帝國（拜占庭）、位於義大利的熱那亞共和國（Republic of Genoa）、以及位於北非的馬木路克蘇丹國（Mamluk Sultanate）結盟，與伊兒汗國爭奪連接歐亞大陸東西兩端的貿易路線，在十三、十四世紀之交爭戰不休[25]。

不過最終為蒙古帝國敲響喪鐘的，卻是從十三世紀中到十五世紀中的氣候變化：全球氣候從此前的中世溫暖期（Medieval Warm Period）過渡到小冰期（Little Ice Age），並一直延續至十九世紀。氣候變化不只降低全球的平均氣溫，亦在十四世紀初帶來極端天氣。歐洲在一三〇九至一三二一年期間，氣候變得寒冷而潮濕、並且經常發生水災和旱災，從而引發大饑荒[26]。內亞和韓半島的平均氣溫亦急速下降，而蒙古本部則爆發令牲畜大量死亡的暴風雪。黃河流域在一三三〇年代起不斷氾濫成災，最終於一三四四年在山東白茅決堤，其後積水長年不退。東亞大陸東南部在十四世紀初，亦多次受到超級颱風吹襲。元帝國無法同時應付各地出現的災情，只得在無抵押的情況下發鈔賑災，令東亞大陸出現令經濟急速崩潰的惡性通膨（Hyperinflation）[27]。

氣候的急劇轉變往往伴隨著瘟疫的爆發。隨著中亞和內亞的氣候變得乾燥，原本寄居於土撥鼠身上的跳蚤開始轉移到家鼠身上，並隨著商旅和軍隊傳遍歐亞大陸。這些跳蚤為鼠疫耶爾森菌（Yersinia pestis）的自然宿主，當人類感染到這種細菌後，淋巴腺就會急劇腫脹，並在淋巴腺爆裂後不久病重身亡。從淋巴腺流出的體液則會成為感染的源頭，旁人若吸入就會引發必死無疑的肺炎[28]。視乎病菌品種和病患身體狀況，染上鼠疫耶爾森菌後的死亡率介乎百分之三十至九十：在當時的衛生條件下，死亡是大部分感染者無法迴避的終局[29]。

鼠疫在十四世紀初於蒙古部隊內爆發，並於一三四〇年代傳染給在克里米亞經商的義大利商人，其後隨商貿活動在地中海世界傳播[30]。鼠疫大流行（Pandemic）在一三四六至一三五三年期間於歐洲爆發，令當地三分之一的人口染病身亡，因而稱為黑死病（Black Death）。鼠疫在一三六〇年代二次爆發後，就成為歐洲的風土病（Endemic）[31]。這場瘟疫很可能曾經在一三五〇年代傳到東亞大陸：在一三五二至一三六二年間東亞大陸多次爆發「疫癘」，傳播迅速而且病亡者眾。可是歷史文獻除指出患者長有惡瘡（癘）外，就沒有詳細描述他們的病徵。他們染上的很可能是鼠疫，不過亦有機會是其他隨氣候變化滋生的急性傳染病[32]。

十四世紀初的氣候變化與瘟疫大流行，令歐亞大陸的人口大批死亡，當中又以都市的情況最為嚴重：當時歐亞大陸各地的城市都擁擠不堪，也未有妥善處理汙水和廢物，故此往往淪為瘟疫的溫床。連結歐亞大陸兩端的貿易，因為農作物歉收和都市衰退的雙重衝擊而中斷，令倚靠貿易維持的蒙古帝國體系無以為繼[33]：伊兒汗國在一三三五年首先倒下，而察合台汗國則於一三三七年分裂為東西兩部。元帝國其後在一三五一年起失去對東亞大陸南部的控制，並於一三六八年被逐出東亞大陸。蒙古人建構的世界帝國在十四世紀的崩解，為歐亞大陸各地帶來翻天覆地的衝擊：此後歐亞大陸各地的勢力都在設法恢復十三世紀的榮景，為近世到近代的歷史發展掀開序幕。

超越價值的再發現

歐亞大陸在蒙古和平的時期，經歷過市場貨幣經濟擴展帶來的繁榮興盛，卻於其後迎來氣候變動與鼠疫大流行的衝擊。這種大起大落的經歷，促使各地知識人重新探索何為超越價值。部分人士把十三、十四世紀的社會巨變，視為信仰不虔誠所招致的報應。比如在大馬士革講學的伊斯蘭學者伊本·泰米葉（Ibn Taymiyya），就認為伊斯蘭世界被蒙古帝國征服，是真主對穆斯林的警示：他認為伊斯蘭黃金時代（Islamic Golden Age）的哲學和神學，已經偏離先知穆罕默德教導。他亦以排外的心態歧視皈依伊斯蘭的蒙古人，認為他們透過折衷主義汙染伊斯蘭的正統信仰。他甚至發布伊斯蘭法令（Fatwa），宣布向蒙古裔的遜尼派穆斯林發動聖戰，認為他們與什葉派的努賽爾派（Nusayrites）同樣是伊斯蘭正統的頭號敵人。而他的大弟子伊本·蓋伊姆·賈瓦齊耶（Ibn Qayyim al-Jawziyya），亦同樣抱持排外主義和敬虔主義的觀點，和他的老師一樣都是伊斯蘭學界的鋒頭人物。雖然二人的學說起初並未成為伊斯蘭的主流，可是其後卻對近代伊斯蘭原教旨主義的發展影響深遠[34]。

西歐和中歐的基督徒則把鼠疫視為上帝對罪人的懲罰。部分信徒為此參與宗教巡遊，一邊遊行、一邊鞭打自己，希望透過肉身的痛苦讓上帝明察其悔罪之心。這些鞭笞派（Flagellants）的集體行動，往往會發展成針對猶太人的騷亂，甚至釀成好幾宗大屠殺：他們認為中西歐之所以會爆發鼠疫，是因為抗拒基督教的猶太人故意投毒所致。時人面對急劇轉變的社會環境，往往會同時訴諸於敬虔主義和排外主義：他們時而陷於倖存者的罪咎感而不能自拔、時而把一切的責任都推卸予代罪羔羊，並在兩種心理狀態之間反覆徘徊[35]。

不過另一些知識人則認透過深邃的思辨理解超越真理，是敬虔生活的前提。英格蘭神學家約翰・威克里夫（John Wycliffe）認為基督教信仰是不朽的普遍真理，有異於教會內部常見的恩庇待從關係。他認為羅馬大公教會[36]的建制，已經因為長期壟斷宗教權力而走向墮落：公教建制自視為上帝與平信徒之間的中介人，並透過壟斷宗教的詮釋權牟取暴利。為此他把聖經翻譯為英語，讓平信徒可以直接從聖經接觸到上帝的真理，擺脫以拉丁語壟斷詮釋權的腐敗建制[37]。而此前一度散佚的希臘和羅馬文獻，亦隨著蒙古帝國開拓的交通網絡從西亞傳返中西歐。從東亞引入的造紙術和印刷術，則有助這些文獻在西歐的傳播，從而促成人文主義的興起。人文主義學者既主張理性思辨、亦強調透過閱讀原典探求學問，而受其啟發的神學家則通過新思維、舊經典深化其信仰，寄望能藉此「回歸」基督教早期的「根源」[38]。

這種對超越價值的重新探索，使基督徒渴望能夠越過腐敗的教會建制，直接接觸來自耶穌基督的超越真理。而針對教會腐敗建制的改革，則始自西班牙的大公教會。伊比利半島自八世紀起曾長期被穆斯林統治，要待再征服運動（*Reconquista*）於十世紀取得上風後，才重新逐漸由基督教國家所掌握。在伊比利半島的大公教會，都是由參與再征服運動的基督教國家透過軍事實力建立，從而使王權能在當地的宗教事務獲得較大的話語權。在一四六九年，阿拉貢聯合王國（Crown of Aragon）國王斐迪南二世（Ferdinand II）與卡斯提亞聯合王國（Crown of Castile）女王伊莎貝拉一世（Isabella I）結婚，創立雙元首共治的西班牙王國。西班牙在一四九二年攻陷穆斯林的最後據點格拉納達（Granada）後，下令驅逐國內不願改宗基督教的穆斯林和猶太人，並為鞏固對新領土的控制而動用國家力量傳播公教信仰，又運用印刷術推廣王室眼中的正統教義。西班牙憑表現和實力說服梵蒂岡的教宗，讓國王取得任命西班牙各地主教的主導權，藉打擊神職人員腐敗的改革把當地教會納入國家的體制[39]。

不過宗教改革其後卻從公教的內部改革，演變成針對羅馬大公教會的全面對決。煉獄信仰（Purgatorium）在鼠疫大流行後，於中西歐北部廣為傳播：當地民眾擔心若然在小罪未獲赦免前就忽然離世，就必須在先在煉獄受苦洗清罪孽，才能獲得進入天堂的資格。梵蒂岡為把這種民間信仰納入公教的告解體系，就容許信徒透過金錢奉獻換取大赦（Indulgentia，又稱贖罪券）：羅馬大公教會教導信徒為自己的罪孽向神職人員告解、並以向教會奉獻作為補償，繼而宣告赦免他們的小罪、使他們在身後能免受煉獄之苦。不過梵蒂岡卻把相關的奉獻收益用來資助聖伯多祿大殿的重建，令人懷疑教廷是否利用信徒的恐懼中飽私囊。

威登堡大學（Universität Wittenberg，即現在的哈勒—威登堡馬丁路德大學／Martin-Luther-Universität Halle-Wittenberg）的神學教授馬丁・路德，主張大赦背後的神學理據違反基督教信仰。他認為煉獄和大赦等概念都不為聖經所記載，是羅馬大公教會後期添加的觀念。馬丁・路德基於奧古斯丁（Augustine of Hippo）以來的神學傳承，認為信徒只需要透過信心直接從耶穌基督領受救恩，就能夠獲得完全的赦免：小罪未赦既是假議題，大公教會也就沒有推行大赦的理由。他在一五一七年提出九十五條論綱（95 Thesen），質疑當時羅馬大公教會的救贖論（Soteriology），為基督教思想帶來翻天覆地的衝擊。不同派別的神學家為回應這場大論爭，各施各法重新定義基督教的基本信仰，並就教會治理以至政教關係提出各式各樣的見解。此後中西歐北部有為數不少的基督徒，而決定脫離大公教會成立自己的教派[40]。這些新教派其後被統稱為基督新教，並被大公教會貶斥為誓反教（Protestantism）[41]。

馬丁．路德本人的神學觀念比較保守，傾向在大公教會內部推動改革，卻因為被開除教籍（Excommunication）而被迫另立信義宗（Lutheranism）。他在政治上則贊同中世模式的貴族制度，極力詆毀農民反抗貴族的起義，又仰賴採納信義宗信仰的王侯支持[42]。不過歷史過程的開展，往往超乎推動者有限的想像：宗教改革歸根究柢就是對超越價值的再超越。基督宗教的核心本來就是超越價值，在一至三世紀的創始時期曾經是羅馬帝國體系的批判者，既以普遍主義的社群實踐反抗個別主義、部落主義的主流價值，又以相對平等的方式看待不同的族群、階級、性別和家庭角色[43]。可是基督教在成為羅馬帝國的國教後，卻從受壓者轉換成壓迫者，並以各種個別主義、部落主義的制度鞏固神職人員的特權。宗教改革本於「回到根源」的信念，設法與普遍主義的超越真理重新連結，那麼他們在面對教會濫權腐敗和政教合一的現狀時，自然就會產生推動社會政治變革的想望：哪怕馬丁．路德本人的觀念再是保守，中西歐既有的社會政治秩序，無可避免將會遭到新興信仰的挑戰。

比如約翰．加爾文創辦的改革宗（Reformed Christianity），在教會治理上主張由會眾選舉長老（Presbytery）管理教會的代議制，又認為國家不應干涉教會內部事務。其弟子泰奧多爾．貝扎（Théodore de Bèze）則更進一步反對王權政治，認為共和政治才是合乎上帝國（Kingdom of God）價值的制度：他的思想對往後不列顛和荷蘭的政治發展影響深遠[44]。更為基進的重洗派（Anabaptist）教派不單反對王權，更認為任何國家體系都是人性罪惡的產物，故此與志同道合的信徒組織抗拒公權力介入自治社群[45]。

改革宗神學基於對超越價值的再發現，提倡更合乎上帝國原則和近世需求的人間秩序。他們基於政教分離的原則，主張上帝創造的世界存在著各式各樣的領域：這些領域之間雖然有分工互補的作用，卻有著互不干擾的運作原則。宗教領域既有異於政治領域，其內部事務亦應該依據獨特的法則運作，故此教會事務應應該擺脫政治力量的干擾，交由在地的信仰群體決定。改革宗神學認為政治事務應當採用全民適用的民事規範（Civil Norm），而教會事務則應該採取信仰群體獨有的屬靈規範（Spiritual Norm）。而在宗教和政治領域以外的規範，亦分為由自然定律決定的自然法（Natural Law）、以及經法律體系人為制訂的實在法（Positive Law）。這些不同的規範應當運用在不同的領域：若然未能確立互不侵犯的領域主權（Sphere Sovereignty）原則，就會造成法規上的混淆，從而帶來混亂和欺壓[46]。

而改革宗神學亦認為創造天地萬物的上帝，同時透過自然定律和聖經，向人類展示超越真理的面貌。可是由於人類並不是上帝、也無法成為上帝，故此其感官和思維必然有不可逾越的局限，以致他們無法完全感知超越真理的全貌。故此自然世界的運作，雖然能夠讓人類感受到上帝的力量，卻始終無法為上帝的存在提供確實的證據。為此上帝故意俯就（Accommodate）世人，在聖經透過不完美的人類語言向世人作出啟示，讓他們能夠在無法證實上帝存在的情況下，仍然能夠憑著信心與超越真理作出連結。聖經既是由人類的語言寫成，亦有其特定的用途，故此並不應將其視為合乎哲學邏輯的文本、更不應把聖經當成是科學課本。因為上帝憐憫人類的軟弱，選擇以不同的方式向世人啟示真理，那麼若要理解不同的啟示途徑，就必須採取不同的方法。是以對概念的理解，就應該使用哲學的邏輯；對自然界的探索，就應該按照科學的原理；對聖經啟示的尋求，則當應用神學的概念。如此不同的學術科目，都是自成一體的特殊領域，在方法學上必須遵從互不干擾的原則[47]。

根據這樣的見解，人類雖然可以透過理解超越價值，獲得洞察世情的「奧林比亞山」視野（Olympian Perspective），卻始終無法完全達致超越的境界。在超越境界與人類社會之間，有著包括形而上學、自然科學和社會科學等不同層次的真理；而超越真理對人類的啟示，亦有著多條互不干擾、各有規範的管道。是以人類社會有著不同的公領域和私領域、而人類的知識亦分為各種原理不同的學科，沒有人能夠掌握真理的全部，故此沒有人有資格掌握絕對權力。不同的領域只得設法平等地和平共處，像人體的不同器官那樣展開有機的（Organic）分工合作。如此社會各界雖然透過不同的管道、獲悉超越價值的不同面向，卻仍舊可以整合到同一個社會政治結構當中（圖6.1）。承傳改革宗傳統的台灣基督長老教會，亦於其信仰告白展現這樣的世界觀：

> 阮信，上帝使人有尊嚴、才能，以及鄉土，來有份於祂的創造，負責任和祂相與管理世界。對如此，人有社會、政治及經濟的制度，也有文藝、科學，復有追求真神的心[48]。

羅馬大公教會雖然與新教互相抗衡，卻暗中向其競爭對手取經、又參考了人文主義的學說，按照公教的立場展開自身的宗教改革。誠然這些改革的目標，是要鞏固大公教會搖搖欲墜的權威，可是我們並不應該把所謂的「反宗教改革」（Counter-Reformation）視為對時代的反動。大公教會在一五四五至一五六三年間，多次在特倫托（Trento）與波隆那（Bologna）召開特利騰大公會議（Concilium Tridentinum），嘗試釐清中世以來備受爭議的各種神學概念，並按照大公教會的傳統詮釋奠定

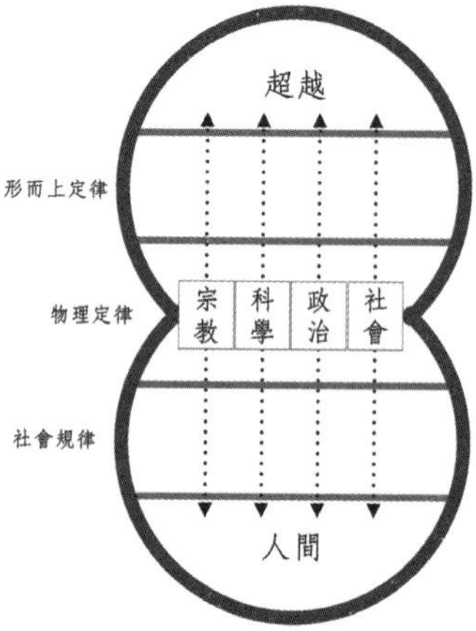

圖6.1　改革宗神學的領域主權論

教義：與會者當然沒有忘記透過新釐定的教義，把新教信仰貶斥為異端。大公會議亦試圖界定教會應持守的禮儀，撇除中世民間信仰對宗教禮儀的干擾，又嘗試透過行為守則解決廣為詬病的神職人員腐敗問題。大公教會的主教和神學家，對上述問題如何解決言人人殊，以致要待召開這場大公會議十八年後，各方才就最後方案的內容產生共識。不論如何，這次大公會議讓立場迥異的主教和神學家聚首一堂、又令他們產生教會必須改革的共識，使公教徒凝聚成一股合一的力量[49]。

而依納爵・羅耀拉（Ignacio de Loyola）與方濟・沙勿略（Frantzisko Xabierkoa）和伯鐸・法伯爾（Pierre Favre）等人則在一五三四年成立耶穌會（Societas Iesu），嘗試以由下而上的方式與新教競爭：他們一方面以基督教人文主義（Christian Humanism）思想抵抗新教的神學論述，又於基層社會經營各種慈善事業、傳揚公教的信仰。耶穌會起初主要在義大利、西班牙和葡萄牙等地活動，其後又隨著西班牙和葡萄牙的海外擴張，而成為基督宗教海外宣教運動的先驅[50]。

大公教會在宗教改革風潮後，只得倚靠公教國家的力量維持其權威地位。西班牙、葡萄牙、奧地利和法國都奉公教為國教，都會動用國家的力量打壓新教徒，而西班牙和葡萄牙也基於宗教因素，向信奉新教的國家開戰。不過隨著中西歐在蒙古西征後轉型為近世社會，中央集權制度在公教國家和新教國家都日趨普遍，促使公教國家以捍衛信仰之名追求其國家利益（Raison d'État）。在這個過程中，統治西班牙、奧地利、以及美洲海外領地的哈布斯堡王朝（Haus Habsburg）以公教保護者的姿態，迅速崛起為歐洲以至是世界的強權。而原本信奉新教的波旁王朝（Maison de Bourbon），亦在取得法國統治權之前改宗公教、並積極鎮壓國內的新教徒，塑造出西歐最大的公教國家，並在國際舞台上與哈布斯堡王朝爭奪歐洲霸主的地位[51]。

雖然大公教會過往偏向政教合一，可是如今仰賴國家實力支持的教會卻逐漸在政教關係中處於弱勢，甚至淪為公教國家帝國建構的棋子。中西歐北部的國家多改奉新教為國教，則令當地的公教徒淪為弱勢群體，並成為宗教迫害的潛在對象。為此大公教會必須微調關於政教關係的教導，在實踐上強調社會力對政治力的制衡。大公教會依據多瑪斯・阿奎那（Thomas Aquinas）的經院哲學、以及亞里士多德的哲學傳統，在肯定梵蒂岡領導權的前提下，主張教會以及社會的基層架構理當有相對自主的空間：包括教廷和政府在內的上層機構，應該首先讓教會及社會基層發揮其自主權，待其力有不逮時才插手輔助。這種近似改革宗領域主權論的社會政治主張其後逐漸演變，最終在十九世紀被大公教會納入其社會訓導當中，並被稱為輔助性原則（Subsidiarity）[52]。

輔助性原則其後成為大公教會抗拒政治干預的主流論述，並於一九九二年被寫進《天主教教理》之中：

> 每個團體由它的目標來界定，因此應遵守特定的規則……國家過度的干預能夠威脅個人的自由和主動。教會的訓導曾制定了所謂輔助性的原則。根據這個原則，「較高層的社會不應剝奪較低層社會的權限，以干預其內部生活，反而應在必要時支持它，並幫助它與其他的社會組成分子，在行動上取得協調，以促進公益」。天主並不願意把一切權力的行使單獨保留給自己。祂分給每一個受造物，運用其天賦的能力，可以行使的職分。這治理的模式應在社會生活中加以仿效。天主治理世界的態度，證實了祂對人自由的極端尊重，這態度應能啟發人間團體統治者的智慧。他們應該表現出作為天主眷顧的執行者[53]。

伊斯蘭世界在蒙古和平崩潰後，亦有思想家重新反思超越價值與政治社會秩序的關係，並提出類似主權領域論和輔助性原則的觀念。比如活躍於十四、十五世紀之交的北非學者伊本·赫勒敦（Ibu Khaldun），主張學問應當分為傳統學問（Al'ulūm al-Naqliyya al-Wad'iyya）和哲理學問（Al'ulūm al-Hikmiya al-Falsafiya）。傳統學問探求的，是真主經先知穆罕默德和古蘭經向世人教誨的宗教知識，目的是要理解真主的啟示，從而制定相關的宗教法；而哲理學問則是要探索關於自然和概念的知識，研究者須意識到世上存在著各式各樣的物件、概念和邏輯，繼而透過研究、推估和理解獲得相關的知識。這兩種學問內部，亦分為不同的種類和層級，從而形成各種自有其法則的學術知識領域[54]。知識人透過重新發現超越價值，繼而重新審視社會政治秩序，並確立信仰體系、自然規律、社會組織和政治架構分立而分工的世界觀，乃蒙古帝國崩潰後歐亞大陸各地的共同現象。

近世轉型下的認信國家建構

在蒙古帝國崩潰後出現的社會政治秩序觀，其後成為歐亞大陸各國推動中央集權改革的思想資源。比如在十六至十八世紀之間的中西歐，組成神聖羅馬帝國的邦國紛紛把信義宗或公教定為國教，然後動用公權力推廣國定的「正統」信仰，以賞罰機制促使民眾改變其固有信仰、並公開宣示對國定信仰的認同。這些邦國借用國家教會的力量，在國際層面擺脫神聖羅馬帝國的宰制獲得實然主權，並在國內層面則繞過一切中介將權力意志伸延到個別民眾身上。神聖羅馬帝國的中世封建秩序，在這個過程逐漸崩解。而原為其藩屬的邦國則在國內確立不容外來及內在勢力質疑的絕對權威，並透過官僚體系和法律制度達成中央集權的統治，演化成近代的領土主權國家（Territorial Sovereign States）。研究歐洲史的學者把這些日耳曼邦國稱為認信國家（Confessional State），並把這些邦國利用國家教會達成中央集權的過程，稱為認信國家建構（Confessionalization）[55]。

歷史學家在一九七〇年代提出認信國家的概念，嘗試藉此引證馬克斯・韋伯關於新教倫理與近代性的理論[56]，可是其後的研究結果卻顯示伴隨宗教改革而來的政治演變，並不一定是由上而下的國家建構過程（State Formation）。雖然神聖羅馬帝國部分邦國的歷史演變，確實合乎國家體系透過國家教會集中權力的描述，可是這在歐洲卻是少數案例。中西歐其他地方的政治和宗教演變，往往是由下而上、而非由上而下的過程[57]。比如蘇格蘭的認信國家建構，乃源自一般民眾對外來修會的反感：民眾認為公教信仰的修士坐擁教產、不勞而獲，繼而決定脫離羅馬大公教會。其後成立的蘇格蘭教會（The Kirk o Scotland）雖然是由選舉產生的長老主持，而不是國家體系的一部分，卻仍然能透過由下而上的社會動員擔當國家教會的角色[58]。荷蘭的國家體系雖然傾向改革宗信仰，卻並未有動用公權力傳教。儘管在獨立運動爆發初期，荷蘭的新教徒曾經衝擊公教的聖堂搗毀聖像（Beeldenstorm），可是國家政權卻在形勢穩定後實施容忍共存的政策。改革宗在荷蘭的傳播主要是民間自發的過程：而荷蘭在西班牙統治時期的歷史傷痕，則是民間反公教情緒的主要推動力量[59]。

愛爾蘭的案例則說明公教的傳播，亦同樣可以是由下而上的過程。雖然被稱為英裔愛爾蘭人（Anglo-Irish）的不列顛移民，大都因為倫敦的認信國家建構政策而成為強硬的新教徒，可是土生土長的地主階層卻始終不為所動。愛爾蘭的基層社會反倒在這些傳統地主的支持下堅定其公教信仰，藉此抗衡英格蘭的殖民統治[60]。而在十六世紀的英格蘭，信奉新教的愛德華六世（Edward VI）、以及其信奉公教的繼承人瑪麗一世（Mary I），都曾嘗試推動由上而下的認信國家建構，卻未能持之以恆。在宗教改革的熱潮過後，一般民眾也對宗教論爭感到厭倦：最終英格蘭以折衷的方式成立聖公會（The Church of England），一方面採取比較溫和的新教教義、另一方面則保留了公教的禮儀程序，從而形成獨特的聖公宗（Episcopalianism）信仰[61]。

總括而言，中西歐認信國家建構的特色，其實就是沒有特色：真正透過國家教會從上以下推動認信國家建構的案例，更猶如鳳毛麟角。中西歐各國的認信國家建構進程不一，亦多涉及由下而上的社會過程，而不是由上以下的單向灌輸。故此中西歐的認信國家建構，其關懷焦點很早就從宗教上的關懷，轉變為對世俗政治的考量。

反過來說，由上而下的認信國家建構亦不是中西歐的獨有現象。國家體系透過支持個別教派、以及把宗教禮儀標準化，從而擴展中央政權政治實力的現象，亦可見於西亞和南亞的伊斯蘭火藥帝國（Islamic Gunpowder Empire）。這些位於西亞和南亞的帝國，都是蒙古帝國崩潰過程的產物。在十四世紀末至十五世紀期間，帖木兒（Timur）以孛兒只斤氏女婿的姿態，打著復興蒙古的名義在中亞建立自己的帝國，並把勢力擴展到西亞的伊朗高原、兩河流域和安納托力亞，甚至一度觸及南亞的印度河流域和恆河流域。帝國在帖木兒於一四〇五年逝世後步向衰落，而鄂圖曼帝國（Ottoman Empire）、薩法維帝國（Safavid Empire）和蒙兀兒帝國（Mughal Empire）則乘著這樣的權力真空，分別在安納托力亞、伊朗高原和南亞北部崛起[62]。

這三個伊斯蘭火藥帝國，國祚都比蒙古西征前統治兩河流域、伊朗高原和阿拉伯半島的伊斯蘭諸帝國來得久遠，其中央集權也更為穩固。這三個帝國各有其認信國家建構的過程，而目前又以與鄂圖曼帝國相關的研究最為詳盡。穆罕默德二世（Mehmed II）在一四五三年攻下君士坦丁堡，消滅擁有逾千年歷史的東羅馬帝國，並宣稱鄂圖曼帝國自此繼承羅馬帝國的正統：此後這個發源自安納托力亞的帝國持續擴張，其疆土在全盛時期橫跨巴爾幹半島、黑海沿岸、黎凡特、兩河流域、阿拉伯半島和北非，從而成為東地中海的霸權。作為帝國元首的蘇丹，則自我定位為伊斯蘭信仰的守護者，並奉遜尼派內的哈乃斐派（Hanafi）傳統為國家的正統信仰。君士坦丁堡的朝廷聘用哈乃斐派的教法學家，奠定帝國通行的伊斯蘭教法，並向帝國各地傳播朝廷制定的正統神學和教法學：他們首先向地方知識階層教授正統的教義和禮儀，到十六世紀起則為抗衡薩法維帝國輸出的什葉派信仰，就把地方的教化工作擴展到社會基層的文士和宣教師，甚至是城市的商人和工匠。

朝廷亦於帝國各地廣建大清真寺（Masjid Jāmiʿ），強調身為穆斯林的民眾都有參加禮拜的義務，又特別注重逢星期五舉行的大禮拜（Salāh al-Jumuʿa）。帝國透過在大清真寺服事的烏理瑪（Ulama），向民眾宣講合乎帝國正統的伊斯蘭教義，並制定作為規範的信仰指南（Ilmihal）。不論是在大清真寺的講道，還是根據官方正統教義制定的信仰指南，都再三強調正統遜尼派信仰無法與什葉派相容。十六世紀中期後，新制定的信仰指南強調民眾僅靠作為穆斯林的身分，無法保證他們在死後能夠進入天堂：民眾必須研習正統的伊斯蘭教義，並公開宣誦清真證詞（Aš-šahādatu）皈依正統信仰，方能獲得死後進入天堂的資格。也就是說，鄂圖曼帝國是透過由上而下的過程建構認信國家，就像宗教改革時期部分日耳曼邦國那樣。

鄂圖曼帝國的蘇丹未有強迫非穆斯林的少數族群改宗，反倒按照伊斯蘭教義對有經者（Ahl al-Kitāb）的尊重，將自己定位成基督教正教會和猶太教的保護者。君士坦丁堡普世牧首（Eucumenical Patriarchate of Constantinople）遂獲得帝國的扶持，成為帝國內所有正教徒的宗教領袖。不過獲得帝國保護的正教會，卻失去在宗教事務上的自主權：其後獲任命為牧首的人選，都是願意向蘇丹效忠投誠的主教。隨著西歐海洋帝國的興起，鄂圖曼帝國的正教會亦成為強權之間的角力場所。來自中西歐的傳教士會以正教會的教堂為基地，在母國的支持下隱蔽地宣揚公教或新教的教義。帝國朝廷為此下令禁止其他教派的基督徒參與正教會的聚會，讓正教會取得壟斷國內基督宗教的特權，又借用他們的力量打壓來自海外的傳教士[63]。

這種由上而下的認信國家建構過程，亦可見於另外兩個伊斯蘭火藥帝國。與鄂圖曼對立的薩法維帝國，亦像其競爭對手那樣制定官方正統信仰，並支持烏理瑪與清真寺向民眾宣講帝國的正統教義：不過薩法維帝國把什葉派定為正統信仰，並打壓國內的遜尼派穆斯林，頗有向鄂圖曼帝國對陣叫板的意味。而孛兒只斤氏和帖木兒的後人巴布爾（Babur）在中亞建立蒙兀兒帝國後，即在南亞北部拓展勢力，建立橫跨印度河流域和恆河流域的霸權。奧朗則布（Aurangzeb）於一六五八至一七〇七年間擔任蘇丹時，曾經嘗試以由上而下的方式在南亞推廣伊斯蘭教，並於國內實行伊斯蘭教法。不過這個過程卻不像其他伊斯蘭火藥帝國那般順利：婆羅門教是南亞的主流信仰，而帝國也不得不倚靠虔信婆羅門教的地方權貴實行統治。奧朗則布倚重拉傑普特人（Rajput）為軍事將領，可是他們大多是婆羅門教的虔誠信徒；婆羅門教於近代的風貌，亦是由這些軍官的教派偏好所形塑。也就是說蒙兀兒帝國的認信國家建構，主要是由地方軍事精英向社會基層推動，並未對帝國朝廷中央集權的國家建構帶來太大的幫助[64]。

曾被蒙古帝國統治的東歐草原，在蒙古秩序瓦解後亦出現類似的發展。原為欽察汗國藩屬的莫斯科大公國（Velikoye knyazhestvo Moskovskoye），在十五世紀逐漸反客為主，並於一四六二年在伊凡三世（Ivan III Vasilyevich）的帶領下拒絕效忠於欽察汗國，並持續在東歐草原擴展勢力。其後伊凡四世（Ivan IV Vasilyevich，又被稱為恐怖伊凡／Ivan the Terrible）一五四七年自稱為全羅斯沙皇（Gosudar’, Car’ i Velikij Knjaz’ vseja Rusi），從而建立俄羅斯沙皇國（Russkoye Tsarstvo）。之後俄羅斯從中世的封建藩屬轉型為近世帝國，並於併吞欽察汗國在東歐草原的疆域後，朝克里米亞和西伯利亞的方向擴張[65]。

在一四五三年君士坦丁堡陷落後，定都在莫斯科的政權將自己重新定位為歷史上第三個羅馬帝國，並自詡為正教會信仰傳統僅剩的支持者。位於莫斯科的正教會於十五世紀中獲得實質的自治權，待其獨立地位於一五八九年獲得君士坦丁堡牧首承認後正式成立俄羅斯正教會（Russkaya Pravoslavnaya Tserkov'），其領袖亦隨即成為莫斯科及全羅斯牧首（Patriarch Moskovskij i vseja Rusi）。在此以後沙皇開始與牧首合作，透過由上而下的認信國家建構確立中央集權。在十七世紀中，沙皇阿列克謝（Alexei Mikhailovich）與牧首尼孔（Nikon）攜手在俄羅斯正教會推動教義和禮儀的改革，激起民間舊禮儀派（Starovery）信徒的反抗。阿列克謝其後動用政權暴力鎮壓舊禮儀派，尼孔卻為了禮儀改革的主導權而與沙皇反目成仇。最終尼孔在後來的權力鬥爭中落敗，被迫於一六五八年自我流放，而俄羅斯正教會亦自此成為政權意志的延伸。其後彼得大帝（Pyotr I Alekseyevich）甚至於一七二一年廢除牧首一職，並委任主教和官僚組成至聖治理會議（Svyateyshiy Pravitel'stvuyushchiy Sinod）管理教會。而莫斯科牧首一職，要待一九一七年二月革命推翻沙皇政權後才得以恢復[66]。

總括而言，歐亞大陸經歷過蒙古西征所帶來的近世變革後，即遭受氣候變化、鼠疫大流行和蒙古體系崩潰的三重打擊。隨之而來的劇烈社會變動，使敬虔主義在歐亞大陸各地興起，亦令各地知識人重新反思超越價值的問題。這種思想衝擊

圖6.2 由上而下的認信國家建構

最終帶來多層級、多領域的世界觀，而知識人則按照這種認知，嘗試為世界排序，並提出改變社會政治秩序的意識形態，進一步推動歐亞大陸從中世轉型到近世、以至近代的社會變革。部分歐亞大陸的政權，則透過由上而下的方式推動這個時期形成的嶄新意識形態，透過國家宗教向民眾灌輸信仰理念、並以制度強制國民遵守信仰的行為規範，從而使中央政權的力量伸延到社會每一個角落。這種認信國家建構若然是由上而下的過程，國家體系就能壟斷民眾與超越價值接觸的途徑，通過國家神學統一社會各界的意識形態，從而獲得前所未有的社會操控力量。

東亞大陸的認信國家思想

東亞大陸就像歐亞大陸其他地域那樣，同樣受到氣候變化和蒙古體系崩潰的雙重打擊，亦曾於十四世紀爆發過致命的瘟疫。不過東亞大陸的近世轉型早在十世紀就已經啟動，而官僚知識階層在基層地方社會的經營，亦可謂認信國家建構的先聲。是以蒙古帝國的興衰，在歐亞大陸其他地域是近世轉型的肇因，在東亞大陸則卻是令原有歷史過程加速的因素。

鐵木真在開始統治黃河流域時，曾經倚重新興道教教派全真道的力量實行間接統治，並任用主張儒、釋、道同源的全真道教士推動儒學教育[67]。而忽必烈在創立元帝國前後，亦任用理學家為其幕僚，又將朱熹理學定為正統的官方意識形態[68]。不過元帝國的統治階層在國家定位上卻一直搖擺不定：他們有的會像忽必烈那樣會把發展重心放在東亞，熱衷與東亞族群和色目人當中的儒者交往，組成多族群的知識人文化圈[69]；另一些人卻以內亞和中亞為中心，只願意和蒙古人和色目人交往，也不願欣賞東亞大陸的文化。隨著蒙古帝國體系在十四世紀初開始崩壞，元帝國在實務上也不得不把焦點放在東亞，可是統治精英內部的「東亞派」和「中亞派」之間的黨爭卻日趨白熱化。

在一三一五年，愛育黎拔力八達（Ayurbarwada，廟號仁宗）決定舉辦科舉考試，並以朱熹的《四書章句集註》為主要考試範圍。隨著官僚知識階層重新踏入官場，「東亞派」在朝廷內的實力亦有所增長，從而與財務官僚為主的「內亞派」抗衡。可是在愛育黎拔力八達於一三二〇年逝世後，其繼任人碩德八剌（Shidibala，廟號英宗）無法壓住朝廷內的派系鬥爭，在位三年後就在從上都返回大都的路上遇刺身亡。其後稱帝的也孫鐵木兒（Yesün Temür，稱號泰定帝）立場偏向「內亞派」，卻是一位弱勢君主。其後圖帖睦爾（Tugh Temür，廟號文宗）於一三二八年取得帝位，翌年短暫把帝位讓給兄長和世㻋（Kusala，廟號明宗）後，就一直掌權到一三三二年病逝為止。圖帖睦爾的立場偏向「東亞派」，他於任內命令奎章閣編纂《經世大典》、下令把儒學典籍翻譯成蒙古文，並肅清朝廷內反對理學思想的派系。

可是「東亞派」的風光日子並沒有維持太久。在圖帖睦爾逝世後，帝位首先傳到六歲的懿璘質班（Rinchinbal，廟號寧宗）身上，然而他在位才兩個月就「因病逝世」。之後繼承帝位的是妥懽貼睦爾（Toghon Temür，廟號惠宗，諡號順帝），不過他在位時只有十三歲，尚未有能夠左右朝廷的實力。當時真正掌握朝廷實權的，是燕帖木兒（El Temür）和伯顏（Bayan）這兩位權臣。燕帖木兒在妥懽貼睦爾在一三三三年登基前不久病逝，其權位則由他的兩位兒子唐其勢（Tangkiš）和塔剌海（Taraqai）繼承。唐其勢和塔剌海於一三三五年嘗試發動政變奪權，可是伯顏卻早就有所準備，並於殺害二人後接掌朝廷實權、並任職中書右丞相。立場偏向「中亞派」的伯顏，意圖清理朝廷內專崇理學的「東亞派」，藉此排除理學思想對朝政的影響[70]。他掌權後即下令廢除科舉考試，又禁止東亞族群學習蒙古語和色目人的語言[71]。

可是此時中亞、西亞和東歐的蒙古帝國體系幾近回天乏術，使元帝國只剩下經略東亞的出路。此時為數不少的蒙古人和色目人，亦已經成為理學思想的堅定支持者，又把自己的前途寄託在科舉考試之上：他們已經與東亞族群的官僚知識階層，結合成利益一致的陣營。故此伯顏的「內亞派」政策在朝廷激起強烈的反彈[72]，而已經成年的妥懽貼睦爾在一三四〇年親政後，亦乘勢聯合伯顏的侄兒脫脫（Toq-to'a）排擠伯顏。雖然接任中書右丞的脫脫是伯顏的親屬，不過他卻是立場堅定的「東亞派」，在上任後即重新任用尊崇理學的官員，並恢復舉辦科舉考試[73]。

此時東亞大陸已經因為氣候變化的緣故，受到水災和饑荒的雙重打擊。為此脫脫主張透過增發至正交鈔，獲得推動大規模水利工程的資金。可是透過發鈔支付公共開支，卻令元帝國的通貨膨脹一發不可收拾。而脫脫大興土木的主張，更令原先支持脫脫的理學家聯想起王安石改革，繼而指斥脫脫實行功利主義的法家思想。而別兒怯不花（Berke Buqa）亦聯合伯顏的舊部，挑戰脫脫的政治權威：不過此時他們已經放棄原有的「中亞派」路線，反倒以理學思想的保守詮釋作為攻擊政敵的理由[74]。脫脫雖然一度被迫辭去宰相的職務，其後還是能夠克服反對派的挑戰，並於一三四九年重新執掌大權，並決定大規模整修黃河的堤岸。

元帝國為展開整修堤岸的工程，徵召大批民眾到工地服役。可是民眾早已因為各種天災而疲憊不堪，對強制服役心有不甘。韓山童和劉福通於一三五一年召集工地的民眾揭竿起義，激起東亞大陸各地反抗朝廷的叛亂。不過由於叛亂尚未贏得官僚知識階層的支持，脫脫此時仍然能夠穩住局勢。叛亂勢力在朝廷出兵後迅速崩解，並於一三五四年冬天潰逃到運河沿岸的高郵：此時脫脫已經率領大軍包圍高郵，計劃透過斷絕糧水讓叛軍不戰而降[75]。

不過脫脫離開大都率軍平亂，卻令身在首都的政敵有機可乘。脫脫在皇室繼承問題的爭議中，開罪了太子愛猷識理達臘（Ayurširidara，廟號昭宗）、以及其高麗裔母親奇皇后。他們趁脫脫不在大都，成功令妥懽貼睦爾相信脫脫圖謀不軌，就在高郵即將陷落時罷免脫脫，其後又下毒把他殺害。叛亂勢力獲得出乎意料的喘息機會，使猶如雨後春筍的武裝勢力在長江流域不斷壯大，元帝國自此失去半壁江山。其後朝廷只得與張士誠、方國珍等叛亂勢力妥協，讓他們擔任朝廷的代理人，朝廷方能經近岸航線取得南方的資源。可是擔任朝廷代理人的地方勢力始終叛服不定，使元帝國無法再有效地連結東亞大陸各地，其統治也開始進入倒數階段[76]。

尊崇理學思想的脫脫在元帝國的朝廷中失勢，而長江流域又陷入群雄競逐的戰爭，令官僚知識階層大失所望。他們就像歐亞大陸各地的知識人那樣，認為東亞大陸之所以陷入無可挽回的動盪，是因為世道敗壞、人心險惡，以致「理」的超越價值無法彰顯。隨著東亞大陸出現群雄競逐的局面，官僚知識階層重拾「得君行道」的想望，期望能有救世明君興起，恢復理想的社會政治秩序。他們認為知識人的當今要務，就是透過道德修養達成超越的聖人境界。如此他們在明君出現之時，就能運用儒者對聖人之道的認識，輔助君主通過自我修練成為拯救世界的聖王。為此官僚知識階層必須在東亞大陸推動認信國家建構，讓理學思想成為統合社會的主流意識形態，為救世明君的出現營造有利的社會條件。

在脫脫仍未失勢之前，官僚知識階層普遍寄望元帝國的君主能採納他們的主張，讓他們幫助君主透過道德修養成為聖王，再以由上而下的方式整頓社會風氣。而地方知識人則透過構建基層社會組織，以由下而上的道德重整運動加以配合。不過隨著元帝國在脫脫下台後風雨飄搖，部分知識階層開始在長江流域競逐的群雄之中，尋找他們朝思暮想的救世明君。懷有這種想法的多為來自浙江東部的儒者：他們對救世明君的渴求，對其後東亞政治意識形態的發展影響深遠[77]。

這些出身自浙江東部的知識人，曾經在一三四〇至一三五〇年代以地方官僚或社會賢達的身分，積極推動當地的地方行政改革。他們嘗試以理學思想的標準，推動民間風俗的禮儀改革，並設立促進社群互助的基層社會組織[78]。他們曾經對脫脫治下的元帝國抱有期望，可是其後的政局發展卻未能盡如人意。朱元璋在一三五六年以後起之秀的姿態攻下應天府（今南京），並逐漸在長江下游拓展勢力。起初他的根據地處於經濟發展較為落後的地方，故此必須設法推動開源節流的財政改革：朱元璋得知浙東知識人的理想，又甚為欣賞他們提出的改革方案，就積極把他們拉攏到自己的陣營。對局勢感到失望的浙東知識人因為獲得朱元璋的重視，就誠心相信他就是能夠終結亂局的救世明君。之後隨著朱元璋取得長江流域的霸權，過往遠離學界主流的浙東知識人，就成為領導新時代政治意識形態發展的主力[79]。

劉基（字伯溫）曾經擔任元帝國的官僚，卻因為對脫脫下台後的形勢感到失望而辭官，最後決定成為朱元璋的幕僚。他在收錄於《郁離子》的散文中，批判當時社會在道德操守上的墮落。他認為自十四世紀起的各種社會動盪，是人性的欺善怕惡敗壞社會倫理所致。在這樣的社會條件下，堅持道德操守的君子無法抵擋缺德的小人，從而使人間充滿罪惡。劉基在其中一篇散文中，透過虛構人物盜子之口對「天道向善」的講法提出質疑：

> 天下之火食而豎立者，姦宄多而仁義少，豈仁義惡而姦宄善乎？將人之所謂惡者，天以為善乎？人之所謂善者，天以為惡乎？抑天不能制物之命，而聽從其自善惡乎？將善者可欺，惡者可畏，而天亦有所吐茹乎？自古至今，亂日常多，而治日常少；君子與小人爭，則小人之勝常多，而君子之勝常少。何天道之好善惡惡而若是戾乎[80]？

劉基認為人性的本質就是貪婪自私，是以天地失衡才是這個世界的自然狀態（State of Nature），社會倫理的崩潰也是必然的定局。唯有聖人能夠駕馭世界自取滅亡的趨勢，動用權力克制人類的欲望，恢復天地之間的平衡。若然沒有聖人的介入，人類無窮無盡的欲望終究會耗盡天地的資源，使社會陷入萬劫不復的境地：

> 人，天地之盜也。天地善生，盜之者無禁，惟聖人為能知盜，執其權，用其力，攘其功，而歸諸己……惟天地之善生而後能容焉，非聖人之善盜，而各以其所欲取之，則物盡而藏竭，天地亦無如之何矣。是故天地之盜息，而人之盜起，不極不止也[81]。

人類基於自私自利的天性，必然會扭曲對事物的判斷，繼而模糊正邪之間的界線。唯有聖人能夠看破人心的詭詐，看透世情運作的原理，並做出正確的道德判斷。而社會出現動盪，就如身體罹患惡疾；是以帝國崩壞的亂世，也必須獲得聖人的診治：

> 是故善為忠者，必因其利害而道之；善為邪者，亦必因其利害而欺之。惟能灼見利害之實者，為能辨人言之忠與邪也[82]。
>
> 是故君子之修慝辨惑，如良醫之治疾也，針其膏肓，絕其根源，然後邪淫不生[83]。

而天下之所以會大亂，就是因為民眾本於自私的人性，無法建立倫理秩序：這就是聖人之道對社會頑疾的病理學診斷。如此整個社會就如一盤散沙，各行其是的民眾也無法達成道德上的自我完善。若要從根本上解決社會崩解的問題，就不得不仰賴由上而下的統制力量：

民猶沙也，有天下者惟能摶而聚之耳[84]。

唯有掌權者的德行，能夠促使民眾「人各其力」，從而達成統制社會的目標。故此掌權者「德不可窮」，唯有「力生於德」方能「天下無敵」[85]。亦因如此，唯有修練出極大德行的明君，方能為帝國崩壞的亂世帶來救贖。明君不只是統治的君王，也是以德行推動教化的師長：明君作為萬民之「君師」，既會對民眾諄諄善誘、勸勉他們本於「自然之性」的「心」修身行善，又會動用刑罰和威嚇的力量，令民眾在自我修練時不敢鬆懈。明君作為「君師」的恩德，能夠與孕育生命的天地和生養教育的父母相提並論。人類雖由天地父母所孕育，可是人若要成為完全的人，就必須仰賴「君師」的恩典：

是故聖人立教，因其善端而道之，使之引而伸之，觸類而長之，俟以明之。撻以記之，格則承之庸之，否則威之。生之者天地父母，而成之者君師也[86]。

唯有作為「君師」的明君，方能治愈這個歪曲悖謬的世代。明君必須洞察時代的處境，確立尊卑分明的紀綱秩序，為此道德教育與政令刑罰就必須雙管齊下。劉基亦未有忘記官僚知識體系扮演的角色：因為唯獨官僚知識階層，才能夠通曉聖人之道，從而輔助明君以修練提升品德；所有的道德、政治和刑罰，都必須仰賴人才方能實踐。明君以德行感化世人，又透過道德與刑罰促使民眾向善，而官僚知識階層的參與則是令這條藥方能夠發揮療效的關鍵：

治天下者其猶醫乎。醫切脈以知證，審證以為方……是故知證知脈而不善為方，非醫也，雖有扁鵲之識，徒嘵嘵而無用；不知證不知脈，道聽途說以為方，而語人曰我能醫，是賊天下者也。故治亂證也，紀綱脈也，道德、政刑方與法也，人才藥也[87]。

而歷史學家王褘更認為君主專制，才是符合自然之道的政治制度。若然天象未有正常運行，人類的生命就無法得以維持；是以雖然君主不得不依靠民眾的供養，可是民眾若缺乏君主的宰制，就無法擺脫顛沛流離的痛苦。民眾必須仰賴救世明君確立社會政治的制度，並按照君師的教導修養品德，才有可能在穩定和諧的社會過上豐足富裕的生活：

天無人無以為靈，人非天無以為生，天人其一氣乎；君非民不能自立，民非君不能自一，君民其一職乎……人君欲天下之氣和也，在遂群生之性，而納之於仁壽；欲人之仁壽，在乎立制度、修教化，制度立則財用省，財用省則賦稅輕，賦稅輕則人富矣；教化修則爭競息，爭競息則刑罰清，刑罰清則人安矣；既富且安，則仁讓興焉、壽考至焉、而天地和平之氣應矣[88]。

可是民眾自私愚昧，只能看到短期的利益、個人的得失，卻對如何令全體民眾長期得益一無所知。唯有救世明君能夠超越個別的利益，依照聖人之道推行不偏不倚的政策，令天下全體民眾都能雨露均霑。民眾不知君主之仁威，君主仍會以其恩惠照顧和保護民眾；就如懵懂的嬰兒雖然未能意識到何謂孝義，父母仍必然以慈愛加以養育那樣：

臣聞赤子無他欲，而必遂其所有欲，赤子有不言，而必會其所無言。是之聖人之宰萬民，務在通其志；聖人之制萬物，貴乎全其天……聖王御世，使民不予令涵之，以德義不知其為惠、道之以法律不知其為刑。

就像其他儒者那樣，王禕認為君主必須獲得官僚知識階層的輔助，方有可能達到明君的境界。可是王禕並不認為官僚能夠與君主「共治天下」：他強調官僚雖然修習聖人之道，卻與民眾同樣自私愚昧，因此結黨營私的鬥爭在歷史屢見不鮮。官僚知識階層若要實踐輔助君主的使命，他們本身亦必須受到明君的宰制，才能夠擺脫個人私利而服膺於人倫秩序，繼而成為輔助君主的忠臣。是以對官僚知識階層嚴加管教，就是身為君主的首要責任。唯有倚靠救世明君糾正官場風氣，讓官僚肩負輔助君主的責任，從而在世間奠定本於倫理的社會政治秩序，民眾才能夠在不自覺的情況下為朝廷的德政感化，繼而不敢以身試法：

臣聞綱以綱為總、服以領為導，綱舉而目自張、領振而裔乃循。是以道者政之領，聖人修道不修政；吏者民之綱，聖人治吏不治民。臣聞天道默運，寒暑調而人不知；天象昭垂，景緯明而人易睹。是以一人之術，教化出於朝廷；一代之法，憲令著於官府；術以潛斡，民靡察其由；法以顯施，民莫踰其度[89]。

而胡翰亦認同王禕的論調，主張救世明君必須懂得提防官僚的詭計，要確立統率官僚體系的權威。若然君主不懂得知人善任，就會讓偽裝成君子的奸臣有機可乘，為朝政帶來不良的影響：

> 故知人之難，非獨難於君子，而深難於小人。至於君子之小人，則又難也：其言辯、其行堅；其見聞之博，足以出人之不能；其情貌之深，足以欺人之不測；其知術之巧，足以移人所好而不悟；其才藝之美，足以行人所難而不憚。其名君子，實之戾也。

為此救世明君必須擁有乾綱獨斷的能力，能夠決斷地力排眾議，令裝扮成「君子」的詭詐奸臣無計可施。就如傳說中的聖王堯帝，亦曾經不近人情地放逐共工和崇伯（鯀，在傳說中為夏王國創建者禹的父親），卻因此成就了聖人之治：

> 知人則哲帝，陶唐氏（按：堯帝）猶難之：共工崇伯之屬，眾所共賢者，帝獨以為非賢。其後果非然也，於是去之，帝之廷無惡人矣[90]。

胡翰認為君主的權力，源自上天的授權。上天之所以會肯定君主的絕對權威，是為了奠定嚴分上下尊卑的社會政治秩序：若然缺乏尊卑分明的秩序，君主就無法維繫其權威、國家也無法穩固、世界亦會因而陷入一片混沌。為此君主必須確立嚴守分際的社會政治秩序：這不單是國內的階級秩序，也是列國之間的世界秩序。位於世界中央的東亞大陸，就應當由東亞大陸的族群按東亞大陸的規矩管治；而東亞大陸族群以外的人，就應該撤退到東亞大陸以外的外國，外國由外國人按照外國規矩管治。這種尊卑分明、華夷有別的秩序，就是上天奠定的自然之道：

> 六合之大，萬民之眾，有紀焉而後持之。何紀也？曰天紀也、地紀也、人紀也。天紀不正不足以為

君，地紀不正不足以為國，人紀不正不足以為天下。何為天紀？天子無所受命者也。其所受命者天也，故國君受命於天子、天子受命於天，義至公也……何為地紀？中國之與夷狄內外之辨也。以中國治中國、以夷狄治夷狄，勢至順也……

而人間社會的秩序，就是尊卑分明、親疏有別的差序格局：這就是君臣、父子、夫婦、朋友和長幼之間的人倫秩序，就是社會政治秩序得以維持的基礎。可是這種「人紀」若要得以確立，就不得不先奠定正確的「天紀」和「地紀」：獲得天命認可的人，當成為全權的君主；東亞大陸的政治，理當由東亞大陸族群出身的君主掌控。若然像元帝國那樣君權不振、華夷不分，那麼天地與人世間的秩序也就無以為繼：

天地之紀不正，雖有人紀，君臣也、父子也、夫婦也、朋友之交也、長幼之序也，何自而立哉？……故天下莫要於人紀、莫嚴於地紀、莫尊於天紀。亂其一，則其二隨之；亂其二，則三者夷矣[91]。

曾與王禕和胡翰一同編纂《元史》的宋濂，則認為孔子昔日奠定的「人紀」，是確立社會政治秩序的關鍵。他認為當時的知識人各有所長，可以分為「游俠之儒」、「文史之儒」、「曠達之儒」、「智數之儒」、「章句之儒」和「事功之儒」。可是這些林林總總的學問，都各有其難以忽視的限制，亦無法對應當時最嚴重的社會問題：那就是過分重視名聲的不良風氣、以及道德秩序的崩壞[92]。為此宋濂堅持「道德之儒」的學問，才是知識人應當追求的目標：

道德之儒，孔子是也，千萬世之所宗也。我所願則學孔子也：其道則仁義禮智信也，其倫則父子、君臣、夫婦、長幼、朋友也，其事易知且易行也。能行之，則身可修也、家可齊也、國可治也、天下可平也[93]。

而救世明君則應當設法恢復上古的理想政治，透過集中權力糾正世人的思想、打壓各種異端邪說。人性的自私和短視，令民眾無法自行克服私欲，透過修練品德建立井然有序的社會：聖人之所以設立聖王專政的政治制度，正好就是人類道德敗壞的證明。是以君主必須與自然之道合而為一，以強而有力且毫不含糊的方式，讓民眾意識到尊卑秩序之不可抗逆。君主必須扮演超然於人間的角色，在萬民之上透過彰顯超越價值，確立不可動搖的政治權威[94]。

壟斷超越價值的絕對皇權

官僚知識階層認同孟軻「人皆可以為堯舜[95]」的講法，認為君主可以透過修養德性，實踐「內聖外王」，成為天下萬民的道德表率：如此民眾就能夠把君主當成榜樣，透過集體的道德修練改造社會政治秩序。雖然君主能夠透過修練，達到超越價值的境界而成為聖王，可是官僚知識階層卻認為達成超越境界的聖王，都會依照虛心納諫的倫理原則接受君子的輔助：他們本於官僚知識階層的立場，認為通過修練的君主必須和熟悉儒學經典的官僚「共治天下」，方可能實踐聖王之道。部分知識人甚至認為，在上古「三代之治」過後，人世間就再不可能會出現聖王：如今聖王之道的道統，已經傳到作為孔門弟子的官僚知識階層身上，是以君主只能倚靠知識人官僚的幫助，修練成「內聖外王」境界[96]。

倘若君主真的可以透過修練，從而與超越真理作出連結、並達到聖王的境界，屆時官僚知識階層就只能服膺於君主的權力。倘若君主的修為尚未到家，那麼官僚知識階層就可以恃著對聖人之道的認識，要求君主聽從官僚的意見，改善個人的品德修為、並放手讓官僚主導政策。可是官僚知識階層雖然都讀過聖賢書，卻仍然受困於人性的局限。就理論而言，君子只可能是官僚知識階層內的少數；在實務而言，沒有人能清楚分辨誰是君子、誰是小人；結果官僚內部就為政見和意識形態結黨相爭，彼此都視自己陣營為君子、敵對陣營為小人。如此不同黨派的官僚，一方面寄望君主能夠乾綱獨斷，排斥甚至清洗敵對陣營的小人；可是他們同時也期望這位掌握生殺大權的君主，能夠完全信任自己陣營的君子，並讓他們身居要職、與君主分享權力。

我們可以看到上述關於君臣關係的論述，有著難以消弭的矛盾。倘若君主能夠透過修練，達到超越境界而成為聖王，那麼官僚知識階層豈還有任何中介角色可言呢？若然君主沒有官僚的輔助，就無法達到超越境界、而「三代之治」又是可望而不可即，那麼為何不直接主張官僚專政呢？倘若君主有實力乾綱獨斷，得以清除朝廷內的小人，那麼他還有什麼需要去重用君子呢？還有什麼需要和君子分享權力呢？官僚知識階層無法提出一套讓自己主導政治的制度，只懂得借用「聖人之道」批評君主制的不足，卻又期望明君會以天外救星（*deus ex machina*）的姿態，既用盡權力消滅小人、又放下權力善待君子。可是這種想像，卻未有顧及權力運作的現實。

若然有一位君主確實符合救世明君的形象，對各種關乎超越真理的儒學概念都瞭如指掌，也像王禕和胡翰所主張那樣能看透官僚體系的君子與小人，那麼官僚知識階層非但無法擔當輔助君主的中介角色，反倒會成為必須聽命於救世明君的奴僕：朱元璋正好就是這樣的一位君主。他首先在一三六三年在鄱陽湖擊殺稱霸長江中游的陳友諒，又在四年後消滅張士誠和方國珍，取得長江、錢塘江下游和浙江東部的控制權。此後獨霸東亞大陸南部的朱元璋（廟號太祖，即洪武帝），就在一三六八年於應天府稱帝創立明帝國，並下令部隊征伐仍然統治著黃河流域的元帝國。明帝國的部隊於秋天攻陷大都，繼而於翌年攻陷位於內亞的上都。妥懽貼睦爾只得往應昌（今南蒙古克什克騰旗）撤退，並於一三七〇年在當地病逝。此時除雲南高原外，元帝國已經完全失去對東亞大陸的控制。此後元帝國逐漸從東亞大陸模式的帝國，轉型為內亞模式的游牧帝國，並一直延續到一六三五年才被清帝國消滅。

朱元璋雖然出身寒微、並未受過基礎的儒學教育，可是他卻能夠精力旺盛地汲取知識，又能夠理解浙東知識人提出的抽象概念。他很早就意識到儒學的作用，認為那是有助操控社會的帝王之學。朱元璋依照宋濂的指導鑽研真德秀的《大學衍義》，並不斷抄寫《禮記．大學》的章句，還掛在宮中讓官僚欣賞和品評。宋濂強調君主必須透過自我修練「正心」，讓內心達到澄明的境界，然後善用儒教的禮儀規訓民眾，透過認信國家建構恢復上古時代的「三代之治」：

「……人主誠以禮義治心，則邪說不入；以學校治民，則禍亂不興……三代治天下以仁義，故多歷年所。」

又問：「三代以上，所讀何書？」

對曰：「上古載籍未立，人不專講誦。君人者兼治教之責，率以躬行，則眾自化。[97]」

朱元璋在掌握到儒學的要義後，隨即就確立自己的主張。他在與宋濂的對談中，得知在儒教經典形成之前，傳說中的聖王早就已經實踐過聖人之道。既然他本人可以透過自我的品格修練，以救世明君的姿態成為天下萬民的道德表率，那麼他也可以像上古聖王那樣，透過對超越價值的親身體驗為明帝國奠定倫理和法律的規範。如此他就無需官僚知識階層的輔助，就能以聖王的權威直接詮釋各種儒學經典，就超越真理的定義一錘定音[98]：這就是聖王專政的認信國家建構過程。除此以外，軍旅出身的朱元璋亦比較信任和他一起打江山的將領，偏好沿用元帝國遺留下來的軍事制度。為此他按照功績把麾下的軍人封為軍事貴族，並把官僚體系放在比較次要的地位：這樣的制度安排，有異於東亞大陸諸帝國的慣常做法，反倒比較貼近蒙古帝國的遺風[99]。

也許是受到浙東知識人的影響，朱元璋認為自己是身負救世責任的聖王，矢志要重建世間的道德秩序。他主張透過由上而下的道德重整運動，讓君主擔任終極的立法者和仲裁者，使世間回復「三代之治」的社會政治秩序。對朱元璋來說，官僚知識階層既是推動聖王專政的工具，也是對皇權的潛在威脅：官僚若然結黨營私，就會令政治日趨腐敗，從而破壞君主的救世偉業。故此朱元璋決意要把法律當成道德批判的手段，藉此剋制桀驁不馴的官僚，並用強制手段鎮壓有違道德秩序的事物[100]。建立上下尊卑分明的社會政治秩序，就是朱元璋矢志不渝的道德召命。而這種不平等秩序的維持，是社會和諧穩定的根基，背後必須要由強而有力的君主支撐：

> 自古生民之眾，必立之君長以統治之，不然則強者愈強、弱者愈弱、紛紜吞噬，亂無寧日矣[101]。

朱元璋的想法，令人聯想起霍布斯（Thomas Hobbes）在《利維坦》（*Leviathan*）的主張：霍布斯認為若要避免「所有人對所有人的戰爭」（*Bellum Omnium Contra Omnes*），那麼民眾就應當與國家定立社會契約（Social Contract），把所有權利都集中於國家身上，讓國家為民眾帶來持久的和平。不過朱元璋的絕對權力卻是來自天命的認受，並不受社會契約的約束：在救世明君的面前，民眾只能仰賴君主的恩典，並無任何剩餘權力可言。朱元璋對民眾的輕視，可以反映在他對《孟子》一書的態度。雖然孟軻「人皆可以為堯舜」一語，肯定了朱元璋作為聖王的角色，可是他卻無法容忍「民為貴、社稷次之、君為輕[102]」這類說法。為此他於一三九四年下令編纂刪節版的《孟子節文》，藉此掩蓋孟軻「以民為本」的主張：雖然在二十年後朱棣（廟號成祖，永樂帝）在位時，朝廷還是讓《孟子》原本恢復發行[103]。

朱元璋認為自己取得上天認受的權力，就有責任按照超越價值替天行道，透過格物致知的方法，以自然世界的秩序證成帝國人間的道德秩序。他觀察蜂類和蟻類的行為，讚嘆這些昆蟲井然有序的集體力量，慨嘆人類雖為萬物之靈，卻因為倫理秩序崩解而惡貫滿盈：

> 嗚呼！蜂小，有膽有毒；蟻微，群結繼行。氣類相感，治律過人。蜂、蟻如是，人頻犯法，何為靈乎[104]？

對於乾綱獨斷的救世明君來說，一個天下、就必須遵從同一種道德、其民眾也必須接受同一套行為規範、尊崇同一位聖君，為此朱元璋反覆頒布關乎國家正統意識形態的詔令。他在

圖6.3 朱元璋的聖王專制觀

一三七五年頒布《御製資世通訓》，強調自己是與上古聖王同等的明君，教導全體臣民遵守自上古承傳下來的聖人之道，就是他作為皇帝的責任和權力：

人君者，為臣民之主、任治教之責，上古帝王道與天同。今朕統一寰宇、晝夜弗遑，思以化民成俗、復古治道，乃著是書以示訓戒耳[105]。

而社會道德秩序的基礎，就是孝道：即使是未曾受過儒學教育的庶民，亦曾經歷過父母子女之間的親情。是以為人子女者，應該秉持感恩的心孝順父母、繼而學會以同樣的心態尊敬長輩和上級、並敬畏恩同再生父母的君主。透過親情修練孝道、然後透過孝道學會遵從長幼尊卑的不平等秩序，合乎道德倫理的社會政治秩序方能夠得以確立：

有父母不賢而不愚，子無師而乃仁，於六親和、父母孝、悌於兄、朋友信、睦四鄰，農者勤於農、士者勤於士，博精於人事，其源可知？父母雖不賢不愚，淳心之人也，雖不外張，內必有理。其子不見師家，必父母為之以自訓，所以博精於人事。以其家訓少通，其子能詢於眾，雖無一定之師，聽眾人所長、積之於心，甚之一師之學、又過常人者也。

朱元璋認為普羅民眾能夠透過樸素的道德自覺，直接呼應作為君師的明君，從而奠定社會政治秩序的基礎。而官僚知識階層的儒學思想，反倒只是「一師之學、一人之見」，不見得有利於世道人心[106]。亦因如此，明帝國的道德重整運動，亦必須從家庭內部開始。家庭秩序的維持、以及家庭成員之間的扶持和勸勉，則是推動社會政治變革的前提：

豈獨良而已，不使人辱毀之。若為人子，見父不道，諫之以正；為人夫，教妻以柔；為人妻，諫夫以良，遂得白髮相守；為人弟兄，所言者是，從之；所言不是，則諫之，善終而無禍矣[107]！

而家族內部道德秩序的確立，則有助教化基層社會的普羅民眾，從而促進地方社會的秩序與和諧：

且如一村一城、或千萬家，為鄰中有一男子、一婦人，彼父母有教、本身有德、家道又昌，百事順。鄰里若有愚頑幾壞事、及將欲作惡者，彼先知之，隨教而改，往往如是。其一村一城之人，皆被其教，其市村終無橫禍、互相連及，得享太平之世之民之福也[108]。

宋元鼎革時地方知識人推動的宗族建構、以及基層社會組織的建設，如今由朱元璋挪用，並將其轉化為認信國家建構的機制。不過他主張地方社會的道德教化，應當建基於救世明君與庶民家庭的直接連結，並淡化官僚知識階層向來扮演的中介角色。他甚至指責當代的知識人徒具虛名，他們只希望世人能賞識自身的才華，反倒成為聖人之道在基層社會傳播的障礙：

古今能稱士者，名而已。非識時務者，人神安與位焉？且名士者，坐視市村、自矜其能、聽世俗之諛譽、徒知紙上之文，諸事何曾親歷而目睹？著書立言，徒咬文嚼字以妨後學者；詢及行事，茫然哉！高談闊論以為能，於事無益。

朱元璋強調，官僚知識階層必須「在格物之至精、慮人事之過熟、講書以人事而言、隨時而致宜久之志」，從而為君主帶來切實的幫助，方能夠成為對社會有用的人[109]。這位創立明帝國的君主，認為官僚知識階層大多只看重個人的名利，既無法為國家帶來貢獻、其私德亦有所虧欠，卻自恃擁有儒學知識而孤芳自賞。為此朱元璋勸勉他們應當服膺於明君救世的天命，學會對君主、父母和民眾感恩：

故天生君以主之，君設有官以助理之。民恐有眾暴寡、強凌弱，所以樂供稅於朝，欲父母妻子無憂。君得稅而分給百官，使不耕而食、不蠶而衣，特高其位而祿其家，使公正於朝堂、使民樂其樂。若果受斯職、行斯道，證民以是非、問民以疾苦，則福壽無窮矣[110]。

明君替人間帶來了秩序，故此獲得群眾的認可，願意繳納稅款供養朝廷。而朝廷的官僚，則是明君主動「設」立的「助理」職位，為的就是民眾的福祉。稅款既出於民眾的感恩，就本應由明君所獨佔，可是如今君主卻主動與官僚分享稅款，讓他們無需勞動就能衣食無憂、並且讓家人過上豐足的生活。這樣一來，官僚對君主和民眾都有所虧欠，並未有因為其知識而佔有道德高地：協助君主照顧民眾，就是官僚對君主和民眾的責任，而不是值得誇口的功德。聖人之道之所以能夠行在地上，是出自救世明君的道德自覺、出自超越價值與君主的直接連結，而官僚知識階層純粹就只是替明君做事的奴僕。

明帝國在開國時，法律就已經擔當規範人倫與禮義的角色。當時制定的《大明律》，就已經將家庭倫理當成社會秩序的一部分，並釐定相關的法律程序與罰則[111]。朱元璋又為皇族制訂《皇明祖訓》，對皇族成員的人倫關係、行事為人和政治角色作出規範，又按照他所理解的聖王之道制定限制繼任君主的規條[112]。朱元璋在一三八〇年代末期，更將儒教的道德規範整理為法律原則，進一步深化認信國家建構的過程。他在一三八五至一三八八年間，先後頒布《御製大誥》、《御製大誥續編》、《御製大誥三編》和針對軍人的《御製大誥武臣》，藉此申明固有法律的運行原則，藉此將尊卑、長幼、親疏分明的等級秩序納入法律的規範，並制定相關的朝廷及社會禮儀：

華風淪沒，彝道傾頹，自即位以來，制禮法、定法制、改衣冠、別章服、正綱常、明上下，盡復先王之舊，使民曉然知有禮義，莫敢犯分而撓法。

法律作為道德的延伸，就是要令民眾安於自己所屬的等級，不敢逾越等級規範而觸犯刑法。朱元璋引用帝國各地的案例，把孝順父母和尊敬君主視為最高的道德原則，並透過刑罰迫使群眾和官僚遵守法律、自我修練，透過倫理和禮儀規範制約自己的行為：

忠君、孝親、治人、修己，盡在此矣。能者養之以福、不能者敗以取禍，頒之臣民永以為訓[113]。

朱元璋指出民眾能夠過上好生活，全賴土地之神「社」和穀物之神「稷」的恩賜，故此他和上古聖王都敬虔地拜祭天地社稷，不敢有一絲怠慢。民眾應該對此有所覺悟，對天地、社稷（和君主）心存感激，不要待天災人禍發生時才懊悔自己未知感恩。為此民眾應當拷問自己的良知，設法回報天地社稷的恩典：

> 凡良民造理者，居一方一隅、食土之利，不拘多少，其心日欲報之。其誠何施？以其社稷立命之恩大，比猶父母，雖報無極。

不過渺小的人類，確實沒有能力回報廣闊的天地、恩深的社稷。那麼民眾就應當退而求其次，感恩君主為民眾的福祉向天地社稷懇切祈求。為此他們應當知道君主之所以統治萬方，就是出自上天的旨意，從而順服於君主的權威：

> 若欲展誠以報社稷，為君之民。君一有令，其趨事赴功；一應差稅，無不應當。若此之誠，食地之利、立命之恩報矣。

君主既然受到上天的委託，他就會透過教化和刑罰，讓民眾遵守尊卑分明的道德人倫秩序：

> 所以五教育民之安，曰：父子有親、君臣有義、夫婦有別、長幼有序、朋友有信。五教既興，無有不安者也[114]。

以長幼尊卑分明的社會秩序，支撐聖王專政的政治秩序，就是令明帝國得以成立的法制基礎。民眾透過對儒家等級倫理的認信，確認君主絕對專制的政治制度，並透過道德規範和個人修養令帝國得以維持和諧穩定。朱元璋保證民眾若然遵守本於超越價值的倫理規範，就必因王權的彰顯而獲得平安；若民眾反其道而行，他則會動用國家體系的力量，幫助上天懲罰觸犯人倫道德的人。

除此以外，朱元璋亦透過《大誥》向官僚知識階層發出警告：他強調官僚只是君主向民眾施恩的工具，而不是道德典範的制定者和詮釋者。他亦通過不法官僚瀆職的惡劣案例，向民眾展示孝道與忠君是二位一體的根本價值。朱元璋指出官僚知識階層之所以出任公職，無非是為了遵守孝道，藉官職滿足父母和祖宗的期望、以俸祿克盡供養家人的責任。為此官僚在任職期間，理應積極促進自身的道德修為：

諸衙門官到任，朕嘗開諭：無所非為，為顯爾祖宗、榮爾妻子、貴爾本身，以德助朕、為民造福，立名於天地間，千萬年不朽，永為賢稱。

可是縱使朱元璋在官僚就任時曾千叮萬囑，仍然有不肖官員未能抗拒誘惑，從而干犯貪汙瀆職的死罪。官僚若然因為貪慕私利，而未有克盡效忠君主的義務，就會為父母和祖宗蒙上汙名。如此不能向君主盡忠，就無法持守子女應當遵從的孝道，造成道德上的徹底敗壞：

反不以揚祖宗、榮妻子、貴身惜命為重……為官者反不畏死，徑接受其贓，將自己性命故入憲章。臨刑赴法，纔方神魂蒼惶、仰天俯地、張目四視。甚矣哉！悔之晚矣[115]！

朱元璋認定，官僚知識階層因擁有儒學知識而自高自大，而且他們在擔任公職後大多無法克制私欲，繼而濫用職權欺壓民眾。為此他規定若然官僚對民眾施暴，民眾就可以直接到朝廷告御狀，而相關官僚必須被處死：

捶楚而裂吾民肌膚者，罪不赦。敢有如此，許民赴京面奏[116]。

儒家最為著重的孝道，則被朱元璋詮釋為對明帝國社會政治體系的絕對忠誠。他強調孝道並不單只是善待父母，更重要的是要堅持效忠君主、遵守秩序，令父母不用擔憂、讓祖宗不至蒙羞。他在一三八八年曾經接待前來覲見的孝廉，並詢問他們何謂孝道，這些年輕人的回答卻讓他大失所望：

父母根前，晨省昏定供奉飲膳，說的言語不敢違了。

朱元璋直斥這種想法愚昧至極，並強調若要徹底實踐孝道，就必須以孝敬父母之心事奉君主。唯有聽從君主的道德訓示，繼而投身家族和社區的建設，按照超越價值奠定長幼尊卑有別的差序格局，如此才能將孝道發揮得淋漓盡致：

父母已成之業毋消，父母運蹇家業未成，則當竭力以為之……事君以忠、夫婦有別、長幼有序、朋友有信、居處端莊、涖官以敬、戰陣勇敢、不犯國法、不損肌膚，閭中不致人罵詈……孝子之節，非止一端……從吾命者，家和戶寧、身將終老、世將治焉[117]。

作為救世明君的朱元璋，認為自己直接承受天命、並與儒學的超越真理有直接的連結，故此可以就明帝國應有的倫理秩序乾綱獨斷。雖然官僚知識階層以修習儒學為業，可是他們並未獲得上天的認受、過往亦不時有結黨營私、貪汙瀆職之事，無法作為民眾的道德表率。因此，朱元璋必須擔當萬民的道德模範，既是奠定道德秩序的君師，亦是令世人得以安穩營生的君父。亦因如此，君臣之倫就是父子之倫的延伸，而民眾和官僚既必須孝順父母、亦應當像孝敬父母那樣效忠君主[118]。到一三八九年，朱元璋按照《大誥》系列提出的法律原則，正式透過頒布《大明律》把道德原則轉化為成文的法例[119]。此後朝廷動用國家體系的力量，確立孝道為社會的秩序、繼而確立忠君的政治秩序，讓民眾確認和遵從忠孝的價值，使明帝國成為本於儒教價值的認信國家。

超越價值的血腥實踐

明帝國自立國開始，即沿用元帝國的戶籍制度落實對地方基層社會的控制。朱元璋在長江流域擴展勢力時，沿用元帝國地方政府遺下的戶籍資料，將權力延伸到勢力範圍內的基層民眾。明帝國在開國後兩年，即開始在地方層級編修戶帖，以戶為單位紀錄包括人丁數目、男丁姓名和年齡、資產總額和業務等資料。朝廷其後更進一步推動黃冊制度，規定地方政府必須每年更新和重編戶籍，並於縣、州、府、司逐級上報及核實後，交予中央朝廷的戶部覆核後存檔。

除此以外，明帝國亦繼續沿用元帝國的匠籍制度：這個制度原先是為了保障蒙古統治階層分散於歐亞大陸各地的利權，如今則轉化成為明帝國朝廷壟斷資源的制度。匠籍制度把民眾分為以農民為主的民戶、負責提供兵源、軍糧和軍需的軍戶、以及負責提供專門服務或生產貴重物資的匠戶。朝廷和地方政府徵召的力役，則由民戶平均分配，為此明帝國把民戶編入負責分配力役的里甲。朝廷在原則上會把一百一十戶編為一「里」，並委任按生產力和人丁而言實力最強的十個大戶為里正，各自率領由十戶組成的「甲」。里正以十年為一個周期，讓屬下各戶輪流擔任負責提供力役的「甲首戶」，並有責任向政府官府如實申報里甲的人口變化。倘若基層地方社會的人口出現變動，則盡量在不影響里甲地理邊界的情況下，調整各里之下甲之大小[120]。

而編入戶籍的民眾，亦必須留在設籍地而不得隨意遷徙。倘若民眾有需要出門到一百華里（約五十公里）以外的地方，則須先向官府申請路引，而需要到外地販運物資者，亦須先申請商引、茶引和鹽引等官方許可證[121]。朝廷亦在編修黃冊時，同時丈量土地編繪魚鱗圖冊，記錄土地的位置、面積、種類、產值、業權等資料，將基層社會的土地和人口同時納入掌控[122]。

不過在朱元璋的心目中，戶籍制度不只是幫助中央朝廷集中資源的手段，也是向民眾灌輸意識形態的認信國家建構機制。在他的構想中，戶既是國家經濟生產的基層單位，也是認信國家最基本的構成單位。朱元璋在制定《大誥》系列時，就規定每戶都必須收藏國家發行的《御製大誥》和《御製大誥續編》，以此作為對官方政治意識形態的信仰告白（Confession）：

> 朕出斯令，一曰《大誥》、一曰《續編》，斯上下之本、臣民之至寶。發布天下，務必戶戶有之，敢有不敬而不收者，非吾治化之民[123]。

除此以外，朱元璋亦採用元帝國的遺制，按照理學思想在基層地方社會設立社學。朝廷在一三七三年在地方推動鄉飲酒禮，讓地方耆老在官方的支持下透過飲宴禮儀，示範尊敬長者、尊卑分明的社會秩序。朝廷其後於一三九八年編定《教民榜文》，並規定基層社會的兒童須於秋冬農餘時到社學上課，並交由有品德名聲的教師指導。而有能力負擔的家庭，則可以讓子女全年入學。贍養在世的父母和祖父母，則是成年人的法定責任。家族內的晚輩除孝敬父母外，亦須以同樣的態度對待叔伯輩的族人，並在長輩往生後依照親疏關係盡服喪守孝的義務。每個里亦須選出按月輪值的長老，宣講朱元璋「孝敬父母、尊敬長上、和睦鄉里、教訓子孫、各安生理、毋作非為」的教導，並向鄰里講解朝廷和官府的最新故事。這些長老亦負責仲裁民間糾紛，定期提醒民眾應當修練品行、遵守國法，並把地方孝子、賢夫和節婦的事蹟上報朝廷[124]。而編入里甲的民眾，亦有互相監視的責任，並需要向官府檢舉鄰舍的不法行為。若然民眾對社區的可疑狀況知情不報，就會遭到嚴厲的懲罰[125]。

朱元璋雖然把受理學思想影響的儒學奉為正統，可是他亦同時支持佛教和道教，並強調他自己同時是儒、釋、道三教的君師：這就像鄂圖曼帝國的蘇丹雖奉哈乃斐派的遜尼派穆斯林信仰為正統，卻仍然擔任正教會和猶太教的保護者。雖然他強調儒教是國家意識形態最重要的根基，認為「惟儒者凡有國家不可無」，可是他亦同樣重視道教和道家思想：

> 老子之道非金丹黃冠之術，乃有國有家者日用常行，有不可闕者也。古今以老子為虛無，實為謬哉！

雖然朱元璋認為佛教的教義流於虛無，卻仍然指出佛教有助確立民眾的道德觀念：

> 若絕棄之而杳然，則世無鬼神、人無畏天，王綱力用焉。

故此縱使儒教是帝國意識形態的核心，朱元璋亦必須運用佛教和道教的力量，藉此延伸皇權對社會的操控：

於斯三教，除仲尼之道祖堯舜、率三王、刪詩制典，萬世永賴；其佛仙之幽靈，暗助王綱、益世無窮，惟常是吉[126]。

明帝國在開國時，即嘗試把佛教和道教納入國家體系中。朝廷為管理神職人員和信眾，設立善世院和玄教院分別處理佛道事宜，並委任僧人和道士為負責管理的二品僧道官。值得一提的是，朱元璋在委任正一道龍虎山四十二代天師張正常為僧道官時，禁止他沿用天師尊號，下令改稱真人：這反映在朱元璋心目中，唯獨君主才稱得上是佛道二教的君師。朝廷在一三九一年進一步收緊對宗教的控制，把僧道官收歸禮部管理。此後朝廷雖仍繼續以官銜禮待僧人和道士，卻同時收緊對佛道二教的規範，規定已經獲得官方認可的宗教典籍和儀式，此後不得再有所增減；而在官方註冊的寺廟道觀外，神職人員和信眾亦不得興建新的宗教場所。朝廷也限制全帝國專職宗教人員的配額，並規定僧人和道士在上任前到京城參加考試：若然無法通過考試，相關人士將終生失去擔任神職人員的資格，而且亦須接受杖刑[127]。

明帝國的皇族多為虔誠的道教徒，是以朝廷對道教相對上比較寬容，而在各地擔任藩王戍邊的皇子亦多尊崇道教。朱元璋在研讀《老子》時，曾經下過這樣的眉批：

人乃浩氣乃神，神即氣也……氣若常存，即谷神不死，遂得長生。此以君之身即為天下國家百姓，以君之神氣為國王。王有道不死，萬姓咸安。

朱元璋透過道教的神祕信仰，重新詮釋理學的天人合一觀。君主既然透過道教的修練，能夠與超越的「道」作出直接的連結，那麼他就能夠繞過官僚知識階層，直接成為把民眾與超越價值連結起來的獨一橋樑。為此他就能夠以聖王的姿態，直接對帝國社會的倫理秩序作出規範，甚至反過來批判官僚知識階層的道德缺失[128]。或會有論者認為朱元璋對儒學的詮釋，已經脫離孔子、孟軻以來的「正統」：可是根據之前兩章的討論，理學思想對「道」的「正統」理解，何嘗不是十世紀之後透過與禪宗、道家、陰陽家等思想對話而誕生的產物？由是觀之，朱元璋推崇的官方政治意識形態，亦當視為儒學隨社會演變而出現的自然發展。

明帝國的認信國家建構，其野心不下於建立國家教會的部分日耳曼邦國，在實際果效上卻不如這些國家持久。比如在朱元璋在位期間，社學的建設並未有像他構想那樣遍及基層社會，其繼任者亦未有跟進灌輸意識形態的教育政策。不過認信國家建構仍然能夠成為明帝國知識人的共識，地方知識人亦自動配合認信國家建構的趨勢創辦社學，並於十五至十六世紀成為席捲帝國各地的風潮[129]。朱元璋參照理學思想提倡儒教禮儀，以孝順和忠君為最高的倫理原則，從而按照君臣、父子、夫婦之倫確立尊卑等級分明且不可流動的社會政治秩序，其後以禮儀和刑法規範民眾的行為、以社會組織和教育將這種秩序情結內化[130]：官僚知識階層大體上同意這樣的政策目標，只是渴望由知識人主導這個過程而非君主。其後左右明帝國政治發展的主要論爭，都已認可認信國家建構為必要的前提：持有不同意見的政治派系，都會設法通過對國家正統意識形態的詮釋，以維護正統的姿態提出自己的政治主張。

就像當日的浙東知識人那樣，朱元璋相信東亞大陸正處於道德墮落的時代。自私自利、身懷惡念的小人，在這個世情下變得氣焰囂張，令情操高尚的君子無法招架：在這個歪曲悖謬的世代，社會幾乎沒有義人的足跡，每個人都是潛在的嫌疑犯。為此朱元璋決意成為救世明君，以刑罰報復所有的不義，又以非常手段清洗各式各樣的惡人[131]。朱元璋深信自己受命於天，又對超越價值有過親身的體驗，讓他以為自己早就看破言必「聖人之道」的官僚知識階層。他認為官僚知識階層對超越價值的認識，不過是書呆子的片面之詞，實際上他們反倒熱衷於結黨營私和殘民自肥。為此朱元璋很早就以打擊貪汙的名義，把官僚當成頭號的批判對象。他往往會抓住官僚的行政疏失，並將之描述成深層次的腐敗，繼而大舉屠殺肇事官員。譬如過往管帳的官僚為節省時間，會先預備一堆蓋上官印的白紙，到最後才填寫核實過的數目。朱元璋在一三七六年發現這個習慣後，嚴厲指斥相關官僚互相勾結、欺君罔上，為此屠殺約百名官員：這次血腥政治風波其後被稱為空印案[132]。

朱元璋認定官僚知識階層多為表裏不一的偽君子，故此他在執政初期既未倚重官僚體系，也不太重視科舉考試。明帝國在一三七一年舉辦首場科舉考試後，在其後十四年都沒有再辦科舉的打算：朱元璋只把帝國第一場科舉考試，當成填補職位空缺的臨時手段[133]。然而在此以後，官僚體系仍然缺乏充足的人手，至少無法支撐朱元璋意圖在基層社會推動認信國家建構的鴻圖大計。胡惟庸在一三七三至一三八〇年擔任宰相期間，大舉任用親人和朋友填補官僚體系的空缺：朱元璋因為不信任官僚知識階層，從而令科舉制度停擺，卻反倒令胡惟庸獲得經營自身黨派的空間。朱元璋在一三七九年發現胡惟庸未有妥善迎接來自占城的使節，甚至隱瞞使節來訪的消息，繼而決定對他展開調查。最終朱元璋決心清除胡惟庸的勢力，聲稱他曾經暗中接觸蒙古和日本、又與將領通訊聯繫，於一三八〇年把他連同逾三萬名親信、家人、部屬一併處死。由於有大批官僚於這場政治清洗中遇害，朝廷決定於一三八五年科舉考試常態化，原則上每三年舉辦一次：這一方面是為了填補政治清洗過後遺下的職位空缺，另一方面也為了杜絕權臣任用親信結黨營私的空間。

罷黜胡惟庸後，朱元璋決定全盤改變朝廷的權力結構：他決定把宰相一職連同中書省一併廢除，此後由皇帝親自率領負責執行的六部，從而剝奪官僚過往在政策制定過程當中扮演的角色。朱元璋亦裁撤掌管軍事的大都督府，將其拆解為左、中、右、前、後軍五個都督府，並將駐紮在首都地區的十二營軍隊改為直接聽命於皇帝的禁軍。除此以外，他亦把調兵權與統兵權分拆，將前者交予官僚體系的兵部、後者歸於都督府，設法杜絕武將擁兵自重的問題[134]。

過往負責向君主提出勸勉的諫官體系，則被改造成監察其他官僚的機制。朱元璋廢除掌管諫官的御史臺，改設由一百一十名監察御史組成的都察院。這些由皇帝任命的監察御史除負責監督中央官僚外，亦會被派遣到帝國各地進行各種調查。他們在調查結束後會首先直接向皇帝匯報，其後才會向上級補交報告[135]。朱元璋亦把都尉府擴充為錦衣衛，並將自己最信任的護衛安插在這個祕密警察組織：錦衣衛是皇帝的直屬組織，並擁有不受限制的偵查權、拘捕權和羈押權[136]。

獨攬大權的朱元璋從一三八〇年代開始，就對屬下的文武官員展開道德重整的「聖戰」，而官僚知識階層則成為他的首要整肅對象。比如在一三八四年，戶部侍郎郭桓因被指侵吞軍糧而被捕，並於翌年遭到處決。可是這種案子並未因郭桓伏法而落幕：朱元璋決意以反貪腐運動的姿態，把調查範圍擴展到所有官僚。最終在整個中央官僚體系中，就只有吏部能逃過這次政治清洗，其餘五部則共有超過二百人遇害。而都察院大部分的監察御史、全帝國十三個省分當中十二個布政司、以及數以萬計的地方官吏，亦於這場政治風暴中淪為刀下亡魂。除此之外，亦有大批負責管理糧倉的低級吏員遭到體罰，而涉案民眾輕則被處以罰款、重則被判承擔苦役。

在官僚知識階層受到整肅後，朱元璋就把政治清洗的目標，轉移到過往獲信任的軍事體系。一三九二年，投降明帝國的蒙古將領月魯帖木兒（Örlüg Temür）在四川發起暴亂，武將藍玉派兵迅速平定叛亂、並公開要求朝廷以太師一職作為獎賞：而在場祕密監察的錦衣衛，第一時間把相關言論轉告朱元璋。此時皇太子朱標剛剛英年早逝，而獲得繼承權的皇孫朱允炆（謚號惠帝，即建文帝）則是年僅十五歲的少年，令朱元璋擔心身後會出現武臣干政的局面。為此他決定從軍事貴族手上收回權力，在為藍玉羅織謀反的罪名後，將調查範圍擴展到其他軍事貴族身上。藍玉於一三九三年連同超過一萬五千位「同黨」遭到處決，朱元璋繼續向其他軍事貴族施加壓力，其後幾年強迫潁國公傅友德、定遠侯王弼、宋國公馮勝等曾經出生入死的武將自我了斷[137]。

此後朱元璋更加倚重在帝國各地戍邊的皇子，並讓他們接掌從軍事貴族手中奪取的兵權，甚至凌駕早前對調兵權和擁兵權設下的限制：畢竟在官僚知識階層和軍事貴族都受到整肅後，明帝國再也沒有舉足輕重的政治勢力。此後戍邊藩王能調動的兵力，亦超越負責守衛首都地區的禁軍[138]。朱元璋期望自己的諸子能夠顧念骨肉親情、以及過世的太子朱標過往的政治威望，在他身後扶持幼主朱允炆。可是他在一三九八年逝世後，這個遺願隨即就被殘酷的現實打破。

以道德攀附皇權的政治文化

雖然官僚知識階層在一三八〇至一三九〇年代備受打擊，可是部分知識人仍未放棄「得君行道」的盼望。他們寄望皇孫朱允炆繼位後，會採用比他的爺爺溫和的管治作風。因此方孝孺等具有理想性格的儒者，就刻意迴避當時的政治爭議、把精力放在教導皇孫之上，準備在朱元璋逝世後以帝師的身分按照理學思想推動改革。在朱允炆繼位初期，事情似乎正按照方孝孺等人的設想發展，可是形勢在短短四年後卻完全顛倒過來[139]。

朱允炆的叔叔們，為南京的朝廷帶來沉重的壓力。當時朝廷能夠直接指揮的軍隊，就只有首都地區的四十一個衛、以及處於長江下游的另外二十七個衛。可是駐守在帝國邊疆的藩王，卻總共統領著一百三十二個衛的兵力：這還未包括朱元璋義子沐英的後人在西南邊疆指揮的部隊[140]。朝廷在朱允炆即位後開始收回藩王的兵權，而部分藩王被朝廷貶為庶人、甚至因為承受不住壓力而自盡。就在削藩改制幾乎成功的時候，駐守在元帝國故都北平（今北京）的朱棣先發制人，在一三九九年夏天以「清君側」的名義發動叛變。在李景隆率領的平叛部隊於一四〇〇年後在白溝河（位於河北中部）大敗後，朱棣逐漸在這場內戰中取得上風，於一四〇二年突破平叛部隊的防線，沿著運河往南京開進。李景隆於同年夏天打開南京城門投降，而朱允炆則在戰亂中下落不明[141]。作為朱元璋四子的朱棣，則不顧《皇明祖訓》規定的嫡子承傳制度，憑藉自身的軍事實力登上帝位。此外他亦把駐地北平升格為北京，並於一四二一年正式遷都。

朱棣奪位雖有違其父親之遺願，卻吊詭地令朱元璋的政治意識形態得以延續。試圖推動改革的方孝孺始終不肯向朱棣投降，使他連同自己的家族和門生都遭到屠殺。朱棣宣稱方孝孺的改革，旨在推翻父親奠定的「正統」體系：故此朱棣非但不是謀朝篡位的叛徒，反倒是替明帝國「靖難」的新一代救世明君。他在執政後亦把自己定位為理學正統的守護者，於一四〇九年頒布《聖學心法》，借用理學思想肯定皇權的權威、以及尊卑分明的社會政治秩序。此後他下令官僚把理學思想的重要文獻輯錄成《性理大全》，並以此作為肯定官方正統意識形態的理據。在《性理大全》於一四一四年刊行後，朝廷繼續把儒家典籍輯錄成《五經大全》和《四書大全》，並以此作為科舉考試的標準文本[142]。

朱棣延續過往朱元璋建構認信國家的方針，透過延伸家庭內部長幼尊卑的差序格局，確立民眾服從長上、官僚服從君主的社會政治秩序。他在《性理大全》的序言中，表明要延續父親的「復古」政策，藉此建立帝國的正統意識形態：

> 皇考太祖高皇帝鴻基即位以來，孳孳圖治，恒慮任君師治教之重，惟恐弗逮；切思帝王之治，一本

> 於道……大哉聖人之道乎！豈得而私之？遂命工悉以鋟梓，頒布天下，使天下之人獲覩經書之全，探見聖賢之蘊由，是窮理以明道、立誠以達本。修之於身、行之於家、用之於國，而達之天下，使家不異政、國不殊俗，大回淳古之風，以紹先王之統、以成熙皞之治[143]。

這種基於理學思想的正統意識形態，其後成為明帝國朝廷與官僚知識階層之間的共識。在明帝國往後的政治爭議中，各方都會嘗試援引理學思想和官方正統支持自己的立場，並攻擊對方為曲解正統的異端。而在一五二一至一五二四年發生的大禮議，正好說明朱元璋和朱棣展開的認信國家建構，對明帝國政治文化所造成的深遠影響。

明帝國的第十位皇帝朱厚照（廟號武宗，即正德帝）在一五二一年逝世，卻未有留下子嗣。其後朝廷按照《皇明祖訓》的規定，上推到他父親朱祐樘（廟號孝宗，即弘治帝）一輩尋找繼任人選，最終決定把繼承權交予其叔朱柘杬在生的次子朱厚熜（廟號世宗，即嘉靖帝）。朱祐杬於一四八七年被父親朱見深（廟號憲宗，即成化帝）封為興王，其後於一四九四年遷往位於長江中游安陸州（今湖北鍾祥）的封地。由於朱柘杬的長子年少夭折，當他在一五一九逝世後興王的王位就傳到次子朱厚熜身上。當朱厚熜獲知要前往北京接下帝位時，仍然是位十四歲的少年，而且還未完成三年的服喪期。

根據當時的官方禮儀，朱厚熜需要先過繼為朱厚照的義子，方能繼承朱厚照留下的帝位。而登基後的朱厚熜在在皇室祭禮中，亦需要把朱厚照稱為皇考，也就是官方身分上的父親。大部分的官僚知識階層，傾向認為對皇帝的忠誠，是維繫帝國體系的核心價值：也就是說皇帝若不對先皇展露絕對的忠誠，就會為後世和民眾奠定惡劣的先例，損害「尊君」的絕對道德價值。可是朱厚熜喪父不久、又無法服完三年之喪，在情感上無法接受要把堂兄稱為父親。他提出希望能夠把父親朱柘杬奉為皇考，藉此彰顯他對生父的孝心，可是官僚體系卻堅持這種做法有違傳統。

不過還是有一些官僚，同情對生父的深切情感，認為主流官僚的做法有違孝道：而孝道正好就是明帝國政治意識形態的必要基礎。剛考上進士的張孚敬（本名張璁，後因名諱改名）力排眾議，於一五二一年上疏支持新皇帝的立場：他指父慈子孝，是符合「理」的自然人情，如今朝廷卻反倒禁止皇帝敬奉亡父，既違人情、逆天「理」、也不符合東亞大陸諸帝國的慣例：

> 況與獻王惟生皇上一人，利天下而為人後，恐子無自絕父母之義。故皇上為繼統武宗而得尊崇其親則可；謂嗣孝宗以自絕其親則不可。或以大統不可絕為說者，則將繼孝宗乎？繼武宗乎？夫統與嗣不同，非必父死子立也。漢文帝承惠帝之後，則弟繼；宣帝承昭帝之後，則以兄孫繼。若必強奪此父子之親，建彼父子之號，然後謂之繼統，則古當有稱高伯祖、皇伯考者，皆不得謂之統矣[144]。

此後張孚敬把對繼嗣問題的思考，編輯成《大禮或問》。他強調父慈子孝，是明帝國體系得以延續的基礎；而且古人亦早已明瞭皇統的繼承，並不等同於血統（嗣）的傳承，故此並未有強制君主把先皇奉為先父的規矩。君主敬奉生父的孝行，亦必須淩駕屬於旁枝末節的規條。朱元璋的道德訓喻，強調以君臣、父子、夫婦為首的五倫乃社會得以維繫的根本：故此要求朱厚熜奉堂兄為皇考的做法，雖然合乎體制的要求，卻顯然觸犯到作為帝國基礎的人倫。倘若明帝國的體制，連皇帝孝敬、拜祭親生父親也不能容許，那麼國家體制顯然已經到了非改不可的地步。

雖然朱厚熜留意到張孚敬的意見，可是由於當時官僚體系群情洶湧，也只得勉強擋下諫官的彈劾、並把張孚敬貶往南京暫避風頭。朱厚熜在隨後幾年持續與官僚辯論祭祀朱祐杬的事宜，並要求朝廷百官上奏表達意見。雖然絕大多數的官僚表達反對意見，可是朱厚熜還是找到一小批死忠支持者，並設法把他們凝聚成一股勢力。這些支持皇帝奉生父為皇考的少數派，除最早上疏表態的除張孚敬外，還有桂萼、熊浹、席書、霍韜和方獻夫。值得留意的是，霍韜和方獻夫都來自新近融入帝國的嶺南。而方獻夫也是師從王守仁（號陽明子，人稱王陽明）的儒學學者，曾經是寓居西樵山（今佛山市南海區西南）的地方知識人。

朱厚熜其後於一五二四年把這些支持者召到北京，準備與反對他尊崇生父的官僚體系全面對決。他首先委任席書為禮部尚書，其後又讓張孚敬和桂萼擔任翰林院學士、而方獻夫則被委任為翰林院侍講學士。在朝廷要職安插好親信後，朱厚熜決定一意孤行地推動皇室禮儀改革。他首先把生父朱祐杬奉為皇考，諡號為本生皇考恭穆獻皇帝，而廟號則為睿宗。隨著他的父親取得皇帝的稱號，朱厚熜亦同時把自己的生母和祖母升格為皇后：他的生母此後被尊稱為本生聖母章聖皇太后，其後在一五三八年往生後再諡為慈孝獻皇后；而朱厚熜的祖母邵氏的尊號則為聖皇太后、後來改稱太皇太后，其諡號則為孝惠皇后。朱厚熜原本想把父親的靈柩，遷葬到北京近郊的昌平，卻在親信的建議下決定改建在安陸州的既有陵墓，免得招來勞民傷財的批評。這座由王陵改建的皇陵，就是位於湖北鍾祥的明顯陵。

朱厚熜在同年夏天更進一步，依照張孚敬的建議決定去除父母尊號中「本生」二字，並向禮部宣布相關的決定：這意味著朱祐杬如今不只是皇帝血統上的父親，也是明帝國皇室正統之所在。這個決定觸及到主流官僚的底線，二百三十二位官員在農曆七月十二日早朝過後，跪在左順門要求朱厚熜收回成命：也就是說，大約有十分之一的中央官僚參與這場抗議集會。朝廷決定拘捕所有參與者，而當中一百三十四位中級官僚則被押往午門，各施以三十次廷杖：當中有七人於八日後再度被處以杖刑。最終有十七名官僚在杖刑過後傷重不治。涉事的高級和低級官僚雖免受皮肉之苦，可是都被處以貶職、革職以至是流放邊疆的刑罰。在這場血腥鎮壓後，張孚敬奉命將這次政治爭議的重點輯錄為《明倫大典》，以此作為皇室繼承禮儀的規範[145]。雖然朱厚熜最終動用政權暴力壓下反對聲音，可是他還是擺出聖王的姿態，以道德修辭貶斥抱持反對態度的官僚：

> 其時內閣輔導之臣，擅作不經之言；掌典邦禮之官，輒據漢宋之事悖逆天倫，欺忤朕在沖年，壞亂綱倫、鼓聚黨類[146]。

在大禮議的政治鬥爭中獲勝後，朱厚熜讓支持他的親信繼續推動國家禮儀的改革。過往朝廷會同時舉辦祭天和祭地的儀式，在改革後卻將這兩種祭祀分別起來。原本設在北京南郊（於朱厚熜任內納入外城）的祭壇，則被改造成祭天專用的天壇。朝廷為各種不同的國家祭典，於京城外圍各地建設專門的祭壇：這包括在北郊的地壇、在東郊的日壇、以及位於西郊的月壇。除此以外朝廷亦參考古籍，嘗試恢復先蠶禮這類失傳多年的上古禮儀[147]。

朱厚熜及他的支持者認為自己能夠壟斷對超越價值的詮釋權，而他們能夠在大禮議的鬥爭中以弱勝強，更說明自己是合乎天命的一方。如此他們把一切的論敵，都當成是道德敗壞的小人：他們既然都是獲得上天認受的「君子」，與抱有異見的「小人」就不可能有妥協的餘地。「君子」與「小人」之間的鬥爭既是生死存亡的「聖戰」，那就無需有任何「程序」或「底線」可言。

白蓮教教徒李福達曾發動信眾反叛朝廷，卻在叔叔被處決後從山西一路逃到北京，並化名為張寅。其後他透過經商成為鉅富，兩名兒子亦成為有名的藥師，顧客多為達官貴人。李福達兩位兒子的其中一位老主顧，就是武定侯郭勛：他在大禮議之時曾經堅決地站在朱厚熜一方，與張孚敬、桂萼等支持皇帝的官僚緊密合作。

前往山西巡視的監察御史馬錄，卻在一五二六年發現京城富商張寅，就是因涉及叛亂而被通緝的李福達。為此他拘押那兩位擔任藥師的兒子，藉此展開進一步的調查。郭勛聞訊後，即嘗試透過賄賂換取兩位藥師的自由，並在遭到拒絕後以權勢恐嚇馬錄。馬錄卻始終不為所動，反倒控告郭勛意圖包庇謀逆。消息傳到朝廷之後，張孚敬和桂萼即向朱厚熜進言，宣稱反對禮儀改革的殘餘勢力意圖陷害郭勛。朱厚熜聞訊即在刑部安插親信，指示他們必須判定張寅並非李福達本人。而馬錄則反被誣以偽造證的罪名，他在刑求之下「承認」自己的「罪行」，最終與家人一起發配到偏遠的廣西。

對於獲得皇帝信任的張孚敬來說，這不只是維護政治盟友清譽的司法鬥爭，也是整頓朝廷道德秩序的天賜良機。他在馬錄被判罪後不久，即乘勢開除二十位曾經為馬錄辯護的諫官：「剛巧」他們在早前的大禮議，都抱持反對禮儀改革的立場。其後朝廷更擴大調查搜索的範圍，大舉拘捕反對禮儀改革的「餘黨」，並對逾四十位官僚下達永不錄用的禁令。不過朱厚熜和張孚敬，都把這場濫用司法程序的政治迫害，當成「君子」透過高舉「道德」戰勝「小人」的成就，並將過程輯錄成《欽明大獄錄》，發行予中央及地方各級官僚傳閱[148]。朱厚熜更在序言中，推崇張孚敬為天下官僚知識階層的道德模範：

> 朕聞人臣之道，惟盡忠以事君、竭誠以報上，斯可以佐朝廷而臻治理、行善道以澤斯民爾。璁（按：張孚敬）性質明敏、志行忠誠、持正事君、奉公輔國。比者贊成大禮、克盡心力，昨又體朕愛人之心、究明奸構大獄，推此公勤厥爾，當首其勞，甚焉厥功著矣[149]。

這場審判在四十年後，卻被證明是一樁烏龍案。白蓮教教徒蔡伯貫因為發起叛亂，於一五六六年連同師父李同一起被捕：而李同正正就是李福達的孫子。李同在審訊期間，向調查人員證實爺爺李福達曾經化名張寅，在北京暗中潛伏[150]。朱厚熜和張孚敬發起的禮儀改革，雖然高舉孝道為超越的道德價值，卻諷刺地未能按照超越真理的原則，秉公辦理馬錄和張寅／李福達的案件。他們為求包庇自己的政治盟友，可以無視事實、捏造證據，隨意犧牲盡忠職守的調查人員，然後把這種顛倒是非的作為宣揚為「盡忠以事君」的模範。禮儀改革的推動者為清除他們心目中「小人」，可以為「崇高」的道德對程序正義視若無睹，也不會因為替無辜者帶來的「附帶損害」有一絲的愧疚。

在宋帝國的時代，雖然政治論爭的雙方都會把自己當成「君子」、把對方貶為「小人」，各方卻仍會維持若干的底線。雖然那時亦有因政見而喪命的案例，可是那通常都是惹人非議的個別事件：比如蘇軾雖然幾乎被政敵置於死地，可是像王安石這樣的論敵還是願意站出來仗義執言；到舊黨迫害蔡確時，蘇軾和范純仁亦不顧黨派立場出手相救。而當時政治鬥爭失敗所帶來的代價，通常只限於貶職、革職、以及名譽上的損害。明帝國的政治鬥爭則已進入另一個層次：不同的政治派系不只會把對方打為「小人」，也會借助國家正統意識形態的力量，意圖動用皇權把對方趕盡殺絕。暴力和死亡更是明帝國政治鬥爭的常態，落敗的一方即使能逃過死刑，亦往往難逃廷杖的體罰，不少官僚命喪亂棍之下。而在君主權力交接的時期，昔日的受害者在獲得「平反」和「昭雪」後，就會挾著「道德高地」成為攀附皇權的殺人兇手。

若然把這種邏輯延伸下去，政治對手既是滿盤皆錯的「小人」，那麼「君子」的所作所為則自動能獲得道德證成、或至少是皇權的庇佑。這樣不論是朝廷的政治派系、還是在地方的官僚知識階層盟友，都能夠透過「道德重整」的名義壯大自己「正義」的實力。比如霍韜挾著大禮議時累積的威望，回到廣東按照理學思想推動地方禮儀改革。他在這個過程中，按照理學思想把佛教視為非正統邪說，以「廢淫祠」的名義沒收寺院的土地，並讓自己所屬的宗族在沒收得來的土地興建祠堂。嶺南官僚知識階層透過這樣的「禮儀改革」，洗刷過往作為壯侗族群的歷史記憶，並透過巧取豪奪的方式掠奪其他土著的家產，從而成為富甲一方的地方大族[151]。權力、利益，再加上自以為義的道德感，令官僚知識階層挾著皇權與「道德」，在明帝國接近三個世紀的歷史中，反覆上演你死我活的血腥鬥爭。

簡要而言，皇權在明帝國創立後通過認信國家建構，把超越價值「私有化」為獨尊皇權的政治意識形態。除卻少數良心未泯的知識人，官僚知識階層大多選擇默許這樣的發展，甚至借助皇權在地方社會確立優勢、運用皇權的邏輯爭權奪利。隨著超越價值在認信國家建構的過程中再次遭到皇權收編，東亞大陸社會的不平等秩序也更積重難返。在下一章的討論中，筆者將會討論明帝國的君主如何把認信國家的邏輯延伸，嘗試主導蒙古帝國留下的不平等世界秩序。

第七章 近世世界帝國的大棋局

蒙古帝國在十三世紀的急速擴張，把歐亞大陸透過商貿交通網絡的擴展連結起來，而這種地緣政治上的整合並未隨蒙古體系崩潰而逆轉。此後在東亞大陸各地興起的帝國，必須把整個歐亞大陸都放到戰略藍圖之中。隨著歐洲人於十五世紀開闢通往全球各地的航道，並在過程中發現物產豐隆的美洲大陸，世界也就正式踏入大航海時代。此時於歐亞大陸崛起的新興帝國，不論是帖木兒帝國、三大伊斯蘭火藥帝國、還是西歐國家沿著航道建立的影子帝國（Shadow Empires）[1]，都不得不以整個世界作為行動的舞台。同一個時段興起的明帝國，自然也不會例外。

橫跨東亞與內亞的帝國體系

就東亞史的角度而言，蒙古帝國的經驗證明，建立橫跨東亞和內亞的大帝國，並非可望而不可即的幻想。蒙古帝國在建立初期就已經把內亞和東亞北部穩固地連結起來，而這向來是東亞大陸和內亞各政權所夢寐以求。

雖然部分東亞大陸帝國能夠在全盛時期，把勢力範圍擴展到內亞以至中亞，而內亞政權入主東亞大陸之事亦時又發生，可是他們卻都無法長期維持橫跨兩地的統治。東亞大陸諸帝國國力略衰就會失去對內亞的控制，而內亞政權在入主東亞大陸後亦多無法維持政權的穩定：那些能夠在東亞大陸立足的內亞政權，則會逐漸轉型為東亞大陸帝國，繼而失去對內亞的控制。

源自內亞的鮮卑拓跋部，在五世紀一統黃河流域後把發展中心從內亞轉移到東亞大陸，其後內亞的戰略真空則被柔然（Rouran Khaganate）和突厥等內亞新興勢力接管。此後承傳自鮮卑族諸國的隋帝國和唐帝國，雖然在與突厥的競爭中取得優勢，卻始終無法在內亞實行長期的直接管治。唐帝國作為內亞霸主的地位，維持一個多世紀之後亦因政局動盪而無以為繼。

在十世紀初，契丹在耶律阿保機（Yelü Ābǎojī）的帶領下崛起成內亞強權，勢力範圍包括遼東以及東亞大陸東北部的邊陲地帶。阿保機為管治境內的東亞族群，決定建立二元制的國家制度，同時擔任內亞模式的可汗、以及東亞大陸模式的皇帝。契丹以兩套平衡體系分別管治國內的游牧族群和農耕社會，並以不同的法規針對各種不同的族群，使其成為一國多制的複合帝國[2]。契丹在九三六年支持石敬塘推翻李從珂的政權後，取得海河流域和山西高原北部的領土，也就是燕雲十六州。由於當地的人口相對密集，東亞族群自此成為契丹國家人口的重要組成部分。這種發展更進一步加深契丹的複合性格[3]。

契丹在取得燕雲十六州後，在帝國南北分設不同的管治架構，各以不同的都城為行政中心。北部的行政體系實行以部落為中心的游牧帝國制度，而南部則採用東亞模式的官僚體系實行管治[4]。阿保機之子堯骨（Yáogǔ，漢名耶律德光，廟號太宗）在九四七年舉兵消滅背棄盟約的石重貴晉政權，意圖建立橫跨內亞和黃河流域的東亞式帝國，將國號定立為「遼」。可是遼軍卻無法清除黃河流域的抵抗勢力，迫使堯骨放棄黃河流域的新征服地。習慣內亞氣候的遼軍，不太適應東亞大陸相對溫暖潮濕的氣候，堯骨本人亦於歸途上染病離世[5]。

不過此後遼帝國仍堅持建構跨族群的多元帝國，並參照唐帝國的模式建立獨特的政治體系。遼帝國的君主於此體系扮演雙重角色：他在留守上京的宮殿時，會以皇帝的身分主持東亞大陸模式的皇室禮儀；不過他大部分時間會游走內亞各地，以可汗的身分向各部族發號施令。而遼帝國管治南部東亞族群的機關，則模仿東亞大陸帝國的制度設置中書省、門下省和六部，起初在海河流域北部設立析津府，其後又在山西高原北部的大同設府[6]，皆為遼帝國的陪都。

位於松花江流域的女真部族，於一一一五年在完顏阿骨打（Aguda）的領導下凝聚為大金國（Aisin Gurun），並開始挑戰遼帝國在內亞的霸權。他們在一一二三年攻陷遼帝國的所有陪都，並於一一二五年於內亞和東亞北部消滅其殘餘勢力。此時金帝國沿用遼帝國的混合制度，以官僚體系管治東亞族群、以部落民主的方式管理內亞族群：畢竟金帝國的迅速擴張有賴內亞部族集體投誠，而阿骨打起初也只是諸王之首[7]。

金帝國在一一二六年末攻陷開封後，卻一時無法把權力伸延到黃河流域的地方社會。為此金帝國建立傀儡國家，嘗試施行間接管治，並強迫被俘虜的宋帝國宰相張邦昌稱帝，可是張邦昌在金軍撤出開封後即放棄帝位，跟隨其他官僚投奔趙構的朝廷。其後金帝國在一一三〇年擁立濟南知府劉豫為帝，建立以「齊」為國號的傀儡國家：不過這個國家最終只維持了八年。問題的癥結在於金帝國的統治階層未有信任東亞族群，他們甚至曾經整肅投誠的東亞族群官僚。如此官僚知識階層以及軍事將領，都傾向投靠趙構在南方的朝廷，令傀儡國家無以為繼[8]。

金帝國此後只得按照東亞大陸帝國的模式，建立統治東亞大陸族群的官僚體系。就像唐帝國的中央朝廷那樣，這個行政體系設有中書省、門下省和尚書省，並由尚書省負責統管執行政策的六部。在行政體系外，則像東亞大陸諸帝國那樣設有由諫官組成的御史臺。不過起初金帝國面對女真人等內亞族群，仍然沿用貴族會議和族長會議這類內亞式的管理機關。在地方行政上，金帝國在統治初期亦採用按族群分治的雙軌制。他們在東亞大陸北部各地區，設立作為尚書省分支機構的行臺尚書，其管轄的行政區規模大於過往的府和州，這就是東亞大陸省級行政區的開端。而由省管轄道／路、由道／路管轄州／府、由州／府管轄縣的四級地方行政制度[9]，則在蒙古時代起成為東亞大陸的定制。此外金帝國為鞏固對黃河流域的統治，讓內亞族群圈地建立稱為猛安謀克（Minggan Moumuke）的軍事殖民地，負責監視和威嚇鄰近的東亞族群，以及維持內部的行政管理和經濟生產。

在一一五〇年登基的迪古乃（Digunai，漢名完顏亮，稱號海陵王），決意把金帝國徹底改造成東亞大陸模式的帝國。他拆毀位於松花江流域的上京會寧府（今哈爾濱市阿城區），並遷都到更名為中京大興府的析津府（今北京）。此外他亦全面仿效宋帝國的制度，廢除貴族會議和族長會議等內亞式管治機關，將其改為東亞大陸模式的官署。迪古乃於一一六一年率軍侵略宋帝國，期望藉此一統東亞大陸，宋軍卻出乎意料地打敗金軍。堅持進攻到底的迪古乃在其後的兵變遇害，繼位的烏祿（Wulu，漢名完顏雍，廟號世宗）則決定與宋帝國議和，為東亞大陸帶來南北分治的局面[10]。

不過烏祿並未扭轉過往迪古乃的東亞化政策，其後金帝國在文化、社會和經濟方面都取得長足的發展，包括女真人在內的內亞族群則逐漸與主流的東亞族群同化。金帝國把發展中心從松花江流域、遼東和內亞，轉移到海河流域和黃河流域，就逐漸與內亞社會脫節。金帝國在十二世紀末黃河氾濫後一蹶不振，逐漸壯大的蒙古決定停止向金帝國進貢，並於一二一一年全面入侵。金帝國在四年後丟失中都，其後苟延殘喘到一二三四年[11]。

此後蒙古帝國開始統治黃河流域，並於一二七〇年代吞併東亞大陸南部，然後就像遼帝國和金帝國那樣，採用混合的多元制度統治幅員廣大的疆土。在這種複合模式中，蒙古帝國／元帝國的統治階層先以內亞模式制定政策，再交由按東亞模式運作的官僚體系執行。帝國的統治者游走在上都和大都之間，在內亞以大汗的身分統率部族，在東亞則以皇帝的權威管轄民眾。蒙古人參考金帝國的制度，於帝國各地建立由中書省統領的行中書省（簡稱「行省」或「省」），又把理學定為官方意識形態。而蒙古人亦不乏制度上的創新，他們奠定確保兵源穩定的軍戶制度和禁衛軍制，以及為調節跨地域貿易而制定的匠籍制度。不過蒙古統治階層亦按照內亞的習慣，把包括官僚知識階層在內的隨從和幕僚，都當成統治者的僕人而非體制上的合作夥伴[12]。

橫跨東亞和內亞的元帝國在東亞大陸維持了超過七十年的有效管治，要待一三五五年才失去對東亞大陸南部的控制權。單就東亞大陸北部而言，元帝國的穩定管治更自一二三四年起延續超過一個世紀，直到一三六八年才被明帝國驅逐。也就是說，元帝國已經找到同時統治內亞和東亞的竅門：若不是氣候變化和瘟疫大流行的緣故，這種跨地域的管治模式也許有機會一直延續下去。

經略歐亞草原的明帝國

就戰略視野和軍事制度而言，元明鼎革比較像是傳承而非斷裂：明帝國雖然是由東亞族群出身的朱元璋創立，其管治風格卻與宋帝國截然不同。元帝國奉理學為正統意識形態，為明帝國的認信國家建構奠定基礎。而協助中央朝廷壟斷資源的匠籍制度、確保兵源軍需穩定的軍戶制度、以及兼備防衛和屯田兩種功能的衛所制度，都是沿襲或改良自元帝國的制度。在中央朝廷的層次，君主把官僚將士當成個人奴僕的威權作風，雖然主要是超越價值被皇權「私有化」所招致的惡果，卻也契合蒙古的政治風格。把行省當成一級地方行政區的做法，則源自金帝國和元帝國的承傳。

明帝國的戰略視野，亦不再像過去的東亞大陸帝國那樣局限於東亞之內。朱元璋意欲經略歐亞大陸，期望把元帝國的疆土都據為己有，認為唯有建立橫跨歐亞大陸的新霸權，方能夠確立明帝國的政治認受[13]。是以朱元璋在一三六八年立國後，就迫不及待要向歐亞大陸各國宣告蒙古秩序的終結。他在同年年底向安南發出詔諭，催促他們趕快遣使到南京朝貢，並承認明帝國已經成為東亞秩序的新主宰：

昔帝王之治天下，凡日月所照，無有遠近一視同仁。故中國尊安，四方得所，非有意於臣服之也。自元政失綱，天下兵爭者十有七年，四方遐遠，信好不通。朕肇基江左，掃群雄、定華夏，臣民推戴，已主中國，建國號曰大明，改元洪武。頃者克平元都，疆宇大同已承正統，方與遠邇相安於無事、以共享太平之福。惟爾四夷，君、長、酋、帥等遐遠未聞，故茲詔示想宜知悉[14]。

朱元璋於翌年正月，派遣使者到日本、以及東南亞的占城和爪哇，催促這些國家盡快朝貢[15]。他其後又派遣使者到中亞的回鶻（今維吾爾）、南亞南部的科羅曼得（Coromandel）和瑣里（Chola）、以及更西邊的印度洋國家。除此以外，他亦同時派使者到仍被蒙古人控制的雲南勸降。朱元璋最終在一三七一年得償所願，開始接見來自歐亞大陸各國的使者，藉機宣示蒙古體系已經被新興的明帝國所取代[16]。

明帝國在開國後不久，其版圖已經比得上過往東亞大陸諸帝國的全盛時期。在一三六八至一三六九年的北伐過後，山西高原北部、海河流域北部以及遼東都被納入帝國的版圖，其後連接中亞的河西走廊亦為明軍所攻佔：這些都是宋帝國從未正式統治過的疆域。就傳統上的意義而言，朱元璋在開國初年已經達成統一天下的目標。可是朱元璋卻不為此滿足，反倒繼續追擊已退到內亞的元帝國。明軍在一三六九年攻陷上都，於此地設置開平府，其後更於一三七〇年攻陷元帝國朝廷駐蹕的應昌。而位於蒙古草原北部、作為蒙古帝國第一代首都的哈拉和林（Qaraqorum），亦屢次遭明帝國的遠征軍攻佔。不過此時元帝國在歐亞大陸的大棋局中，仍是個不可輕視的強權。雖然明帝國能夠摧毀元帝國的都城，可是蒙古人的流動朝廷仍然能夠對內亞的部族發號施令，又能夠在西南方的東南亞高地牽制明帝國。元帝國在一三七〇年代仍然設法反攻東亞大陸，並於一三七二年重挫追擊的明軍。歐亞大陸各國亦因為這段時間的戰略均勢，以觀望態度維持與元帝國的邦交[17]。

朱元璋意識到明帝國的存續有賴歐亞大陸的地緣政治平衡，故採取分而治之的政策，嘗試與內亞國家結盟對抗蒙古。為此他於國內採用包容的族群政策，公平對待滯留在東亞大陸的蒙古人和色目人，容許這些來自內亞以至西亞的新住民像主流東亞族群那樣登記為編戶齊民：

> 如蒙古、色目，雖非華夏族類，然同生天地之間，有能知禮義，願為臣民者，與中夏之人撫養無異[18]。

此外他亦淡化自己在元末叛亂當中的角色。作為群雄競逐過程的後起之秀，朱元璋聲稱自己從未打算反叛元帝國，只是隨著地方武裝勢力的競爭白熱化，才「勉強」決定領兵收拾爛攤子：

> 朕不得已起兵，欲圖自生。及兵力日盛，乃東征西討、削除渠魁、開拓疆宇，當是時天下已非元氏有矣……朕取於天下群雄之手，不在元氏之手[19]。

朱元璋亦承認元帝國曾是獲得天命認受的正統政權，藉此淡化元明鼎革的族群色彩。他宣稱被他消滅的群雄，都是背叛元帝國的逆賊。雖然這些叛亂勢力其後被朱元璋逐一消滅，可是由於當時元帝國氣數已盡，他只好「不得已」遵從天命登基稱帝：

> 況元雖夷狄，然君主中國且將百年，朕與卿等父母皆賴其生養。元之興亡，自是氣運，與朕何預[20]？

而數以萬計滯留東亞大陸各地的蒙古軍人，都被朱元璋納入明軍的體系中，並被委以重任。他們主要負責駐守在北方的邊境，或是被編入防衛首都的部隊[21]。曾經長期在海河流域北部戍邊的朱棣，對蒙古出身的部屬則尤其信任。比如蘇和囉海（Suqurqui）和王哈喇巴圖爾（Qara-Ba'atur），都被委以率領禁軍的重任。此外他在駐守北平時，亦收留大批元帝國遺下的人員，當中包括來自宮廷的宦官、宮女和妃嬪。比如負責在大寧衛（治所今為南蒙古寧城縣）領兵的阿速（Asud）和沙不丁（Shabuding），都是朱棣擔任燕王時的部下[22]。其後朱棣興兵侵略內亞，則以宦官今袞台（Körtei）為帶兵太監，又起用滿都（Mandu）、把都帖木兒（Batu-Temür，漢名吳允誠）、脫歡（Toghon，漢名薛斌）、脫火赤（Tughaci，漢名薛貴，脫歡之弟）等蒙古裔大將[23]。

明帝國嘗試對作為蒙古皇族的孛兒只斤氏以禮相待，藉此說服元帝國或蒙古的君主向明帝國效忠，並承諾賜予和平與特權[24]。朱元璋曾多次致函妥懽貼睦爾和愛猷識理達臘，勸喻他們放棄抵抗、向明帝國效忠，並保證此後他們仍然能夠繼續統治內亞。他在信函中把對方稱呼為「君」，承認他們是內亞的正統君主，並勸喻他們放棄重返東亞的夢想，與明帝國和平共存。在明軍攻佔大都後，朱元璋即如此勸喻妥懽貼睦爾：

> 朕令為君熟計，當限地朔漠、修德順天，效宋世南渡之後保守其方、弗絕其祀，毋為輕動自貽厥禍[25]。

朱元璋嘗試把儒學的天命觀，扣連蒙古人的騰格里（Tengri）信仰[26]，主張明帝國在東亞大陸的崛起，乃出自凡人無法逆轉的超越意志：

此誠天命非人力也！君又何以怨於其間耶？君其奉天道、順人事、遣使通好，庶幾得牧養於近塞，藉我之威號令其部落，尚可為一邦之主以奉其宗祀。若計不出此，猶若以殘兵出沒、為邊民患，則予大舉六師深入沙漠，君將悔之莫及矣[27]！

妥懽貼睦爾於一三七〇年病故後，朱元璋致函其繼任人愛猷識理達臘，警告元帝國在內亞的統治已經搖搖欲墜。他勸喻元帝國放棄重返東亞的執念，遣使和談，並強調明帝國的權威將有助元帝國統制各內亞部族：

但不知君之為況何如？北方諸部人民，亦果能承順如往昔乎？……前事之失，茲不必較。今再致書，以嘗告令先君者告君，君其上順天道、遣使一來公私通問，庶幾安心牧養於近塞，藉我之威號令部落，尚可為一邦之主以奉其宗祀……君之退步又非往日可比。其審圖之，毋貽後悔，餘不多及[28]。

愛猷識理達臘在一三七八年逝世，並由弟弟脫古思帖木兒（Tögüs Temür，即天元帝）繼位。朱元璋此後重複之前的論述，勸他以投降換取和平[29]。不過此時明帝國已經打破過往的戰略均勢，在與蒙古的角力中取得上風。脫古思帖木兒的政權維持了大約十年，就被阿里不哥的後人也速迭兒（Yesüder，即卓里克圖汗／Jorightu Khan）推翻，此後蒙古不再自稱為元帝國，並轉型為內亞模式的游牧帝國。朱棣於一四〇三年取得皇位後，亦以同樣的方式致函先後擔任蒙古大汗的鬼力赤（Guilichi，即月魯帖木兒汗／Örüg Temür Khan）和本雅失里（Bunyashiri，即完者帖木兒汗／Öljei Temür Khan），勸喻他們盡快與明帝國交好，安分守己地把勢力局限在內亞[30]。

朱元璋亦把目光放到東南亞高地北部。這個被稱為雲南的西南邊疆，並非東亞大陸諸帝國的固有疆域，在八至十三世紀之間曾先後出現南詔和大理這兩個獨立國家。蒙古帝國於一二五四年消滅大理國，交由忽必烈的長孫甘麻剌（Kammala）治理，並以此地作為攻伐宋帝國的跳板。甘麻剌其後被元帝國封為梁王，使雲南成為其家族世代相傳的藩國，並以雲南高原東部的昆明為行政中心。原大理國的王族段氏，則被委任為世襲的大理總管，讓他們在故都羊苴咩城（Yon-zon-mix，今雲南大理）管理雲南高原西部。朱元璋像面對元帝國的君主那樣，致函梁王把匝剌瓦爾密（Vajravarmi），勸其投降：

> 惟爾雲南梁王把匝剌瓦爾密，乃元君遺孤、受封西南、孤處遐荒、不諒天意、猶未臣服。

他強調雲南本是大理國的故土，當地政權向來也是東亞大陸諸帝國的藩屬。蒙古人作為外來者，在日益不利的國際形勢下，並無繼續留守雲南的理由：

> 蓋雲南土地人民，本大理所有；自漢通中國，稱臣朝貢；至唐宋皆受王封，其來久矣。昔因爾元滅其王而統其地，因循百年未復故物，彼時劫於勢力。今元祚既傾、天命已革，爾尚據其境土不思改圖，禍患之報將不旋踵。

亦因如此，把匝剌瓦爾密若要維持對雲南的統治，就必須改為向明帝國效忠。朱元璋保證把匝剌瓦爾密若然願意改宗，就會像唐帝國對待南詔、宋帝國對待大理那樣，在朝貢體系下認證雲南的獨立地位。否則朱元璋就會派使者到大理，讓段氏重新執掌雲南的政權：

> 奉貢來庭，則改授印章，爾仍舊封、群下皆仍舊官，享福於彼。不然朕當別遣使者，直抵大理，依唐宋故事賜以王號[31]。

可是不論是梁王、還是在大理的段氏，都沒有意願向明帝國投誠。朱元璋為此在一三八一年派遣義子沐英聯同藍玉和傅友德進攻雲南，並於翌年大獲全勝。明帝國侵佔雲南後，未有把政權歸還大理段氏，反倒將其編為明帝國的省級行政司，而沐英則被封為世代駐守雲南的西平侯。

明軍在一三七〇年攻打應昌時，俘獲愛猷識理達臘的兒子買的里八剌（Maidilibala）。他被押解到南京，並在朱元璋和太子朱標面前行叩首禮：這個消息廣為宣傳至歐亞大陸各國，藉此營造元帝國臣服於明的形象。不過朝廷其後卻以貴族的規格善待買的里八剌，在南京近郊為他蓋建府第、又供應他的生活開支：朱元璋期望透過善待買的里八剌，或許能培育這位年輕人成為對明帝國友善的蒙古大汗。朱元璋於一三七四年冬天決定將買的里八剌送返蒙古，並於起行前向他表示：

> 爾本元君子孫，國亡就俘，曩欲即遣爾歸。以爾年幼，道路遼遠，恐不能達。今既長成，朕不忍令爾久客於此，故特遣歸見爾父母親戚，以全骨肉之愛。

而朱元璋亦乘機致函愛猷識理達臘，表明願意藉歸還買的里八剌向蒙古示好，並期望對方能夠改轅易轍和明帝國交好：

昔君在應昌所遺幼子南來，朕待以殊禮已經五年，今聞奧魯去全寧不遠，念君流離沙漠無寧歲、後嗣未有，故特遣咸禮等護其歸庶，不絕元之祀。君其審之[32]。

根據部分學者推論，買的里八剌可能就是於一三九四至一三九九年擔任蒙古大汗的額勒伯克（El-beg，即尼古埒蘇克齊汗／Nigülesügchi Khan）。比起之前的蒙古統治者，額勒伯克對明帝國相對而言比較友善[33]。

不論明帝國是否曾著力栽培親明的蒙古儲君，在內亞扶植友好政權確實是朱元璋的外交方針。帖木兒帝國在一三七〇年代崛起，令明帝國不只要應付位於北方的蒙古，亦要抵擋西部來自中亞的攻擊。而位處河西走廊和其他中亞國家之間的哈密（Kumul），就成為明帝國與帖木兒帝國之間的緩衝國。明帝國積極介入哈密的內政，先在一三八九年護送察合台的後人兀納失里（Gunashiri）到哈密擔任國王，可是這位國王卻於兩年後襲擊明帝國往來中亞的使團。明帝國為此出兵扶植其弟安克帖木兒（Engke Temür）為新國王，並賜予安順王的封號[34]。不過在一四〇五年，安克帖木兒在蒙古大汗鬼力赤的授意下遭到刺殺，剛奪得帝位的朱棣隨即決定扶植他的侄子脫脫（Toqto）繼位[35]。可是其後哈密國的大權落入其祖母速可失里（Süküshiri）之手，迫使脫脫逃亡到明帝國：其後朱棣以外交壓力迫使兩人和好，並訓示脫脫重返哈密執掌政權[36]。

明帝國亦和那些與元帝國關係疏離的蒙古部族建交，並將位於河西走廊和大興安嶺以東的地方勢力，分別納入關西七衛和兀良哈（Uryangqai）三衛。這些蒙古部族雖然名義上隸屬於明帝國的軍事體系，其忠誠實際上卻游移在明帝國、蒙古和瓦剌（Oirats）之間。即便如此，他們仍然可以成為明帝國與蒙古之間的緩衝[37]。

不過整體而言，明帝國在內亞外交工作的成績並不亮麗。雖然明帝國的君主承諾會對孛兒只斤氏以禮相待，卻始終未肯與孛兒只斤氏建立血緣上的連結。縱使朱元璋和朱棣都曾經把外族女子納為妃嬪，可是明帝國的認信國家建構講究嫡庶有別，令蒙古裔妃嬪無法成為「母儀天下」的皇后或貴妃：如此明帝國的君主就無法像帖木兒那樣，透過婚姻宣稱自己是成吉思汗家族的女婿，因而無法令講究血緣關係的蒙古部族心悅誠服[38]。而朱元璋在十四世紀末對官僚知識階層和軍事貴族的清洗，更令蒙古權貴無法相信自己在投誠之後，真的能夠過上安穩豐足的生活[39]。

明帝國於一三八〇年代後期重新對蒙古勢力發動攻勢。元帝國將領納哈出（Naghachu）在一三八七年變節投誠，更令明軍士氣大振。翌年藍玉在捕魚兒海（今貝爾湖／Buir Nuur，位於蒙古和南蒙古的邊界）突襲於當地駐守的元帝國朝廷，並俘虜了大部分的朝臣。脫古思帖木兒雖然成功逃脫，卻於不久後遭也速迭爾殺害，蒙古也自此完全放棄東亞大陸模式的體制[40]。不過此後的事態發展，卻證實了蒙古權貴心中最大的憂慮。朱棣於一三九〇年的北伐中，成功勸降乃兒不花（Nair-Buqa）和阿魯帖木兒（Alugh-Temür），其後二人都負責領兵戍守北方的邊界。可是朱元璋卻於三年後下令拘捕這兩名蒙古降將，宣稱他們曾經與藍玉互相勾結，擔任藍玉與蒙古聯絡的中介人。二人因此無辜成為政治鬥爭的犧牲品，並成為坐實軍事貴族「謀反」的所謂「證人」[41]。

不論如何，燕王朱棣還是於一三九〇年和一三九六年的兩次北伐取得戰功，從而獲得政治上的威望。他在奪取帝位後即善用蒙古帝國衰退的形勢，嘗試建立主導內亞地緣政治的霸權。此時源自西伯利亞森林的蒙古邊陲部族瓦剌，拒絕聽命處於弱勢的蒙古大汗，於馬哈木（Maḥmūd）的率領下自立門戶、拓展版圖：這樣的發展有助朱棣透過外交手段孤立蒙古。朝鮮王國於一三九二年取代高麗統治韓半島後，亦在明帝國的拉攏下斷絕與蒙古的關係。除此以外，朱棣亦與馬哈麻（Muhammad）治下的東察合台汗國聯絡，又遣使向帖木兒帝國第三代君主沙哈魯（Šāhrukh Mīrzā）示好。朱棣期望馬哈麻和沙哈魯作為成吉思汗家族成員的威望，能夠牽制蒙古和瓦剌往中亞的擴張。

朱棣曾像他父親朱元璋那樣致函蒙古大汗勸降，卻未獲得正面的答覆。其後朱棣決定再次採取軍事手段，於一四〇九年派丘福率兵北伐，卻因為前線將領輕敵而全軍覆沒。朱棣翌年決定御駕親征，並採取聯合瓦剌攻擊蒙古的策略，冊封馬哈麻為順寧王。明軍其後成功擊潰本雅失里的軍隊，又於斡難河大敗由權臣阿魯台（Arugtai）率領的部隊[42]。此後明帝國一直設法維持蒙古和瓦剌之間的勢力平衡，又把首都遷到鄰近邊境的北京，以「天子戍邊」的姿態向內亞投射影響力。朱棣於一四一四年親征實力開始超越蒙古的瓦剌，其後又於一四二二、一四二三和一四二四年攻打阿魯台治下恢復元氣的蒙古[43]。蒙古將領也先土干（Esen-Tügel，漢名金忠）在權力鬥爭中不敵阿魯台，於一四二三年流亡明帝國。朱棣隨即冊封他為忠勇王，並讓他在一四二四年的北伐擔任先鋒。雖然朱棣於一四二四年的遠征過後就在歸途上逝世，不過此後繼承帝位的朱高熾（廟號仁宗，即洪熙帝）和朱瞻基（廟號宣宗，即宣德帝）都願意重用也先土干。他在一四三一年逝世時，朝廷也把他風光大葬[44]。

不過明帝國在內亞的霸權卻無法長久維持。瓦剌於一四三〇年代在脫懽（Toghon）領導下日益壯大，甚至開始掌控蒙古的政治。脫脫不花（Toqto'a-Buqa）在瓦剌的支持下，發動政變推翻權臣阿魯台的政權，並取代阿台（Adai）成為新一代的蒙古大汗。在脫懽於一四三九年離世後，其子也先（Esen）進一步鞏固對蒙古的控制，而被瓦剌控制的蒙古則重新崛起為內亞強權。朱棣的曾孫朱祁鎮（廟號英宗，即正統帝／天順帝）決意以曾祖父為榜樣，於一四四九年夏天率領大軍親征內亞。這支有五十萬規模的軍隊，當中有二十萬人為前線戰鬥人員，並不是臨時湊合的部隊：也就是說朱祁鎮為壓制瓦剌的擴張，不惜押下明帝國精銳部隊的決定，是處心積慮作出的規劃[45]。可是戰事的發展卻出乎明軍的意料：遠征軍在土木堡（今張家口市懷來縣）遭也先的部隊伏擊而全軍覆沒，而朱祁鎮亦於是役後淪為戰俘[46]。

皇帝被俘的消息傳返北京後，朱祁鎮的生母孫太后出面穩住局面，並任用于謙為負責首都防衛事宜的兵部尚書。孫太后與于謙聯手壓下朝中主張遷都的意見，並另立朱祁鎮的弟弟朱祁鈺（諡號景帝，即景泰帝）為新皇帝[47]。也先於年底兵臨北京城下，卻遭于謙率領的守軍擊退，只得退回內亞並與明帝國展開和談。雙方於一四五〇年夏天達成協議，朱祁鎮卻於獲釋後遭朱祁鈺軟禁[48]。此後要待一四五七年朱祁鈺病重時，太上皇朱祁鎮才找到機會發動政變奪回皇位[49]。

以守為攻的戰略轉向

也先在和明帝國講和後，於一四五二年殺害脫脫不花另立其弟阿噶巴爾濟（Agbarjin）為傀儡大汗。他於翌年親自坐上蒙古帝國的汗位，並於一四五五年改元添元：他也許希望藉東亞大陸模式來重建元帝國，並趁明帝國處於相對弱勢之時經略東亞。不過也先為奪位而接連殺害兩位孛兒只斤氏的大汗，卻觸碰到蒙古部族的底線。最終也先於一四五六年遭弒，而蒙古亦擺脫瓦剌的操控重獲自主，以游牧帝國的姿態延續到十七世紀初[50]。瓦剌失去對蒙古的控制後，改到中亞發展並日趨伊斯蘭化，其後於十七世紀初發展成準噶爾汗國（Dzungar Khanate）[51]。

明帝國的威望和實力於土木堡之變後大不如前，其內亞戰略亦從攻勢轉為守勢。而官僚知識階層則從這次挫敗中，批評昔日進取的大戰略，婉轉地批評乾綱獨斷的皇權。比如朱祁鎮之孫朱祐樘（廟號孝宗，即弘治帝）所倚重的禮部尚書丘濬，曾於《大學衍義補》批評明帝國立國初期的戰略，批評經略內亞是勞民傷財的錯誤：

臣竊以為今日地勢東南已極于海，至矣盡矣，更無不盡之處，惟西與北及西南之地尚未底於海耳。然皆限以重山疊嶂，大荒絕漠，地氣既惡，人性復獷，非復所居之處，有與無不足為中國輕重焉。惟明主瓦礫視之可也[52]。

丘濬認為明帝國的君主不應該在邊疆的不毛之地多管閒事：這些地方既在文明世界邊陲，不論君主如何努力經營，也無法提升其道德文明的水平。故此明帝國應該把發展中心放在文明的核心地帶，按照儒學倫理維持內部的社會政治秩序：

自古帝王皆以能致外夷以為盛德，殊不知德在華夏文明之地，而與彼之荒落不毛之區無預焉，固所謂得之不為益、棄之不為損，盛德在我無取于彼，真知言哉。

他認為明帝國透過由上而下的認信國家建構，把社會道德提升到令人欣羨的水平，就能夠感召周邊國家自願臣服[53]。而這種策略能否取得果效，則全靠君主個人的道德修為：

夫人君儆戒於宮闈之中、朝廷之上、京邑國都之內，何預於四夷哉？然而一念不謹，萬事為之廢弛，

> 一言有失，四方為之傳播，是故自古鎮服外國之道不在於邊鄙而在於朝廷，雖以舜大聖人而伯益猶以怠荒為戒，良以一人無怠荒之失則四夷有歸往之誠，外無邊患則內有善治而吾君享安富尊榮之樂矣[54]。

朱元璋在開創明帝國時，宣稱自己是能夠直接與超越價值連結的聖王，並透過道德重整運動，以絕對的權威壓制文武百官。如今丘濬卻婉轉地否定皇權的自我宣稱，暗示明帝國的外交戰略之所以出現挫折，是因為君主只知濫用暴力而缺乏道德修養。根據這種邏輯，明帝國要挽回劣勢的唯一方法，就是鼓勵君主透過品格修練「德化天下」。這種論述背後的潛台詞，是在勸喻君主應尊重官僚知識階層，並授予官僚督責君主的權力。

明帝國的君主並未因為土木堡的挫折，而失去顧全整個歐亞大陸的戰略視野。比如朱祐樘之子朱厚照（廟號武宗，即正德帝），就曾於一五一七年御駕親征擊敗蒙古大汗巴圖蒙克（Batumöngke，即達延汗／Dayan Khan）的軍隊[55]。他亦對歐亞大陸各地的文化深感興趣，既學習蒙古語、又喜歡模仿西亞和南亞的宗教文化：

> 武廟樂以異域事為戲，又更名以從其習。學韃靼言，則自名曰忽必列；習回回食，則自名曰沙吉敖爛；學西番刺麻僧教，則自名為太寶法王領占班丹[56]。

不過此時明帝國的官僚卻基於土木堡的歷史經驗，主張採取以防守為主的政策，暗中批評朱厚照積極外向的作風有違道德[57]。不過戰略上的守勢以及保守的政治文化，卻未令明帝國的軍隊完全被動：事實上明帝國直到滅亡之前，幾乎每年都會對外用兵[58]。即使官僚知識階層抗拒所謂的「窮兵黷武」，明帝國作為歐亞大陸東端的軍事強權，亦無法長期處於孤立狀態。

而一些比較務實的官僚，則意識到明帝國必須在內亞維持戰略平衡，方使國家能夠免於後顧之憂。朱翊鈞（廟號神宗，即萬曆帝）於一五七二年登基時只有九歲，故此垂簾聽政的李太后把軍政大權都委託予權臣張居正。張居正一直掌權到一五八二年逝世時，其任內的軍事改革則令明帝國重獲足以投射影響力的軍事能量。他將原有的世襲軍籍制度改為募兵制，改革原有的軍需補給制度，並引入源自西歐的槍炮。除此之外，他亦基於過往的實戰經驗，以嶄新的戰略理論重新訓練部隊。張居正在戰略上特別強調遼東的防衛，並在當地駐紮重兵牽制蒙古。雖然朱翊鈞與張居正關係欠佳，卻在親政後繼續沿用其軍事政策。在一五九二至一五九八年之間的壬辰戰爭，駐守遼東的部隊亦發揮積極的作用，令侵略朝鮮王國的日本軍隊無功而還[59]。

明帝國在南方的邊區，則一直呈現穩定擴張的勢態。與內亞的游牧帝國相比，位於明帝國南方的政治勢力軍力相對薄弱：縱使部分南方勢力曾經令明軍陷入困境，卻始終未有對帝國的核心地帶構成任何真正的威脅。雖然明帝國比較容易在南方取得軍事優勢，可是當地多山的叢林地形，卻利於熟悉地勢的土著持續抵抗；而南方炎熱潮濕的熱帶氣候，則增加軍隊爆發疫病的風險，令長期駐軍的成本變得異常高昂。朱棣曾於一四〇六年藉大越（今越南北部）朝代更替的機會，以新任國王胡季犛謀朝篡位為由興兵南侵，並於消滅胡氏政權後吞併大越。可是此後當地出現持續抵抗，令明軍陷入難以自拔的泥沼。朱瞻基在一四二七年決定退出大越，結束對當地約二十年的統治。其後反抗軍領袖黎利（廟號太祖，其政權史稱後黎朝）成為大越國王，並於一四三〇年獲得明帝國的承認[60]。明帝國在大越遇到的挫折，說明朝廷難以單憑軍事實力經略南方。

為求克服經略南方的障礙，明帝國其後採用「以夷制夷」的計策，從而獲得可觀的成就：朝廷委任忠誠的土著精英擔任世襲土司，讓他們動用自己的資源維持當地治安[61]。明帝國的官方論述，會強調土著精英與東亞大陸主流族群之間的血緣連帶[62]，並透過學校和科舉制度讓部分土著融入到官僚知識階層之中[63]。在交通比較發達的地區，土著精英會設法成為新興的官僚知識階層，藉此「證明」自己心繫位處文明中心的朝廷。而在偏遠地區擔任土官的精英，卻會反過來強調其土著身分，從而確立其世襲治權的認受性[64]。這種因地制宜的方式，令明帝國能夠以相對輕省的成本，透過直接或間接的統治把南方邊疆與帝國牢牢地捆綁在一起。

明帝國在南方的擴張政策，在嶺南和東南沿海取得豐碩的成果，成功令當地融入為帝國的一般省分。與其他南方邊區相比，市場貨幣經濟在這兩個邊陲地區發展蓬勃，令當地住民能夠在開拓土地後，透過種植經濟作物迅速致富。在這個過程中牟取暴利的，往往都是擁有人脈關係的官僚知識階層。嶺南和東南沿海的土著，為此杜撰族譜抹去作為壯侗族群或原始南島族群的歷史記憶，謊稱自己是北方移民的後人，又利用認信國家建構的過程凝聚宗族以集中資源，讓子弟通過儒學教育和科舉制度晉身為官僚知識階層[65]。如此在短短幾百年間，嶺南和東南沿海的住民都自視為帝國主流族群的一分子，社會也失去過往幾千年一直根深柢固的土著特質。

不過在內陸的南方邊區，則只有少數居於繁華地段的土著精英，能夠轉型為新興的官僚知識階層。由於缺乏足夠的經濟誘因，偏遠地區的土著部族未有像嶺南和東南沿海那樣，集體轉型為「去土著化」的宗族。為此朝廷會設法收編當地原有的地方勢力，並委任他們擔任土司：由於土司一職可以世襲，故此這些地方勢力在實際運作上，儼如獲得官方認可的獨立王國。雖然朝廷在原則上，期望土司的領地逐漸「文明開化」，轉型為一般的內地州縣，並改由朝廷派遣的地方官治理：這就是所謂的「改土歸流」。

可是明帝國在南方急速擴展，而原有土司領地「文明開化」的程度又不符預期，使其後土司的數目不減反增[66]。

雖然明帝國終究無法透過改土歸流，確立朝廷對南方邊區的直接管治，可是土司制度卻令帝國能夠以相對較低的成本在南方拓展勢力範圍。在土司制度下，朝廷能夠委任相對忠誠的地方領袖成為土司，並讓他們招募由土著組成的軍隊。這些土司能動用朝廷賦予的職權制衡其他地方勢力，並於戰爭爆發時調動由土著組成的部隊，起兵鎮壓叛變的競爭對手：如此朝廷就能動用最少的軍力，借助土司在地的權威和武力、以及地方勢力之間的競爭關係，以間接的方式維持對南方邊區的控制[67]。而明帝國勢力的擴張，促使弱勢的南方部族往東南亞高地大規模遷徙，逃亡到明帝國無法觸及的叢林和高山。這些逃避明帝國的南方部族，就是如今遍布緬甸、泰國和寮國山區的少數族群[68]。

從壟斷到開放的海洋戰略

蒙古帝國雖然是沿著歐亞草原擴張的陸權帝國，可是他們在奠定蒙古和平的國際秩序後，也著力發展連接歐亞大陸兩端海路運輸。連貫波斯灣、印度洋、東南亞海域和東亞沿海的航路，把西亞的伊兒汗國和東亞的元帝國連貫起來。而來自地中海世界的商旅，既可經黎凡特和美索不達美亞的陸路前往波斯灣搭船，亦可在穿過蘇伊士地峽（Isthmus of Suez）後連上紅海的水路。隨著海路交通而來的海洋貿易，則為杭州、明州（今寧波）、泉州和廣州等海港城市帶來數之不盡的財富。

不過對朱元璋而言，元帝國留下的海洋遺產既是祝福、也是詛咒。過往曾經與朱元璋競爭的張士誠和方國珍，都曾透過海洋貿易牟取暴利，從而成為一方之霸主。而位於方國珍原有勢力範圍的舟山群島，更爆發過抵抗明帝國的民變，更令朱元璋無法信任與海洋關係密切的商人和沿海住民。日本在十四世紀政局混亂，尊治（稱號後醍醐天皇）與足利尊氏於一三三三年消滅鎌倉幕府後反目成仇，尊治出逃吉野設立朝廷、而足利尊氏則於京都另立豐仁（稱號光明天皇）為皇。這兩個朝廷其後不斷動員封建領主的支持，使日本陷入五十六年的動盪歲月。大批因為戰爭而淪為浪人的武士，連同韓半島南部沿岸因政權更替失勢的地方勢力，在韓半島南部、九州西南沿岸或琉球群島的海域建立武裝商隊[69]：他們有時會襲擊商業上的競爭對手、有時則會在東亞沿海以劫掠為生，故此被明帝國稱為「倭寇」。朱元璋為應付張士誠、方國珍餘黨以及「倭寇」的威脅，於一三八一至一三八七年間不斷收緊限制民眾出海的禁令，並決定讓朝廷壟斷海洋貿易，將所有海外交易都限制在朝貢活動的框架之中[70]。

不過朱元璋對朝貢禮儀的嚴格規定，卻使明帝國與東南亞海洋國家之間的關係受損。明帝國甚至與位於爪哇的滿者伯夷（Majapahit）鬧翻，使通往南亞和西亞的水路交通在十四世紀末一度斷絕[71]。朱棣於一四〇二年奪取帝位後，即意識到明帝國必須打通麻六甲海峽（Strait of Malacca）恢復與南亞和西亞的海路聯繫，方能復興官方的海洋貿易。為此他組建規模宏大的海軍艦隊，並將其交由具有穆斯林背景的宦官鄭和率領。艦隊在一四〇三至一四三三年間七度巡行東南亞和印度洋水域，一方面維持明帝國在東南亞、南亞和西亞的聲望、一方面在這些地方從事官方貿易。而一四〇七年的航程中，明帝國的艦隊消滅陳祖義在麻六甲海域的傭兵勢力，並扶植麻六甲蘇丹國（Kesultanan Melaka，明帝國文獻稱滿剌加）在海峽的霸權。其後鄭和挾著戰功，促成麻六甲與汶萊蘇丹國（Kesultanan Brunei，明帝國文獻稱渤泥）結盟，聯手壓制滿者伯夷這個衰落中的海洋霸權。明帝國亦於麻六甲設立外府，作為未來航海的軍事補給基地[72]。

鄭和的艦隊在其後的定期巡行中與沿途的朝貢國從事貿易，並搜購已經在明帝國成為日常用品的海外物產：這包括作為藥材和調味料的胡椒、以及用來製作紅色染料的蘇木（Sappanwood）。如此壟斷朝貢貿易的明帝國朝廷，就能夠透過專賣制度販賣這些日常生活的必需品充實國庫[73]。而明帝國亦會動用武力，在位於航路必經之地的國家扶植親明政權，藉此確保海洋朝貢貿易的暢通。比如明帝國曾於一四一〇至一四一一年間，出兵介入錫蘭（Ceylon，今斯里蘭卡）的政治紛爭，擁立對明帝國相對友善的帕迦羅馬八胡六世（Parâkramabâhu VI）[74]。

朱棣派遣官方船隊出海貿易的做法，沿襲昔日元帝國的官本船制度：只是明帝國的艦隊規模更大，過往由海商扮演的角色則由鄭和等宦官所取代，而從前由民間商人賺取的利潤，如今則盡為皇室與內廷囊中之物。不過朝廷卻必須為壟斷貿易投入龐大的資本，而當時明帝國艦隊的運作成本，大概等於全國十分之一的稅收[75]。隨著東南沿海族群在東南亞的離散社群日趨壯大，他們開始以東南亞為基地從事印度洋貿易，又以東南亞國家使臣的身分到明帝國經商[76]。這個社群的成員此後成為明帝國在東南亞和印度洋世界的中介人，因此西歐人在十六世紀抵達東南亞時，就把這個源自東南沿海的離散族群泛稱為海外華人（Overseas Chinese）。在鄭和於一四三三年回程途中逝世後，明帝國再也沒有向東南亞和印度洋派遣過遠洋艦隊：畢竟明帝國毋須投入龐大的資本，這些離散族群仍會把東南亞和印度洋的物產送到國門之上[77]。

於此時期，位於東亞海域的琉球，也成為明帝國海洋貿易的代理人。過往朱元璋為解決日本走私貿易及其衍生的「倭寇」問題，曾派遣使節造訪位於東方海域的島嶼。在此之前，東亞大陸諸帝國只知道日本以南的東亞海域存在著若干島嶼，對當地的水文地理所知不詳。這次朱元璋派遣的使臣終於弄清臺灣島和琉球群島的分別，並發現琉球群島潛在的戰略價值：他們發現琉球群島鄰近日本，又有適合遠洋船隻停泊的天然港口，而且還是戰馬的產地。明帝國為此收編沖繩島上的「倭寇」，派遣使節聯繫島上最強大的勢力，並讓他們以中山、北山和南山「王國」的姿態從事正式的朝貢貿易。明帝國向這些協力的地方勢力贈送艦艇，從東南沿海引入管理和營運團隊的技術人員，並派遣熟悉儒學禮儀的知識人教授朝貢禮儀。而從東南沿海被派遣到中山國的技術和管理專才，其後成為久米村的閩人三十六姓[78]。

沖繩島上的地方勢力，在明帝國的授意和資助下到東南亞海域採購物資，並透過朝貢將其轉運到東亞大陸。除此以外，明帝國亦希望獲得沖繩本地的物產，包括用來製作飾物的夜光貝、武裝勢力飼養的馬匹、以及作為藥材和火藥原材料的硫磺。而在這些「王國」朝貢之後，朝廷則會以「回禮」的名義投資其後的航海貿易。起初這些「王國」每兩年朝貢一次，到一四四〇年明帝國結束往海外派遣大型艦隊後，更增加為每年一次。沖繩島上的這些「王國」，在營運上都倚靠明帝國提供的資金、船隊和人才，其角色儼如明帝國於海外設立的「東印度公司」[79]。

其後明帝國決定把沖繩島的朝貢貿易體系，都整合到中山國之中。在明帝國的支持下，尚巴志於一四〇五年取得中山國的主導權，並於一四二一年父親逝世後被冊立為國王。其後尚巴志先後於一四一六年和一四二九年吞併北山國和南山國，此時沖繩島仍未達成真正的中央集權，明帝國卻承認尚巴志為沖繩島獨一的君主，並將其政權稱為琉球王國：也就是說，明帝國決定讓尚巴志及繼承者，壟斷東亞大陸與琉球群島之間的正式貿易。琉球王國成立之初，「輔助」尚巴志的國相都是明帝國派遣的人才：比如懷機是來自明帝國的第一代新住民，王茂和程復則是居於久米村的移民後代[80]。一四五三年成為琉球國王的尚泰久，在位時確立首里朝廷相對於其他地方勢力的優勢，並展開對琉球群島其他島嶼的征伐。此外他亦借助日本佛教僧侶的力量，與明帝國技術移民的後代抗衡，確立相對自主的行政權力[81]。

琉球王國的第七任國王尚德，延續尚泰久的政策在琉球群島南征北討，卻令民眾不堪其擾而離心離德。其後出身自伊是名島的金丸於一四六九年發動政變奪位，卻向明帝國宣稱自己是尚德的親生兒子尚圓，又謊稱自己是在尚德因病逝世後繼位。明帝國雖然覺得事有蹊蹺，卻仍然不情願地冊封金丸為琉球國王，只是以打擊走私不力和使節行為不檢為由，婉轉地警示其新政權。明帝國其後於一四七五年起將朝貢的密度減為兩年一次，警告琉球不得漠視其權威自行其是。為此金丸的兒子尚真於一四七九年繼位後，即參考明帝國的體制推行政治改革，藉此宣示琉球乃尊崇大明的「守禮之邦」[82]。尚真於任內令琉球王國轉型為中央集權國家，把原先於各地割據的地方勢力強制遷移到首里。而國王則率領儒者組成的官僚體系，在首里透過中央派任的里主，對沖繩各地實行直接管治。而琉球的傳統信仰則被整合到政權當中，由國王委任親屬擔任「聞得大君」統管教務，在首里的宮殿則依照儒學和傳統信仰定期舉辦國家祭祀禮儀。明帝國對尚真的改革感到滿意，遂於一五〇七年把朝貢的密度恢復為每年一次[83]。

不過此時東亞海域的國際形勢，卻出現翻天覆地的變化。葡萄牙和西班牙在十五世紀末的地理大發現，令兩國的艦隊能夠繞過西亞和南亞，從西歐繞過非洲或南美洲的南端直抵東亞和東南亞海域：葡萄牙在一五一一年攻佔麻六甲、西班牙則在一五七一年奪取菲律賓、而荷蘭的東印度公司則在一六〇三年在爪哇東部的萬丹（Banten）建立據點。自西歐人征服美洲後，新興的跨太平洋貿易亦為其海洋帝國所壟斷。西歐殖民者既想制衡東南亞當地的民眾，又期望能向明帝國銷售東南亞和美洲的物產，故此按照分而治之的邏輯，讓來自東南沿海的離散族群擔任東南亞領地的經濟精英。明帝國在這種嶄新的地緣形勢下，默許廣東的地方官員開放海洋貿易，讓他們在交易中抽成幫補地方財政[84]。其後明帝國於一五五七年，更容許葡萄牙在位於珠江口的澳門設立永久的貿易據點[85]。朱載坖（廟號穆宗，即隆慶帝）其後於一五六七年，為除去令「倭寇」頻繁出現的經濟誘因，正式改變立國以來的海禁政策，將過往的走私港埠月港（今漳州市龍海區海澄鎮）定為合法的通商口岸，容許漳州和泉州的商人自由到東南亞參與貿易[86]。如此明帝國的海洋政策出現根本上的改變：朝廷不再以朝貢體系壟斷海外貿易，反倒讓民間商人配合離散族群在東南亞的固有優勢，以較低的成本維繫明帝國的經濟利益。

此時琉球王國貿易的商隊，在東南亞貿易據點只剩下暹羅的阿瑜陀耶（Ayutthaya，又稱大城），無法與東南沿海離散族群的海商競爭。其後日本的薩摩藩於一六〇九年出兵琉球，使這個島國成為日本「藩國的藩國」，明帝國卻未有強烈的反應：隨著民間商人與離散族群成為東南亞貿易的主導者，明帝國無需再動用自身的資源支援這間「東印度公司」，使無法適應地緣政治形勢劇變的琉球淪為棄子[87]。雖然從表面看來，琉球與東亞大陸帝國有著類近的文化，可是後者卻始終只把琉球人當成可資利用的島夷：事實上琉球的固有文化，與九州西岸和韓半島西南岸有著更深厚的淵源，只是後來琉球王國為著功利的理由刻意模仿明帝國的樣式。

明帝國在一三六八年創立後，就設法接管蒙古帝國的遺產，嘗試藉此把皇權中心的不平等秩序涵蓋東亞大陸、內亞和中亞。帝國向內亞和中亞的擴展，於十五世紀中就停下了腳步。明帝國的軍事實力無法長期與游牧帝國抗衡，而講究嫡庶秩序的儒學意識形態，亦令朝廷無法以通婚為手段收編蒙古帝國。同時經略東亞大陸、內亞和中亞，乃是明帝國夢寐以求的目標，最終能將其付諸實行的卻是取代明帝國的清帝國。不過在東亞大陸南部，明帝國卻能夠透過因地制宜的土司制度，將疆土持續往南擴張。而明帝國的認信國家建構，則在市場貨幣經濟高度發展的嶺南和東南沿海帶來翻天覆地的巨變，使這兩個偏遠的邊疆在幾百年間，就從土著主導的化外之地、轉型為與帝國融合的一般省分。

明帝國起初曾派遣船隊前赴東南亞和印度洋海域，透過壟斷海外貿易支援國家的專賣制度，可是資源的局限卻令海權擴張的成果無法鞏固。隨著西方國家的勢力擴展到東南亞、而民間商人和離散族群也逐漸站穩陣腳，明帝國也放棄在琉球的經營，任憑這個藩屬自生自滅。東亞大陸其後的歷史路徑，令明帝國、清帝國及其繼承者，都無法發展成真正的海權國家。明帝國的認信國家建構，雖然能夠鞏固皇權的內部權威，卻無法完全滿足皇權對外擴張的欲望：這種欲求不滿的狀況，最終也只得由清帝國及其後繼者補足。

第八章 欺負鏈結構的形成

明帝國於朱元璋和朱棣在位期間著力推動認信國家建構，以求確立尊卑分明的社會政治秩序。可是鞏固中央集權體系的過程中，官僚知識階層和軍事貴族遭到大規模整肅，長遠地損害明帝國的國家能力（State Capacity）。朝廷在立國初年設有負責統管官僚、起草政策的中書省，以及統管全國軍政的大都督府。不過朱元璋在一三八〇年肅清胡惟庸後，隨即廢除中書省和大都督府，把六部官僚和五軍都督府將士都交由皇帝直接統領。朱元璋亦把軍權分為由兵部掌握的調兵權，以及劃歸五軍都督府的統兵權[1]。明帝國君主自此獲得不受制衡的絕對權力，卻也必須親自處理各種瑣細事務。當朱元璋或朱棣這兩位充滿魄力的君主逝世後，其資質普通的繼承人卻無法以一己之力運籌帷幄，國家評估時勢、擬定政策的能力遂大不如前。

朱元璋有著近乎偏執的秩序情結：他期望能確立長幼尊卑等級分明的社會政治秩序，並主張通過身分世襲達成社會分工，從而限制市場貨幣經濟的進一步發展，回歸小農經濟自給自足的理想。這種對自給自足的執著，亦出現在軍事補給制度上。從軍戶徵召到衛所駐守的男丁，實際上只有兩至三成的人力是負責防衛的戰士，其他人會分配到田地負責種植軍糧：也就是說衛所既是負責防衛的軍事單位，也同時是供應軍糧的生產單位。明帝國期望透過動員士兵屯田令衛所自給自足，從而解決軍需補給的問題。

可是此制度卻於一個世紀內急速崩壞，大批負責屯田的軍戶逃籍成為自耕農，到朱瞻基在位時大部分衛所都無法按制度設計自給自足[2]。

到朱祁鎮在位時，朝廷為彌補衛所在軍需上的缺口，開始讓州縣的地方行政機關代理衛所事務：可是這種以民政輔助軍需的做法，卻令軍事補給變得瑣碎而難以統籌[3]。地方官員為應付這種繁瑣的新任務，只得偏離帝國體系講求自給自足的精神，借用市場貨幣經濟的力量促進跨地區的物流。官府按照開中法的規定，招募在地商人替當地的衛所採購物資、或是委託他們把補給品送到指定地方，並以鹽引作為報酬。之後商人可以憑鹽引到官營鹽場取得官鹽，帶到市場中販賣獲利。雖然起初朝廷嚴厲禁止商人販售鹽引，可是商人還是把鹽引當成通貨用的有價證券，其後朝廷也得順應市場大勢，把鹽引當成國家貨幣政策之一環[4]。

明帝國的制度設計，追求的是尊卑秩序分明、農村自給自足的靜態秩序。這種緊縮政策令東亞大陸迅速恢復社會秩序，從而撐過十四世紀氣候變遷帶來的衝擊：可是農業生產隨即因為社會穩定而出現剩餘，令市場貨

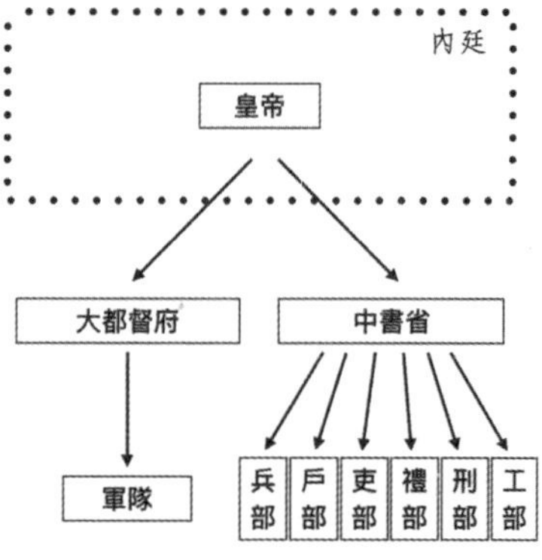

圖 8.1　明帝國創立時的朝廷體系

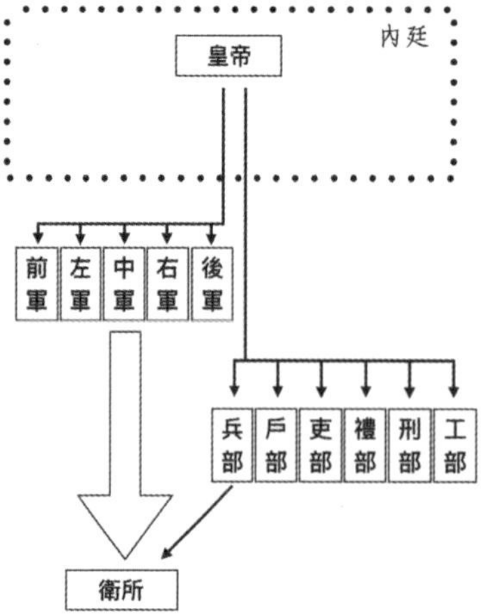

圖 8.2　胡惟庸案後的朝廷體系

幣經濟的復興成為超乎預期且不可逆轉的趨勢[5]。農村社會在十五世紀已經無法維持自給自足，令跨地域的貿易重新成為國家經濟的常態，而朝廷亦須改以貨幣為徵稅的手段[6]。當白銀於十六世紀從日本的石見銀山、以及西歐國家在美洲的殖民地源源不絕地流入，明帝國也隨著市場貨幣經濟的擴展，成為東亞和東南亞海洋貿易圈不可割裂的一員[7]。衛所制度的崩壞以及鹽引制度出乎意料的發展，都說明朱元璋於開國初期制定的典章制度，因為無視蒙古和平以來社會經濟的根本變化，從而無法應付在明帝國穩定局面後，社會經濟體系依照固有軌跡而不斷加速的演變。明帝國的管治之所以未徹底崩潰，是因為朝廷和官僚知識階層把制度的漏洞，以靈活的方式透過在朝廷、市場和地方社會的各種非正式體系加以彌補[8]，從而達成各種政治、經濟和意識形態上的目標，令明帝國初期構思的社會政治秩序得以落實。

朝廷在朱元璋的大肅清過後，缺乏統籌的能量，使其難以應對十四世紀末以來的社會演變。可是明帝國君主無法信任官僚知識階層和軍事貴族，而朱棣作為奪位的藩王，自然亦不會將盼望寄託在皇族之上。如此皇權只能倚靠宦官在內廷的平行科層體系，局部恢復統籌政策的能量。

隨著官僚知識階層被大規模清洗，素來痛恨宦官干政的朱元璋，亦只得放手讓宦官處理行政事務。當時宦官尚未建立自己的勢力，而他們之所以淨身入宮，也是因為出身寒微、難覓生理之故：當時他們能夠憑藉的，就只有皇權的力量。相對於門生眾多的官僚知識階層、或是與地方利益盤根錯節的軍事貴族，宦官還是能令皇權比較放心。朱元璋在一三八四年設立司禮監，讓其掌印太監連同屬下的秉筆太監審議官僚上奏的文書，甚至容許他們代表皇帝批核部分公文；而皇帝向六部以及地方官府發出的文書，都會交由司禮監統一對外發放。除此之外司禮監亦設有專用的檔案室，以及用來培訓宦官的學校。司禮監的權責其後逐漸膨脹，在皇權的授意下接管昔日中書省的統籌角色，甚至於一四二〇年開始掌管名為東緝事廠（簡稱東廠）的特務機關[9]。

而在中書省被裁撤後，朱元璋亦開始委任官僚擔任翰林院大學士，讓他們在不掌實權的情況下協助行政。其後登上帝位的朱棣，則在親征內亞時讓太子朱高熾在大學士的協助下暫掌國事。朱高熾在一四二四年接掌政權後，將昔日輔政的大學士團隊改組成內閣，並讓率領內閣的首輔統籌政務[10]。不過在正式的權力架構上，內閣成員只是皇帝的私人幕僚，並沒有接收和發放官方文書的權力。首輔若然要順利執行職務，就必須與司禮監的掌印太監合作，共同審議上奏文書、協助皇帝草擬政策。這樣明帝國首輔的權力基礎，遠比之前東亞大陸諸帝國的宰相來得薄弱。內閣與司禮監這兩個非正式體系互相制衡，令皇權能夠一邊藉官僚體系提升國家能力，一邊為其權力設下緊箍咒。

這種雙頭馬車的制度安排，亦被應用在明帝國的軍政管理之上。皇帝不時會委任宦官擔任左、中、右、前、後軍的都督，又會派鎮守太監到部隊監督將領、傳遞軍令，有時甚至向他們授予帶兵的權力。而宦官監督軍隊，亦逐漸由權宜之計轉型為明帝國軍事制度的常態。除此以外，宦官亦負責指揮皇帝直屬的禁軍、以及北京一帶的衛戍部隊。負責製造和操作火器的神機營，亦同樣交由宦官負責

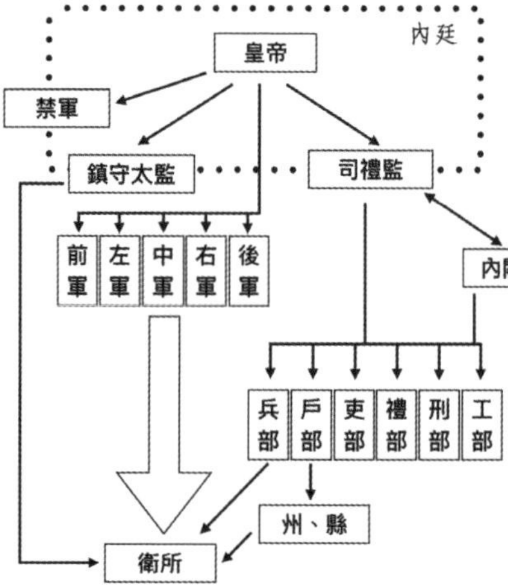

圖 8.3 明帝國的雙頭馬車體系

統領[11]。皇帝亦會派遣宦官到帝國各地徵收稅項，採收整修宮殿所需的建築材料，並讓他們在林產、礦業和造鹽等專營業務上賺取利潤[12]。

「陽奉陰違」作為一種制度

作為明帝國管治基礎的戶籍制度和里甲制度，隨著市場貨幣經濟的擴張，而逐漸失去原有的效能。隨著經濟於局勢穩定後恢復增長，社會也有愈來愈多人能夠累積財富。他們開始併購土地，使土地買賣日趨頻繁。在和平時期增長的人口，亦開始透過跨地域經濟網絡尋找機會，繞過戶籍制度的規範遷往異地謀生。如此黃冊和魚鱗圖冊上刊載的資料，亦於其後兩個世紀逐漸與現實脫節。結果地方官負責管治的地域，出現大量沒有人丁的戶口、沒有戶籍的人口、以及沒有地主的土地，令稅項的徵收成為日趨困難的任務。

雖然理論上地方州、縣每十年就要清查戶口，而朝廷亦會定期動員太學生和監生覆核資料，可是制度的設計並未預期人口和地權的大規模流動。清查和覆核戶籍資料、並將其妥善存檔，本身亦需要耗費大量的資源。隨著戶籍的變動日趨複雜，官僚體系的相關資源變得捉襟見肘：他們往往需要改用劣質紙張存檔，資料缺損的狀況亦因此變得更加嚴重；中央朝廷亦缺乏大規模覆核戶籍的人力資源：由於官僚知識階層的子弟偏好參加正式的科舉考試，北京的太學和南京的國子監長期招生不足，而朝廷卻不願為覆核戶籍額外招募人員。

地方官僚亦欠缺蒐集準確資料的動機：他們往往為了誇揚其「政績」，虛報戶口和人口上的增長。可是與此同時，朝廷又會根據戶籍資料而決定地方上繳的稅項：地方官僚為免損害地方財政，亦設法

「控制」戶口和人口的增長。如此戶籍統計資料的變動，反映的只是地方官在邀功和避稅之間的取捨，而非地方人口實質上的改變。明帝國的地方官到十六世紀，甚至跳過清查戶口的程序，乾脆把十年前的舊紀錄照抄一次濫竽充數。此時地方官府的主要經費來源，主要是各種地方規費以至是賄賂，而地方官僚則從中抽成賺取收入：如此扣取俸祿的罰則，就無法阻嚇地方官僚虛報戶籍的歪風。

除此以外，地方民眾會為逃避徭役而虛報資料，以官僚知識階層為主的地主亦會為避稅而隱瞞土地買賣，並以交情和賄賂換取地方官僚的配合。部分地方州、縣更以「上有政策、下有對策」的方式編纂「陰陽戶籍」，在轄區內根據比較準確的「實徵文冊」向民眾徵稅，卻向朝廷上報過時或虛假的戶籍資料，從而把稅賦的差額留在地方。隨著戶籍制度受到扭曲，賦役不均的情況此後日益惡化，迫使無法負擔的民眾成為逃戶，釀成惡性循環[13]。

戶籍制度崩壞，說明朱元璋制定的「祖制」未能適應市場貨幣經濟發展的現實。明帝國為避免皇權受到挑戰，設立雙頭馬車互相制衡的制度，而這種架床疊屋的體制既欠缺效率，亦容易令政策自相矛盾。可是隨之而來的政策漏洞，卻令民眾、地方官僚和朝廷能夠在不違反僵硬祖制的情況下，找到適應現實的空間。他們順從自相矛盾的帝國體制，一方面尊崇帝國所奠定的正統規範、一方面利用規則的漏洞把個人利益極大化，又以前者作為後者的道德證成：這種透過「陽奉陰違」應付日常政治的做法，被漢學家宋怡明（Michael Sznoyi）稱為「接受統治的藝術」（The Art of Being Governed）[14]。

比如明帝國的軍戶制度，本來規定每戶都要派遣一名男丁參軍：此後即使該戶因生養眾多而開枝散葉，在制度上亦必須被編為同一戶口，這樣倘若參軍的男丁身後沒有兒子繼承、或是逃亡成為流戶，那麼這個戶口必須差派另一位男丁補充配額。在明帝國創立的初期，大部分民眾都會把兵役視為苦差，因此被編入軍戶的民眾都會設法平衡家族成員之間的負擔。部分軍戶會把派遣男丁的重任，由其中一位兄弟的後代獨力承擔，而其他家族成員則給予經濟上的補償。另一些軍戶則會讓不同兄弟的後代，輪流派出服役的男丁。經濟狀況較好的軍戶，則會讓家族成員募集資金，在外邊聘僱頂替服役的人員[15]。

那些服役的男丁，通常都會被派到遠離本鄉的衛所，並融入為當地社會的一部分。而在十五世紀，當局開始容許甚至鼓勵服役者攜帶妻眷前往屯駐地，令更多服役者決定在新的環境落葉生根。如前所述，大部分服兵役的男丁都不是前線作戰人員，而是負責屯田種植軍糧的農民。這些役男在當地社會的角色，亦與在地的自耕農愈來愈相似：只是他們仍然是軍戶的一員，又與本鄉維持若干聯繫。如此他們縱使過著與自耕農無異的生活，亦可適用於朝廷昔日為減少逃役，而對軍戶實施的優惠措施。他們可以憑軍戶身分獲得稅務減免[16]，亦能頂耕逃役者所遺留下來的土地：他們甚至可以讓同戶的親屬，前往屯駐地「領取」逃役者的土地[17]。其後朝廷亦於衛所設立衛學讓役男子弟入讀，使他們能夠成為有資格參加科舉的生員[18]：役男在本鄉的同戶親屬，亦同樣可以取得入學資格。這樣在本鄉的軍戶子弟，就能夠在當地的府、州、縣學以外，獲得參加科舉考試的額外途徑[19]。

衛所與當地社會的分界，隨著時間的發展逐漸變得模糊，役男墾殖的屯田亦與一般的私有地難以分辨。過往軍戶從朝廷獲得的各種優惠，亦逐漸從對服役的補償，轉化為世代相傳的特權。在本鄉的軍戶成員過往亟力逃避兵役，如今卻千方百計證明自己的軍籍身分，甚至不惜為此對簿公堂[20]。

那些位於東南沿海的衛所，甚至會以亦兵亦賊的方式追求利益極大化。隨著明帝國市場貨幣經濟的擴展，民眾對海外物產的需求與日俱增：像胡椒和蘇木這類的物產已是民間日常，富裕的官僚知識階層則渴求海外出產的奢侈品，比如生產家具用的紅木、或海參這樣的上等食材。國家壟斷的朝貢貿易無法應付社會需求，使東亞大陸沿海的走私貿易日趨猖獗[21]。日本的石見銀山於一五二六年開始運作後，以江南的生絲換取日本的白銀，就成為利潤最為豐厚的交易：可是日本在一四六七年的應仁之亂過後，國內就陷入群雄競逐的局面，其後明帝國和日本之間的朝貢貿易更因細川氏和大內氏一五二三年於寧波的衝突而停擺[22]。於是從事明日貿易的海商就與葡萄牙人聯手，把日本浪人、沿海流民、以至來自各地的海員吸納到自己的武裝商隊，保護他們盆豐缽滿的生意。這些被稱為「倭寇」的武裝商隊偶爾會劫掠東亞大陸沿海，造成治安上的隱患[23]。

防禦「倭寇」本為沿海衛所的職責，可是部分役男卻開著軍方的船隻加入「倭寇」，成為其中的一分子。另一些比較「守法」的役男，則會設法刺探和販賣情報，又透過選擇性執法打擊競爭對手。有些役男則會向本鄉的親屬通風報信，協助他們在走私貿易中獲利。這些役男之所以「資敵」，除了個人利益的元素，亦涉及當地社會施加的壓力。沿海民眾雖不欲治安惡化，卻大多想在走私貿易中分一杯羹。走私貿易不止是沿海社區的重要收入來源，也是官僚知識階層的利益所在，令地方官往往抱有姑息縱容的心態。官兵、盜賊和海商之間的界線，因為上述各種利害關係變得模糊不清：役男在上一刻可以是清剿「倭寇」的官兵，轉過頭來卻變成參與走私劫掠的「倭寇」[24]。

朝廷解決沿海治安問題的方法，亦同樣運用了兵賊之間的模糊地帶：他們在一五五六年開始與部分「倭寇」談判，把他們收編為明帝國的水師，並容許投誠者的船隊從事沿海貿易。奉命追剿「倭寇」的大將戚繼光，則對這些船隻進行登記，並從中徵收海戰所需的戰艦；而俞大猷更「招安」曾與「倭寇」合作的葡萄牙人，聯合葡萄牙軍人擊潰「倭寇」在廣東的殘餘勢力[25]。其後朝廷於一五六七年，將「倭寇」昔日的大本營月港開放為對外通商的口岸，讓泉州和漳州的「倭寇」和走私商人參與民營的東南亞貿易，只是仍然禁止民眾到日本經商[26]。由於這些舊「倭寇」與在東南亞經商的離散族群有同鄉之誼，他們迅速崛起成為東南亞海域的重要經濟力量。海商既能從合法海洋貿易賺取厚利，也就失去經營武裝船隊的動機，沿海治安的問題亦於一五七〇年代獲得改善[27]。

「倭寇」問題的源起，在於沿海民眾、役男、海商、地方官府和官僚知識階層的「陽奉陰違」；朝廷在鎮壓「倭寇」時，透過「陽奉陰違」的方式把「賊」招安為兵；最終朝廷為解決「倭寇」問題，決定對朱元璋的海洋政策「陽奉陰違」，讓泉州和漳州的民間海商打破國家對海洋貿易的壟斷。在此以後，海商繼續對朝廷的禁令「陽奉陰違」，在東南亞的第三地向日本商人出售江南生絲，換取支撐明帝國經濟持續發展的白銀[28]。「陽奉陰違」在明帝國已經制度化（Institutionalized），上至皇帝、中及地方官府和官僚知識階層、下到平民，為著各種公益和私利「陽奉陰違」地遵從／違反／詮釋各種帝國固有的制度，陰差陽錯地推動明帝國在十五、十六世紀的變革。

「陽奉陰違」的改革意識形態

官僚知識階層隨市場貨幣經濟增長，藉官蔭之便投身各種商業活動，成為地方社會的經濟精英。而透過商業和貿易發跡的平民，則以各種方式換取文化資本，或是於工餘時研究學問、或是資助子弟參加科舉考試，從而踏入官僚知識階層的社交圈子。如此在十五、十六世紀之交，明帝國社會逐漸出現「紳商合一」的現象，使商賈與官僚知識階層融合為同一個社會階層[29]。儒者為適應這種社會結構的演變，亦開始微調過往著重「士農工商」等級的主張，而王守仁（號陽明子）提出的新學說（陽明學），更於這個變幻莫測的世代為儒學注入生命力。

過往傳統的儒學觀念，大多認為作為「四民」的「士農工商」之間，存在著嚴格的尊卑等級。作為官僚知識階層的「士」，負責按照對聖人之道的認識維繫社會的規範和秩序，故此順理成章就是四民之首；「農」則透過體力勞動，為整個社會耕種賴以維生的食糧，故此社會等級僅次於官僚知識階層；而

「工」和「商」既不曉得聖人之道，亦無法自行生產糧食，其社會等級更為低下。不過「工」還是會透過體力勞動，製造社會所需的各種工具和製品，故此其社會等級仍是略勝於「商」。傳統觀念認為「商」並不從事勞動，只是透過價差賺取利潤謀生，而他們所賣的卻是「農」或「工」的產物，僅僅是依附其他階層的寄生者。

可是王守仁卻認為「四民異業而同道」，他們之間的分別只是純粹的社會分工，而非尊卑等級的差異。他指出：

古者四民異業而同道，其盡心焉，一也。士以修治，農以具養，工以利器，商以通貨，各就其資之所近，力之所及者而業焉，以求盡其心。其歸要在於有益於生人之道，則一而已。士農以其盡心於修治具養者，而利器通貨，猶其士與農也；工商以其盡心於利器通貨者，而修治具養，猶其工與商也。故曰：四民異業而同道[30]。

王守仁強調在市場貨幣經濟的秩序下，「工」負責製作各種民生必須的用品，而「商」則促進物資在帝國各地之間的流通，同樣都是支撐社會運作的重要支柱。四民若然都能夠按照良知行事為人，那麼他們各自在自己的職場上彼此分工，就不再有任何身分或道德上的差異。這樣的想法，於明帝國的中後期逐漸成為社會常識[31]。

在一五〇六年朱厚照在位時，於北京朝廷任官的王守仁上奏批評掌權的掌印太監劉瑾，遭罰廷杖四十後，就被流放到貴州的龍場驛（今貴陽市修文縣）。他在顛沛流離中，領悟到人類只能依靠自己的良心，方能夠與超越價值作出直接的連結：這就是「致良知」。超越價值的探尋，必須憑藉個人的良知親身體會，而非外在的物理或倫理規範：

忽中夜大悟格物致知之旨，寤寐中若有人語之者，不覺呼躍，從者皆驚。始知聖人之道，吾性自足，向之求理於事物者誤也[32]。

既然人皆有其良知，那麼超越價值自然就不能為皇權所壟斷，亦非官僚知識階層所專有。雖然王守仁的門生仍是以官僚知識階層為主，可是他強調聖人之道若要獲得實踐，就必須讓普天下的人都為超越價值所感化。如此知識人必須以親民的角度，透過講學向普羅民眾「傳揚福音」，達成全民的覺悟：

你們拿一個聖人去與人講學，人見聖人來，都怕走了，如何講得行。須做得個愚夫愚婦，方可與人講學……

灑掃應對就是一件物，童子良知只到此，便教去灑掃應對，就是致他這一點良知了。又如童子知畏先生長者，此亦是他良知處。故雖嬉戲中見了先生長者，便去作揖恭敬，是他能格物以致敬師長之良知了。童子自有童子的格物致知……我這裏言格物，自童子以至聖人，皆是此等工夫。但聖人格物，便更熟得些子，不消費力。如此格物，雖賣柴人亦是做得，雖公卿大夫以至天子，皆是如此做[33]。

王守仁甚至認為對超越價值的認知，早已深植於民間文化之中。民眾只是未受指導，才無法自我反省、修心養性。知識人只需喚醒民眾的道德本性，就能令他們即時體會超越價值：

一日，市中哄而詬。
甲曰：「爾無天理。」
乙曰：「爾無天理。」
甲曰：「爾欺心。」
乙曰：「爾欺心。」
先生聞之，呼弟子，曰：「聽之，夫夫哼哼講學也。」
弟子曰：「詬也，焉學？」
曰：「汝不聞乎？曰『天理』，曰『心』，非講學而何？」
曰：「既學矣，焉詬？」
曰：「夫夫也，惟知責諸人，不知及諸己故也。」[34]

而這種以普羅民眾為目標的「福音事工」，為官僚知識階層的社會政治參與另闢蹊徑。明帝國創立初期的認信國家建構，對官僚知識階層作出強而有力的壓制。朱元璋和朱棣都宣稱自己是掌握超越價值的聖人，否定官僚知識階層擁有詮釋聖人之道的資格，認為他們理當以僕人的姿態虛心順服皇帝的旨意。朝廷其後更按照《性理大全》等官方文本，把關乎性、命、理、氣等理學概念，都局限在關乎內在修養的討論。這樣知識人就難以沿用朱熹的思維，提出異乎帝國既有秩序的政治理論[35]。

不過明帝國的認信國家建構，卻因為國家能力不足而後勁不繼。作為向基層社會灌輸國家意識形態的社學，其發展在十四世紀末即陷入停滯[36]。隨著戶籍和里甲制度於其後一個世紀逐漸崩壞，朝廷亦無法繼續有效地在民間實行意識形態操控。在王守仁學說流行之後，官僚知識階層開始主動填補認信國家建構在基層的漏洞，透過基層教育向民眾宣揚「致良知」的「福音」：這亦是他們透過「陽奉陰違」取得主導權的策略。官僚知識階層一方面為朝廷奉公，又借用朱元璋《教民榜文》的權威教導民眾遵守法律、尊敬長上、行事為人亦應依照儒家的正統禮儀[37]；可是另一方面他們又把社會秩序的根源，放在「天理」和「良知」而非皇權之上，又設法在不改變權力架構的前提下，由下而上推動社會的變革。官僚知識階層透過「覺民行道」的路線，使儒家的倫理道德成為社會整體的共識，繼而透過社會對政治道德的集體期望，壓縮君主按照一己之欲制定政策的空間[38]。

王守仁在表面上，對明帝國既有的政治制度畢恭畢敬，亦勸勉門人不要介入朝廷政治。他曾表示朱元璋廢除中書省擴展皇權，朱棣為輔助皇權而替內閣制度奠基，都是因應時勢權宜變通的善治：

> 群臣雖劉基之智、宋濂之博通，俛伏受成。嗣主蒞政，咨詢是急，六部分隸，各勝厥掌。故皇祖廢左右相、設六部，成祖建內閣參機務，豈非相時變通之道乎[39]？

而他甚至謙稱自己早年的政績和戰功，都只是年少氣盛時的任意妄為，並無可足稱頌之處：

> 此吾少時事，有許多抗厲氣。此氣不除，欲以身任天下，其何能濟[40]？

雖然君子不能與小人苟同，可是王守仁卻認為與小人的對抗，只能激起仇恨而無益於世道人心。是以為人處世，應該盡可能忍耐和妥協：

君子與小人居，決無苟同之理，不幸勢窮理極而為彼所中傷，則安之而已。處之未盡於道，或過於疾惡，或傷於憤激，無益於事，而致彼之怨恨仇毒，則皆君子之過也[41]。聖賢處末世，待人應物，有時而委曲，其道未嘗不直也[42]。

而王守仁與未來的弟子王艮首次會面時，也勸勉他不要觸碰關乎政治的「份外事」：

縱言及天下事，公曰：「君子思不出其位。」曰：「某草莽匹夫，而堯舜君民之心，未嘗一日忘。」公曰：「舜居深山，與鹿豕木石游居終身，忻然樂而忘天下。」曰：「當時有堯在上。[43]」

不過縱使王守仁公開對政治現實妥協，改為採取覺民行道的迂迴路線，他心底裏卻未完全拋棄介入朝政、得君行道的渴求。當關鍵時刻來臨，他就會鼓勵在朝廷的門生待機行事，甚至主張「君子」應當團結一致，運用謀略爭取掌權者的支持，透過奪取公權力達成「小人道消」的目標[44]。在朱厚熜繼承皇位後，王守仁隨即上奏推薦楊一清擔任閣員，又致函鼓勵他善用權力改革朝政，實踐「君子致權」的政治策略：

夫權者，天下之大利大害也。小人竊之以成其惡，君子用之以濟其善，固君子之不可一日去，小人之不可一日有者也。欲濟天下之難，而不操之以權，是猶倒持太阿而授人以柄，希不割矣。故君子之致權也有道，本之至誠以立其德，植之善類以多其輔；示之以無不容之量，以安其情；擴之以無所競之心，以平其氣；昭之以不可奪之節，以端其向；神之以不可測之機，以攝其奸；形之以必可賴之智，以收其望。坦然為之，下以上之；退然為之，後以先之。是以功蓋天下而莫之嫉，善利萬物而莫與爭。此皆明公之能事，素所蓄而有者，惟在倉卒之際，身任天下之禍，決起而操之耳。夫身任天下之禍，豈君子之得已哉[45]？

其後朱厚熜就尊崇親父為皇考一事，與朝廷的官僚爆發論爭。王守仁此時致函在朝廷任官的門生，勸勉他們要爭取朱厚熜的信任，透過教化君主改變政局的發展：

聖主聰明不世出，諸公既蒙知遇若此，安可不一出圖報！今日所急，惟在培養君德，端其志向。於此有立，政不足間，人不足謫，是謂「一正君而國定」[46]。

而王守仁亦顯然認同霍韜的立場，支持朱厚熜尊崇親父朱祐杬為皇考，致函勸喻霍韜先保持低調，並在獲得足夠的支持後見機行事：

意以所論良是，而典禮已成，當事者未必能改，言之徒益紛爭，不若姑相與講明於下，俟信從者眾，然後圖之……今日急務，惟在扶養元氣，諸公必有回陽奪化之妙矣[47]。

而王守仁的門生，亦傳承著這種明修棧道、暗渡陳倉的政術。王畿雖然辭去官職，專心透過講學實踐「傳道、授業、解惑」的志業，可是在朱翊鈞於一五七二年幼年登基時，他卻致函予身在北京的同道鄒善，鼓勵鄒善抓緊機會履行教育幼主的責任，並強調這是作為朝廷命官最重要的使命：

天子新祚，睿智夙成。童蒙之吉，所以養正，不可不熟為之慮。須復祖宗起居注、宏文館舊制，選用忠信有學之士十餘輩，更番入直，以備顧問而陪燕遊，方為預養之道……不知當事者以此為第一義不[48]？

同為陽明學傳人的周汝登，亦鼓勵奉召入閣的門生珍惜參與朝政的機會。雖然身為朝廷命官無法自由講學，可是他們應該把擔任公職，當成實踐超越價值的契機：

陽明寄居閑外，未獲一日立朝，相業未彰、人用為恨。公且內招，指日掌憲。持銓居正、本贊絲綸，則陽明未有之遇也……而憂學之不講於朝署之間，鮮不謂迂……率帝臣王佐之典刑、守泥山之家法，以畢陽明未竟之用，為千古一快[49]！

陽明學雖開闢了「覺民行道」的新路徑，主張透過民眾的集體覺醒構建社會的道德共識，並以此為推動社會變革的契機。不過這樣的態度，並未與「得君行道」這種以朝廷為中心的進路有所衝突。明帝國的官僚知識階層兩條腿走路，一方面在地方社會依照「致良知」的學說推動認信國家建構；可是當朝廷的局面出現變化，他們又會設法取得君主的信任，嘗試乘機展開政治改革：官僚知識階層在地方社會奠定的道德共識，則成為朝廷官僚推動改革的底氣[50]。

欺負鏈結構的形成

王守仁認為地方的官僚知識階層，可以仿效宋帝國的鄉約制度，透過營建社區組織教化普羅民眾。他在結束流放後擔任南贛巡撫時，參考《呂氏鄉約》、《周禮》和朱元璋的《聖諭六言》撰寫《南贛鄉約》，主張在鄉約組織教導鄉民「致良知」，藉此立人心、厚風俗、鼓勵眾人為善去惡[51]。

雖然陽明學認為普羅民眾皆有良知，亦強調人類不論身分背景皆有體會超越價值的潛能，可是那終究不是平等主義的思想：因為他們想像中的良知，並不會違反長幼尊卑有別的「天理」。而王守仁亦基於「親情等於自然」的觀念，把孝道視為最根本的倫理價值，繼而把宗族當成社會構建的基礎。他認為鄉約組織成立的目的，是透過集會教導鄉民各種禮儀規訓、讓他們互相勉勵督促，使他們順從宗族或家族內部的長幼尊卑秩序，從而促進地方社會的秩序與和諧：

> 往者新民蓋常棄其宗族、畔其鄉里、四出而為暴，豈獨其性之異，其人之罪哉？亦由我有司治之無道，教之無方。爾父老子弟所以訓誨戒飭於家庭者不早、薰陶漸染於里者無素、誘掖獎勸之不行、連屬葉和之無具，又或憤怨相激、狡偽相殘，故遂使之靡然日流於惡，則我有司與爾父老子弟皆宜分受其責。嗚呼！往者不可及，來者猶可追。故今特為鄉約，以協和爾民，自今凡爾同約之民，皆宜孝爾父母、敬爾兄長、教訓爾子孫、和順爾鄉里、死喪相助、患難相恤、善相勸勉、惡相告戒、息訟罷爭、講信修睦，務為良善之民，共成仁厚之俗[52]。

王守仁動用身為巡撫的公權力，強制轄區鄉民參加當地由官僚知識階層統籌的鄉約組織，不再像過往那樣容許鄉民「自行決定」是否加入：也就是說鄉約組織在若干程度上，已經成為國家體系的延伸。鄉約組織定期在大型寺廟或道觀集會，並於會中宣讀戒諭和規例。會場則擺放記錄鄉民各種善行、惡行和悔改的行為，又請在場會眾互相評價彼此的功過，然後向行善者賞酒、對行惡者罰酒[53]。經過王守仁的調整，鄉約組織與原有的保甲制度、社倉和社學連結在一起，發揮鼓勵民眾互相監察、賑濟貧農和教育鄉民的功能，成為由官僚知識階層牽頭的地方自治架構[54]。

王守仁提倡的鄉約組織，既獲得朝廷的支持、地方官亦多樂意推動，從而成為拖著國家身影的社區組織。而著手建立鄉約組織的，則多為在地的退休官僚、或未有任官的知識人，以及當地有勢力的大宗族。鄉約組織的建立，使皇權的威嚴透過神聖的儀式在鄉民面前顯現，令帝國的秩序成為大眾想像的一部分。比如鄉約組織裏拜祭民間宗教神明的禮儀，設有讓會眾對《聖諭六言》行五拜三叩之禮的環節：這正好就是官僚迎接皇帝聖旨時的禮儀。如此「孝順父母、尊敬長上、和睦鄉里」的尊卑差序格局，以及禮儀背後的正統儒學意識形態，就潛移默化為明帝國民眾的政治文化意識。

雖然鄉約組織的營造，為明帝國的認信國家建構鋪好最後一里路，可是這種以地方社會為中心的制度難免也有其「陽奉陰違」的一面。儘管鄉約組織內部的各種禮儀，是由地方官按照國家正統意識形態制定，可是組織的規條卻是由官僚知識階層主導的宗族長老決定。相比於對皇帝和明帝國的「忠」，鄉約組織的規條更看重子女對父親、後輩對長輩的「孝」，是以這些規條雖然強調順從帝國的政治秩序，卻把大部分的筆墨用來界定宗族內部的長幼嫡庶秩序，藉此團結宗族的力量推動鄉事建設[55]。

隨著明帝國市場貨幣經濟擴展而來的利潤，大部分都流到官僚知識階層手中。於十六世紀活躍起來的海外貿易，更令部分官僚知識階層成為鉅富，使炫耀性消費（Conspicuous Consumption）的風氣在這個階層內流行起來。官僚知識階層沉醉於物質生活上的享受，卻因為其生活與理學「存天理、去人欲」

的教導有所矛盾，令他們的良心感到不安。他們為解決這種認知失調（Cognitive Dissonance），就捐獻各種宗教和慈善事業，並設法推動本鄉的建設[56]。按照儒學的家庭倫理，確立自身宗族的禮儀、組織和秩序，就成為官僚知識階層紓解良心不安的管道。

官僚知識階層透過科舉考試取得官職後，就會開始著手宗族建設的工作。他們首先會編撰族譜，透過「考據」團結鄰近的「同宗」，從而擴大自身宗族的規模。籌集到一定資金後，他們就會為宗族修建宗祠，透過祭祀活動把原先互不相識的「同宗」凝聚成社群，並透過各種禮儀規範確立世代之間的長幼秩序、以及各「旁支」之間的嫡庶等級。此後官僚知識階層就會以祠堂為中心，集合宗族的田產和工商業務，以宗族全體作為管理資產的「法人」。宗族會依照尊卑親疏的秩序在內部分配資源，又會集中資本開發土地和投資生意。除此以外，知識階層亦會為宗族開辦學校，培訓優秀的子弟參加科舉考試[57]。

官僚知識階層推動的宗族建構，無可避免亦依從著「陽奉陰違」的原理：推動宗族建構的官僚知識階層，無疑是在推動儒教家庭倫理的普及化，間接幫助帝國的正統意識形態滲透到基層社會。可是經過改造的宗族，亦有助官僚知識階層的親屬於市場貨幣經濟的競爭中取得優勢，使他們的財富能夠世代相傳、從而確立在地方社會的優勢。隨著海外貿易於十六世紀常成為合法的常態[58]，地方政府亦陸續實施把實物徵收和徭役折抵為白銀的「一條鞭法」[59]，把徵稅全面貨幣化，令明帝國的經濟與遍及全球的海洋貿易體系連結起來：這既促成明帝國經濟的快速增長，卻同時帶來市場波動（Volatility）的風險。官僚知識階層透過建立宗族，則可以透過集中資產增強承受風險的能力，並以分散投資的方式迴避市場風險[60]。此後地方社會底層的成員，亦模仿官僚知識階層的做法，建立自己的宗族，嘗試凝聚力量創造向上社會流動的機會[61]：這個風潮則進一步促進國家意識形態的滲透。

而透過鄉約和宗族，把朝廷、地方社會和個別民眾連結在一起的道德共識，就是「孝」。就如《孝經》所言，孝道「始於事親、中於事君、終於立身」[62]，是以能夠把家庭、社會、政治秩序與個人的品德修為連結在一起，成為構建社會政治秩序的基礎。位於政治結構上層的皇帝，在官僚知識階層面前以「君父」和「君師」自居，主張官僚應當依據孝道「忠於君父，榮歸父母」。身在地方的官僚知識階層，則按照聖人之道成為超然的「牧民」者，而地方官員則為民眾的「父母官」：是以民眾當以孝敬父母的心尊敬長上。而在宗族內部，子女孝敬父母、父老敬奉祖先、後輩服從長輩、庶系屈從嫡系的等級秩序，則為孝文化在邏輯上的自然延伸。在核心家庭內部，妻子亦被賦予生育後代和孝敬公婆的責任：由於兒子理當孝敬父母、並基於對祖先的孝心為宗族承擔責任，故此妻子亦必須順服丈夫的父權，以身體和言行協助丈夫履行身為孝子的責任[63]。

基於以孝道連貫社會政治秩序的觀念，研究《孝經》的風潮也在明帝國晚期的官僚知識階層流行起來。他們認為陽明學的「致良知」，就是主張透過隨著親情而來的道德自覺，確立以孝道倫理為基礎的社會政治秩序。為此他們鼓吹把《孝經》列為科舉考生的必修科目，並於一六三三年促使朱由檢（廟號思宗，即崇禎帝）下諭，規定《孝經》為府、州、縣學生員必修的經典[64]。

對於提倡孝道的官僚知識階層來說，父慈子孝是人類天生而有的情感，說明孝道就是主宰宇宙運行的自然法則：這種顛倒的邏輯把個別主義（Particularism）和部落主義（Tribalism）的孝道，扭曲為普遍主義的超越真理（Universalism）。就如虞淳熙於〈孝經邇言〉所云：

> 孝在混沌之中，生出天來，天就是這箇道理；生出地來，地就是這箇道理；生出人來，人就是這箇道理。因他常明，喚做天經；因他常利，喚做地義；因他常順，喚做民行。總來是天地經常不易，無始無終的大法，人人同稟的良知。

人類之所以能夠與自然法則、以及與此同等的超越價值作出連結，就必須以父母為獨一的中介：因為父精母血按照自然法則結合，乃人類能存在於物理世界和價值世界的必要前提。是以孝道必須成為人倫道德之根本，也必然是人類體驗超越價值的唯一法門。社會政治秩序的和諧穩定，倚靠的同樣也是孝道：

這身子既受之父、父母受之祖、祖受之曾祖、曾祖受之高祖、高祖受之始祖、始祖受之天地、天地受之太虛。誰為太虛？凡天地人物無窮無盡，通來只是一箇太虛全身。譬如道途，路路行得；譬如聲音，處處聽得，誰能阻隔遮蔽得他？若肯立起這箇萬物一體的身子，君臣、兄弟、長幼、朋友的路兒都通了[65]。

而長幼有序、親疏有別，則是孝道在人倫關係上的實踐。在官僚知識階層的想像中，人倫關係就如一組環環相扣的同心圓，當中以父子關係為核心、往外則為所屬的支系、包含各嫡庶支系的宗族、地方社會、以至是天下國家，如此類推。在同心圓核心的關係是為「親」，當中伴隨著無可推諉的責任；在同心圓外圍的關係則為「疏」，附帶的責任卻輕如鴻毛。就如在喪禮之中祭奠者應當遵守的禮儀，就按照關係親疏分為五種「服制」：關係最緊密的為斬衰，其次為齊衰、大功、小功，而關係最疏離的親屬則為緦麻。比如兒子為父親守喪，就當守斬衰之禮：他其後三年都要穿上由粗麻編織、邊緣沒有縫製的喪服。可是若然死者是父親的同輩，卻來自於高祖時分支的疏遠家系，那麼守喪者就只需行緦麻之禮：他可以穿上用細麻布製成、相對比較舒適的喪服，而且在三個月後就可回復日常的衣著。

長幼有序、親疏有別的家庭倫理原則，也被擴展到君主、官僚知識階層和普羅民眾的關係之上。位於中央層級的皇帝，認為自己因為掌握著超越價值而成為「君父」，故此要求全帝國的臣民本於孝道忠君愛國。橫跨中央和地方社會的官僚知識階層，雖然承認君臣之間存著尊卑等級的秩序，卻想藉著提倡孝道抗衡忠君思想：他們認為自己飽讀承載著儒家道統的聖賢書，能夠正確地理解聖人之道和孝道，使他們能夠以賢臣的角色，確保君主的施政本於超越價值，甚至在幼主登基時以造王者的姿態「得君行道」。而官僚知識階層在面對民眾時，則會扮演知識和道德上的模範，帶領地方社會的普羅民眾領受超越價值，並按照自然之道確立地區社會的秩序。官僚知識階層期望民眾能像孝敬父母那樣，尊敬這些喚醒自己道德意識的長上：儘管他們在建立鄉約和宗族這些社區架構時，也同時幫助自己和親族在市場貨幣經濟體系中謀取利益。

無法抗拒皇權、亦須服從地方官僚知識階層

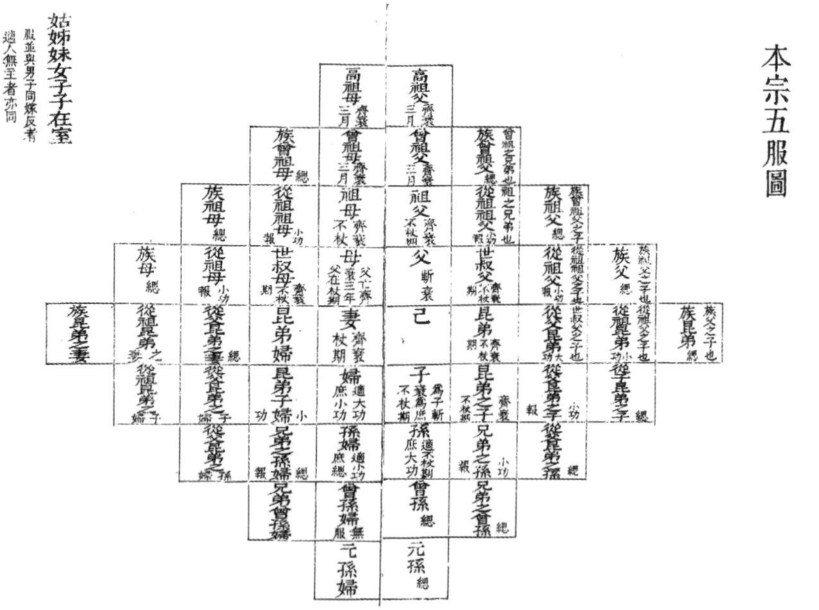

圖 8.4　宗族成員之親疏及喪服禮儀[66]

的地方父老，卻不是純粹的受壓迫者。他們依照官僚知識階層宣揚的家庭倫理，在宗族內部高舉孝道，換取子弟和族內後輩的尊敬。即使是最卑微的男性民眾，也能夠以「夫婦有別」的名義在妻子面前展露權威，或是要她付出勞力成全自己對父母的孝道、或是要她獻出身體為祖宗開枝散葉。妻子忍耐到兒子成婚時，則會督促媳婦盡心盡力輔助兒子孝順自己，獻出身體為夫家成全傳宗接代的重任。在社會政治結構的上層，忠君思想在孝道思想的扭曲下，成為萬民敬拜君父的聖王專政；在地方社會，官僚知識階層憑藉知識和道德上的聲望，成為地方社會的立法者，並透過地方精英的角色、市場貨幣經濟的力量，為自己和族人取得主導地方經濟的機會；而按照孝道原則運行的宗族，則把上尊下卑的權力運行原則，滲透到個別核心家庭的內部，使宗族演變成父老專政的絕對父權體制。

如此君主欺負官僚知識階層、官僚知識階層欺負地方鄉老、地方鄉老欺負宗族內的後輩、丈夫欺負妻子、妻子欺負媳婦，「忠孝」兩個字串連成一條欺負鏈，從中央經地方社會一直連接到核心家庭。而這樣的社會過程，就是日本政治學家丸山真男所描述的壓迫移轉。他指出：

> 因為缺乏那種自由的主體意識，於各自的良心中又不制約自己的行動，只聽任上一級（即距絕對價值更近的領導）的擺布……靠轉嫁

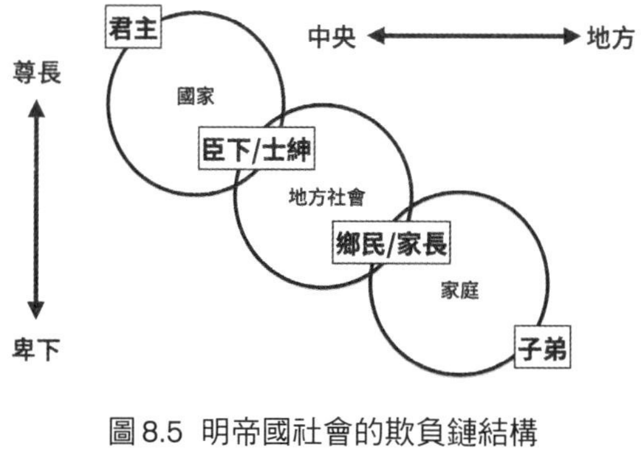

圖 8.5　明帝國社會的欺負鏈結構

壓抑來保持精神上的平衡，這種壓抑自上而下依次轉嫁，越演越烈，構成一個維持整體平衡的體系……生活中無處轉嫁壓抑的人們，一旦處於優越地位上，其重壓就會一舉迸發，彷彿為某種爆發性的衝動所驅使一般[67]。

除卻掌握皇權的君主，帝國內每一個人都是被欺壓者，卻因為孝道的緣故而找到欺壓的對象。如此作為社會主流的被欺壓者，都為了維護自己欺壓下層的特權，而透過「被統治的藝術」適應不平等的社會現實：他們因為在「陽奉陰違」的社會體制獲得利益，就反對一切改變現狀的嘗試，把爭取政治平等的人都當成滋事分子。此後這種基於秩序情結的互犯結構，就成為東亞大陸以至整個東亞的亞穩定結構，令東亞追尋平等的道路崎嶇難行。

官僚知識階層對皇權的反撲

隨著官僚知識階層逐漸主導地方社會，儒學研究亦因陽明學的出現而再度興盛，他們在十六世紀後期以積極進取的態度參與政治，甚至開始運用官方意識形態的邏輯挑戰皇權[68]。部分官僚知識階層在推動地方治理時，同時開設書院講學授徒，並與散布帝國各地的同道互相交流。他們討論的內容很快從學術議題，擴展到國家朝政的敏感話題，又動員官僚體系內的門生推動改革，使北京的掌權者如芒刺背。

在一五七三至一五八二年擔任首輔的張居正，其思想雖然和新興的陽明學比較親近，卻出於政權穩定的考慮打壓挑戰朱子學正統的在野知識人。他認為認信國家建構必由朝廷從上而下推動，堅持「大抵朝廷有教化，然後士人有風俗」。張居正認為公元三世紀知識人對官方意識形態毫無建樹的抽象批評，是晉帝國迅速崩潰的肇因：

> 夫魏晉清談之禍，雖自王（弼）、何（晏）兩人倡之，然亦由當時紀綱不振、教化不明，故邪說易行、人心易惑。誠使朝廷之紀綱振肅，而國無異政；學校之間教化修明，而士無異學，則道德以一、風俗以同，邪說何由而得肆哉？有君師政教之責者，當鑒于茲[69]。

張居正因此主張朝廷必須防微杜漸，在知識人觸及朝廷權威前即加以壓制，從而於一五七九年下令禁毀帝國各地的書院[70]。這項禁令，為官僚知識階層與掌權者之間延續好幾十年的角力掀開序幕。

而在一五八六年爆發的國本之爭，觸發官僚知識階層與皇權之間的全面對決。朱翊鈞在一五八一年十八歲時，在探望母親李太后時結交前來迎接的宮女王氏，並使她未婚懷孕。朱翊鈞在李太后的壓力下把王氏封為恭妃，卻在王氏生下朱常洛後對母子二人異常冷淡，並把感情都投放到鄭貴妃身上。鄭貴妃於一五八六年生下朱常洵後，朱翊鈞就一直想要賜他皇位的繼承權：當時傳聞朱翊鈞曾與鄭氏於神明面前立誓，承諾把皇位傳給這位寵妃的兒子。

朝廷的官僚認為按照《皇明祖訓》的規定，皇位理應交由嫡長子繼承，不肯屈從於朱翊鈞的喜好，時任首輔的申時行更呼籲盡快冊立朱常洛為太子。朱翊鈞想以朱常洛年幼為由設法拖延，卻令官僚群情洶湧。不勝其煩的朱翊鈞決定不再上朝，又下令以杖刑懲罰主張冊立朱常洛的官僚，其後再把他們罷免。可是嚴厲的阻嚇卻未能平息爭議，而申時行亦因為嘗試調停不果，在爭議聲中被迫下野。

此後朱翊鈞一邊亟力打壓異見，一邊設法暗渡陳倉。他在一五九三年下詔，打算同時把朱常洛、朱常洵和周端妃之子朱常浩封王，並宣布三個兒子都有繼承皇位的資格。不過這份詔書卻激起朝廷官僚的反彈，迫使朱翊鈞無奈收回成命。朱翊鈞在一連串的爭議過後只得於一六〇一年讓步，正式冊封朱常洛為太子，並把朱常洵封為福王。不過朱常洵其後卻一直留在北京，未有前赴位於洛陽的封地：部分官僚知識階層認為朱翊鈞正靜候機會讓朱常洵捲土重來。在一六一五年，張差攜帶木棒到朱常洛的宅邸圖謀不軌而被衛兵拘捕。調查部門在拘押張差時，發現他背後受到服侍鄭貴妃的宦官龐保與劉成的指使。這宗梃擊案令朝臣嘩然，朱常洵只得在壓力下離開北京，前往位於洛陽的封地。其後朱翊鈞罕見地上朝，在表明維護鄭貴妃的立場後，處死張差、龐保、劉成三人結案了事[71]。

吏部史外郎顧憲成因為反對三王並立，於一五九三年被迫辭官返回故鄉無錫，與志同道合的知縣李復陽一起講學，並結交遭遇類近的高攀龍。顧憲成、他的弟弟顧允成和高攀龍等人，於一六〇四年獲得地方官僚知識階層的贊助，在無錫知縣和常州知府的支持下創立東林書院。這座書院以向平民講學為創校宗旨，並與帝國各地的新辦書院展開交流：這些書院大多分布在長江中下游，亦有少數處於陝西等偏遠省分[72]。這些書院的創辦人多是於國本之爭中被罷免的官員，或是同情他們的在地官僚知識階層。這個知識人交流網絡除討論學術，也會批評皇帝以及當朝內閣的決策，故此被反對者貶斥為東林黨[73]。

東林黨具有抗衡皇權的意識，又特別強調朋友這種除品格修為的差異外，就沒有等級之分的人倫關係，其政治意識形態以東亞標準而言比較著重平等：不過我們得強調這種相對平等的社會關係，仍會強調賢愚之間的等級差異，也只會存在於志同道合的知識人間，而與普羅民眾無涉。他們強調志同道合的知識人以朋友身分互相請益，是儒學發展取得突破的關鍵：

曾子曰：「以文會友，言講也。」

曰：「以友輔仁，言習也。」

朋友講習，互相滋益，生理津津……自古聖賢，未有離群絕類，孤立無與的學問……這學問是個極重極大的勾當，須用大家幫扶，方可得手。

東林黨未有否定尊卑秩序之必要，卻認為不對等的人際關係，會為個人的道德修養帶來偏差[74]。為此他們特別強調官僚知識階層內部的朋友關係，藉此平衡源自君臣、父子、夫婦和兄弟關係的等級尊卑觀念：

君臣之相與也，以敬勝；父子、夫婦、兄弟之相與也，以愛勝。勝則偏、偏則弊，亦必以朋友之道，為之調燮乎其間，乃克有濟。

而道德修養的實踐，則必須建基於人類之間的彼此扶持。上位者固然有督促屬下修練品德的責任，可是在下者亦同樣有督責上位者的責任，並將上位者當成於修練歷程上對等的夥伴。如此社會的道德水平才能有所提升：

故夫都俞吁咈，則君臣之朋友也；義方幾諫，則父子之朋友也；雞鳴旦則，則夫婦之朋友也；伯氏吹塤、仲氏吹篪，則兄弟之朋友也[75]。

東林書院的成員認為大家既透過講學，對超越價值有著同樣直接的個人體驗，就是被超越價值連結起來的同道中人。如此他們就不應顧忌「朋黨」的標籤，反倒應當團結起來按照超越價值抗衡皇權，並透過政治改革抗擊「小人」。高攀龍指出過往之所以出現「朋黨亡國」的現象，是因為過往君子未有團結一致，讓小人找到結黨營私的空間，才會招致國家的敗壞：

為小人者，不畏君子之指為朋黨，而盛其黨以逐君子；為君子者，惟恐小人之目為朋黨，以疏其黨以避小人。君子之勢益孤、小人之焰日熾，君子之所以立盡。朋黨以亡國者以此。

高攀龍贊同王守仁「君子化權」的主張，認為東林書院及其友好作為君子，理當團結一致在朝廷與小人寸土必爭，為達成理想的政治奮鬥不懈[76]：

君子之黨盛，而小人之黨散。天下之治，治於君子之黨，而非論於黨之有無也。此道不明，君子反相戒為黨，悲夫[77]！

東林黨人於一六〇八年趁閣員朱賡病逝的機會，亟力向朝廷推薦漕運總督李三才入閣。李三才有著令人景仰的管治才能，曾高調反對朱翊鈞派遣宦官到地方徵收礦稅，因而獲得東林黨人的賞識。不過他的生活習慣奢侈、沉迷於蒐集古玩，又會向民眾收取規費牟利。東林黨人本於「君主化權」的想望，決定借助李三才的威望推動自己的政治議題，對他的道德「瑕疵」視若無睹。反對東林黨的掌權者，因而找到把柄斥責李三才「貪、險、假、橫」，最終朝廷於一六一一年以健康理由免去李三才漕運總督一職。雖然朝廷大部分的官僚都贊同推薦李三才的提案，卻始終無法動搖朝廷當權派的決定。日後顧憲成回顧此事時，雖然認為當權派有意抹黑東林黨推薦的人選，卻暗示李三才雖然在大是大非的議題上態度正確，卻稱不上是道德的完人：

凡論人，當觀其趨向之大體。趨向苟正，則小節出入，不失為君子；趨向苟差，即小節可觀，終歸於小人[78]。

李三才在論爭期間，重新反思《孟子》「民為貴」的論述，並提出「民為君主」的說法。誠然這種說法與民主主義頗有距離，不過這種對皇權的質疑仍為東亞政治思想中罕見的創見：

故省刑薄斂，視之如傷、愛之如子，人主能為百姓之主；然後奔走御侮，尊為元后、戴為父母，百姓亦長為人主之主[79]。

東林黨人基於對皇權的批判，把代理皇權的宦官當成首要的批判對象，貶斥與宦官合作的官僚為「小人」：不過在明帝國當時的政治架構，想要推動政策的官僚卻無可避免要與宦官合作，才能夠避免政策空轉。東林黨人卻無視體制上的限制，堅持君子與小人勢不兩立，把與宦官體系合作的官僚一律統稱為「閹黨」[80]。就如馮從吾所言：

凡說調停之言，便是要用小人的意思。調停之說，真是誤國不小：薰猶不同器而藏，賢奸可共國而治乎？斷無此理！故凡為調停之說者，皆巧其詞以為小人地也[81]。

可是與此同時，他們卻堅持自己在大是大非上的正確立場，能夠容得下個別同道不完美的「小節」，又以「君子化權」的想望為促成「小人道消」不擇手段。這樣的鬥爭思維，使明帝國陷入無日無之的政治爭拗。

朱翊鈞在一六二〇年逝世後，朱常洛（廟號光宗，即泰昌帝）終於如官僚知識階層期待那樣順利登基。不過他在繼位後不久即身體抱恙，並在服用秉筆太監崔文升奉上的藥物後病情惡化。鴻臚寺丞李可灼得知情況後，向朱常洛獻上一顆紅色藥丸，令他精神有所好轉。朱常洛其後要求李可灼再贈紅丸，卻於服藥後突然暴斃：此時不過是他繼位後的第二十九日。由於李可灼並非專業的御醫，而崔文升又是曾經服侍鄭貴妃的宦官，令東林黨人懷疑紅丸案是鄭貴妃的陰謀。

朱常洛的十四歲長子朱由校（廟號熹宗，即天啟帝）此後繼承皇位，東林黨人隨即採取行動，迫使朱常洛的寵妃李選侍遷離乾清宮：他們堅稱李選侍是鄭貴妃的親信，圖謀透過垂簾聽政奪取政權。他們亦把李選侍的「陰謀」，與早前的梃擊案和紅丸案混為一談：他們指責鄭貴妃死心不息要幫助朱常洵奪位，又乘機批評「從中作梗」的「閹黨」。其後東林黨與朱常洛生前信任的掌印太監王安聯手，在首輔葉向高帶領下掌握內閣：雖然東林黨人為求輔佐幼主「得君行道」，而與宦官合作實踐「君子化權」，可是他們認為這樣是為了「大是大非」，不能與過往的「閹黨」相提並論。得勢的東林黨亦以梃擊案、紅丸案和移宮案為由，以刑事手段迫害被歸類為「閹黨」的政敵[82]。

東林黨掌握政權後，明帝國卻陷入前所未見的危機。位於遼東的女真人於十七世紀初逐漸坐大，並在一六一六年於努爾哈赤（Nurgaci）的努力下整合為後金帝國。在大汗努爾哈赤的率領下，後金帝國於一六一九年於薩爾滸（Sarhū，今遼寧撫順東郊）擊敗明帝國的部隊，又於兩年後連續攻陷瀋陽和遼陽，令明帝國逐漸失去對遼東的控制。明軍於一六二二年則因為守將孫得功叛變，於廣寧（今遼寧省錦州市北鎮）的戰役再次受挫。役後遼東巡撫王化貞決定棄城逃亡，而遼東經略熊廷弼則同時退守山海關：此後二人同樣因疏忽職守而被判死刑，卻因黨派之爭而暫時無法執行。東林黨人為了廣寧戰役戰敗的責任歸屬，與朝廷其他官僚起了激烈的爭論：東林黨人認為王化貞罪無可恕、熊廷弼情有可原，其他官僚卻持完全相反的看法[83]。

吏部尚書趙南星的銓敘政策缺乏透明度，又重用作風無賴的汪文言為中書舍人，使部分同情東林黨的官僚因為仕途受挫而反目成仇，甚至改投打壓東林黨的勢力。比如戲曲家阮大鋮原為左光斗的好友，與東林黨人同為「清流」的一員，卻因為趙南星阻礙其升遷而改投他曾經鄙視的「閹黨」[84]。東林黨人在面對陣營成員不足之處，會強調「君子不拘小節」，卻無法容忍同僚與「閹黨」的「調停」：如此君子與小人誓不兩立的二元論，就徹底淪為黨同伐異的雙重標準。過往同情東林黨理想的官僚，因此無法在其後的論爭中與東林黨人團結一致。而反對東林黨的「閹黨」亦同樣採取二元對立的論述，藉著汪文言的惡劣名聲而把東林黨人貶斥為假冒偽善的「小人」[85]。

在政治風暴即將籠罩北京之時，馮從吾與鄒元標動身前赴首都講學，並在巡城御史周宗達的支持下創辦首善書院。首善書院以「明君臣父子之綱」為創校宗旨，強調只談學問、不談政治，卻仍然成為東林黨官僚集合的場所。東林黨的官僚藉講學之名，於書院內抨擊政敵，把京城的官僚知識階層都捲入朝廷的鬥爭之中，令政治對立陷入難以挽回的境地[86]。

鬥爭、空轉、與無可避免的崩潰

東林黨人天真地期待只要扶助幼主登基，就能一直掌握「得君行道」的機會。可是在十四歲登基的朱由校卻出身自失能家庭：他的祖父朱翊鈞偏愛朱常洵，與父親朱常洛關係淡薄，而朱由校亦因為父親不受憐愛，未曾受過正式宮廷教育。他的母親王氏於一六一九年就與世長辭，其父親朱常洛亦在繼位二十九日後撒手人寰。朱由校直到登基之時都未曾感受過正常的親情，只與乳母客氏有著類近親情的牽絆。

東林黨人未曾留意到朱由校對親情的渴求，亦未能體諒剛踏入反叛期的少年人無法忍受道德說教。掌印太監王安過往專責服侍朱常洛，也未能理解朱由校的年輕人心態。而王安提拔的後進魏忠賢，卻察覺到朱由校與客氏之間近乎母子的情誼，故此與客氏交好並結為菜戶（按：宦官與宮女之間的婚姻關係）。這樣魏忠賢就因為與客氏的親密關係成為朱由校的親信，並在一六二一年與秉筆太監王體乾聯手，動員兵科給事中霍維華上奏彈劾王安，設計將其殺害[87]。

而魏忠賢此後雖然權傾朝野，卻始終是皇權的代理人。朱由校於一六二一年已經達到十五歲的適婚年齡，故此召張國紀的女兒入宮擔任皇后。魏忠賢和客氏認為張皇后將損害他們的權勢，就誣蔑張皇后並非張國紀的親生女兒，慫恿朱由校廢掉張皇后。不過朱由校始終不為所動，終其一生都極其信任張皇后，並懲罰涉嫌散播謠言的宦官了事。可見朱由校雖放手讓魏忠賢掌權，卻仍然緊握明帝國的終極權力，並未像唐帝國後期的君主那樣淪為任人擺布的傀儡。

客氏於同年秋天遷入鄰近紫禁城的宅邸，每天中午都會入宮探望朱由校，並一直在宮中待到黃昏。東林黨人聞訊後紛紛反對，甚至繪形繪色地詆毀客氏意圖色誘朱由校。朱由校雖然不肯退讓，卻仍然容許首輔葉向高居中調停。最終朝廷在反駁劉宗周的上奏後，扣除他半年俸祿了事。此後朱由校對東林黨人的態度大變，而葉向高亦在爭議聲中向君主讓步，朱由校自此開始動用皇權打壓東林黨的大臣[88]。

與咄咄逼人的東林黨人相比，魏忠賢則鼓勵朱由校沉迷於各種嗜好之中，從而換取皇權的絕對信任。明帝國的政治形勢因此在一六二二至一六二三年期間出現一百八十度的轉變。朱由校在一六二二年依照魏忠賢的建議，以保安為理由在內廷駐紮逾萬人的部隊，並在宦官的指揮下展開訓練。他於翌年更指派魏忠賢負責軍事情報工作，讓他派遣宦官到邊境刺探軍情，又委任他為負責監控和拘押政敵的東緝事廠提督[89]。同年朝廷委任四位新任內閣成員，卻未採用官僚建議的推薦名單，又任用顧秉謙和魏廣微這兩位東林黨的死敵[90]。

朱由校於一六二四年下令拘押汪文言，幾乎令整個東林黨都受到牽連。只是在黃尊素的奔走下，東林黨才得以暫時避過沒頂之災。可是楊漣卻按捺不住，於同年夏天向朝廷上奏〈劾魏忠賢二十四大罪狀〉。東林黨內的激進派未聽從黃尊素等溫和派的勸喻，紛紛上疏直接挑戰魏忠賢[91]。隨之而來的爭論令朝政陷入空轉，首輔葉向高見無事可為更決定請辭，最終首輔一職輾轉落入顧秉謙手中，令東林黨人陷入孤立無援的境地。

隨著魏忠賢與反對東林黨的官僚執掌大權，朝廷在一六二五年春夏之交決定大規模搜捕東林黨人。朝廷接連拘捕楊漣、左光斗、魏大中、袁化中、顧大章與周朝瑞六人，指責他們收受熊廷弼的賄賂：這六人其後被稱為東林六君子。在獄中的汪文言則遭到刑求，最終在連番折磨下死於獄中。而在熊廷弼被處決後，其中五名被捕者先後死於獄中的酷刑，顧大章則不堪折磨而自我了斷。在東林六君子被拘押期間，朝廷亦要求家屬「歸還」所謂的「贓款」，當中涉及的金額介乎三千三百至四萬兩白銀之間[92]。

其他東林黨官僚，則因涉嫌介入梃擊案、紅丸案和移宮案，而被處以免職和罰款等懲罰。東林黨人在首都的據點首善書院，以及帝國各地與東林黨關係密切的書院，都被朝廷下令禁毀。翌年高攀龍、周順昌、周起元、繆昌期、李應昇、周宗建和黃尊素，則被朝廷誣指賄賂和勾結織造太監李實：這七位被告其後則被稱為東林七賢。除了在被捕前投水自盡的高攀龍外，其餘被告最終於獄中遭酷刑虐殺[93]。顧秉謙等人則編撰《三朝要典》，指責東林黨人藉三大案搬弄是非，訴諸陰謀論與鄭貴妃針鋒相對。這本著作指責東林黨質疑朱翊鈞的誠信，迫使朱由校背離朱常洛的遺願，以有違孝道的方式把李選侍逐出乾清宮，先後陷三位皇帝於不義。反對東林黨的勢力就像他們的死敵那樣，透過正邪不兩立的道德二元論，把東林黨描述為假冒偽善的奸賊[94]。

不過在一六二六年初夏，位處北京內城西南方的王恭廠火藥庫發生大爆炸，造成數以萬計的死傷：這是人類歷史在核子武器發明之前，其中一場最大規模的爆炸。在這次爆炸中，北京城西南有數以萬計的房屋受到損毀、甚至遭到夷平。爆炸的衝擊波亦傳到紫禁城之內，令朱由校在世的獨子朱慈炅受驚身亡[95]。這場災難被輿論視為上天的警示，朱由校亦因此下詔罪己。雖然朱由校仍然堅持虐待獄中的東林七賢，卻下令暫停追究其他東林黨人，略為紓緩明帝國的政治局勢[96]。

朱由校於一六二七年夏不慎墮水感染風寒，並於秋天因病情惡化而逝世。他在臨終前決定把帝位傳給弟弟朱由檢（廟號思宗，即崇禎帝），令失去靠山的魏忠賢迅即成為眾矢之的。朱由檢在繼位後讓魏忠賢回鄉退休，然後下令拘捕在歸途上的魏忠賢：他在押返北京途中畏罪自殺。朱由檢於翌年春天下令凌遲魏忠賢的屍體，且把客氏押入監牢以酷刑折磨至死。他亦恢復東林黨人的名譽，並於一六二九年把部分與魏忠賢關係密切的官僚列入「逆案」：當中有二十四位官僚遭到處決、有十一位被判流放、其餘涉案人物則被罷免、免職、或被迫提早退休[97]。

朱由檢在肅清魏忠賢的親信後，下令禁止官僚參與黨爭。可是東林黨人卻因為政治潔癖，堅持清算所有曾經與宦官合作的官僚。他們甚至指責朱由檢反對結黨，就是延續魏忠賢對東林黨的迫害[98]。朱由檢對官僚結黨極其敏感，又會基於捕風捉影的片面之言嚴懲官員，使各派系的官僚都無法信任這位多疑的君主[99]。

朱由檢面對東林黨人嚴厲的道德批判，反倒傾向任用那些態度保守且願意服從的官僚。東林黨經歷過一六二〇年代的迫害，失去大批具有政治才能的人才。如今繼承東林黨人政治理想的遺族與後人，只能成立像復社那樣的文社，藉此集合有志推動改革的官僚知識階層。可是這些文社除反對「閹黨」外，對學術、政見、政策都各有見解，缺乏集體行動的能力。他們只能透過清議批評時政，令朝廷陷入激烈的論爭，卻無力在朝廷與當權派爭一日之長短，也未有提出針砭時弊的對策[100]。

就在朝政陷入空轉之時，明帝國卻必須設法克服一六三〇至一六四〇年代的氣候變遷。東亞的氣候此時變得寒冷乾燥[101]，環太平洋的火山活動亦同時日趨活躍[102]，令東亞的災情比世界各地都來得嚴重。大規模的歉收令各種主糧的價格倍數增長，使普羅民眾無法負擔[103]。疫病大流行亦隨著氣候變化爆發，東亞大陸先有痢疾隨水災傳播，死亡率高達七成的鼠疫其後則在一六四〇年代肆虐[104]。

朱由檢為應付財政危機而實施緊縮政策，帝國各地的驛站隨即遭到裁撤。可是大批失業的驛卒卻聯合各地的飢民、貧民、逃兵和土匪，於各地組織抵抗朝廷的武裝勢力[105]。李自成和張獻忠其後將這些武裝勢力收歸麾下，試圖透過軍事征服改朝換代。李自成不斷在黃河流域擴展勢力，並在一六四二年擊潰明帝國駐紮在開封的主力部隊[106]，其後更於一六四四年初稱帝建立大順國[107]。活躍於長江中游的張獻忠則把勢力伸延到四川盆地，成為控制長江中上游的地方霸主[108]。而於一六二六年繼承後金帝國汗位的皇太極（Hong Taiji，廟號太宗，即天聰汗），先透過與蒙古科爾沁部（Khorchin，乃效忠後金帝國的孛兒只斤氏支系）的布木布泰（Bumbutai，謚號孝莊文皇后）結婚，並以孛兒只斤氏女婿的身分於一六三五年聯合友好的蒙古部族消滅蒙古汗國。皇太極於翌年將國號改為大清帝國（Daicing Gurun），並加強對明帝國的攻勢[109]。清帝國不斷穿過長城侵擾北京的後方，並於一六四二年攻陷明帝國在遼東的最後根據地錦州，在山海關與明帝國的守軍對峙[110]。

北京此時夾在李自成和清帝國兩股勢力之間，陷入腹背受敵的劣勢。這時候比較合理的做法，是趁朝廷仍然掌握長江下游時遷都南京，整合當地的資源長期抗戰。可是朱由檢卻優柔寡斷，既未能下定決心遷都、亦未想好和談條件[111]。而對軍事一竅不通的東林黨人，則大唱道德高調反對遷都或和談，要求朱由檢固守北京兩面作戰[112]。剛成立的大順政權此後對北京發動總進攻，並於一六四四年春攻入京城。朱由檢在京城陷落後，到紫禁城後方的煤山（今景山公園）上吊自殺。夾在李自成與清帝國之間的山海關守將吳三桂，聞訊後即決定投靠清帝國，聯同清軍開進東亞大陸追擊李自成。清帝國的皇帝福臨（Fulin，廟號世祖，即順治帝）於同年秋天入主紫禁城，象徵清帝國正式接管東亞大陸的統治權。清帝國的部隊不斷往南推進，在清除李自成、張獻忠的殘餘勢力後，揮軍直擊明帝國在南方的新朝廷[113]。

於南京任職的明帝國官僚，在北京淪陷後推舉福王朱由崧（弘光帝）為皇帝。可是由於朱由崧正好是朱常洵的長子，對國本之爭記憶猶新的東林黨人始終無法對他心悅誠服。朱由崧在年中登基後把朝政委託於馬士英，讓他藉地方軍人的力量鞏固政權。馬士英敵視東林黨人，就任後即招攬阮大鋮等人擔任要職，又讓宦官重建迫害政敵的東緝事廠。作為東林黨人的閣員史可法，則決定離開南京到揚州鎮守，暗中以防衛的名義收編當地軍人與「閹黨」主導的朝廷抗衡。駐守長江下游的軍隊，因為朝廷的內部鬥爭淪為各為其主的地方軍閥，有的甚至轉投步步進迫的清軍，成為清帝國南侵的先頭部隊。揚州與南京於一六四五年夏天先後失守，而南京的朝廷亦隨著朱由崧遇害而土崩瓦解[114]。

此後其他朱姓藩王紛紛於東南沿海和嶺南建立朝廷，可是這些政權都只有地方政權的格局，無力應付清帝國的進迫。明帝國最後一位皇帝朱由榔（永曆帝）於一六四六年在嶺南的肇慶稱帝後，就一直往西南方撤退，並於一六六〇年流亡緬甸。翌年緬甸在清帝國施壓後交出朱由榔，這位末代君王隨即也命喪黃泉[115]。海上傭兵出身的鄭成功則於東南沿海舉起反清的旗幟，以明帝國忠臣的名義拓展勢力，並於一六六二年驅逐荷蘭東印度公司在臺灣的勢力，建立在這個島嶼上面存續到一六八三年的東寧王國。雖然鄭氏家族以明帝國忠臣自居，又收留過好幾位朱姓藩王，可是東寧王國與其說是明帝國的殘存國家，倒不如說是按照琉球模式建立的新興海洋國家。鄭氏家族始終以拓展海洋貿易網絡為發展重心，明帝國的存續終究不是東寧王國的首要關懷[116]。

批判皇權的先鋒黨主義

東林黨人在北京淪陷後，大多投身明帝國在南方的流亡朝廷，並在清帝國南侵後組織抵抗運動。可是隨著明帝國的流亡朝廷被逐一擊破，抵抗運動也無以為繼。東林黨人其後多以明帝國遺民自居，拒絕擔任清帝國的公職，不過仍然活躍於學術圈子和地方社會。清帝國對東亞大陸的統治要待十七世紀後期才逐漸鞏固，此前部分官僚知識階層則在政權交替的閾限空間中，嘗試想像沒有皇權宰制的理想社會。黃尊素之子黃宗羲在這段時期撰寫的《明夷待訪錄》，更可謂東亞大陸政治意識形態發展的高峰[117]。

黃宗羲認為在盤古初開的自然狀態（State of Nature）之中，沒有君主、沒有國家、也沒有任何的社會體制，每一個人都只為自己而活。故此沒有人會起來為公共的善（Common Good）作出貢獻，或是處理各種禍及眾人的公害。到後來有人挺身而出，成為帶領眾人促進公益、去除公害的領袖，就被民眾視為「比之如父、擬之如天」的君主：

> 有生之初，人各自私也、人各自利也，天下有公利而莫或興之，有公害而莫或除之。有人者出，不以一己之利為利，而使天下受其利；不以一己之害為害，而使天下釋其害[118]。

可是隨著公共事務日趨繁瑣，上古君主無法再以一人之力解決社群的問題，必須委託他人協助管理：這些人就是官僚知識階層的前身。黃宗羲強調這些上古官僚，是為了公益的緣故加入管理團隊。他們服侍的對象是社群全體，其工作則以促進公益為目標，而不是個別領袖的私僕：

> 緣夫天下之大，非一人之所能治，而分治之以羣工。故我之出而仕也，為天下，非為君也；為萬民，非為一姓也。

是以君臣關係之成立，是以促進社群的集體利益為前提。是以黃宗羲反對朱元璋自詡為君父的說法：因為君臣關係有異於父子關係，並不建基於天生的自然連結，而是取決於公益之有無。若然君主不再以公益為念，那麼官僚就沒有繼續服侍的責任，雙方自此則猶如陌路人：

> 或曰：臣不與子並稱乎？曰：非也。父子一氣，子分父之身以為身。故孝子雖異身，而能日近其氣，久之無不通矣；不孝之子，分身而後，日遠日疑，久之而氣不相似矣。君臣之名，從天下而有之者也。吾無天下之責，則吾在君為路人[119]。

可是隨著國家體系日趨穩固，掌權的領袖就開始把公權力當作一己之特權，甚至以為自己真的「比之如父、擬之如天」。君主開始把自己視為天下的主宰，把官僚和民眾都當成自己的奴僕，又認為宇宙萬物、天下萬民都是為君主的享樂而存在。然後君主又把整個國家、整個社會、整個世界，都當成代代相傳的家族私產，把理應當由社群共享的公共資源都收納為「家天下」的禁臠：

> 後之為人君者不然，以為天下利害之權皆出於我，我以天下之利盡歸於己，以天下之害盡歸於人，亦無不可……始而慚焉，久而安焉，視天下為莫大之產業，傳之子孫，受享無窮……古者以天下為主，君為客，凡君之所畢世而經營者，為天下也；今也以君為主，天下為客，凡天下之無地而得安寧者，為君也。

君主僭越社群整體的權益後，反倒動用權力要求天下萬民滿足其個人私欲，本應為社群公益奉獻自我的君主，如今卻因為權力不受限制的社會公害：

> 是以其未得之也，屠毒天下之肝腦、離散天下之子女，以博我一人之產業，曾不慘然，曰：「我固為子孫創業也。」其既得之也，敲剝天下之骨髓、離散天下之子女，以奉我一人之淫樂，視為當然，曰：「此我產業之花息也。」然則為天下之大害者，君而已矣[120]。

官僚本應熱心公益，輔助君主促進社群的利益、去除令人困擾的公害。可是隨著君主開始透過濫權滿足私欲，官僚亦自甘墮落為君主的奴隸，藉著加入共犯結構而獲得尋租食利的機會。自此官僚再也不是為社群服務的公僕，反倒與君主沆瀣一氣，成為社會壓迫的來源。即使官僚意識到國家出現危機，卻往往站在君主的角度而著力精進「牧民」的手段，未有像上古官僚那樣關切社會蒼生的問題：

> 世之為臣者昧於此義，以謂臣為君而設者也。君分吾以天下而後治之，君授吾以人民而後牧之，視

天下人民為人君橐中之私物。今以四方之勞擾，民生之憔悴，足以危吾君也，不得不講治之牧之之術。苟無繫於社稷之存亡，則四方之勞擾，民生之憔悴，雖有誠臣，亦以為纖芥之疾也。夫古之為臣者，於此乎，於彼乎[121]？

隨著國家體系發展衍生的法律和制度，則由於君主失去服務公益的初心，而淪為當權者鞏固權益、欺壓社會大眾的工具。是以法律雖被稱為「法」，實際上卻只是一堆毫無合法性可言的苛刻規條：

此三代以上之法也，因未嘗為一己而立也。後之人主，既得天下，唯恐其祚命之不長也，子孫之不能保有也，思患於未然以為之法。然則其所謂法者，一家之法，而非天下之法也。

明帝國的法律，兼受秦帝國和元帝國的不良影響，成為無益於世道人心的惡法，淪為社會壓迫的來源：

夫古今之變，至秦而一盡、至元而又一盡。經此二盡之後，古聖王之所惻隱愛人而經營者蕩然無具[122]。

黃宗羲否定明帝國將忠孝捆綁的官方意識形態。他認為朝廷聲言以禮治天下，實際上卻透過經義斷獄推動惡法，並藉此對社會進行全方位的監控：這種運用法律的方式，違背了促進公眾權益的理想目標，故此只能算是沉淪世道的「非法之法」。

那麼我們應該怎麼做，才能夠解決君主為私利濫用皇權的情況，並讓官僚重新拾回為社群服務的初心？黃宗羲明確指出，「有明之無善治，自高皇帝罷丞相始也。」故此國家必須設有掌握實權的宰相，並透過宰相將權力下放予其他官僚。而政治決策亦應當交由官僚和君主直接商議，並廢除宦官的一切中介角色：他批評明帝國的內閣制度，讓宦官主導一切官方文書的往來，從而使負責行政事務的官僚淪為內廷的奴僕。黃宗羲理想的政策制定過程中，宰相會首先將奏章交給言官審議，再按照官僚審議的結果與君主共同決定對策。若然君主因事忙而無法與宰相商議，宰相則有權自行制定政策，並發交六部執行，而無需讓君主審核草案：

> 宰相一人，參知政事無常員。每日便殿議政，天子南面，宰相、六卿、諫官東西面以次坐。其執事皆用士人。凡章奏進呈，六科給事中主之，給事中以白宰相，宰相以白天子，同議可否。天子批紅。天子不能盡，則宰相批之，下六部施行。更不用呈之御前，轉發閣中票擬，閣中又繳之御前，而後下該衙門，如故事住返，使大權自宮奴出也[123]。

黃宗羲亦認為對皇權的制衡，不應止於中央朝廷的制度安排，也需要地方社會由下而上的監督。他認為不論是首都的太學、還是地方的社學，都不只是訓練門生準備科舉考試的職業培訓所。就如上古時代的學校那樣，帝國各地的學校亦應該同時承擔監督朝廷、政令發布、民生福利、司法、軍事和祭祀等功能：

> 學校，所以養士也。然古之聖王，其意不僅此也，必使治天下之具皆出於學校，而後設學校之意始

> 備。非謂班朝、布令、養老、恤孤、訊馘，大師旅則會將士、大獄訟則期吏民、大祭祀則享始祖，行之自辟雍也。

黃宗羲主張學校應當重拾監督政治的功能，使其成為官僚知識階層商討政事的場所。他認為地方學校應當聘請有名譽的知識人主持，並讓社會各界的知識人入學。這些知識人雖為學校的門生，卻應當以平等的方式參與學術討論，並以審議方式革除不適任的講師：

> 郡縣公議，請名儒主之。自布衣以至宰相之謝事者，皆可當其任，不拘已任未任也。其人稍有干於清議，則諸生得共起而易之，曰：「是不可以為吾師也。」

地方基層社會亦應該廣設學校，盡量令更多地方知識人參與其中。而位於郡縣的地方學校，其學官則應於每個月的初一和十五講學，並讓與會的知識人批評地方官僚的各種缺失。若然他們發現地方官僚表現未如理想，就會提出改善的建議；若然他們發現重大的弊案，則會敲鼓號召鄉民前往學校，並向其公布相關事宜：

> 郡縣朔望，大會一邑之縉紳士子。學官講學，郡縣官就弟子列，北面再拜。師弟子各以疑義相質難。其以簿書期會，不至者罰之。郡縣官政事缺失，小則糾繩，大則伐鼓號於衆。

而位於首都的太學，其祭酒則應由德劭譽隆的學者擔任，其官方地位則與宰相同等：若然無法找到適任的人選，則可由宰相兼任祭酒一職。君主與大臣的兒子若年滿十五歲，都必須以門生的身分到太學聽課。君主與朝臣於每月初一，都要親臨太學以弟子身分聽祭酒講學，而祭酒則應在君主面前批評朝政缺失：

太學祭酒，推擇當世大儒，其重與宰相等，或宰相退處為之。每朔日，天子臨幸太學，宰相、六卿、諫議皆從之。祭酒南面講學，天子亦就弟子之列。政有缺失，祭酒直言無諱。天子之子年至十五，則與大臣之子就學於太學，使知民之情偽，且使之稍習於勞苦，毋得閉置宮中，其所聞見不出宦官宮妾之外，妄自崇大也。

在黃宗羲的設想中，學校就是為官僚知識階層而設的議會，讓地方知識人能夠影響地方和中央的政治，制衡君主以及各級官僚的權力。可是這並不代表黃宗羲是位平等主義者：事實上他認為月旦時事乃官僚知識階層的特權，因為唯獨修習儒學的人方能掌握聖人之道，對這種超越價值的認可則是參與政治的先決條件。是以普羅民眾既沒有參政權、亦沒有天賦民權：他們在獲得權利之前，必須先接受官僚知識階層的教化、認識和認同理學的政治意識形態，從而被官僚知識階層接納為學校之一員。地方學校的另一個角色，就是要令普羅民眾接受儒學倫理的禮儀規範，並向他們灌輸正統的意識形態：

民間吉凶，一依朱子《家禮》行事。庶民未必通諳其喪服之制度，木主之尺寸，衣冠之式，宮室之制，在市肆工藝者，學官定而付之；離城聚落，蒙師相其禮以革習俗。

是以黃宗羲雖然反對皇權氾濫，可是他非但沒有民權觀念、同時也反對思想自由：他認為唯獨認識聖人之道的官僚知識階層，方有參與政治討論的資格，不容普羅民眾置喙。黃宗羲主張嚴格的出版審查，認為國家應當禁止出版違反當代政治意識形態的歷史文獻，並燒毀有違正統的當代著作及其刻板。與此同時，國家亦應禁止官僚知識階層鼓勵普羅民眾「誹謗朝政」，違者則當被開除學籍、免去官職、甚至處以公職追放的重罰：

> 古文非有師法、語錄非有心得、奏議無裨時用、序事無補史學者，不許傳刻。其時文、小說、詞曲、應酬代筆，已刻者皆追板燒之。士子選場屋之文及私試義策，蠱惑坊市者，弟子員黜革、見任官落職、致仕官奪告身。

而地方學校的學官，亦應當規範普羅民眾的生活禮儀，並禁制有違儒教禮儀的民間宗教、拆毀相關的廟宇或祭壇：

> 凡一邑之名跡及先賢陵墓祠宇，其修飾表章，皆學官之事。淫祠通行拆毀，但留土穀，設主祀之。故入其境，有違禮之祀、有非法之服、市懸無益之物、土留未掩之喪、優歌在耳、鄙語滿街，則學官之職不修也[124]。

黃宗羲的理想政治架構，提升了官僚知識階層在體制中的地位，從而把君主從乾綱獨斷的自然人，改造成國家機關的一部分。雖然君主仍然在朝廷擔任主導的角色，可是隨著宰相獲得直接向六部發號施令的權力，朝廷官僚在決策過程中就能獲得與君主同等的地位。而地方的官僚知識階層，則透過學校制度獲得商討朝政的特權，又能透過每月舉行兩次的講學制衡地方官僚的權力。可是即使官僚知識階層獲得與君主平等的地位，黃宗羲思想依然無法稱得上是平等主義和民主主義的先驅：因為官僚知識階層獲得壟斷國家意識形態的權力，從而把一般民眾當成被管治、教化的對象。

如此官僚知識階層就能夠透過個人道德修練達成「天人合一」的境界，從而壟斷對聖人之道的詮釋權，一方面禁制民眾接觸正統儒學以外的思想和宗教、另一方面則以公權力替民眾制定各種社會行為的規範：而這自然亦包括各家族和宗族內部的長幼尊卑秩序。「咨爾多士、為民前鋒」的官僚知識階層，透過推動國家正統意識形態動員民眾，讓他們為官僚知識階層界定的「公益」而團結一致。如此被梁啟超譽為「中國的盧梭」的黃宗羲，其主張終究是以官僚知識階層為主體的先鋒黨主義（Vanguardism），精神面貌反倒比較接近貝淡寧（Daniel A. Bell）提倡的「賢能政治」[125]，其組織結構則相當貼近當代黨國體系的「民主集中制」。

黃宗羲的《明夷待訪錄》，乃東亞大陸思想史上的巔峰之

圖 8.6 黃宗羲的官僚知識階層專制觀

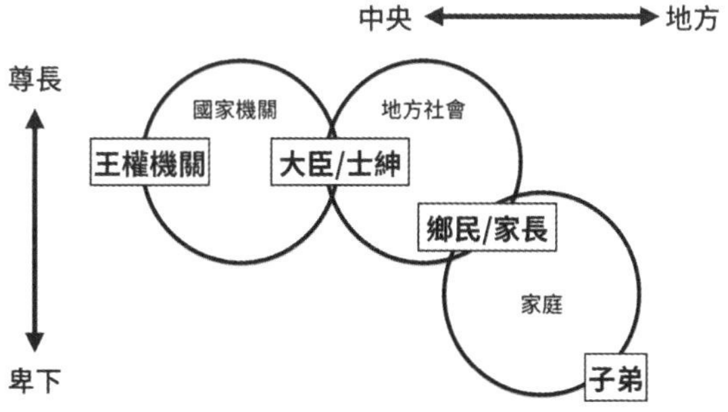

圖 8.7 黃宗羲理想政治當中的欺負鏈結構

作。在西學東漸之前，整個東亞再也沒有其他思想家能夠如此徹底批判皇權。可是黃宗羲對皇權的批判，卻伴隨著奉理學為圭臬的正統觀，其官僚知識階層專政的主張，也違反自由、平等、民主的普遍價值。當代學者對黃宗羲思想的評價，因此亦徘徊在樂觀與悲觀的邊緣。比如余英時曾經高度評價《明夷待訪錄》，並認為黃宗羲對民主主義傳入東亞大陸起過引接作用：

《明夷待訪錄》提供了一個說明性的個案，具體地向我們展示了十七世紀的儒家政治思想是怎樣為近代中國精英知識分子接受和欣賞西方民主理念價值觀做了思想準備的……黃宗羲將關於人民是政治權威的來源這一普遍的儒家觀點，發展到時代所能容許的極致，而西方民主思想在學理意義上是與之有差別的，但是在普遍意義上則是一致的[126]。

可是余英時並未忽略黃宗羲思想與當代民主主義的差歧。他在與港臺新儒家學派的哲學家劉述先論戰時，亦質疑儒家政治理論能否對當代政治有所貢獻：

「內聖外王」一旦應用到全面政治革新的層次，便必然落在「得君行道」的格局之內，全面失敗是無可避免的結局……儒學在現代的處境中已經失去了這種全面安排秩序的資格，所以「內聖外王」作為社會建構的一種設計，僅可供「發思古的幽情」，今天已不再有現實的意義了[127]。

到他晚年撰寫回憶錄時，更直接指出儒學的政治觀與黨國主義在東亞大陸的流行，有著直接而且無可推諉的關係：

我認為以儒家為主體的中國傳統思想發生了一種接引作用，使清末知識人容易接受共產主義（或社會主義）意識……中國知識人最初選擇共產主義作為「救亡」的藥方時，主要是出於一種錯覺，他們對於這套理論是否合乎中國的病情，根本未深入研究過。由於這套理論中的某些因子初看似乎和他們所熟悉的傳統觀念和價值相近，他們便毫不遲疑地奉為「真理」，願意為之獻出生命[128]。

平情而論，東亞大陸的官僚知識階層在明清鼎革之際，已經意識到皇權若然不受制衡，將會對社會帶來極大的危害。而黃宗羲等人的政治思想，亦對皇權的合理性提出質疑，並設法提倡制衡皇權的政治制度。可是他們只能夠想像出一個沒有皇權的世界，而無法接受人人平等的社會體系。他們始終認為官僚知識階層擁有關於聖人之道的知識，能夠透過品德修練達成「天人合一」的境界，故此應當壟斷對超越價值的詮釋權，以先鋒黨的姿態成為萬民的師表。他們把自然界的物理秩序，與世間的社會政治秩序混為一談，認為家庭內部的長幼尊卑親疏秩序，就是一切社會秩序的基礎。而他們對正統思想和尊卑秩序的堅持，使他們無法容忍民眾有思想上的自由：儒教正統與人倫秩序既是不容質疑的聖牛，民眾就必須完全服膺於正統的政治意識形態、並充分掌握與聖人之道相關的知識，方能透過苦學加入官僚知識階層，取得自由批評時政的特權。中國在二十世紀的黨國威權意識形態，不論是中國國民黨「服從領袖、完成革命」的類法西斯主張[129]、還是中國共產黨推動的「民主集中制」，其思維邏輯和組織結構都與這種官僚知識階層專政的構想如出一轍[130]。

黃宗羲等東林黨人的思想，其後亦未成為東亞大陸政治思想的主流。隨著清帝國對東亞大陸的管治日趨鞏固，於十七世紀中期展開的反抗運動，亦陷入無以為繼的局面。大部分的官僚知識階層，皆不曾像東林黨人那般抵抗清帝國的統治，反倒積極與地方政府合作換取政治和經濟上的特權，又積極參與清帝國所舉辦的科舉考試[131]。如此黃宗羲等明帝國遺民的政治思想，就塵封在江南各藏書樓的祕藏之中，直到東亞大陸的知識人於十九、二十世紀之交經受西方政治思潮的衝擊後，才重新發現這些失傳超過二百年的思想[132]，使其成為近代中國黨國意識的思想資源。不論黃宗羲等人對皇權的批判究竟是基進還是保守，這些思想都未曾在清帝國的主流政治意識形態中留下太大的漣漪。

第九章　形塑中華的外來者

雖然東林黨人對皇權的批判未能獲得同代人的迴響，其學術思想的其他面向卻仍然能夠成為清帝國政治意識形態的基礎。在明帝國末年的政治鬥爭後，倖存的東林黨人體會到陽明學強調的「致良知」終究無法令人窺見超越價值的全貌：當時不論是東林黨或是「閹黨」，都會訴諸於道德自覺，論證自己是「君子」、對方是「小人」。此後東林黨人認為若要恢復超越價值的道德理想，就不能倚靠政治理論和社會行動，而必須以儒學經典最原始的版本為論據。活躍於明帝國末年的學者張溥指出對經典的認識，乃道德自覺得以成立的基礎：

夫好奇則必知古，知古則必知經，知經則必知所以為人[1]。

而政治改革所追求的理想，亦必須源自儒家經典和歷史紀錄當中的論據：

窮經則王道明，通史則王事著。明王道者，可與立體；著王事者，可與適用，則取二十一史明白撰次[2]。

東林黨人認為儒學經典經過上千年的承傳，已經出現參差不齊的狀況。為此，學者必須先蒐集古籍，透過考證重構儒學經典的原貌，才有辦法根據上古聖人的道德標準，以託古改制的方式推動政治改革[3]。清帝國初期的官僚知識階層因此放棄形而上學的抽象思辨，並嘗試透過考證儒學經典解答關乎道德風俗的日常問題[4]。他們甚至認為明帝國末年的清談引致社會道德墮落，迫使上天出手以災變向世人示警，釀成東亞大陸十七世紀初的末世體驗[5]。這種學術思維的改變，促成官僚知識階層在明清鼎革後的保守轉向。

劫後餘生的保守認信國家

清帝國初期官僚知識階層的社會關懷，從中央的朝政轉移到各種實際事務之上，比如水利建設、曆法改革和地圖繪製等。除此以外他們亦主張「官師合一」的「同文為治」，認為應當運用公權力確立文化思想的均一秩序，並反對為社會帶來「淆亂」的多元思想[6]。部分曾經參與抵抗運動的官僚知識階層，在運動期間親眼目睹民眾無視法紀的粗魯行為，繼而從「為民請命」的角色中抽離出來：這些親身經歷令官僚知識階層逐漸把民眾視為麻煩製造者，自此無法再認同批判皇權的思想[7]。他們把社會關懷的焦點放在鄉約和宗族的層次，尤其關心地方社會的風俗是否合乎淳正古風：他們相信明清鼎革期間的天災人禍，是明帝國末期社會失序所招致的天譴。故此他們特別重視尊卑分明的身分秩序，又提防市場貨幣經濟對社會秩序的衝擊：雖然當時的官僚知識階層，已經與商業利益密不可分。他們亦以硬性的條文規範家族或宗族內部的禮儀，特別著重清除佛教和道教對儒教禮儀的「侵蝕」[8]。

這種道德保守主義雖然瀰漫著濃厚的秩序情結，卻同時繼續為地方社會帶來「陽奉陰違」的空間。

官僚知識階層透過參與宗族建構，在家族或宗族與世俗社會之間設立溝壑，一方面隔絕外間的各種異端邪說、一方面亦阻攔清帝國的官方意識形態的滲透。清帝國以朱子學為正統的政治意識形態，官僚知識階層卻認為朱熹抽離現實的形而上思辨，是明帝國社會禮崩樂壞的遠因。這種與世隔絕的保守風氣，亦可能是對清帝國統治的低調反抗：他們透過延續保守的家禮，盡可能抗衡朝廷積極傳播的女真或滿洲風俗[9]。

不過官僚知識階層在清帝國統治東亞大陸後，依舊是商業活動、海洋貿易和土地政策的既得受益者。雖然清帝國初期的薙髮易服和滿人圈地政策，曾經抵觸到官僚知識階層的族群身分，促使他們投身反抗運動。可是其後清帝國為了與地方社會磨合，盡可能收編在地的官僚知識階層協助地方治理和徵稅，並授予這些合作者在經濟和政治上的特權：此後主流官僚知識階層多選擇與清帝國通力合作[10]。即使是忠於明帝國的遺民，亦往往沉浸於自我否定的罪咎意識，責怪自己在明帝國末年狂言亂語、沉迷享樂，淪為瓦解社會秩序的元兇：為此他們決定隱姓埋名渡過餘生，不再繼續關懷政治社會事務。部分曾經積極參與明帝國政治的遺民，更吊詭地發現自己過往一直爭取的財政、法律和經濟改革，如今已經成為清帝國的政策方針[11]。因此大部分的官僚知識階層，在清帝國局勢初定後即放棄反抗，反倒設法適應新時代的發展。

雖然官僚知識階層會以「陽奉陰違」的策略抗拒朝廷介入地方社會，可是他們透過鄉約和宗族確立的保守等級秩序，卻成為清帝國認信國家建構的助力。地方知識人講求實用和實證的儒學思想，與官方正統意識形態同樣崇尚尊卑分明的社會秩序：因此他們不會「家事國事天下事，事事關心」，反倒會以「不在其位，不謀其政」的態度提防那些「過分熱心」的新興思想。這些知識人以儒學禮儀奠定地方社會的尊卑長幼秩序，與清帝國採用朱子學建立和諧社會的目標不謀而合。事實上清帝國在東亞大陸的認信國家建構，亦延續過往明帝國的遺風。比如玄燁（Hiowan Yei，廟號聖祖，即康熙帝）在一六七〇年，就模仿朱元璋宣傳《教民榜文》的方式，吩咐地方官府向基層社會發布《聖諭十六條》：

> 敦孝悌以重人倫，篤宗族以昭雍睦，和鄉黨以息爭訟，重農桑以足衣食，尚節儉以惜財用，隆學校以端士習，黜異端以崇正學，講法律以儆愚頑，明禮讓以厚風俗，務本業以定民意，訓子弟以禁非為，息誣告以全良善，誡窩逃以免株連，完錢糧以省催科，聯保甲以弭盜賊，解仇憤以重身命。

如此君主統領官僚、知識人統領鄉人、家長約束子弟、父權壓抑女性的欺負鏈結構，就得以在明清鼎革後持續鞏固。隨著清帝國初期的不安情緒煙消雲散，官僚知識階層也成為協助帝國操控地方社會的夥伴，並獲得各種特權和優惠[12]。

不過清帝國認信國家建構的基礎，並不止於明帝國留下的政治遺產、以及官僚知識階層的既得利益和保守意識。清帝國透過強制手段操控思想言論，其出版審查的制度乃過往東亞大陸諸帝國所不能企及。而朝廷發起文字獄的標準亦近乎自由心證：與種族議題相關的論述、關於明清鼎革的歷史敘事、或是涉嫌緬懷明帝國的著作，固然屬於朝廷主要的打擊對象。可是那些未有涉及敏感議題的文章，亦不時會被安插影射黨爭、議論聖賢、妄議君主的罪名，令作者身陷囹圄、甚至喪失性命。即使文人設法以正面的敘述奉迎上意，亦會因為過分討好而被指責為「倖進」。清帝國從未就非法言論定下清晰的定義，也沒有確實的禁書名單，反倒以皇權的任意和獨斷營造恐怖的社會氛圍。朝廷透過各種語言含混的控罪，宣告皇權對知識文化的壟斷，嚴厲警告知識人不得偏離官方的論述[13]。

雖然清帝國在法律上禁止誣告，可是官府實際上卻鼓勵告密，誘使民眾自發替朝廷審查可疑的出版物。那些活在社會底層而略通文墨的人，則是最容易涉入文字獄相關案件的一群：他們在工作時留下大量的文字記錄，又涉及各種複雜的人事關係，因而容易被想要報復的仇家檢舉。而地方官僚又會以偵查文字獄的「業績」表露對朝廷的忠誠：他們不單鼓勵民眾互相檢舉，還刻意渲染相關的案情[14]。不幸涉入文字獄的人往往會被判處流放、死刑以至是凌遲的重罰，其家人亦會遭到連坐[15]。官方故作神祕的檢控模式，在民間引發各種傳聞與謠言。這種白色恐怖的氛圍，令社會瀰漫著自我審查和自我約束的風氣：知識人沉醉於考據訓詁而迴避解答當代的議題、官僚知識階層的子弟只求功名而鑽研官方的正統學說、而民眾更是把「莫談國是」與「安分守己」當成明哲保身的民間智慧[16]。

而官僚知識階層的社會關懷，亦局限在維持地方社會等級分明的人倫秩序。他們之所以願意接受絕對皇權的宰制，除了出於對朝廷權威的畏懼，亦因為他們是清帝國體系的受益者。官僚知識階層在欺負鏈中處於主導地方社會的有利位置，而市場貨幣經濟和海洋貿易的持續發展，亦為他們帶來豐厚的利潤。此後要待官僚知識階層的規模於十八世紀大幅擴張，令大批底層知識人無法透過科舉考試獲得向上流動的機會[17]，反建制的情緒才得以於一八二〇年代經濟蕭條時在知識人群體重新出現[18]。

多族群帝國體系的建立

清帝國在東亞大陸站穩陣腳後，就建立起橫跨東亞和內亞的帝國，在歐亞大陸的大棋局穩居一席之地，實現明帝國可望而不可即的目標。創建清帝國的努爾哈赤原為遼東的女真商人。他後來整合散居遼河流域和松花江流域的女真部族，於一六一六年建立後金帝國，並在兩年後對明帝國發起挑戰。此時明帝國對遼東駐軍的控制已變得鬆懈，當地軍人因不滿長期遭到朝廷忽視而離心離德。這些軍人過往曾經和女真人有過良好的互動，故此他們戰敗被俘後都願意接受招降。部分明軍將領甚至會為求爭取更好的待遇，率領部下不戰而降。

而位於蒙古東部的蒙古部族，亦不滿當時察哈爾部（Chahars）主導的蒙古汗國，決定投靠勢力迅速擴張的女真人。因此後金帝國在立國時就是多族群國家，此後也著力把東亞族群和蒙古人整合到陣營之中[19]。努爾哈赤整合女真時，將各部族分別納入八個稱為「旗」(Gusa）的科層組織，同時負責管理軍事和民政事宜。其後他又依照八旗（Jakun Gusa）制度的邏輯，建立漢軍八旗和蒙古八旗來管理歸順女真的族群，又把隨行的奴僕整合為上三旗和下三旗的包衣（Booi）。雖然後金帝國內部各族群間有著各種尊卑等級之分，可是他們仍然能在八旗制度下凝聚出共同的文化和族群認同。漢軍八旗和蒙古八旗在文化上日趨女真化，其成員也認為自己有別於東亞族群和蒙古人，是來自滿州（Manju）的「旗人」[20]。

皇太極於一六二六年繼位時，後金帝國仍然根據部落共和制的女真習俗，於內廷設立議政王大臣會議：這個制度設計的原意，是要讓作為努爾哈赤親屬的貝勒（Beile），與身為大汗的皇太極共同議政。可是皇太極在位後卻推動個人獨裁，於四年後拘捕身為貝勒的堂兄阿敏（Amin）。為制衡議政王大臣會議的權力，皇太極按照東亞大陸帝國的模式，在外朝設立由官僚主導的機構。他首先舉辦科舉考試聘用東亞族群的文官，並於一六三一年仿照明帝國的制度成立六部。此外他亦要求女真人的子弟，接受與漢軍八旗子弟同樣的儒學教育[21]。

與此同時，皇太極亦為吞併蒙古而積極籌謀：他的福晉（Fujin）哲哲（Jeje，謚號孝端文皇后）、布木布泰和海蘭珠（Hairanju，謚號敏惠恭和元妃）都是孛兒只斤氏，使他能夠以成吉思汗女婿的身分主宰蒙古。皇太極於一六三二年擊敗蒙古帝國的林丹汗（Ligdan Khan），迫使他逃亡到青海湖一帶：這位末任大汗兩年後感染天花離世。後金帝國其後於一六三五年消滅蒙古帝國的餘部，贏得大部分蒙古部族的歸順[22]。此後皇太極於外朝設立蒙古衙門，負責管治這次遠征取得的新領地：這個部門即是後來的理藩院。此時後金帝國存在多個平衡的體系，分別處理不同族群的事務：比如六部負責管理女真和東亞族群、蒙古衙門負責管理蒙古族群，而各族群都各有自身的八旗體系。後金帝國面對不同的族群，會以不同的方式彰顯其政權認受：皇太極會在蒙古族群面前強調自己是成吉思汗的女婿，而在東亞族群面前展現對朱子學的尊崇[23]。皇太極亦把後金帝國的國號改為大清（Daicing），準備取代明帝國成為東亞大陸的統治者。

皇太極在一六四三年逝世後，帝位傳給五歲的兒子福臨，並委託侄子濟爾哈朗（Zhirgalang）與努爾哈赤的十四子多爾袞（Dorgon）輔政：不過朝廷實權卻為多爾袞掌握。李自成於翌年攻陷北京後，山海關守將吳三桂決定開關投誠，此後清帝國於同年秋天把朝廷遷到北京紫禁城。多爾袞隨即表示歡迎明帝國的官員投誠、又提升投降地方官員的官階，成功爭取到黃河流域大部分地方官員的效忠[24]。他亦改革明帝國遺下的制度，嚴禁宦官參與朝政，並讓自己控制的議政王大臣會議取代司禮監的角色，藉此壟斷皇帝、內廷與外朝間的官方文書聯繫[25]。

福臨在多爾袞於一六五〇年逝世時，雖然只是十三歲的少年人，卻仍然能夠親自執掌政權。他一方面下令禁止官僚結黨營私，另一方面卻委派自己信任的官員進駐內廷：這是為了建立君臣之間的直向關係，藉此離間過往官僚之間的橫向關係。福臨其後於一六五八年改革內廷機構，將內國史院、內弘文院、內祕書院整合為內閣，並交由滿漢兩族的官僚共同管理。新成立的內閣此後承擔連結內廷與外朝的重任，協助皇權抗衡由皇親和貴族組成的議政王大臣會議[26]。

福臨在一六六一年因感染天花英年早逝，皇位則傳給曾感染天花並因此免疫的三子玄燁。由於玄燁登基時只有八歲，朝廷實權都掌握在四位滿人輔政大臣手上，當中又以鰲拜（Oboi）的權勢最大。玄燁於一六七三年十六歲時設計拘捕鰲拜，自此獨攬清帝國的軍政大權。他其後在一六八一年平定三位降清明將於西南山區、嶺南和東南沿海發起的叛亂，又在一六八三年侵佔臺灣，消滅東寧王國及寄生其中的明帝國殘餘勢力。此後清帝國完全鞏固對東亞大陸的統治，而朝廷亦決定重新開放海外貿易，令市場貨幣經濟迅即恢復過往的榮景[27]。玄燁的統治此後一直延續到一七二二年逝世為止。

由於玄燁的子女眾多，眾皇子為爭奪繼承權於官僚體系、八旗體系和蒙古八旗中拉幫結派，令朝廷嚴禁的黨爭於十八世紀初重新浮現。玄燁的四子胤禛（In Jen，廟號世宗，即雍正帝）最終取得皇位的繼承權，可是其他心有不甘的皇子卻在議政王大臣會議和內務府聯同自己的幫派抵抗皇權。由漢人官僚的內廷組織南書房雖然順服皇權，卻沒有足夠的力量與皇子抗衡，而胤禛亦認為與外朝關係密切的內閣難以處理機密事宜[28]。此時清帝國已經擴張到青海高原及北亞，把西藏收編為保護國，並與瓦剌在中亞的繼承勢力準噶爾汗國（Dzungar Khanate）接壤：這個汗國具有與清帝國同等的戰略視野，意欲透過整合中亞稱霸歐亞大陸。胤禛為準備與準噶爾的戰爭，讓十三弟允祥（Yün Siyang，爵號和碩怡親王）與漢人官僚張廷玉主導內廷機構的改革：他們在內廷設立由辦理軍需大臣管理的戶部軍需房，其後又把辦理軍需大臣改稱為辦理軍機大臣[29]。他們亦設立內廷通訊制度，鼓勵各級官員繞過正式的科層體系，定期向皇帝呈上密摺報告地方軍政形勢[30]。如此胤禛藉準噶爾戰爭的機會，完全消除讓皇親貴族議政的部落共和制傳統，從而確立絕對君主專政的政治制度。

胤禛於一七三五年逝世之前，委任包括張廷玉和鄂爾泰（Ortai）在內的辦理軍機大臣為總理事務王大臣，讓他們處理守喪期間的過渡事宜。這些大臣在三年後以守喪期完結為由，向繼承皇位的弘曆（Hung Lii，廟號高宗，即乾隆帝）請求解散團隊，弘曆卻下令把團隊改組為軍機處，並同時廢止議政王大臣會議。而內閣其後亦被剝奪原有的功能，使軍機處一躍而成內廷的最高行政機關：這樣的體制此後一直延續到二十世紀初清帝國推動憲制改革為止[31]。清帝國在皇太極、福臨、玄燁、胤禛和弘曆執政期間，一方面提拔漢人官僚與皇親貴族抗衡，另一方面卻動用滿人的力量制衡東亞大陸的主流族群。在軍機處成立初期，當中有三分之二的職位都是由滿人官僚所擔任，而漢人官僚的比例要待十九世紀才得以逐漸提升：這些漢人官僚則主要來自市場貨幣經濟發展蓬勃的江南四省，也就是江蘇、浙江、安徽和江西[32]。

清帝國在位於長城以南的明帝國故地設置十八行省，並派遣總督和巡撫負責管理。起初這些督撫的職位都交由隸屬漢軍八旗的滿人擔任，到十八世紀則讓漢軍八旗和漢人官僚各自擔任一半的職位。朝廷期望認同滿洲的漢軍八旗，能夠替皇帝監督主流東亞族群的地方官僚。此後要待帝國各地於十九世紀爆發民變，朝廷才開始讓相對熟悉民情、並曾組織過民兵的漢人官僚主導督撫的職位[33]。族群關係在這樣的制度下，成為清帝國欺負鏈結構的一部分，位於欺負鏈頂層的皇權則與女真、漢軍和蒙古的旗人有著千絲萬縷的關係：比如福臨的母親布木布泰乃孛兒只斤氏的蒙古人、玄燁的母親佟氏來自漢軍八旗、而弘曆的十五子顒琰（Yong Yan，廟號仁宗，即嘉慶帝）則是漢人包衣魏佳氏之子。在官僚知識階層內部，滿人多擔任中央官僚和省級官員，而漢人則多擔任地方官僚、或於官僚體系外扮演社會賢達的角色。位於社會底層的普羅民眾，則是作為東亞大陸主流族群的漢人。

清帝國同時運用文字獄和懷柔政策，以恩威並施的方式模糊族群之間的尊卑關係：皇權有時強調滿漢一家，並借用主流族群的力量抗衡皇親貴族的特權，另一些時候卻透過給予滿人特權彰顯皇室權威。這種把種族界線模糊化的政策，旨在誘使東亞大陸的主流族群以自我審查的方式迴避族群衝突，使他們自我馴化接受既有的族群社會秩序。清帝國對曾靜案的處理手法，則說明朝廷如何透過舞弄族群界線達成其政治目標。

湖南秀才曾靜在接觸明帝國遺民學者呂留良的著作後，對其強調華夷之辨的論述深感拜服，遂於一七二八年派遣門人會見川陝總督岳鍾琪，勸喻他效法「祖先」岳飛起兵抵抗女真人的統治。曾靜在岳鍾琪向朝廷舉報後被捕[34]，胤禛卻出乎意料地對他網開一面，並將審訊過程的口供、諭令、以及曾靜撰寫的悔過書，編輯成《大義覺迷錄》公布天下。而曾靜案亦成為清帝國推動認信國家建構的案例，朝廷藉此以儒教意識形態宣揚君臣之義，強調臣民對君主的忠誠理應超越族群的邊界[35]。胤禛在《大義覺迷錄》記載的諭令中指出：

> 蓋生民之道，惟有德者可為天下君，此天下一家、萬物一體，自古迄今，萬世不易之常經，非尋常之類聚群分、鄉曲疆域之私衷淺見所可妄為同異者也……夫我朝既仰承天命，為中外臣民之主，則所以蒙撫綏愛育者，何得以華夷而有更殊視？而中外臣民，既共奉我朝以為君，則所以歸誠效順、盡臣民之道者，尤不得以華夷而有異心。此揆之天道、驗之人理，海隅日出之鄉、普天率土之眾，莫不知大一統之在我朝？悉子悉臣，罔敢越志者也……本朝之為滿洲，猶中國之有籍貫。舜為東夷之人、文王為西夷之人，曾何損於聖德乎？……從來為君上之道，當視民如赤子；為臣下之道，當奉君如父母。如為子之人，其父母即待以不慈，尚不可以疾怨忤逆；況我朝之為君，實盡父母斯民之道、殫誠求保赤之心？而逆賊尚忍肆為訕謗，則為君者，不知何道而後可也……君臣居五倫之首，天下有無君之人，而尚可謂之人乎？人而懷無君之心，而尚不謂之禽獸乎？盡人倫則謂人、滅天理則謂禽獸，非可因華夷而區別人禽也[36]。

胤禛亦根據「忠孝一體」的帝國意識形態，批評曾靜的作為不只是對君主不忠、同時也是對父母不孝。曾靜的父親和祖父既同為大清帝國的子民，那麼叛逆君主就是敗壞父祖的名聲，即為不忠不孝、禽獸不如的罪行：

曾靜既知君臣之義不可一日無，本朝君天下八十餘年，曾靜之祖、父，皆是大清之子民。曾靜年紀不過四十餘歲，即其逆亂之謀、蓄無君之念，不過四十餘年。其四十餘年以前，伊祖伊父之心中，有君乎、無君乎？而云「八十餘年沒有君」，是加其祖、父以無君之罪矣。孟子所謂無父無君，是禽獸者。言不知有君有父也。曾靜現在食毛踐土，而云沒有君、且加祖、父之罪，此實孟子所謂無父無君之禽獸[37]。

胤禛強調清帝國之所以能統領東亞大陸，是因為先皇憑藉高尚的品德而獲得天命認受。清帝國既然獲得上天的認可，其德行又合乎聖人之道的標準，那麼基於華夷之辨否定帝國的權威，就是對儒學正統道德的逆反。作為超越價值的天理既是宇宙萬物的起源，那麼以華夷之辨論斷清帝國的統治是否合理，既不合邏輯、也是對超越價值的否定。曾靜於審訊過後的自白，表明他已經得知清帝國的功德可比上古三代之治、又讚揚胤禛乃當代一世明君，對自己因為讀書不求甚解而誤信呂留良深感懊悔：

彌天重犯生於楚邊，身未到過大都、目未接見文人，見聞固陋、胸次尤狹，只有一點迂腐……無奈呂留良將此義發得驚異，且以為說出於孔子。彌天重犯雖不識呂留良何如人焉，有不信孔子且淺陋無知，胸中實別尋個義理、解脫不出，因妄自揣量……直到今日，想來當時之所以別尋個義理解脫不出者，只為心中不知本朝龍興之原與列聖遞承之績，所以為一部《春秋》束縛……蓋人縱曉得本朝功德之隆、治業之盛，遠駕漢唐而直接三代、與聖人之生原無分於東西，然不能去呂留良之說而緊抱一部《春秋》，義旨在言下不是說壞、本朝不是聖人，定會誹謗孔子、錯作《春秋》……從前錯誤實由於無知而過信呂留良之說所致。今得聖諭開示，復就伊荒唐鄙謬、無中生有的說話，思之並考呂留良的實地與其學問心術，知得彼非不知而看錯、實出於有意以詆誣也[38]！

不過弘曆在一七三五年即位後推翻父親對曾靜案的裁決，執意要把曾靜連同其門生張熙凌遲處死，《大義覺迷錄》亦於一夕之間從官方文宣淪為禁書。弘曆認為滿州人作為優秀的族群，犯不著動用儒學教條為其統治認受抗辯：把清帝國毋庸置疑的政權合法性，當成需要道德證成的政治議題，於弘曆眼中無異於謀逆[39]。胤禛認為清帝國的政權認受建基於朱子學的正統，弘曆卻認為滿洲人的族群優越感才是維繫帝國的不二法門：他認為朝廷要讓普羅民眾意識到族群禁忌背後，有著一條難以捉摸的紅線，方能有效地彰顯絕對的皇權。

大中華想像的形成

為統合清帝國橫跨東亞、內亞和中亞的疆土，朝廷因地制宜在各地採取不同的政策。過往明帝國雖然嘗試在西南山區推動「改土歸流」，可是當地在明清鼎革之時仍是由世襲土司治理：這些土著領袖雖然名義上是朝廷的官僚，可是實際運作時卻是實行君主制的自治政治實體。不過到了胤禛在位期間，朝廷大規模廢除西南山區的土司，改由派任的地方官治理，又把當地土著編入里甲。清帝國在西南山區落實直接管治後，透過推廣儒教禮儀將當地土著「教化」為漢人。有異於嶺南和東南沿海，西南山區的經濟發展比較落後、也欠缺足夠的在地官僚知識階層，令當地的文化融合遠遠比不上制度上的統合[40]。

清帝國在面對內亞族群時，既強調愛新覺羅（Aisin Gioro）皇族與孛兒只斤氏的血緣連帶，亦透過藏傳佛教於當地推行認信國家建構：在東亞大陸扮演儒教正統守護者的清帝國，在內亞則會以轉輪王（Chakravarti Raja）的形象扮演保護佛教的皇帝菩薩[41]。清帝國為贏得篤信藏傳佛教的蒙古人之尊敬，介入西藏的政治和教派紛爭，從而獲得對藏傳佛教的詮釋權。第五世達賴喇嘛阿旺羅桑嘉措（Ngawang Lobsang Gyatso）於一六四二至一六八二年在位期間，為推動禮儀改革而在所屬的格魯派（Gelug）引入其他教派的傳統，激起保守派僧侶的不滿。教派衝突在詩人倉央嘉措（Tsangyang Gyatso）於一六九七年坐床繼任為第六世達賴喇嘛之後全面爆發，在倉央嘉措於一七〇六年失蹤後，準噶爾汗國就乘機把勢力擴展到西藏。玄燁於一七二〇年決定出手介入，冊封格桑嘉措（Kelzang Gyatso）為第七世達賴喇嘛，並派兵護送他到拉薩。此後西藏成為清帝國的保護國，而朝廷亦透過金瓶掣籤（Gser Bum Skrug Pa）決定藏傳佛教各教派祖古（Tulku，俗稱活佛）的繼任人選。清帝國君主以皇帝菩薩的姿態，平息藏傳佛教的教派衝突，從而在內亞族群面前確立其管治威信[42]。

準噶爾汗國在十八世紀持續與清帝國交戰，並曾在一七三一年於和通泊（Hoton Nor，位於蒙古西北與東突厥斯坦接壤處）重挫傅爾丹（Furdan）率領的清軍[43]。不過其後朝廷調整策略，暫時與準噶爾汗國議和、並容許他們與清帝國通商：不過隨著雙邊貿易的擴展，清帝國開始透過經濟壓力與準噶爾就領土問題討價還價。準噶爾大汗噶爾丹策零（Galdan Tseren）在一七四五年逝世後，其諸子即為爭奪汗位而互相攻伐，而原先效忠準噶爾汗國的部族亦紛紛出逃。清帝國抓住這個機遇，於一七五五年派遣兩支各有二萬五千人的部隊兵分兩路入侵中亞，並於同年初夏開進首都固勒扎（Ghulja，今伊寧），準噶爾的殘餘勢力其後於一七五九年被徹底消滅：清帝國在這場戰爭中不擇手段，不惜以種族滅絕的手段對付準噶爾人，並乘機侵佔天山山脈一帶的中亞地區。其後清帝國把侵佔得來的東突厥斯坦（Sherqiy Türkistan）稱為「新疆」，並駐軍抗衡正在東擴的俄羅斯[44]。

元帝國過往實行雙首都制度，君主在夏季前往位於內亞的上都、並於秋冬回到海河流域的大都（今北京）。而玄燁以來的清帝國君主，每逢夏季則會前往北京東北一百七十七公里、位於長城以外的熱河木蘭圍場（Muran I Aba）狩獵。其後清帝國於一七〇三年在熱河修建避暑山莊，在這座行宮附近廣設藏傳佛教與漢傳佛教的寺廟，並於當地設立承德府。此後熱河就成為清帝國在內亞的行政樞紐[45]。清帝國按照游牧族群的傳統，邀請滿人和內亞的權貴前往木蘭圍場與皇帝一起狩獵，讓已經在東亞大陸定居的滿人重拾作為游牧族群的歷史記憶，繼而確立他們作為統治族群的特殊身分認同。他們也在狩獵時練習騎馬、精進箭術，為未來可能的軍事動員做好準備。清帝國的君主亦會與未納入蒙古八旗的內亞部族一起狩獵，向他們展現「內外一家」的風範，從而與這些部族建立互信[46]。

清帝國也在行宮外蓋建西藏或印度風格的佛教寺廟，向來自內亞各地的來賓展現君主作為皇帝菩薩的一面，並展露清帝國在內亞、青藏高原和中亞的顯赫戰功[47]。在狩獵和宗教儀式過後，清帝國的君主會在避暑山莊的萬樹園召見內亞權貴討論政務[48]。清帝國在管治十八行省以外的地域時，採取異乎儒學正統的統治手法，按照各地的文化風俗與政治文化確立政權認受：清帝國的皇室在各地不同的縱向權力結構當中，都處於金字塔結構的頂端，使君主能夠透過壟斷權力穩定地統率其多元帝國。

作為東亞大陸主流族群的漢人，起初多以事不關己的態度看待清帝國的擴張政策：官僚知識階層的儒學傳統，向來都主張透過品格修練「德化四夷」，認為涉外戰爭是勞民傷財的「好大喜功」。在十九世紀初，漢人官僚知識階層在地方社會組織民兵協助朝廷平定由經濟衰退引發的動亂後，開始被朝廷委以重任[49]。隨著漢人的地位在朝廷獲得提升，其地方民兵被整編為清帝國的主力部隊，官僚知識階層的中華想像亦從十八行省擴展到涵蓋東亞、內亞、中亞和青藏高原的地域。他們抱著「文明開化」的使命，想要把東亞大陸的欺負鏈結構延伸到這些「尚未開化」的邊疆。清帝國在一八七〇年代，讓左宗棠率領在湖南募集的部隊到中亞鎮壓叛亂，大批漢人官僚知識階層亦隨軍到「新疆」推廣儒學禮儀：這種「文明開化」卻為當地帶來殖民主義的壓迫，甚至釀成種族滅絕的慘劇[50]。

清帝國在十九世紀，於經濟和軍事上遭受西方帝國擴張的衝擊。雖然市場貨幣經濟能夠在清帝國蓬勃發展，可是這種經濟體系與西方資本主義之間的距離，亦隨著工業革命於十八世紀在西方的開展而越拉越大。官僚知識階層習慣以價低者得的方式剝削從事手工業的貧民，把差價都放進自己的口袋，令手工業無法透過資本累積提升技術：這樣東亞大陸以家庭為單位的小作坊，就無法像西歐和其後的日本那樣轉型為有規模的工廠[51]。清帝國亦缺乏有效的銀行制度和融資體制，商人只能以田產和房產作為投資與儲蓄的手段，而朝廷的財政收入亦過度倚賴地稅，社會整體也因此缺乏金融創新的動機[52]。清帝國固有的市場貨幣經濟，雖然能夠於十九世紀中融合為全球資本主義體系的一員，卻為上述各種限制而於全球競爭中陷於劣勢。

西方帝國主義的挑戰，亦為清帝國的認信國家建構帶來衝擊：官僚知識階層在新形勢的發展下，逐漸拋棄過去一個半世紀的保守心態，嘗試從海外引入各種近代化思潮。不過縱使東亞大陸於十九世紀因為西方的衝擊而面臨「三千年未有之大變局」，其近代化過程卻絕對不是純粹的「西化」，反倒是東亞大陸原有社會動態的延伸。官僚知識階層在近代化思潮引入的過程始終扮演主導角色：雖然近代化改革的提倡者與守舊拒變的官僚知識階層有過激烈的爭辯，可是他們都屬於官僚知識階層內部的少壯派。他們與保守的論敵一樣，都認為自己掌握著超越價值的詮釋權，亦同樣把普羅民眾視為尚待啟蒙的「愚夫愚婦」：他們只不過把過往的四書五經，置換成《天演論》和《資本論》這類近代經典。就像昔日到地方社會設立鄉約的知識人、或是到民間社會講學的陽明學者那樣，近代化的提倡者同樣把自己當成「為民前鋒」的先鋒黨，意圖透過既有的欺負鏈結構為啟導民眾：只是過往知識人傳授的是品格修練的心得，而當今的學人則在宣講改革或革命的真理[53]。

而源自西方的各種黨國主義，亦因為官僚知識階層固有的先鋒黨心態，得以迅速地在東亞大陸落地生根。提倡近代化的官僚知識階層少壯派，則像十九世紀中葉的前輩們那樣，把清帝國在十八行省以外的疆域都視為「中華」的一部分：在西方帝國主義的軍事威脅下，他們更抱有「寸土不讓」的心態，把清帝國在十七至十八世紀侵佔的地域都視為「中華」國家「自古以來」的「神聖領土」。隨著清帝國的統治於二十世紀初無以為繼，這些近代化領袖就把「中國」一語當成國號，並將東亞大陸諸帝國之間既有傳承、亦有斷裂的歷史，粗暴地都歸納為「中國」歷史的一部分，藉此把文化、語言、歷史、族群構成迴異的廣闊地域，都當成「中華民族」五千年來不可割裂的「生存空間」(Lebensraum)[54]。部分思想前衛的官僚知識階層，則成為服膺於黨國主義的革命派，並動用社會的欺負鏈結構推動「國民革命」或「共產革命」。

而東亞大陸社會的欺負鏈結構，先是發展出中國國民黨的類法西斯體制[55]，最終在中國共產黨領導下演變成黨國領導幹部、幹部帶領

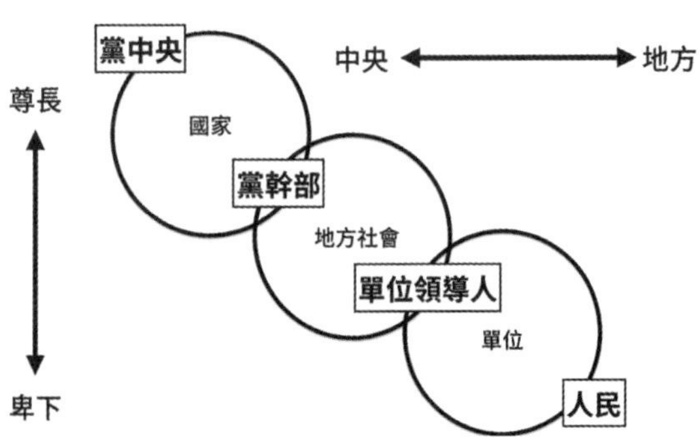

圖 9.1 近代中國的欺負鏈結構

單位、單位管理人民的「民主集中制」體系：「新中國」的統治者，把四書五經改換成黨國教條、把君主置換成黨國中央領導人、把官僚知識階層改換成（官僚知識階層出身的）黨國幹部。雖然與昔日的官僚意識階層相比，黨國體系的各級成員都被置於嚴密的組織結構之中，而不是昔日那種單靠共同意識形態接連起來的鬆散架構；過往由宗族和家庭所扮演的角色，則由直屬黨國中央的基層幹部所取代。不過新體系仍維持著舊體制的欺負鏈結構，並以同樣的邏輯達成更堅固的中央集權[56]。而這種黨國集權政治的最終目標，就是要讓人民團結促進國家的富強，從而使「中國」恢復帝國鼎盛時期的風華，統合橫跨東亞、內亞、中亞和青藏高原的「生存空間」，從而達成「中華民族」的「偉大復興」。如此東亞大陸帝國的欺負鏈結構，反倒在近代化的過程中變得更為牢固，不單為政治平等的實踐帶來難以克服的障礙、同時亦成為「新中國」推動帝國擴張和威權主義的助力。

不過東亞大陸在十九世紀以後的歷史發展，以及其後「中國」如何透過國族主義的偽裝，仿效西方帝國主義的樣式確立自身的霸權主義，則是需要另文討論的大題目。要理解東亞大陸的近代化，我們亦必須同時理解東亞沿海的歷史發展，並比較兩地從上古到中世、從中世到近世、從近世到近代的歷史演變。而這樣的討論若要得以圓滿，筆者不得不作出更深入的探究，以另外兩本書的篇幅娓娓道來。

後記 互為主體的東亞沿海世界

這本著作主要討論的，是東亞大陸自上古到近世的歷史：那就是所謂的「中國史」。可是這本書預設的讀者群，卻是臺灣人、香港人、以及兩者在海外的離散族群。那麼筆者自然必須回答以下的問題：臺灣和香港，與東亞大陸又有什麼相干呢？為什麼臺灣人和香港人，需要理會此一「中國」的外國史？

簡單來說，縱使臺灣和香港並非東亞大陸體系的一部分，可是東亞大陸的政治意識形態卻持續為周邊帶來惡劣的影響，成為這兩個國家追求獨立自尊的障礙。

黃河流域這個東亞大陸文明的發源地，與嶺南、東南沿海以及臺灣之間有著難以跨越的地理阻隔。若要從黃河流域前往嶺南和東南沿海，首先就得跨越大別—秦嶺山脈抵達長江流域，而這又可歸納為三條可行的路線。首先，我們可以從渭河流域啟程，經過蜿蜒曲折的山路走到狹小的漢中盆地，然後再走另一段更長的山路抵達四川盆地；比較方便的

圖10.1 東亞的地理形勢

途徑，則是先穿過大別山脈與秦嶺山脈之間的關隘，再沿著漢水直抵長江：不過這個關隘易守難攻，位於其中的襄陽和樊城，向來都是阻擋北方政權往南擴張的軍事要塞；最後，大別山脈與海岸線之間的平原，雖然看似是比較直接的連絡路線，可是此地起初卻布滿難以穿越的沼澤和湖泊：要待水利開發的技術於六世紀變得足夠成熟，隋帝國才得以在過往水利建設的基礎上，在此修建作為南北交通幹線的運河系統。

而長江流域與嶺南和東南沿海之間，尚隔著五嶺山脈和武夷山脈。也就是說，若從嶺南和東南沿海出發，必須穿越雙重的地理障礙，才能夠抵達東亞大陸文明的核心地帶。而臺灣與東南沿海之間還隔著一條臺灣海峽，離東亞大陸體系的核心地帶又再更遠一程。不過若從水路交通的角度出發，嶺南、東南沿海與臺灣卻可以乘著洋流以及東北—西南的季風系統，輕易與東南亞大陸、東南亞群島、琉球群島、日本列島和韓半島連結起來。由此可見就地理形勢而言，嶺南、東南沿海與臺灣乃東亞沿海體系的一部分，與東亞大陸體系的連結反倒比較疏遠。

雖然秦帝國在公元前三世紀把疆域擴展到長江流域、嶺南和東南沿海，可是這些地方並未即時成為東亞大陸文明的核心地帶。要待晉帝國於三一七年於建康成立流亡政權後，長江流域才逐漸演變為東亞大陸文明在黃河流域外的平行核心。東亞大陸帝國對嶺南和東南沿海的控制，長期局限在個別都市、交通要衝和軍事據點，多數地域仍是由儼如獨立王國的土著部落控制。此後要待宋帝國的發展重心在十二世紀南移，嶺南和東南沿海的土著才隨著市場貨幣經濟的擴展，以及認信國家建構的過程，被納為帝國體系的編戶齊民，淪為欺負鏈結構的一部分。

而東亞大陸帝國更要等到十四世紀，才認知到臺灣與琉球群島的分別。東亞大陸帝國在十七世紀末之前，只曾在澎湖群島設立軍事據點，從未將臺灣本島編入版圖。在一六六二年攻佔臺灣的鄭成功，雖然自詡為復興明帝國的「國姓爺」，他建立的東寧王國實際上卻是以海洋為重心的獨立國家。此後要待清帝國於一六八三年侵佔臺灣，這個島嶼才正式成為東亞大陸帝國的一部分。可是清帝國治下的臺灣，卻是處於東亞大陸以外的拓墾殖民地（Settler Colony）。從東南沿海前往臺灣的移民（包括福佬人和客家人），長期與世居臺灣的原住民交流互動，從而形成獨特的歷史經驗：遠離原鄉開荒拓墾的經歷、以及來自原住民的異文化衝擊，令臺灣人產生不屬於東亞大陸的歷史文化記憶。在一九四九年湧入臺灣的東亞大陸移民，雖然曾經在中華民國流亡政權的加持下衝擊臺灣的原有文化，可是臺灣人在清領時期和日治時期形成的身分認同，仍然有足夠的韌性克服威權統治的衝擊，甚至反過來同化來自五湖四海的新住民。

至於香港，除了一直在海域生活的海洋族群，大部分人的祖先都是英國人在一八四一年開埠後，才逐漸從嶺南遷到香港的移民。不過嶺南獨特的邊陲文化、在殖民地制度下引入的西方事物、以及都市化所帶來的社會演變，都令香港人無法成為百分之百的中國人：隨著黨國主義席捲中國，香港人亦因為抗拒中國的國族建構，而對深圳河以北的國度感到疏離。而在二十世紀興起的民主運動，則是臺灣和香港獨特身分認同得以確立的關鍵。這兩個國家的民眾，都在爭取民主的過程中經過這樣的歷程：他們先是追求民主自治、繼而反對抗拒民主的中國政權（包括中華民國和中華人民共和國）、其後更開始質疑「中國」的概念、最終踏上爭取國族自決的路途。我們可以斷定臺灣之所以是臺灣、香港之所以是香港，是因為這兩個國家的民眾為追求人格上的獨立自尊，在時代使命的感召下背起反中脫華的十字架。

可是位處東亞大陸體系外圍的地區，縱使能夠維持異乎中國的文化與認同，卻始終難免會受到帝國政治意識形態的潛移默化。人類學家巴菲爾德（Thomas J. Barfield）曾指出鄰近東亞大陸帝國的國家，往往會仿照東亞大陸帝國的樣式建立影子帝國（Shadow Empires）：這些影子帝國或會準備入主中原、或會在原有的地域獨立建國、或會借用國家體系的力量推動貿易、或是純粹借用東亞大陸舊有政權的歷史記憶[1]。不論這些國家最終選擇的是那一條進路，他們無可避免會把東亞大陸帝國的壓迫結構，嫁接到自身社會的肌理之中。

雖然臺灣人和香港人的祖先從未有建立影子帝國的實力（鄭成功家族的東寧王國也許是一個例外），可是他們確實曾經成為東亞大陸帝國欺負鏈的一分子。儒學意識形態把超越價值內捲為個別主義的忠誠，讓建基於「恩情」的「忠誠責任」凌駕基於公義邏輯的政治判斷，是欺負鏈結構得以成立的關鍵。欺負鏈結構亦強調地方社會再是獨特，也必然是帝國體系不可割裂的一部分：這種想法其後更為清帝國晚期出現的中國國族主義強化。雖然明帝國晚期的官僚知識階層曾經猛烈批判皇權，卻始終未曾嘗試拆解欺負鏈結構，反倒提倡由知識精英主導的先鋒黨主義。中國國民黨和中國共產黨的黨國主義，因為與欺負鏈結構的邏輯臭味相投，相繼成為主導近代中國社會演變的力量。若然臺灣和香港的社會文化無法清除欺負鏈意識形態的遺毒，自由民主就難以在這兩個國家落地生根。欺負鏈文化所提倡的，就是透過自我矮化換取政權的恩庇，從而在欺負鏈結構當中取得能夠欺壓更多下層的有利位置。這種欺善怕惡的平庸之惡，令本應奮起抵抗的被欺壓者，自甘墮落為帝國壓迫結構的共犯。

臺灣和香港若要解除欺負鏈結構的魔咒，就必須基於超越人情的普遍價值批判政權的是非得失。而超越價值也必須超越於人間之上，不能容讓掌權者和知識精英以「天人合一」為理由加以僭越。這樣超越價值才能夠在人間以不同的形式展現，發展為各種自主平等的領域：是以不同的社會應各由自主的政體管治，各政體內部的政府、公民社會和專業領域都應當在維持自主權的情況下通力合作，而這些政府內部的行政、立法和司法體系都應在自主和平等的狀況下互相制衡。唯獨超越的普遍價值，能夠讓「慈愛和誠實彼此相遇、公義和平安彼此相親、誠實從地而生、公義從天而現」[2]，使臺灣和香港能夠基於自由、幸福和尊嚴，攜手與彼此各自建立新而獨立的國家。

亦因如此，我們應當否定主流輿論對「去中國化」的汙名化，反倒要基於超越的普遍價值把「去中國化」當作榮耀的冠冕，堅決主張反中脫華是建立臺灣和香港社會的基要原則：東亞大陸那種將超越價值內捲化的政治意識形態，就是中國帝國主義霸權對民權施下的緊箍咒。我們若不把這種政治意識形態徹底根除，就無可避免要走上通往奴役之路，斷絕一切獲得救贖的可能。臺灣和香港若要得到獨立自尊的上好福分，就要「不從惡人的計謀、不站罪人的道路、不坐傲慢人的座位」[3]，與自詡為天下之中的威權帝國劃清界線、防備那些整天唱好天朝而貶損本土的逐臭之夫。

隨著中國於二十、二十一世紀之交踏上資本主義全球化的便車，以「大國崛起」的姿態意圖成為宰制世界的新霸權，臺灣和香港反中脫華的抗爭也不只是負隅頑抗的自我救贖：臺灣和香港既作為全球抗擊中國霸權的前線，就無法迴避承擔捍衛自由世界存續的重任。雖然臺灣和香港異乎中國的獨特文化，毫無疑問是人類文明和東亞文化的瑰寶，可是這並不足以令這兩個國家變得偉大：臺灣和香港之所以能夠在國際社會昂首闊步，純粹是因為這兩個國家民眾在二十、二十一世紀中國崛起時，能夠同時本於自由平等的普遍價值，鼓起勇氣抵抗人類史上最強大的威權帝國、驅逐潛藏各地圖謀不軌卻裝作可憐的細作、並團結抵制那些因為名利、恐懼、執念和偽善而戀慕威權的國賊。反中脫華既是上天因應時勢賦予

---

1 Barfield, Thomas J. (2001), "The Shadow Empires: Imperial State Formation along the Chinese-Nomad Frontier," Susan E. Alcick, Terence N. D'Altroy, Kathleen D. Morrison and Carla M. Sinopoli (eds.), *Empires: Perspectives from Archaeology and History*(Cambridge: Cambridge University Press), pp. 33-39.

2 《舊約聖經》和合本修訂版，〈詩篇〉85：10—11。

3 《舊約聖經》和合本修訂版，〈詩篇〉1：1—2。

臺灣和香港的責任，這兩個國家亦有責任放下彼此的矛盾，一起追逐自由平等、獨立自尊的理想。臺灣和香港應當基於反中脫華的大原則，為擺脫東亞大陸政治意識形態的惡劣影響彼此相助，成為友愛互助、攜手並進的主體。如此東亞沿海世界方能夠以臺灣和香港榜樣，在自由與奴役的終極鬥爭中團結一致，使中國帝國主義無法越過第一島鏈為禍人間。唯有讓自由戰勝強權、並以自由民主促成東亞大陸的「去中國化」，方能讓臺灣、香港、東亞和世界達致免於恐懼的和平。

在二〇一九年六月，香港的反送中抗爭在「Sing Hallelujah to the Lord」的歌聲中掀開序幕，猶如上帝呼召香港人踏上反中脫華的朝聖之路。此後香港在中國極權主義之下遭受的劫難，就像是為上帝的召命背負沉重的十字架：「若有人要跟從我，就當捨己，天天背起自己的十字架來跟從我。因為凡要救自己生命的，必喪失生命；凡為我喪失生命的，他必救自己的生命。[4]」筆者在二〇一四年旁觀臺灣的太陽花學運、到二〇二四年又以臺灣國民的身分親歷青鳥運動、以及臺灣民眾於翌年抵擋中國干預國會運作的大罷免運動，心中湧起的也是同樣的感動。臺灣和香港這兩個國家的命運，早就因為「反中脫華」這四個字而難分彼此。願上帝與我們同在。縱使臺灣和香港有各樣的瑕疵，本人仍確信上帝已經與這兩個國家同在，藉此對屈枉正直的威權帝國施行審判。讓我們立志行公義、施憐憫，為超越價值的實踐結伙作工。

二〇二五年三月二十三日

近畿家中

4《新約聖經》和合本修訂版，〈路加福音〉9·23—24。

左岸歷史 392

醬缸裏的欺負鏈

東亞大陸帝國意識形態的起源【上古到近世】

Imperialist Ideologies in Continental East Asia: From Ancient to Early Modern Period

作　　者　徐承恩
總 編 輯　黃秀如
編　　輯　蔡竣宇
編輯協力　王湘瑋
封面設計　黃暐鵬
內文排版　張瑜卿

出　　版　左岸文化／左岸文化事業有限公司
發　　行　遠足文化事業股份有限公司（讀書共和國出版集團）
地　　址　231新北市新店區民權路108-3號8樓
電　　話　02-2218-1417
傳　　真　02-2218-8057
客服專線　0800-221-029
電子郵件　rivegauche2002@gmail.com
左岸臉書　facebook.com/Rive Gauche Publishing House
法律顧問　華洋法律事務所　蘇文生律師

印　　刷　呈靖彩藝有限公司
初版一刷　2025年4月
定　　價　680元
I S B N　978-626-7462-50-8（平裝）
978-626-7462-49-2（EPUB）
978-626-7462-48-5（PDF）

醬缸裏的欺負鏈：東亞大陸帝國意識形態的起源【上古到近世】
Imperialist Ideologies in Continental East Asia: From Ancient to Early Modern Period／徐承恩著
-- 初版 -- 新北市：左岸文化出版：2025.4
-- 面；公分 --（左岸歷史；392）
ISBN 978-626-7462-50-8（平裝）
1.CST: 中國大陸研究　2.CST: 帝國主義　3.CST: 政治發展　4.CST: 國際關係
574.1　114003469

注釋

緣起　平等政治的東亞困境

1　編按：Legitimacy，又譯合法性或正當性，指個人、群體或制度的權威或行動被社會成員視為正當、合理並值得服從。認受性之譯名強調其「認可」、「接受」之涵義。

2　Varieties of Democracy Institute (2024), *Democracy Report 2024: Democracy Winning and Losing in the Ballot,* p. 14.

3　Fitzgerald, John (2022), *Cadre Country: How China became the Chinese Communist Party*(Sydney: University of New South Wales Press), pp. 34-36, 54-55, 72-76, 234-237.

4　Ilaria Mazzocco, "How Inequality Is Undermining China's Prosperity", Center for Strategic and International Studies, 26th May 2022 (https://www.csis.org/analysis/how-inequality-undermining-chinas-prosperity).

5　Patterson, Zachary (2017), "Political, Social and Economic Inequality in North Korea", *North Korean Review*, 12(1):63-84.

6　Bowen, Roger W. (1980), *Rebellion and Democracy in Meiji Japan: A Study of Commoners in the Popular Rights Movement*(Berkeley: University of California Press)；牧原憲夫著、臧志軍譯（2016），《日本近現代史卷二：民權與憲法》（香港：中和出版），頁23至94。

7　Dower, John W. (1999), *Embracing Defeat: Japan in the Wake of World War II*(New York: W. W. Norton & Co).

8　安藤丈將著、林彥瑜譯（2018），《新左運動與公民社會：日本六〇年代的思想之路》（新北：左岸文化），頁316至322。

9　臺灣在日治時期亦有相類的規定，故此臺語有「拘留二九工」一語。

10　"Japan: 'Hostage Justice' System Violates Rights: Criminal Suspects Denied Due Process, Fair Trials", Human Rights Watch Website, 25th May 2023, 3:00pm EDT (https://www.hrw.org/news/2023/05/25/japan-hostage-justice-system-violates-rights).

11　Ken Sakakibara, "Gender equality in Japan ranked last of developed nations again", *The Asahi Shimbun* English Website, 6th March 2024, 5:01pm JST (https://www.asahi.com/ajw/articles/15189573); "Japan Rises Slightly in 2024 Gender Gap Ranking", nippon.com, 21st June 2024(https://www.nippon.com/en/japan-data/h02024/).

12　Cumings, Bruce (2005), *Korea's Place in the Sun: A Modern History*(New York: W. W. Norton & Co), pp. 311-318, 326-331.

13　Jasmyn J. Tang, "South Korea's Hurdles with Gender Equality", Human Rights Research Center, 27th February 2004(https://www.humanrightsresearch.org/post/south-korea-s-hurdles-with-gender-equality).

14　〈82年生金智英爭議背後 韓國女權抬頭仇女風更盛〉，中央通訊社，2019年9月29日，臺北時間下午3:27（https://www.cna.com.tw/news/amov/201909290104.aspx）；趙書賢，〈6B4T？極端厭男？：韓國激進女權的進擊與政界的性別之戰〉，《端傳媒》，2021年5月11日（https://theiniti

um.com/opinion/20210511-opinion-korean-radical-feminism）；Timothy S. Rich, Serena White and Josie Coyle, "How Do South Koreans View Gender Discrimination?", *The Diplomat*, 27th October 2023(https://thediplomat.com/2023/10/how-do-south-koreans-view-gender-discrimination/).

15 董思齊，〈共同民主黨為何失去政權？韓國政權輪替的原因與對台灣的啟示〉，《報導者》，2022年3月10日（https://www.twreporter.org/a/opinion-south-korea-president-election-2022）。

16 柏楊（2008），《醜陋的中國人：2008紀念版》（臺北：遠流文化），頁58。

17 例：Alain Peyrefitte (1989), *The Immobile Empire*(New York: Knopf).

18 內藤湖南（2016），〈概括性的唐宋時代觀〉，《東洋文化史研究》（上海：復旦大學出版社），頁111。

19 宮崎市定（1980），《中國史》（臺北：華世出版社），頁34，63-83。

20 陳弱水（2016），〈中晚唐文人與經學〉，《唐代文士與中國思想的轉型（增訂本）》（臺北：國立臺灣大學出版中心），頁438至448；宮崎市定著，張學鋒、陸帥、張紫毫譯（2018），《東洋的近世：中國的文藝復興》（北京：中信出版社），頁92至107。

21 Hartmann, Charles (2023), *Structures of Governance in Song Dynasty China, 960-1279 CE*(Cambridge: Cambridge University Press), pp. 152-3.

22 斯波義信著，莊景輝譯（1997），《宋代商業史研究》（臺北：稻禾出版社）。

23 梁庚堯（2014），《南宋鹽榷：食鹽產銷與政府控制（重訂版）》（臺北：國立臺灣大學出版中心）。

24 Lo, Jung-pang (2012), *China as a Sea Power, 1127-1368*(Hong Kong: Hong Kong University Press), pp. 190-197.

25 Segal, Ethan Isaac (2011), *Coins, Trade and the State: Economic Growth in Early Medieval Japan*(Cambridge, MA: Harvard University Asia Center).

26 Smith, Thomas C. (1988), *Native Sources of Japanese Industrialization, 1750-1920*(Berkeley: University of California Press); Vries, Peer (2020), *Averting a Great Divergence: State and Economy in Japan, 1868-1937*(London: Bloomsbury Academic).

27 Elman, Benjamin A. (2005), *On Their Own Terms: Science in China, 1550-1900*(Cambridge, MA: Harvard University Press).

第一章　忠孝一體的帝國神學

1 Lukes, Steven (2004), *Power: A Radical View*(London: Palgrave Macmillan).

2 Durkheim, Emile (1995), *The Elementary Forms of Religious Life*, trans. Karen F. Fields(New York: Free Press), p. 208.

3 *Elementary Forms of Religious Life*, pp. 324-330.

4 *Elementary Forms of Religious Life*, pp. 330-338.

5 *Elementary Forms of Religious Life*, pp. 335-374.

6 *Elementary Forms of Religious Life*, p. 348.

7 Bellah, Robert N. (2011), *Religion in Human Evolution: From the Paleolithic to the Axial Age*(Cambridge, MA: Belknap Press), pp. 66-83.

8 Boehm, Christopher (1999), *Hierarchy in the Forest: The Evolution of Egalitarian Behavior*(Cambridge, MA: Harvard University Press); *Religion in Human Evolution*, pp. 175-177.

9 Bae, Christopher J., Katerina Douka and Michael D. Petraglia (2017), "On the Origin of Modern Humans: Asian Perspectives", *Science*, 358(6368):eaai9067.

10 Wolf, Aaron B., & Akey, Joshua M. (2018), "Outstanding questions in the study of archaic hominin admixture", *PLoS genetics*, 14(5), e1007349.

11 *Religion in Human Evolution*, pp. 92-94, 120-138.

12 Mike Walker et al. (2008), "Formal Definition and Dating of the GSSP (Global Stratotype Section And Point) for the base of the Holocene using the Greenland NGRIP ice core, and selected auxiliary records", *Journal of Quaternary Science*, 24:3-17.

13 人類學家詹姆斯・斯科特（James C. Scott）認為穀物的馴化，就是人類社會壓制的根源。參：Scott, James C. (2017), *Against the Grain: A Deep History of the Earliest States*(New Haven: Yale University Press).

14 *Religion in Human Evolution*, pp. 178-182.

15 Barke, Graeme (2009), "Early Farming and Domestication", in B. Cunliffe, C. Gosden and R. Joyce (eds.), *The Oxford Handboook. Of Archaeology*(Oxford: Oxford University Press), pp. 455-483.

16 Schmandt-Besserat, Denise (1996), *How Writing Came About*(Austin: University of Texus Press), pp. 29-37, 93-99.

17 *Religion in Human Evolution*, pp. 202-3, 216-7, 241.

18 杜正勝（1979），《周代城邦》（新北：聯經出版），頁29至45、110至121。

19 宮本一夫著，吳菲譯（2014），《從神話到歷史：神話時代—夏王朝》（桂林：廣西師範大學出版社），頁332至341。

20 《從神話到歷史》，頁341至342。

21 《從神話到歷史》，頁323。

22 黃銘崇（2008），〈晚商王朝的政治地景〉，黃銘崇編，《中國史新論：古代文明的形成分冊》（新北：聯經出版），頁200至214；黃銘崇（2011），〈晚商政體形態的研究：空間模型的考察〉，《新史學》，第二十二期，第三冊，頁182至189。

23 黃銘崇，〈「殷周革命」新論：邁向「人文的」國家〉，《中國史新論：古代文明的形成分冊》，頁309至317。

24 〈「殷周革命」新論〉，頁343至344。

25 李宗焜（2014），〈從商周人牲人殉論「始作俑者」的義涵〉，《臺大中文學報》，第45期，頁5至18。

26 〈「殷周革命」新論〉，頁344至357。

27 《周代城邦》，頁22至29。

28 平勢隆郎著，周潔譯（2014），《從城市國家到中華：殷周、春秋戰國》（桂林：廣西師範大學出版社），頁88至94。

29 杜正勝（1990），《編戶齊民：傳統政治社會結構之形成》（新北：聯經出版），頁43至48。

30 《編戶齊民》，頁459至466。

31 《編戶齊民》，頁317至371；蔡宜靜（2005），〈秦漢戶政制度研究〉，國立臺灣師範大學博士論文，頁38至47。

32 蕭公權（2022），《中國政治思想史（上）》第三版（新北：聯經出版），頁189至194。

33 白奚（1998），《稷下學研究：中國古代的思想自由與百家爭鳴》（北京：三聯書店），頁216至221；陳秀娃（2005），〈稷下《管子》四篇與荀子心論之對比〉，國立政治大學碩士論文；佐藤將之（2016），《參於天地之治：荀子禮治政治思想的起源與構造》（臺北：國立臺灣大學出版中心），頁81至92。

34 《編戶齊民》，頁373至413。

35 Weber, Max (1993), *The Sociology of Religion* , trans. Ephraim Fischoff(Boston: Beacon Press), pp. 46-49, 58-59.

36 Joas, Hans (2012), "The Axial Age Debate as Religious Discourse", in Robert Bellah and Hans Joas (eds.), *The Axial Age and its Consequences*(Cambridge, MA: Belknap Press), pp. 17-21.

37 筆者並不偏好採用軸心突破這個名詞。因為隨著先知信仰成為主流並得以體系化（Institutionalization），新興的宗教階層就會透過教義和神學肯定掌權者的地位，從而喪失早期的批判性格。而在之後的世代，則有機會出現提倡回復超越真理的新先知，把這個曾經批判的宗教當成批判的對象。也就是說，超越真理這個意識的出現，帶來的並不是一蹴而就的革命，甚至有可能只是船過水無痕、鳥飛不留影的單一事件。其引發的後續效應，亦會是不斷反覆循環的辯證（Dialectic）過程。除此以外，對超越真理的認知，也不是在特定時期、於歐亞大陸獨有的現象。參：Harvey Whitehouse et al. (2019), "Was there ever an Axial Age?", Daniel Hoyer and Jenny Reddis (eds.), *Seshat History of the Axial Age*(Chaplin, CT: Beresta Books), pp. 395-407.

38 《舊約聖經》和合本修訂版，〈創世紀〉11:1-9。

39 Alter, Robert (2018), "Genesis: Chapter 11", *The Hebrew Bible: A Translation with Commentary*(New York, NY: W.W. Norton).

40 《舊約聖經》和合本修訂版，〈耶利米書〉7:3, 5-7, 13, 15。

41 Halbertal, Moshe and Stephen Holmes (2017), *The Beginning of Politics: Power in the Biblical Book of Samuel*(Princeton: Princeton University Press).

42 Weinfeld, Moshe (1986), "The Protest against Imperialism in Ancient Israelite Prophecy", S.N. Eisenstaedt (ed.), *The Origins and Diversity of Axial Age Civilizations*(Albany: State University of New York Press), pp. 169-182.

43 *Religion in Human Evolution*, pp. 316-323.

44 這包括《舊約聖經》當中的〈申命記〉、〈約書亞記〉、〈士師記〉、〈撒母耳記〉和〈列王記〉。參：North, Martin (1981), "The Deuteronomistic History", *Journal for the study of the Old Testament*, Supplement series Vol. 15.

45 MacCulloch, Diarmaid (2011), *Christianity: The First Three Thousand Years*(London: Penguin Books), pp. 19-76.

46 *Christianity: The First Three Thousand Years*, pp. 155-165.

47 Bauckham, Richard (1993), *The Theology of the Book of Revealation*(Cambridge: Cambridge University Press).

48 Raaflaub, Kurt A. (2005), "Polis, 'The Political', and Political Thought: New Departures in Ancient Greece, c.800-500 CE", Johann P. Arnason, S.N. Eisenstadt and Björn Wittrock (eds.), *Axial Civilizations and World History*(Leiden: Brill), p. 267.

49 亞里士多德把運作良好的民主政治稱為 Polity，把敗壞的民主政治稱為Democracy，與近代的

用法有所不同。

50 敗壞的貴族政治（Aristocracy），被叫做寡頭政治（Oligarchy）。

51 敗壞的王權政治（Monarchy），被稱為僭主政治（Tyranny）。

52 *Religion in Human Evolution*, pp. 347-396.

53 Kulke, Hermann (1986), "The Historical Background of India's Axial Age", *The Origins and Diversity of Axial Age Civilizations*, pp. 374-392.

54 *Religion in Human Evolution*, pp. 521-525.

55 *Religion in Human Evolution*, pp. 527-543.

56 Eisenstadt, S.N. (1986), "The Axial Age Breakthrough: Their Characteristics and Origins", *The Origins and Diversity of Axial Age Civilizations*. pp. 1-15.

57 "Was There even an Axial Age?", pp. 403-404.

58 "Was There even an Axial Age?", pp. 406-407.

59 《中國政治思想史（上）》，頁59至77。

60 《中國政治思想史（上）》，頁144至147。

61 《老子》，第三十章。

62 《老子》，第七十四章。

63 Liddell Hart, B.H. (1991), *Strategy : Second Revised Edition*(New York: Meridian), p. 5.

64 《老子》，第七十八章。

65 《老子》，第六十章。

66 《老子》，第十八章。

67 《老子》，第六十五章。

68 《老子》，第六十五章。

69 《老子》，第三章。

70 余英時（2014），〈反智論與中國政治傳統：論儒、道、法三家政治思想的分野與匯流〉，《歷史與思想》第二版（新北：聯經出版），頁10至13。

71 《莊子．內篇．齊物論》

72 《中國政治思想史（上）》，頁147至163。

73 《中國政治思想史（上）》，頁115至141。

74 《稷下學研究》，頁92至153。

75 《稷下學研究》，頁160至184。

76 《孟子．公孫丑上》：「惻隱之心，仁之端也；羞惡之心，義之端也；辭讓之心，禮之端也；是非之心，智之端也。」

77 《孟子．盡心下》：「口之於味也，目之於色也，耳之於聲也，鼻之於臭也，四肢之於安佚也，性也，有命焉，君子不謂性也。仁之於父子也，義之於君臣也，禮之於賓主也，智之於賢者也，聖人之於天道也，命也，有性焉，君子不謂命也。」

78 《孟子．盡心下》。

79 《孟子．盡心下》。

80 《孟子．梁惠王上》。

81 《中國政治思想史（上）》，頁87至100。

157《老子》。
158《莊子・雜篇・盜跖》。
159《莊子・雜篇・漁父》。
160《稱》。
161《經法・道法》。
162《經法・六分》。
163《淮南子・泰族》。
164《淮南子・齊俗》。
165 陳麗桂（2020），《秦漢時期的黃老思想》（臺北：五南圖書），頁87。
166《秦漢時期的黃老思想》，頁125至128。
167《淮南子・泰族》。
168《史記・劉敬叔孫通列傳》。
169《始皇帝的遺產》，頁154。
170 林聰舜（2011），〈漢代儒學的一個側面：思想、統治與權力運作〉，《清華中文學報》，第六期，頁7至10。
171《中國政治思想史（上）》，頁237。
172〈漢代儒學的一個側面〉，頁11至13。
173《始皇帝的遺產》，頁241至265。
174 余英時（2007），〈試說科學在中國史上的功能和意義〉，《知識人與中國文化的價值》（臺北：時報出版），頁230至231。
175《漢書・董仲舒傳》。
176《漢書・董仲舒傳》。
177《漢書・董仲舒傳》。
178《漢書・董仲舒傳》。
179《漢書・董仲舒傳》。
180《漢書・董仲舒傳》。
181《漢書・董仲舒傳》。
182 深川真樹（2018），《影響中國命運的答卷：董仲舒〈賢良對策〉與儒學的興盛》（臺北：萬卷樓圖書），頁178。
183〈漢代儒學的一個側面〉，頁16至17。
184〈反智論與中國政治傳統〉，頁36。
185《春秋繁露・順命》。
186《春秋繁露・陽尊陰卑》。
187《春秋繁露・基義》。
188《影響中國命運的答卷》，頁179至180。
189《始皇帝的遺產》，頁334至337。
190 梁庚堯（2014），《中國社會史》（臺北：國立臺灣大學出版中心），頁69。
191《始皇帝的遺產》，頁340至346。
192《始皇帝的遺產》，頁371至372。

193《始皇帝的遺產》，頁383至385。
194《白虎通》卷七，〈三綱六紀〉。

第二章　新興思想的挑戰與屈從

1 《中國社會史》，頁40至44。
2 《始皇帝的遺產》，頁450至453。
3 谷川道雄著，馬彪譯（2002），〈中國中世社會論序說〉，《中國中世社會與共同體》（北京：中華書局），頁81至82。
4 余英時（1980），〈東漢政權之建立與士族大姓之關係〉，《中國知識階層史論・古代篇》（新北：聯經出版），頁118至169。
5 〈試說科舉在中國史上的功能和意義〉，頁234至235。
6 〈漢代儒學的一個側面〉，頁19至20。
7 金文京著，何曉毅、梁蕾譯（2014），《三國志的世界：後漢、三國時代》（桂林：廣西師範大學出版社），頁24至28。
8 《始皇帝的遺產》，頁436至439；《後漢書》卷二十三，〈竇融列傳・曾孫憲〉；《後漢書》卷七十八，〈宦者列傳・鄭眾〉。
9 余英時（1980），〈漢晉之際士之新自覺與新思潮〉，《中國知識階層史論・古代篇》，頁206。
10 〈漢晉之際士之新自覺與新風潮〉，頁206。
11 《兩漢黃老思想研究》，頁337至342；《秦漢時期的黃老思想》，頁217至251。
12 《三國志的世界》，頁36至38。
13 《始皇帝的遺產》，頁355至356。
14 《後漢書》卷七十五，〈劉焉袁術呂布列傳・劉焉〉。
15 嚴耕望（2006），《中國地方行政制度史（甲部）：秦漢地方行政制度》（臺北：中央研究院歷史語言研究所），頁67至72。
16 《三國志的世界》，頁52至66。
17 《三國志的世界》，頁82至86。
18 《三國志的世界》，頁108至110。
19 《三國志的世界》，頁119至122。
20 呂春盛（2005），〈三國時代的山越與六朝的族群現象〉，《國立臺灣師範大學歷史學報》，第三十三期，頁1至26。
21 《三國志的世界》，頁189至191。
22 《三國志的世界》，頁131至132。
23 《三國志的世界》，頁140至143。
24 《三國志的世界》，頁138至139。
25 《三國志的世界》，頁203至209。
26 郭熹微（1997），〈論魏晉禪代〉，《新史學》，第八卷第四期，頁35至78。
27 《三國志的世界》，頁219至223。
28 《三國志的世界》，頁224至225。
29 《三國志的世界》，頁231至235。

30 《三國志的世界》，頁175至185。
31 〈漢晉之際士之新自覺與新思潮〉，頁254至262。
32 余英時（1980），〈名教危機與魏晉風的演變〉，《中國知識階層史論：古代篇》，頁338。
33 《後漢書》卷七十，〈鄭孔荀列傳・孔融〉。
34 〈漢晉之際士之新自覺與新思潮〉，頁246至249。
35 《阮籍集》卷四，〈大人先生傳〉。
36 《阮籍集》卷三，〈達莊論〉。
37 《嵇中散集》卷七，〈難自然好學論〉。
38 《嵇中散集》卷四，〈答向子期《難養生論》〉。
39 陳弱水（2021），〈漢晉之際的名士思潮與玄學突破〉，《中國歷史與文化的新探索》（新北：聯經出版），頁252至253。
40 〈漢晉之際的名士思潮與玄學突破〉，頁266。
41 郭象，《莊子集釋》，〈外篇駢拇第八〉注疏。
42 郭象，《莊子集釋》，〈內篇人間世第四〉注疏。
43 王弼，《論語釋疑・泰伯》。
44 王弼，《老子道德經注》，〈老子《道德經》上篇・二十章〉。
45 王弼，《論語釋疑・學而》。
46 陳弱水（2021），〈王弼政治觀的一個解釋〉，《中國歷史與文化的新探索》，頁336至344。
47 根據隨後的討論，「無」的意思應該比較貼近 Invisible，而不是 Nothingness。
48 〈漢晉之際的名士思潮與玄學突破〉，頁221。
49 王弼，《老子微旨例略》。
50 王弼，《老子道德經注》，〈老子《道德經》下篇・三十八章〉。
51 〈漢晉之際的名士思潮與玄學突破〉，頁314至315。
52 陳弱水（2016），〈中古傳統的變異與裂解：論中唐思想變化的兩條線索〉，《唐代文士與中國思想的轉型》（臺北：國立臺灣大學出版中心），頁72至74。
53 〈名教危機與魏晉風的演變〉，頁359至372。
54 陳弱水（2016），〈墓誌中所見唐代前期思想〉，《唐代文士與中國思想的轉型》，頁113至123。
55 《中國社會史》，頁93。
56 谷川道雄著，馬彪譯（2002），〈中國中世社會論序說〉，《中國中世社會與共同體》（上海：上海古籍出版社），頁88。
57 谷川道雄（2002），〈六朝名望家統治的構想〉，《中國中世社會與共同體》，頁270、277至278。
58 宮崎市定著、韓昇、劉建英譯（2008），《九品官人法研究：科舉前史》（北京：中華書局），頁60至66。
59 《九品官人法研究》，頁72。
60 川合安著、柴棟譯（2022），《南朝貴族制研究》（上海：復旦大學出版社），頁45、226至227。
61 《九品官人法研究》，頁102至105。
62 谷川道雄（2002），〈士大夫倫理與共同體及其國家〉，《中國中世社會與共同體》，頁202。
63 川本芳昭著，余曉潮譯（2014），《中華的崩潰與擴大：魏晉南北朝》（桂林：廣西師範大學出版社），頁51至52。

64 《三國志的世界》，頁186至187。
65 《晉書・列傳第二十六・江統》。
66 《中華的崩潰與擴大》，頁53至63、83至85。
67 匈奴的劉曜、羯族的石勒、鮮卑的慕容皝和羌人姚萇的霸權，都未有真正統一黃河流域。苻堅雖然成功統一了黃河流域，可是統一的狀態卻只維持了七年。
68 《九品官人法研究》，頁22。
69 Chittick, Andrew (2020), *The Jiankang Empire in Chinese and World History*(New York: Oxford University Press), pp. 51-56.
70 〈中國中世社會論序說〉，頁86至88。
71 《中華的崩潰與擴大》，頁109至111。
72 《中華的崩潰與擴大》，頁112至114。
73 《中華的崩潰與擴大》，頁173至181。
74 陳弱水（2021），〈早期中國東南原住人群：以山越和姓氏為例的探討〉，《中國歷史與文化的新探索》，頁44至64。
75 *The Jiankang Empire in Chinese and World History*, pp. 167-175.
76 *The Jiankang Empire in Chinese and World History*, pp. 164-167.
77 《九品官人法研究》，頁14至21。
78 陳寅恪（2001），〈唐代政治史述論稿〉，《陳寅恪集：隋唐制度淵源略論稿、唐代政治史述論稿》（北京：三聯書店），頁198至200。
79 陳弱水（2021），〈中國中古佛教與國家關係的若干考察：從歷史看「宗教」的中國處境〉，《中國歷史與文化的新探索》，頁362至363。
80 *Religion in Human Evolution*, pp. 531-535.
81 *Religion in Human Evolution*, p. 559.
82 Tyler, Susan (1989), "'Honji Suijaku' Faith", *Japanese Journal of Religious Studies*, 16(2/3):237-238.
83 Zürcher, Erik (2007), *The Buddhist Conquest of China: The Spread and Adaptation of Buddhism in Early Medieval China*(Leiden: Brill), pp. 26-27.
84 *The Buddhist Conquest of China*, pp. 36-38.
85 *The Buddhist Conquest of China*, pp. 31-32, 34.
86 *The Buddhist Conquest of China*, pp. 23-24.
87 *The Buddhist Conquest of China*, p. 47.
88 *The Buddhist Conquest of China*, pp. 71-74.
89 *The Buddhist Conquest of China*, pp. 96-97.
90 *The Buddhist Conquest of China*, pp. 74-75.
91 何延之，〈蘭亭記〉，張彥遠編，《法書要錄》卷三。
92 *The Buddhist Conquest of China*, pp. 101-102.
93 Wright, Arhtur F. (1959), *Buddhism in Chinese History*(Stanford: Stanford University Press), p. 52; *The Buddhist Conquest in China*, pp. 131-132.
94 *Buddhism in Chinese History*, pp. 56-59.
95 采睪晃（2016），〈佛教東傳〉，沖本克已、菅野博史編，辛如意譯，《佛教的東傳與中國化》（臺

北：法鼓文化），頁105至107。
96 *The Buddhist Conquest of China*, pp. 113-114.
97 *The Buddhist Conquest of China*, p. 180.
98 菅野博史（2016），〈東晉、南北朝佛教思想與實踐〉，《佛教的東傳與中國化》，頁136至137。
99 丘山新（2016），〈鳩摩羅什的破戒與譯業〉，《佛教的東傳與中國化》，頁174至178。
100〈東晉、南北朝佛教思想與實踐〉，頁145。
101 *The Buddhist Conquest of China*, pp. 226-229.
102 *The Buddhist Conquest of China*, pp. 219-221.
103 *The Buddhist Conquest of China*, pp. 222-223.
104 小川隆（2016），〈禪宗的形成與開展〉，沖本克己編，釋果鏡譯，《興盛開展的佛教：中國II隋唐》（臺北：法鼓文化），頁294至300。
105 李慶（1994），〈養生和飛升：魏晉時期道家和道教生死觀的一個側面〉，《道家文化研究》，第五輯，頁383至403；劉楚華（1995），〈《維摩經》與東晉士人的生死觀〉，《鵝湖》，第二十卷，第七期，頁24至30；閻續瑞（2003），〈試論魏晉文人生死觀〉，《學海》，2003年第四期，頁153至157。
106 *The Buddhist Conquest of China*, p. 231.
107〈廬山慧遠法師答桓玄書沙門不應敬王者書〉，《弘明集》卷十二。
108〈沙門不敬王者論・出家二〉，《弘明集》卷五。
109〈沙門不敬王者論・求宗不順化三〉，《弘明集》卷五。
110〈廬山慧遠法師答桓玄書沙門不應敬王者書〉，《弘明集》卷十二。
111〈沙門不敬王者論・在家一〉，《弘明集》卷五。
112〈沙門不敬王者論・體極不兼應四〉，《弘明集》卷五。
113 Cioni, Enrico and Vesna Wallance (2019), "South Asia: India", *Seshat History of the Axial Age*, pp. 172-174.
114 *Religion in Human Evolution*, pp. 527-530.
115 *The Buddhist Conquest of China*, pp. 13-14.
116《牟子理惑論》，《弘明集》卷一。
117 廣興（2014），〈《父母恩難報經》與《父母恩重經》的研究〉，《宗教研究》，2014年第二期，頁27。
118《佛說父母恩難報經》，高楠順次郎、渡邊海旭編，《大正新修大藏經・經集部》，第六八四號。
119《佛說孝子經》，《大正新修大藏經・經集部》，第六八七號。
120 張文良（2016），〈《父母恩重經》與孝道的重視〉，《佛教的東傳與中國化》，頁316至318。
121〈《父母恩難報經》與《父母恩重經》的研究〉，頁31。
122〈《父母恩難報經》與《父母恩重經》的研究〉，頁34至38。
123《佛說父母恩重難報經》，《大正新修大藏經・疑似部》，第二八八七號。
124 小林正美著，王皓月譯（2010），《中國的道教》（濟南：齊魯書社），頁50至52。
125 佛教的三寶（Triratna），分別為佛、法（Dharma）和僧（Sangha）。
126《中國的道教》，頁9至12。
127《太上洞玄靈寶授度儀》。

128《中國的道教》，頁56、62至67。
129《中國的道教》，頁89至98。
130《中國的道教》，頁74至76。
131《中國的道教》，頁81。
132《中國的道教》，頁102至104、107至108。
133〈陸先生道門科略〉,《正統道藏・太平部》。此外君主可以祭天、公爵可以祭嵩山、泰山、華山、衡山和恆山這五座山嶽、其他貴族可以祭一般的山川。
134《中國道教史》，頁57至59。
135 關於佛教對超自然世界的描述，可參考美國宗教研究頻道 Religion for Breakfast 的短片：https://youtu.be/vB7VSdQgHoU?si=3wXqRwaEGsC8XUqh
136《中國的道教》，頁122至124。
137《中國的道教》，頁146至154。
138《中國的道教》，頁170至182。
139《中國的道教》，頁184至186。
140《中國的道教》，頁187至192。
141 李似珍（2012）,〈正一道教的宋元中興〉，劉仲宇、古宏忠編,《正一道教研究》第一輯（北京：宗教文化出版社），頁130–147。
142 Eskildsen, Stephen (2006), *The Teachings and Practices of the Early Quanzhen Taoist Masters*(Albany: State University of New York Press), pp. 3-18.
143 Scheidel, Walter著，黃煜文譯（2022）,《大逃離：羅馬帝國滅亡如何開啟現代經濟大分流》（新北：衛城出版），頁83至109。
144 MacMullen, Ramsay (1984), *Christianizing the Roman Empire: A.D. 100-400*(New Haven: Yale University Press), pp. 43-51.
145 Baus, Karl, Hans-Georg Beck, Eugen Ewig and Herman Josef Vogt (1980), *The Imperial Church from Constantine to the Early Middle Ages*, trans. Anslem Biggs(New York: Seabury Press), pp. 67-71, 86-90.
146《新約聖經》和合本修訂版，〈馬太福音〉19:21。
147 Merton, Thomas (1970), *The Wisdom of the Desert: Sayings from the Desert Fathers of the Fourth Century*(New York: New Directions), pp. 3-7; Wortley, John (2019), *An Introduction to the Desert Fathers*(Cambridge: Cambridge University Press), pp. xi-xii.
148 Williams, Stephen and Gerald Friell (1995), *Theodosius: The Empire at Bay*(London: Routledge), pp. 125-138.
149 Browning, Robert (1992), *The Byzantine Empire*(Washington DC: Catholic University of America Press), pp. xiii-xxii.
150 *Theodosius: The Empire at Bay*, pp. 143-149.
151《大逃離》，頁178至179、350。

第三章　中世帝國體系的創建與衰落

1 *The Jiankang Empire in Chinese and World History*, pp. 164-167.

2 部分原始南島族群於五千五百年前，開始從東南沿海遷居臺灣島，並轉型為南島族群（Austronesian）。他們有的成為臺灣原住民、有的則在四千年前開始持續往東南亞群島或南太平洋遷徙。Blench, Roger (2016), "Splitting up Proto-Malayopolynesian: New Models of Dispersal from Taiwan", Bagyo Prasetyo, Tito Surti Nastiti, Truman Simanjuntak(eds.), *Austronesian Diaspora: A New Perspective*(Yogyakarta: Gadjah Mada University Press), pp. 77-104.

3 吳修安（2009），《福建早期發展之研究：沿海與內陸的地域差異》（新北：稻鄉出版社），頁212至222。

4 Churchman, Catherine (2016), *The People Between the Rivers: The Rise and Fall of a Bronze Frum Culture, 200-750 CE*(Lanham, MD: Rowman and Littlefield), pp. 130-137.

5 《南朝貴族制研究》，頁73、141。

6 《南朝貴族制研究》，頁114。

7 *The Jiankang Empire in Chinese and World History*, pp. 160-164.

8 *The Jiankang Empire in Chinese and World History*, pp. 182-194.

9 *The Jiankang Empire in Chinese and World History*, p. 185.

10 《南朝貴族制研究》，頁149至162。

11 李志鴻（2022），〈天下與佛國土：六世紀中國南朝佛教王權與海上絲路〉，《中期中國史研究》，第十四卷，頁179至185。

12 *The Jiankang Empire in Chinese and World History*, pp. 194-198.

13 《中國的道教》，頁103至108。

14 《中華的崩潰與擴大》，頁141至145。

15 《南朝貴族制研究》，頁199至205。

16 〈天下與佛國土：六世紀中國南朝佛教王權與海上絲路〉，頁193至201 。

17 *The Jiankang Empire in Chinese and World History*, pp. 295-323.

18 曾義青（2006），〈中古寺院經濟和佛教慈善事業〉，南京師範大學碩士論文，頁32至50、51至54；另參：全漢昇（1980），〈中古佛教寺院的慈善事業〉，《現代佛教學術叢刊》，第九冊（臺北：大乘文化出版社），頁19至32。

19 《中華的崩潰與擴大》，頁149至151。

20 《梁書》卷三，〈本紀第三：武帝下・太清元年二月〉。

21 《梁書》卷三，〈本紀第三：武帝下・太清元年十一月〉。

22 《南史》卷八十，〈列傳第七十・賊臣・侯景〉。

23 《中華的崩潰與擴大》，頁151至157。

24 《中華的崩潰與擴大》，頁162至168 。

25 《中華的崩潰與擴大》，頁83至85。

26 《晉書》卷一〇一，〈載記第一・劉元海〉；《晉書》卷一〇二，〈載記第二・劉聰〉。

27 《晉書》卷一一三，〈載記第十三・苻堅上〉。

28 《晉書》卷一一七，〈載記第十七・姚興上〉。

29 《世說新語・中卷上・識鑒第七》，《太平御覽・偏霸部四・後趙石勒》。

30 楊海英（2019），《文明的遊牧史觀：一部逆轉的大中國史》（新北：八旗文化），頁23。

31 杉山正明著、黃美蓉譯（2015），《遊牧民的世界史》（新北：廣場出版），頁82。

32 《九品官人法研究》，頁22。
33 《中華的崩潰與擴大》，頁63至68。
34 谷川道雄著、李濟滄譯（2004），《隋唐帝國形成史論》（上海：上海古籍出版社），頁97至98。
35 《中華的崩潰與擴大》，頁86至88。
36 《隋唐帝國形成史論》，頁99；《中國社會史》，頁146。
37 《中華的崩潰與擴大》，頁202至204。
38 《隋唐帝國形成史論》，頁99至100。
39 河野訓（2016），〈三教衝突與融合〉，《佛教的東傳與中國化》，頁189至192。
40 《隋唐帝國形成史論》，頁101。
41 《北史》卷二十一，〈列傳第九・崔宏子浩〉。
42 〈三教衝突與融合〉，頁192至193。
43 Elliot, Mark (2012), "Hushuo: The Northern Other and the Naming of the Han Chinese", in Thomas S. Mullaney, James Patrick Leibold, Stéphane Gros and Eric Armand Vanden Bussche (eds.), *Critical Han Studies: The History, Representation, and Identity of China's Majority*(Berkeley: University of California Press), pp. 174-175, 182-185, 189-190.
44 《隋唐帝國形成史論》，頁102。
45 《中國社會史》，頁146至151。
46 《隋唐帝國形成史論》，頁103至105。
47 《中華的崩潰與擴大》，頁206至208。
48 〈唐代政治史述論稿〉，頁197；《隋唐帝國形成史論》，頁156至157；《中華的崩潰與擴大》，頁237至241。
49 《隋唐帝國形成史論》，頁132至136。
50 《隋唐帝國形成史論》，頁141至145。
51 《隋唐帝國形成史論》，頁152至153。
52 《中華的崩潰與擴大》，頁244。
53 《隋唐帝國形成史論》，頁136至137。
54 《中華的崩潰與擴大》，頁258。
55 《中華的崩潰與擴大》，頁252至253。
56 《中華的崩潰與擴大》，頁254至256。
57 陳寅恪（2001），〈隋唐制度淵源略論稿〉，《陳寅恪集：隋唐制度淵源略論稿、唐代政治史述論稿》，頁141至145。
58 〈唐代政治史述論稿〉，頁198至201。
59 〈唐代政治史述論稿〉，頁193至197。
60 《隋唐帝國形成史論》，頁178至184。
61 〈隋唐制度淵源略論稿〉，頁146至148 。
62 《周書》卷一，〈帝紀第一・文帝上〉。
63 〈隋唐制度淵源略論稿〉，頁151。
64 《廣弘明集》卷八，〈辨惑篇第二之四・周滅佛法集道俗議事〉。
65 《周書》卷五，〈帝紀第五・武帝上・建德二年十二月〉。

66 〈三教衝突與融合〉，頁201至206。
67 《周書》卷五，〈帝紀第五・武帝上・建德三年五月〉。
68 〈三教衝突與融合〉，頁207至209。
69 陳弱水（2021），〈中國中古佛教與國家關係的若干考察〉，《中國歷史與文化的新探索》，頁362至363、366至368。
70 〈中國中古佛教與國家關係的若干考察〉，頁368至374。
71 〈中國中古佛教與國家關係的若干考察〉，頁376至380。
72 氣賀澤保規著、石曉軍譯（2014），《絢爛的世界帝國：隋唐時代》（桂林：廣西師範大學出版社），頁23至26。
73 《絢爛的世界帝國》，頁53至60。
74 《絢爛的世界帝國》，頁60至63。
75 《絢爛的世界帝國》，頁70至74。
76 《絢爛的世界帝國》，頁76至78。
77 〈隋唐制度淵源略論稿〉，頁152至155；《隋唐帝國形成史論》，頁317至320。
78 Elvin, Mark (1973), *The Pattern of Chinese Past*(Stanford: Stanford University Press), pp. 136-137.
79 《絢爛的世界帝國》，頁53至54。
80 全漢昇（1995），《唐宋帝國與運河》（臺北：中央研究院歷史語言研究所），頁17至19、32至35。
81 *The Pattern of Chinese Past*, pp. 139-150.
82 古松崇志著、黃耀進譯（2021），《草原的稱霸》（新北：聯經出版），頁54至55。
83 《草原的稱霸》，頁55至61。
84 《遊牧民的世界史》，頁137至138。
85 《絢爛的世界帝國》，頁28。
86 高明士（2003），〈從律令制的演變看唐宋間的變革〉，《臺大歷史學報》，第三十二期，頁7至15。
87 《絢爛的世界帝國》，頁85。
88 《絢爛的世界帝國》，頁189至170。
89 《絢爛的世界帝國》，頁29至30。
90 《絢爛的世界帝國》，頁171至173。
91 〈唐代政治史述論稿〉，頁260至261。
92 〈唐代政治史述論稿〉，頁202至203。
93 《中國社會史》，頁203至206。
94 〈唐代政治史述論稿〉，頁268至269。
95 《中國社會史》，頁151至156。
96 楊遠（1979），〈唐代的人口〉，《中國文化研究所學報》，第十卷下冊，頁389至394。
97 《絢爛的世界帝國》，頁102至107。
98 《舊唐書》卷一〇六，〈列傳第五十六・李林甫〉。
99 《絢爛的世界帝國》，頁106至107。
100 杉山正明著，烏蘭、烏日娜譯（2014），《疾馳的草原征服者：遼、西夏、金、元》（桂林：廣

西師範大學出版社），頁26至27。
101《絢爛的世界帝國》，頁108至109。
102《疾馳的草原征服者》，頁36至41。
103《疾馳的草原征服者》，頁48至63。
104 張國剛（1987），《唐代藩鎮研究》（長沙：湖南教育出版社），頁83至84。
105《唐代藩鎮研究》，頁88至91。
106〈唐代政治史述論稿〉，頁203。
107《唐代藩鎮研究》，頁100至101。
108《唐代藩鎮研究》，頁94至98。
109《絢爛的世界帝國》，頁200至202。
110《絢爛的世界帝國》，頁138至140。
111《唐代藩鎮研究》，頁144至150。
112《唐代藩鎮研究》，頁157至159。
113〈唐代政治史述論稿〉，頁288。
114《絢爛的世界帝國》，頁140至144。
115〈唐代政治史述論稿〉，頁303至304。
116《唐代藩鎮研究》，頁84、88。
117《唐代藩鎮研究》，頁111至116。
118《唐代藩鎮研究》，頁106。
119 Wang, Gungwu (1963), *The Structure of Power in North China during the Five Dynasties*(Kuala Lumpur: University of Malaya Press), pp. 16-18.
120 *The Structure of Power in North China during the Five Dynasties*, p. 29.
121 *The Structure of Power in North China during the Five Dynasties*, p. 19.
122 *The Structure of Power in North China during the Five Dynasties*, pp. 77-79.
123〈唐代政治史述論稿〉，頁303。
124 *The Structure of Power in North China during the Five Dynasties*, pp. 82-83.
125 *The Structure of Power in North China during the Five Dynasties*, pp. 97-98.
126《疾馳的草原征服者》，頁113至132、153至156。
127 *The Structure of Power in North China during the Five Dynasties*, pp. 108-109.
128 *The Structure of Power in North China during the Five Dynasties*, p. 158.
129 鄧小南（2014），《祖宗之法：北宋前期政治述略（修訂版）》（北京：三聯書店），頁117至121。
130 *The Structure of Power in North China during the Five Dynasties*, p. 156.
131《疾馳的草原征服者》，頁180至184。
132 *The Structure of Power in North China during the Five Dynasties*, p. 157.
133 *The Structure of Power in North China during the Five Dynasties*, p. 175.
134 *The Structure of Power in North China during the Five Dynasties*, p. 163.
135 *The Structure of Power in North China during the Five Dynasties*, pp. 191-197.
136 *The Structure of Power in North China during the Five Dynasties*, pp. 203-206.

137 Clark, Hugh R. (2009), "The Southern Kingdoms between the Tang and the Sung, 907-979", Denis Twitchett and Paul Jakov Smith (eds), *The Cambridge History of China*, Volume 5, Part 1(Cambridge: Cambridge University Press), p. 201.

138 Lau, Nap-Yin and Kuan-chung Huang (2009), "Founding and Consolidation of the Sung Dynasty under Tai-tsu (960-976), Tai-tsung (976-997), and Chen-tsung (997-1022)", *The Cambridge History of China*, Volume 5, Part 1, pp. 224-228, 248.

第四章　近世轉型的陣痛與挫折

1 《中國社會史》，頁207至215。

2 《祖宗之法》，頁177至185。

3 〈從律令制的演變看唐宋間的變革〉，頁17至18。

4 余英時（2003），《朱熹的歷史世界：宋代士大夫政治文化的研究（上冊）》（臺北：允晨文化），頁277至283。

5 Weber, Max (2019), *Economy and Society: A New Translation*, trans. Keith Tribe(Cambridge, MA: Harvard University Press), pp. 347-348.

6 宮崎市定著，邱添生譯（1980），《中國史》（臺北：華世出版社），頁34，63至83。

7 宮崎市定認為伊斯蘭黃金時期（Islamic Golden Age）的西亞，比東亞更早踏入近世，而歐洲踏入近世的時間則比東亞遲四個世紀。參：宮崎市定著，張學鋒、陸帥、張紫毫譯（2018），《東洋的近世：中國的文藝復興》（北京：中信出版社），頁7，17至19。

8 內藤湖南著，林曉光譯（2016），〈概括性的唐宋時代觀〉，《東洋文化史研究》（上海：復旦大學出版社），頁111。

9 《唐宋帝國的運河》，頁11至12。

10 斯波義信著，方健、何忠禮譯（2012），《宋代江南經濟史研究》（南京：江蘇人民出版社），頁195。

11 《宋代江南經濟史研究》，頁638。

12 *The Pattern of Chinese Past*, pp. 124-125.

13 參筆者過往的討論：徐承恩（2019），《香港，鬱躁的家邦：本土觀點的香港源流史》（新北：左岸文化），頁72至75。

14 *The Pattern of Chinese Past*, pp. 118-124.

15 《絢爛的世界帝國》，頁236至244。

16 《絢爛的世界帝國》，頁248至250；*The Pattern of Chinese Past*, p. 165.

17 Twitchett, Denis (1966), "The T'ang Market System", *Asia Major*, 12(2):218-222.

18 《絢爛的世界帝國》，頁255至257。

19 "The T'ang Market System", pp. 231-233.

20 *The Pattern of Chinese Past*, pp. 136-138.

21 斯波義信著，莊景輝譯（1997），《宋代商業史研究》（新北：稻禾出版社），頁148至169。

22 《宋代商業史研究》，頁152至153。

23 《宋代商業史研究》，頁184至226。

24 《宋代商業史研究》，頁226至279。

25 *The Pattern of Chinese Past*, p. 149.

26 *The Pattern of Chinese Past*, p. 153.

27 Segal, Ethan Isaac (2011), *Coins, Trade, and the State: Economic Growth in Early Medieval Japan*(-Cambridge, MA: Harvard University Asia Center).

28 *The Pattern of Chinese Past*, pp. 154-159；高橋弘臣著，林松澤譯（2010），《宋金元貨幣史研究：元朝貨幣政策之形成過程》（上海：上海古籍出版社），頁21至43。

29 戴裔煊（1982），《宋代鈔鹽制度研究》（臺北：華世出版社）；劉春燕（2012），〈宋代的「交引」與「茶引」〉，《中國經濟史研究》，2012年第一期，頁149至153；梁庚堯（2014），《南宋鹽榷：食鹽產銷與政府控制（重訂版）》（臺北：國立臺灣大學出版中心）；《中國社會史》，頁221至230。

30 《宋代商業史研究》，頁315至320。

31 《宋代商業史研究》，頁320。

32 《宋代商業史研究》，頁395至396。

33 《宋代商業史研究》，頁456至458。

34 《宋代商業史研究》，頁453至454。

35 《宋代商業史研究》，頁439至447。

36 《宋代商業史研究》，頁450。

37 《宋代商業史研究》，頁96至103。

38 《宋代商業史研究》，頁152。

39 《宋代商業史研究》，頁337。

40 《宋代商業史研究》，頁463。

41 《宋代江南經濟史研究》，頁179、244至245、396、483、584。

42 《中國社會史》，頁288至289。

43 《宋代商業史研究》，頁478至483。

44 世界各國城市人口比例達到20%的時間：
臺灣：1940年代
日本：略早於1900年
英國：1740年代
美國：1860年代
中國：1980年代初
世界整體：1910年代
資料來源："Data Page: Share of the population living in urbanized areas", part of the following publication: Hannah Ritchie, Lucas Rodés-Guirao, Edouard Mathieu, Marcel Gerber, Esteban Ortiz-Ospina, Joe Hasell and Max Roser (2023) , "Population Growth". Data adapted from PBL Netherlands Environmental Assessment Agency. Retrieved from: https://ourworldindata.org/grapher/long-term-urban-population-region

45 《宋代商業史研究》，頁332至336。

46 《宋代商業史研究》，頁492至493。

47 Gillespie, Michael Allen (2008), *The Theological Origins of Modernity*(Chicago: University of Chicago

Press), pp. 14-16, 34-37.
48 余英時（2010），〈中國宗教的入世轉向〉，《中國文化通釋》（香港：牛津大學出版社），頁63。
49 《壇經》敦煌本，三十一節。
50 《壇經》敦煌本，三十六節。
51 《神會語錄》敦煌本，卷三。
52 《景德傳燈錄》卷六，〈江西道一〉。
53 《景德傳燈錄》卷二十八。
54 《大正新修大藏經．諸宗部》，第二〇二五號，〈勅修百丈清規〉卷六，〈普請〉。
55 小川隆（2016），〈禪宗的形成與開展〉，《興盛開展的佛教》，頁304至323。
56 〈中國宗教的入世轉向〉，頁68至72。
57 〈禪宗的形成與開展〉，頁343至348。
58 〈中古傳統的變異與裂解〉，頁97至105。
59 《舊唐書》卷一百六十，〈列傳第一百一十．韓愈〉。
60 《韓愈集》，〈卷十一．雜著一．原道〉。
61 余英時（2008），〈唐宋轉型中的思想突破〉，《人文與理性的中國》（新北：聯經出版），頁65至69。
62 《韓愈集》，〈卷十二．雜著二．師說〉。
63 《禮記．大學》。
64 《孟子．盡心上．第一》。
65 《孟子．盡心上．第四》。
66 《孟子．盡心下．七十》。
67 《韓愈集》，〈卷十一．雜著一．讀荀〉。
68 Chaffee, John W. (1985), *The Thorny Gates of Learning in Sung China: A Social History of Examinations*(Cambridge: Cambridge University Press), pp. 48-51.
69 *The Thorny Gates of Learning*, p. 100.
70 *The Thorny Gates of Learning*, p. 23.
71 *The Thorny Gates of Learning*, p. 30.
72 *The Thorny Gates of Learning*, pp. 104-105.
73 *The Thorny Gates of Learning*, pp. 13-15.
74 Carter, Thomas Francis (1955), *The Invention of Printing in China and Its Spread Westward*(New York: Ronald Press), pp. 56-62.
75 Weber, Max (1958), *From Max Weber: Essays in Sociology*, trans. H.H. Gerth and C. Wright Mills(New York: Oxford University Press), pp. 180-181.
76 《朱熹的歷史世界（上篇）》，頁254至270。
77 《朱熹的歷史世界（上篇）》，頁288至305。
78 Bol, Peter K. (1992), *This Culture of Ours: Intellectual Transitions in Tang and Sung China*(Stanford: Stanford University Press), pp. 123-136.
79 陳弱水（2016），〈中晚唐文人與經學〉，《唐代文士與中國思想的轉型》，頁438至448。
80 《東洋的近世》，頁92至107。

81 張維玲（2022），《從天書時代到古文運動：北宋前期的政治過程》（臺北：國立臺灣大學出版中心），頁24至49。
82 小島毅著，何曉毅譯（2014），《中國思想與宗教的奔流：宋朝》（桂林：廣西師範大學出版社），頁68至71。
83 《從天書時代到古文運動》，頁87至93。
84 《從天書時代到古文運動》，頁131至137。
85 《從天書時代到古文運動》，頁206至250。
86 《朱熹的歷史世界（上篇）》，頁288至312。
87 de Pee, Christian (2022), *Urban Life and Intellectual Crisis in Middle-Period China, 800-1100*(Amsterdam: Amsterdam University Press), pp. 203-205.
88 《徂徠集》卷十五，〈上孫先生書〉。
89 《徂徠集》卷十六，〈與裴員外書〉。
90 《伐檀集》卷上，〈汴河〉。
91 《范文正公集》卷一，〈上都行送張伯玉〉。
92 趙汝愚編，《宋名臣奏議》卷十三，〈上仁宗論用韓琦范仲淹不宜使後有讒間不盡所長〉。
93 《范文正公集》卷七，〈岳陽樓記〉。
94 劉子健著，劉雲軍、李思、王金煥譯（2022），《歐陽修：十一世紀的新儒家》（重慶：重慶出版社），頁101至117。
95 《廬陵文鈔》卷二十一，〈醉翁亭記〉。
96 張邦煒（2021），《宋代皇親與政治：解讀趙宋王朝「家天下」的政治內核》（鄭州：鄭州大學出版社），頁335至349。
97 Hartman, Charles (2023), *Structures of Governance in Song Dynasty China, 960–1279 CE*(Cambridge: Cambridge University Press).
98 *Structures of Governance in Song Dynasty China*, pp. 94-95, 148-150.
99 *The Thorny Gates of Learning*, pp. 20-23.
100 *Structure of Governance in Song Dynasty China*, p. 96.
101 余英時（2014），《論天人之際：中國古代思想起源試探》（新北：聯經出版），頁226至229。
102 張灝（2020），〈超越意識與幽暗意識：儒家內聖外王思想的再認與反省〉，《幽暗意識與民主傳統》（新北：聯經出版），頁82。
103 《從天書時代到古文運動》，頁139至200；Ebrey, Patricia Buckley (2014), *Emperor Huizong*(Cambridge, MA: Harvard University Press), pp. 131-158.
104 《張載文集》，〈文集佚存・答范巽之書〉。
105 《河南程氏經說》卷二，〈堯典〉。
106 《伊川先生文集》卷二，〈表疏・第三〉。
107 《祖宗之法》，頁396。
108 《祖宗之法》，頁383。
109 《祖宗之法》，頁158至177。
110 《祖宗之法》，頁331至332。
111 《祖宗之法》，頁367。

112 *Structures of Governance in Song Dynasty China*, pp. 232-233.
113《續資治通鑒長篇》卷二百二十一，〈熙寧四年三月丁亥〉。
114《資治通鑑》卷一，〈威烈王二十三年〉。
115《祖宗之法》，頁74。
116《祖宗之法》，頁451至456。
117〈超越意識與幽暗意識〉，《幽暗意識與民主傳統》，頁73。
118 張灝（2004），〈扮演上帝：二十世紀中國激進思想中的神化〉，《時代的探索》（新北：聯經出版），頁141至148。
119 "Politics as a Vocation", *From Max Weber: Essays in Sociology*, pp. 77-128.
120 張灝（2004），〈革命的教訓：中華人民共和國成立五十年有感〉，《時代的探索》，頁27至29；〈扮演上帝〉，頁152至159。
121《歐陽修》，頁45至46。
122《歐陽修》，頁51。
123《續資治通鑒長編》卷一百四十三，〈慶曆三年九月丁卯〉；《范文正公集》卷五，〈政府奏議上·治體·答手詔條陳十事〉。
124《宛陵先生集》卷五，〈范饒州坐中客語食河豚魚〉。
125《宛陵先生集》卷六十，〈靈烏賦〉。
126 劉子健（2022），〈梅堯臣《碧雲騢》與慶曆政爭中的士風〉，《兩宋史研究彙編（二版）》（新北：聯經出版），頁109至113。
127《歐陽修》，頁67至70。
128《盧陵文鈔》卷十四，〈朋黨論〉。
129 在上古傳說中，夔、契二人為帝舜之賢臣。
130《徂徠石先生文集》卷一，〈於維慶曆三年三月〉。
131《續資治通鑑長編》卷一百五十三，〈慶曆四年十一月癸亥〉。
132《歐陽修》，頁70至73。
133《續資治通鑑長編》卷一百五十三，〈慶曆四年十一月己巳〉。
134 梁庚堯（2022），《北宋的改革與變法：熙寧變法的源起、流變及其對南宋歷史的影響》（臺北：國立臺灣大學出版中心），頁24。
135《歐陽修》，頁101至103。
136《歐陽修》，107至108。
137《歐陽修》，頁111至112。
138《歐陽修》，頁113至118。
139《續資治通鑑長編拾補》卷四，〈熙寧二年二月庚子〉。
140 Liu, James T.C. (1959), *Reform in Sung China: Wang An Shin (1021-1082) and His New Policies*(Cambridge, MA: Harvard University Press), pp. 26-27.
141《孟子·梁惠王上》。
142《臨川集》卷八十四，〈周禮義序〉。
143 *This Culture of Ours*, p. 217.
144《臨川集》卷六十四，〈周公〉。

145《孟子・離婁下》。
146《臨川集》卷六十七，〈非禮之禮〉。
147《臨川集》卷六十七，〈夫子賢於堯舜〉。
148 *This Culture of Ours*, pp. 227-228.
149《臨川集》卷六十七，〈夫子賢於堯舜〉。
150 Maruyama, Masao (1974), *Studies in the Intellectual History of Tokugawa Japan*(Tokyo: University of Tokyo Press), pp. 218-219.
151《臨川集》卷六十六，〈大人論〉。
152《臨川集》卷六十七，〈王霸〉。
153《朱熹的歷史世界（上篇）》，頁73、406；《朱熹的歷史世界（下篇）》，頁81。
154《邵氏見聞錄》卷十一。
155《臨川集》卷四十一，〈上五事劄子〉。
156《北宋的改革與變法》，頁65至102。
157《宋史紀事本末》卷三十七，〈王安石變法・熙寧三年九月〉。
158 *Reform in Sung China*, p. 57.
159《北宋的改革與變法》，頁127。
160《北宋的改革與變法》，頁133至138。
161《朱熹的歷史世界（上篇）》，頁318至323。
162《朱熹的歷史世界（上篇）》，頁333至334。
163《續資治通鑑長篇》卷二百二十三，〈熙寧四年五月辛卯〉。
164《北宋的改革與變法》，頁107至108。
165《續資治通鑑長編》卷二百二十三，〈熙寧四年四月癸巳〉。
166《宋史紀事本末》卷三十七，〈王安石變法・熙寧三年九月〉。
167《北宋的改革與變法》，頁157至158。
168《續資治通鑑長編》卷二百五十二，〈熙寧七年四月甲申〉。
169《續資治通鑑長編》卷二百五十四，〈熙寧七年六月乙亥〉。
170《北宋的改革與變法》，頁159至160。
171《續資治通鑑長編》卷二百六十，〈熙寧八年二月癸酉〉。
172《續資治通鑑長編》卷二百七十八，〈熙寧九年十月丙午〉。
173《北宋的改革與變法》，頁167至169。
174 朋九萬，《東坡烏台詩案》，〈監察御史裏行何大正札子〉。
175《東坡烏台詩案》，〈監察御史裏行舒亶札子〉。
176《東坡全集》卷三十六，〈靈壁張氏園亭亭記〉。
177《東坡烏台詩案》，〈國子博士李宜之狀〉。
178 李純瑀（2017），〈蘇軾與北宋黨爭〉，國立臺灣師範大學博士論文，頁97。
179《續資治通鑑長篇》卷三百一，〈元豐二年十二月庚申〉。
180《太倉稊米集》卷四十九，〈讀詩讞〉。
181《續資治通鑑長篇》卷三百一，〈元豐二年十二月庚申〉。
182《宋史》卷二百四十二，〈列傳第一・後妃上・慈聖光獻曹皇后〉。

183《續資治通鑑長篇》卷三百一，〈元豐二年十二月庚申〉。
184 *The Culture of Ours*, pp. 233-246.
185《傳家集》卷六十七，〈張巡〉。
186《傳家集》卷二十四，〈上謹習疏〉。
187 *This Culture of Ours*, pp. 214-222.
188《北宋的改革與變法》，頁105至107。
189《宋名臣奏議》卷一百十七，〈上哲宗論新法便民者存之病民者去之〉。
190《續資治通鑑長編》卷三百六十七，〈元祐元年二月丁亥〉。
191《宋史紀事本末》卷四十三，〈元祐元年三月〉。
192《北宋的改革與變法》，頁226至228。
193《東都事略》卷五十九下，〈列傳四十二下〉。
194《北宋的改革與變法》，頁206至207、218至219。
195《宋史》卷三百三十九，〈列傳第九十九・呂大防、兄大忠、弟大鈞、大臨、劉摯、蘇頌〉。
196《北宋的改革與變法》，頁207至209；〈蘇軾與北宋黨爭〉，頁131至138、162。
197 *Urban Life and Intellectual Crisis in Middle-Period China, 800-1100*, pp. 231-233.
198 *Urban Life and Intellectual Crisis in Middle-Period China, 800-1100*, pp. 233-266.

第五章　以地方包圍中央的新正統

1 《續資治通鑑長編》卷五百二十，〈元符三年正月己卯〉。
2 《續資治通鑑》卷八十六，〈哲宗憲元繼道顯德定功欽文睿武齊聖昭孝皇帝元符三年・正月己卯〉。
3 *Emperor Huizong*, pp. 44-47.
4 *Structures of Governance of Song Dynasty China*, pp. 201-211.
5 *Emperor Huizong*, pp. 95-97.
6 *Emperor Huizong*, pp. 107-114.
7 *Emperor Huizong*, pp. 118-119.
8 *Emperor Huizong*, pp. 114-118.
9 *Structures of Governance in Song Dynasty China*, pp. 212-221, 226-228.
10 *Emperor Huizong*, pp. 172-218.
11 *Emperor Huizong*, pp. 259-265.
12 *Emperor Huizong*, pp. 195-200.
13 Guo, Qinghua (1998), "Yingzao Fashi: Twelfth-Century Chinese Building Manual", *Architectural History*, 41(1):6-9.
14 《續資治通鑑》卷九十三，〈徽宗體神合道駿烈遜功聖文仁德憲慈顯孝皇帝宣和三年・三月庚寅〉。
15 *Emperor Huizong*, pp. 268-273.
16 *Emperor Huizong*, pp. 348-371.
17 *The Thorny Gates of Learning*, pp. 77-84.
18 *Emperor Huizong*, pp. 190-194.

19 Goldschmidt, Asaf (2016), "Huizong's Impact on Medicine and Public Health", Patricia Buckley Ebrey and Maggie Bickford (eds.), *Emperor Huizong and Late Northern Song China: The Politics of Culture and The Culture of Politics*(Cambridge, MA: Harvard University Asia Center).
20 *Emperor Huizong*, p. 377.
21 《續資治通鑑長編拾補》卷二十三，〈崇寧三年四月庚戌至崇寧三年四月辛酉〉。
22 《初寮集》卷六，〈定功繼伐碑·大觀二年〉。
23 《宋史》卷二十二，〈宣和元年六月己亥〉；《西夏紀事本末》卷三十，〈二蔡構釁·元符四年四月辛未至元符五年十二月〉。
24 *Emperor Huizong*, pp. 378-379.
25 《疾馳的草原征服者》，頁250至252。
26 *Emperor Huizong*, pp. 399-414.
27 《遼史》卷二十九，〈天祚皇帝三·保大四年五月〉；《金史》卷一百三十三〈叛臣·張覺、子謹言〉。
28 *Emperor Huizong*, pp. 418-419.
29 *Emperor Huizong*, pp. 422-448.
30 *Emperor Huizong*, pp. 450-472
31 《建炎以來繫年要錄》卷五，〈建炎元年五月庚寅〉。
32 寺地遵著，劉靜貞、李今芸譯（1995），《南宋初期政治史研究》（新北市：稻禾出版社），頁53至55。
33 《南宋初期政治史研究》，頁77至80。
34 《南宋初期政治史研究》，頁122至133。
35 《建炎以來繫年要錄》卷一百十一，〈紹興七年六月己酉〉。
36 《宋史紀事本末》卷七十二，〈紹興七年正月丁亥〉。
37 《宋史紀事本末》卷七十二，〈紹興八年八月壬辰〉。
38 《南宋初期政治史研究》，頁221至223。
39 《南宋初期政治史研究》，頁230至239。
40 〈岳飛〉，《兩宋史研究彙編（二版）》，頁198至199。
41 〈岳飛〉，頁195。
42 《南宋初期政治史研究》，頁259至261。
43 《建炎以來繫年要錄》卷一百四十二，〈紹興十一年十一月辛丑〉；《宋史紀事本末》卷七十二，〈紹興十一年十一月辛丑〉。
44 《宋代江南經濟史研究》，頁93。
45 《宋代江南經濟史研究》，頁270至271。
46 *China as a Sea Power*, pp. 190-201.
47 《宋代江南經濟史研究》，頁314至317。
48 《南宋初期政治史研究》，頁358至361。
49 〈秦檜的親友〉，《兩宋史研究彙編（二版）》，頁145、156至162。
50 《南宋初期政治歷史研究》，頁306至313。
51 *Structures of Governance in Song Dynasty China*, pp. 381-383.

52 《朱熹的歷史世界（下篇）》，頁270至304。

53 《朱熹的歷史世界（上篇）》，頁441至466。

54 *Structures of Governance in Song Dynasty China*, pp. 268-275.

55 *Structures of Governance in Song Dynasty China*, pp. 366, 374-376.

56 《宋史紀事本末》卷八十二，〈紹熙五年十月〉。

57 〈包容政治的特點〉，《兩宋史研究彙編（二版）》，頁55至56。

58 《宋史紀事本末》卷八十二，〈慶元元年二月戊寅〉。

59 《宋史紀事本末》卷八十三，〈開禧三年十一月乙亥〉。

60 Liu, James T.C. (1988), *China Turning Inward: Intellectual-political Changes in the Early Twelfth Century*(Princeton: Princeton University Press), p. 18.

61 《朱熹的歷史世界（下篇）》，頁53。

62 *China Turning Inward*, pp. 74-79.

63 《朱熹的歷史世界（下篇）》，頁89。

64 《朱熹的歷史世界（下篇）》，頁94至96；*China Turning Inward*, p. 104.

65 張灝（2004），〈轉型時代中國烏托邦主義的興起〉，《時代的探索》，頁165至166；〈超越意識與幽暗意識〉，《幽暗意識與民主傳統》，頁82、84至86。

66 *China Turning Inward*, p. 104.

67 余英時（2004），〈試說儒家的整體規劃：劉述先先生《回應》讀後〉，《宋明理學與政治文化》（臺北：允晨文化），頁393至394。

68 O'dwyer, Shaun (2019), *Confucianism's Prospects: A Reassessment*(Albany: State University of New York Press), pp. 131-162; *China Turning Inward*, pp. 149-150.

69 《朱熹的歷史世界（上篇）》，頁116至142。

70 新儒學（Neo-Confucianism）所指的是在十一世紀後興起的儒學，而非在二十世紀開始出現的新儒家（New Confucianism）。

71 《周元公集》卷一，〈太極圖說〉。

72 《東洋的近世》，頁100至104。

73 《河南程氏遺書》卷二十二上，〈伊川先生語八上〉。

74 《河南程氏遺書》卷十五，〈伊川先生語一〉。

75 《河南程氏遺書》卷十八，〈伊川先生語四〉。

76 《河南程氏遺書》卷十九，〈伊川先生語五〉。

77 *This Culture of Ours*, pp. 313-327.

78 丸山真男著，區建英譯（2018），〈福澤的「實學」的轉回：福澤諭吉哲學研究緒論〉，《福澤諭吉與日本近代化》（北京：北京師範大學出版社），頁17至18。

79 Tillman, Hoyt Cleveland (1992), *Confucian Discourse and Chu Hsi's Ascendancy*(Honolulu: University of Hawaii Press), pp. 62-63.

80 《晦庵先生朱文公文集》卷七十三，〈胡子知言疑義〉。

81 《禮記．中庸》。

82 *Confucian Discourse and Chu Hsi's Ascendancy*, pp. 66-68.

83 《晦庵先生朱文公文集》卷四十二，〈答胡廣仲第三書〉。

84 《晦庵先生朱文公文集》卷六十七，〈仁說〉。
85 《朱子語類》卷二十，〈論語二・有子曰其為人也孝弟章〉。
86 *Confucian Discourse and Chu Hsi's Ascendancy*, pp. 70-71.
87 《朱子語類》卷二十，〈論語二・有子曰其為人也孝弟章〉。
88 《朱子語類》卷九十八，〈張子之書一〉。
89 《朱子語類》卷九十八，〈張子之書一〉。
90 《朱子語類》卷九十八，〈張子之書一〉。
91 《朱熹的歷史世界（上篇）》，頁210至212。
92 楊治平（2005），〈朱熹的禮教世界〉，國立臺灣大學博士論文，頁128至130。
93 《四書章句集註》論語卷一，〈學而第一〉。
94 《朱子語類》卷二十四，〈論語六・子張問十世可知章〉。
95 〈朱熹的禮教世界〉，頁154。
96 《禮記・昏義》。
97 《儀禮經傳通解》卷二，〈家禮二之下・昏義〉。
98 〈朱熹的禮教世界〉，頁167。
99 《朱子語類》卷九十，〈禮七・祭〉。
100 〈朱熹的禮教世界〉，頁184至185。
101 〈朱熹的禮教世界〉，頁202。
102 〈朱熹的禮教世界〉，頁187至188。
103 《儀禮經傳通解》卷七，〈鄉禮三之下・鄉飲酒義〉。
104 《周禮・地官司徒》。
105 《儀禮經傳通解》卷九，〈學禮一之上・右教民之法〉。
106 《朱子年譜》卷四，〈甲子先生卒〉。
107 *Confucian Discourse and Chu Hsi's Ascendancy*, pp. 166-167.
108 Von Glahn, Richard (1993), "Community and Welfare: Chu Hsi's Community Granary in Theory and Practice", Robert P. Humes and Conrad Schirokauer, *Ordering the World: Approaches to State and Society in Sung Dynasty China*(Berkeley: University of California Press), pp. 221-254.
109 梁庚堯（1981），〈南宋的社會〉，《第一屆歷史與中國社會變遷（中國社會史）研討會（上冊）》（臺北：中央研究院三民主義研究所），頁200至211。
110 *Structures of Governance in Song Dynasty China*, pp. 377-378.
111 〈包容政治的特點〉，頁55至56。
112 《疾馳的草原征服者》，頁266至268。
113 《疾馳的草原征服者》，頁270至272。
114 〈中國宗教的入世轉向〉，頁73至86。
115 鄭素春（1986），〈全真教與大蒙古國帝室之關係〉，國立政治大學碩士論文；蕭啟慶（1994），〈大蒙古國的國子學：兼論蒙漢精英涵化的濫觴與儒道勢力的消長〉，《蒙元史新研》（臺北：允晨文化），頁80至81。
116 〈大蒙古國的國子學〉，頁90至91。
117 *Confucian Discourse and Chu Hsi's Ascendancy*, pp. 231-234.

118 *Structures of Governance in Song Dynasty China*, p. 383.

119《疾馳的草原征服者》，頁275至276。

120 Liu, James T.C. (1995), "The Jurchen-Sung Confrontation: Some Overlooked Points", Hoyt Cleveland Tillman and Stephen H. West (eds.), *China under Jurchen Rule: Essays on Chin Intellectual and Cultural History*.(Albany: State University of New York Press), p. 47.

121 Hoyt Cleveland Tillman著，張曉宇譯（2014），〈郝經對《五經》、《中庸》和道統的反思〉，《中國文哲研究通訊》，第二十四卷，第一期，頁73至94。

122《中國思想與宗教的奔流》，頁337至350；《疾馳的草原征服者》，頁293至297。

123《遊牧民的世界史》，頁294至304。

124 Abu-Lughod, Janet L. (1989), *Before European Hegemony: The World System AD 1250-1350*(Oxford: Oxford University Press), pp. 33-34.

125 May, Timothy (2012). *The Mongol Conquests in World History*(London: Reaktion Books), pp. 164-168.

126 蕭啟慶（1994），〈元代幾個漢軍世家的仕宦與婚姻：元代統治菁英研究之二〉，《蒙元史新研》，頁292。

127 蕭啟慶（2008），《元代的族群文化與科舉》（新北：聯經出版），頁46。

128 涂雲清（2012），《蒙元統治下的士人及其經學發展》（臺北：國立臺灣大學出版中心），頁300。

129 蕭啟慶（1986），〈元代蒙古人的漢學〉，《蒙元史新研》，頁110。

130 *Urban Life and Intellectual Crisis in Middle Period China*, pp. 234-236.

131 王瑞來（2023），《士人走向民間：宋元變革與社會轉型》（桂林：廣西師範大學出版社），頁68至76。

132 "Community and Welfare: Chu Hsi's Community Granary in Theory and Practice", pp. 234-235.

133 *Confucian Discourse and Chu Hsi's Ascendancy*, pp. 254-255.

134 *Confucian Discourse and Chu Hsi's Ascendancy*, p. 233.

135《中國社會史》，頁294至296。

136 Walton, Linda (1993), "Charitable Estates as an Aspect of Statecraft in Southern Sung China", *Ordering the World*, pp. 270-276.

137《鶴山先生大全集》卷四十四，〈毛氏慈惠莊記〉。

138 黃寬重（2023），《居鄉懷國：南宋鄉居士人劉宰的家國理念與實踐》電子版（臺北：三民書局），第四章，第一節。

139 "Charitable Estates as an Aspect of Statecraft in Southern Sung China", pp. 268-269.

140 楊開道（2015），《中國鄉約制度》（北京：商務印書館），頁41至42。

141《中國鄉約制度》，頁30至31。

142《增損呂氏鄉約・德業相勸》。

143《中國鄉約制度》，頁81至94。

144《居鄉懷國：南宋鄉居士人劉宰的家國理念與實踐》電子版，第四章，第二節。

145 Lee, Sukhee (2014), *Negotiated Power: The State, Elites, and Loval Governance in Twelfth-to Fourteenth-Century China*(Cambridge, MA: Harvard University Press), pp. 51-60.

146 Negotiated Power, pp. 185-187.

147 *Negotiated Power*, pp. 116-128.

148《四明它山水利備覽》卷上，〈淘沙〉。

149 熊惠嵐（2010），〈宋代蘇州州學的財務經營與權益維護：兼論州學功能與教授職責的擴增〉，《臺大歷史學報》，第四十五期，頁100至106。

150 柳立言（2009），〈士人家族與地方主義〉，《歷史研究》，2009年6月號，頁10至18。

151 關於「義」文化的討論，參：陳弱水（2020），《公義觀念與中國文化》（新北：聯經出版），頁206至207、246至256；陳弱水（2023），〈「義文化」與香港抗爭的精神〉，《人文與民主的省思》（臺北：允晨文化），頁200至206。

152 Wakeman, Frederic Jr. (1993), "The Civil Society and Public Sphere Debate: Western Reflections on Chinese Political Culture", *Modern China*, 19(2):108-138.

153 Greenfeld, Liah (1993), *Nationalism: Five Roads to Modernity*(Cambridge, MA: Harvard University Press), pp. 44-50.

154《蒙元統治下的士人及其經學發展》，頁300。

155《蒙元統治下的士人及其經學發展》，頁431。

156 黃清連（1975），〈元代戶計的劃分及其政治社會地位〉，《臺大歷史學報》，第二期，頁113至137。

157《蒙元統治下的士人及其經學發展》，頁243至245。

158 Mote, Frederick W. (1994). "Social Structure under Mongol Rule", Herbert Franke and Denis C. Twitchett (eds.), *The Cambridge History of China,* Volume 6(Cambridge: Cambridge University Press), p. 636.

159《元代的族群文化與科舉》，頁153至154。

160 *Negotiated Power*, pp. 210-216.

161 蕭啟慶（2006），〈論元代蒙古人之漢化〉，《蒙元史新研》，頁219至263。

162 杉山正明著，孫越譯（2015），《蒙古帝國的興亡（下）》（北京：社會科學文獻出版社），頁155至159。

163 "Social Structure under Mongol Rule", pp. 633-634.

164 *Negotiated Power*, pp. 222-226.

165 *Negotiated Power*, p. 261.

166 *Negotiated Power*, p. 226.

167〈論元代蒙古人之漢化〉，頁219至263。

168《元代的族群文化與科舉》，頁59至69。

169《元代的族群文化與科舉》，頁69至84。

170《蒙元統治下的士人及其經學發展》，頁271至274。

171《元代的族群文化與科舉》，頁154至170。

172《蒙元統治下的士人及其經學發展》，頁256至259。

173 陳雯怡（2015），〈從去思碑到言行錄：元代士人的政績頌揚、交游文化與身分形塑〉，《中央研究院歷史語言研究所集刊》，第八十六本，第一分，頁1至52。

174 "Social Structure under Mongol Rule", p. 639.

175 章毅（2013），《理學、士紳和宗族：宋明時期徽州的文化與社會》（香港：中文大學出版社），

頁114至141。
176 何淑宜（2007），〈士人與儒禮：元明時期祖先祭禮之研究〉，國立臺灣師範大學博士論文，頁45至54。
177 〈士人與儒禮〉，頁83。
178 Szonyi, Michael (2002), *Practicing Kinship: Lineage and Descent in Late Imperial China*(Stanford: Stanford University Press), pp. 26-55; Faure, David (2007), *Emperor and Ancestor: State and Lineage in South China*(Stanford: Stanford University Press), pp. 41-50, 67-78.

第六章　認信國家建構與聖王專政

1 May, Timothy (2012), *The Mongol Request in World History c.1200-1350*(London: Reaktion Books), pp. 36-37.
2 *The Mongol Conquest in World History,* pp. 39-40.
3 *The Mongol Conquest in World History*, pp. 42-43.
4 *The Mongol Conquest in World History*, pp. 47-48.
5 《疾馳的草原征服者》，頁282至297。
6 Shultz, Edward J. (2000), *Generals and Scholars: Military Rule in Medieval Korea*(Honolulu: University of Hawai'i Press), pp. 183-186；《疾馳的草原征服者》，頁298。
7 《疾馳的草原征服者》，頁327至330。
8 《遊牧民的世界史》，頁294至304。
9 *Mongol Conquest in World History*, p. 123.
10 Jack Weatherford著，黃中憲譯（2018），《成吉思汗：近代世界的創造者》（臺北：時報出版），頁267至268。
11 *Mongol Conquest in World History*, pp. 111-113.
12 《遊牧民的世界史》，頁315至317。
13 Abu-Lugbod, Janet L. (1989), *Before European Hegemony: The World System AD 1250-1350*(New York: Oxford University Press), pp. 33-34.
14 《成吉思汗》，頁150。
15 *Mongol Conquest in World History*, pp. 130-157.
16 *Mongol Conquest in World History*, pp. 164-170.
17 *Mongol Conquest in World History*, pp. 250-252.
18 Larner, John (1999), *Marco Polo and the Discovery of the World*(New Haven: Yale University Press), pp. 116-150.
19 *Before European Hegemony*, pp. 15-16.
20 Soll, Jacob (2014), *The Reckoning: Financial Accountability and the Rise and Fall of Nations*(New York: Basic Books), pp. 11-12.
21 Turnbull, Stephen (2010), *The Mongol Invasions of Japan 1274 and 1281*(Oxford: Osprey Publishing).
22 Amitai-Preiss, Reuven and Reuven Amitai (1995), *Mongols and Mamluks: The Mamluk-Ilkhanid War, 1260-1281*(Cambridge: Cambridge University Press); Turnbull, Stephen (2023), *Mongol Warrior vs European Knight: Eastern Europe 1237-42*(Oxford: Osprey Publishing).

23 *Before European Hegemony*, p. 182.
24 《成吉思汗》，頁89至90、105至110。
25 Favereau, Marie (2021), *The Horde: How the Mongols Changed the World*(Cambridge, MA: Belknap Press).
26 Bauch, M., T. Labbé and P. Seifert (2020), "A Prequel to the Dantean Anomaly: The Precipitation See-saw and Droughts of 1302 to 1307", *Climate of the Past*, 16(6):2343-2358.
27 Li, Tana (2020). "The Mongol Yuan Dynasty and the Climate, 1260-1360", Martin Bauch and Geritt Jasper Schenk (eds.), *The Crisis of the 14th Century*(Berlin: de Gruyter), pp. 153-168.
28 Timothy Brook 著，馮奕達譯（2023），《忽必烈的獵豹：八百年來的中國與世界》（新北：聯經出版），頁83至98。
29 參世界衛生組織（World Health Organization, WHO）於2022年7月7日發布的鼠疫資訊：https://www.who.int/news-room/fact-sheets/detail/plague
30 *The Mongol Conquest in World History*, pp. 199-202；《忽必烈的獵豹》，頁77至79。
31 《忽必烈的獵豹》，頁79至83。
32 《忽必烈的獵豹》，頁94至95。
33 *Before European Hegemony*, pp. 359-360.
34 Hoover, Jon (2019), *Ibn Taymiyya*(London: Oneworld Academic).
35 MacCulloch, Diarmaid (2010), *Christianity: The First Three Thousand Years*. (New York: Penguin Press), pp. 551-558.
36 Roman Catholic Church，簡稱公教或大公教會，俗稱天主教或天主教會。
37 *Christianity: The First Three Thousand Years*, p. 567.
38 *Christianity: The First Three Thousand Years*, p. 575.
39 *Christianity: The First Three Thousand Years*, pp. 584-586.
40 *Christianity: The First Three Thousand Years*, pp. 604-654.
41 歐美的新教徒多把誓反教這個標籤當成榮耀，並以誓反教徒（Protestant）的名號自我指涉。臺灣、香港、中國以及海外華人社會的新教徒，卻多自稱為信仰「基督教」的「基督徒」、把羅馬大公教會的基督信仰稱為「天主教」、並把信奉公教的基督徒稱為「天主教徒」。
42 *Christianity: The First Three Thousand Years*, pp. 614-621.
43 Stark, Rodney (1997), *The Rise of Christianity: How the Obscure, Marginal, Jesus Movement Became the Dominant Religious Force in the Western World in a Few Centuries*(New York: HarperCollins), pp. 213-215.
44 Höpfl, Harro (2020), "John Calvin, Political Thought", Henrik Lagerlund (ed.), *Encyclopedia of Medieval Philosophy: Philosophy between 500 and 1500*, 2nd edition(Dordrecht: Springer), p. 936.
45 Marik, Soma (2009), "Anabaptist Movement", *The International Eyclopedia of Revolution and Protest*, online edition. Hoboken(NJ: Wiley).
46 Witte, John Jr. (2007), *The Reformation of Rights: Law, Religion and Human Rights in Early Modern Calvinism*(Cambridge: Cambridge University Press), pp. 4, 59.
47 Huijgen, Arnold (2011), *Divine Accommodation in John Calvin's Theology: Analysis and Assessment*(Göttingen: Vandenhoeck & Ruprecht), pp. 264-375.

48 《台灣基督長老教會信仰告白》，台語漢字版。（https://www.pct.org.tw/ab_faith.aspx，於2024年7月27日UTC+8時區 下午6:07讀取）

49 O'Malley, John W. (2013), *Trent: What Happened at the Council*(Cambridge, MA: Belknap Press).

50 *Christianity: The First Three Thousand Years*, pp. 655-662.

51 *Christianity: The First Three Thousand Years*, pp. 667-680.

52 Behr, Thomas C. (2019), *Social Justice and Subsidiarity: Luigi Taparelli and the Origins of Modern Catholic Social Thought*(Washington DC: Catholic University of America Press), pp. 93-113.

53 《天主教教理》繁體中文版，第1881、1883、1884條。（https://www.vatican.va/chinese/ccc_zh.htm，於2024年7月28日 UTC+8時區 上午1:48讀取）

54 Ahmad, Zaid (2003), *The Epistemology of Ibn Khaldun*(London: Routledge), pp. 33-35.

55 Boettcher, Susan R. (2004), "Confessionalization: Reformation, Religion, Absolutism, and Modernity", *History Compass*, 100:1-2.

56 Weber, Max (2001), *The Protestant Ethic and the Spirit of Capitalism*, trans. Talcott Parsons(London: Routledge).

57 Lotz-Heumann, Ute (2001), "The Concept of 'Confessionalization': A Historiographical Paradigm in Dispute", *Memoria y Civilización*, 4:93-114.

58 Murdoch, Steve (2006), *Network North: Scottish Kin, Commercial and Covert Associations in Northern Europe, 1603-1746*(Leiden: Brill), p. 85.

59 Patrick, Charles H. (1998), *The Reformation Community: Social Welfare and Calvinist Charity in Holland, 1572-1620*(Cambridge: Cambridge University Press).

60 Lotz-Heumann, Ute (2005), "Confessionalization in Ireland: Periodization and Character, 1534-1649", Alan Ford and John McCafferty (eds.), *The Origin of Sectarianism in Early Modern Ireland*(Cambridge: Cambridge University Press), pp. 24-53.

61 MacCulloch, Diarmaid (2001), *The Later Reformation in England, 1547-1603*(New York: Palgrave), p. 135.

62 Darwin, John (2009), *After Tamerlane: The Rise and Fall of Global Empires, 1400-2000*(New York: Bloomsbury Publishing), pp. 47-156.

63 Krstić, Tijana (2022), "Can we speak of 'Confessionalization' beyond Reformation? Ottoman Communities, Politics of Piety, and Empire-Building in an Early-Modern Eurasian Perspective", Tijana Krstić and Derin Terzioğlu (eds.), *Entangled Confessionalizations? Dialogic Perspectives on the Politics of Piety and Community Building in the Ottoman Empire, 15th-18th Centuries*(Piscataway, NJ: Gorgias Press), pp. 25-115.

64 Streusand, Daniel E. (2010), *Islamic Gunpowder Empires: Ottomans, Safavids, and Mughals*(Boulder, CO: Westview Press), pp. 295-297.

65 *The Horde*, pp. 299-302.

66 *Christianity: The First Three Thousand Years*, pp. 528-550; Steindorff, Ludwig (2010), "Donations and Commemoration in the Muscovite Realm: A Medieval or Early Modern Phenomenon", Ludwig Steindorff (ed.), *Religion und Integration in Moskauer Russland*(Wiesbaden: Otto Harrassowitz), pp. 477-498.

67 〈大蒙古國的國子學〉，頁74至82。

68 《元代的族群文化與科舉》，頁46。

69 蕭啟慶（2012），《九州四海風雅同：元代多族士人圈的形成與發展》（新北：聯經出版）。

70 Dardess, John W. (1973), *Conquerors and Confucians: Aspects of Political Change in Late Yuan China*(New York: Columbia University Press), pp. 35-52.

71 *Conquerors and Confucians*, pp. 60-61.

72 *Conquerors and Confucians*, pp. 68-69.

73 *Conquerors and Confucians*, p. 75.

74 *Conquerors and Confucians*, pp. 79-94.

75 *Conquerors and Confucians*, pp. 101-109.

76 *Conquerors and Confucians*, pp. 119-146.

77 Dardess, John W. (1983), *Confucianism and Autocracy: Professional Elites in the Founding of the Ming Dynasty*(Berkeley: University of California Press), pp. 85-119.

78 *Confucianism and Autocracy*, p. 106.

79 *Confucianism and Autocracy*, pp. 125-129.

80 《郁離子》，〈天道〉。

81 《郁離子》，〈天地之盜〉。

82 《郁離子》，〈直言諛言〉。

83 《郁離子》，〈自諱自矜〉。

84 《郁離子》，〈摶沙〉。

85 《郁離子》，〈德勝〉。

86 《郁離子》，〈良心〉。

87 《郁離子》，〈喻治〉。

88 《王忠文公集》卷十五，〈卮辭〉。

89 《王忠文公集》卷十五，〈演連珠〉。

90 《胡仲子集》卷一，〈尚賢〉。

91 《胡仲子集》卷一，〈正紀〉。

92 *Confucianism and Autocracy*, pp. 158-160.

93 《宋文憲公全集》卷三十六，〈七儒解〉。

94 *Confucianism and Autocracy*, pp. 169-171.

95 《孟子・告子下》

96 Bol, Peter K. (2010), *Neo-Confucianism in History*(Cambridge, MA: Harvard University Asia Center), pp. 149-150.

97 《明史》卷一百二十八，〈列傳第十六・宋濂〉。

98 de Bary, William Theodore (1981), *Neo-Confucian Orthodoxy and the Learning of Heart and Mind*(New York: Columbia University Press), pp. 157-158.

99 Dreyer, Edward L. (1982), *Early Ming China: A Political History, 1355-1435*(Stanford: Stanford University Press), pp. 4-5.

100 Farmer, Edward L. (1995), *Zhu Yuanzhang and Early Ming Legislation: The Reordering of Chinese Soci-*

ety following the Era of Mongol Rule(Leiden: E.J. Brill), pp. 15-17.

101《明太祖實錄》，卷二十四。

102《孟子·盡心下》。

103 朱榮貴（1995），〈從劉三吾《孟子節文》論君權的限制與知識分子之自主性〉，《中國文哲研究集刊》，第六期，頁173至198。

104《明太祖御製文集》卷十，〈蜂蟻論〉。

105《明太祖實錄》卷九十七。

106《御製資世通訓》，〈教子章〉。

107《御製資世通訓》，〈民用後章〉。

108《御製資世通訓》，〈民福章〉。

109《御製資世通訓》，〈士用章〉。

110《御製資世通訓》，〈臣用章〉。

111 *Zhu Yuanzhang and Early Ming Legislation*, pp. 69-74.

112 *Zhu Yuanzhang and Early Ming Legislation*, pp. 66-69.

113《明太祖實錄》卷一百七十六。

114《御製大誥》，〈民不知報〉。

115《御製大誥》，〈諭官無作非為〉。

116《御製大誥續編》，〈有司不許聽事〉。

117《御製大誥》，〈明孝〉。

118 *Zhu Yuanzhang and Early Ming Legislation*, p. 103.

119 *Zhu Yuanzhang and Early Ming Legislation*, p. 58.

120 韋慶遠（1961），《明代黃冊制度》（北京：中華書局），頁14至50。

121《大明律》，卷八、十、十五。

122《明代黃冊制度》，頁72至79。

123《御製大誥》，〈頒行續誥〉。

124 馬驪著，莫旭強譯（2018），《朱元璋的政權及統治哲學：專制與合法性》（北京：吉林出版集團），頁168至175。

125《朱元璋的政權及統治哲學》，頁202至204。

126《明太祖御製文集》卷十，〈三教論〉。

127 朱鴻（1990），〈明太祖與僧道：兼論太祖的宗教政策〉，《臺灣師大歷史學報》，第十八期，頁63至75。

128 Lagerwey, John (2016), "The Ming Dynasty Double Orthodoxy: Daovue and Daojiao", *Cahiers d'Extrême-Asie*, 25:113-129.

129 池小芳（1993），〈明代社學興衰原因初探〉，《中國文化研究所學報》，新第二期，頁19至27。

130 *Zhu Yuanzhang and Early Ming Legislation*, pp. 106-110.

131 *Confucianism and Autocracy*, pp. 252-253.

132《朱元璋的政權及統治哲學》，頁212至213。

133 *Early Ming China*, p. 98.

134 *Early Ming China*, pp. 100-105.

135《朱元璋的政權及統治哲學》，頁193至195。
136《朱元璋的政權及統治哲學》，頁201至202。
137《朱元璋的政權及統治哲學》，頁214至220。
138 *Early Ming China*, pp. 148-152.
139 *Confucianism and Autocracy*, pp. 264-288.
140 *Early Ming China*, pp. 139, 148-152.
141 *Early Ming China*, pp. 157-169.
142 *Zhu Yuanzhang and Early Ming Legislation*, pp. 62-63.
143《性理大全》嘉靖三十年版，〈序〉。
144《明史紀事本末》卷五十，〈大禮議〉。
145 Dardess, John W. (2016), *Four Seasons: A Ming Emperor and His Grand Secretaries in Sixteenth-Century China*(Lanham, MD: Rowman & Littlefield), pp. 7-28.
146《明倫大典》卷一，〈序〉。
147 *Four Seasons,* pp. 36-46.
148 *Four Seasons*, pp. 29-32.
149《欽明大獄錄》卷一。
150《明史紀事本末》卷五十六，〈李福達之獄〉。
151 *Emperor and Ancestors*, pp. 100-103.

第七章　近世世界帝國的大棋局

1 Barfield, Thomas J. (2023), *Shadow Empires: An Alternative Imperial History*(Princeton: Princeton University Press), pp. 66-117.
2 《疾馳的草原征服者》，頁105。
3 《疾馳的草原征服者》，頁180至181。
4 Twitchett, Denis and Klaus-Peter Tietze (1994), "The Liao", *The Cambridge History of China*, Volume 6, pp. 77-78.
5 《疾馳的草原征服者》，頁184至186。
6 "The Liao", pp. 78-80.
7 Frauke, Herbert (1994), "The Chin Dynasty", *The Cambridge History of China*, Volume 6, pp. 266-267.
8 Liu, James T.C. (1995), "The Jurchen-Sung Confrontation", Hoyt C. Tillman and Stephen H. West (eds.), *China under Jurchen rule* (Albany: State University of New York Press, 1995), pp. 39-48.
9 目前中國實行三級地方行政制度，設有省級行政區（省、直轄市、自治區、特別行政區）、地級行政區（地區、地級市、自治州、盟）和縣級行政區（縣、縣級市、市轄區、林區、特區、旗、自治縣、自治旗）。地級行政區的規模，大約介乎道／路與州／府之間。
10 "The Chin Dynasty", pp. 267-269.
11 Tillman, Hoyt Cleveland (1995), "An Overview of Chin History and Institutions", *China under Jurchen Rule*, pp. 23-28.
12 《忽必烈的獵豹》，頁57至59。
13 Brook, Timothy, Michael van Walt van Praag, Miek Boltjes (eds.) (2018), *Sacred Mandates: Asian In-*

ternational Relations since Chinggis Khan(Chicago: Chicago University Press), pp. 53-54.

14 《明太祖實錄》卷三十八。

15 《明太祖實錄》卷三十八。

16 《忽必烈的獵豹》，頁106至107。

17 Robinson, David M. (2019), *In the Shadow of the Mongol Empire: Ming China and Eurasia*(Cambridge: Cambridge University Press), pp. 62-74.

18 《明太祖實錄》卷二十六。

19 《明太祖實錄》卷五十三。

20 《明太祖實錄》卷五十三。

21 Robinson, David M. (2019), *Ming China and its Allies: Imperial Rule in Eurasia*(Cambridge: Cambridge University Press), p. 9.

22 *Ming China and its Allies*, pp. 20-26.

23 *Ming China and its Allies*, p. 9.

24 *Ming China and its Allies*, p. 9.

25 《明太祖實錄》卷四十一。

26 *In the Shadow of the Mongol Empire*, p. 266.

27 《明太祖實錄》卷五十一。

28 《明太祖實錄》卷五十七。

29 *In the Shadow of the Mongol Empire*, pp. 189-223.

30 *Ming China and its Allies*, pp. 26-35.

31 《明太祖實錄》卷九十二。

32 《明太祖實錄》卷九十三。

33 *In the Shadows of the Mongol Empire*, pp. 173-178.

34 *In the Shadows of the Mongol Empire*, pp. 164-165.

35 *Ming China and its Allies*, p. 28.

36 *Ming China and its Allies*, p. 166.

37 *Ming China and its Allies*, pp. 171-175.

38 *In the Shadows of the Mongol Empire*, p. 318.

39 *In the Shadows of the Mongol Empire*, p. 186.

40 *In the Shadows of the Mongol Empire*, pp. 81-82, 162-164.

41 *In the Shadows of the Mongol Empire*, pp. 92-94.

42 *Ming China and its Allies*, pp. 41-48.

43 *Ming China and its Allies*, p. 69.

44 *Ming China and its Allies*, pp. 112-120.

45 負責記錄歷史的官僚替君主推卸責任，宣稱朱祁鎮是受到司禮太監王振的唆擺，才臨時起意決定御駕親征。不過從遠征軍的規模組織來看，這種說詞並不具說服力。

46 *Ming China and its Allies*, pp. 135-140.

47 《明英宗實錄》卷一百八十一。

48 《明史紀事本末》卷三十三，〈景帝登極守禦〉。

49 《明史紀事本末》卷三十五，〈南宮復辟〉。

50 *Ming China and its Allies*, pp. 148-150.

51 *Ming China and its Allies*, pp. 156-157.

52 《大學衍義補》卷一百四十三。

53 《忽必烈的獵豹》，頁146至148。

54 《大學衍義補》卷一百四十四。

55 《明武宗實錄》卷一百五十三、一百五十四。

56 《堯山堂外紀》卷九十四。

57 Throness, Aaron (2013), "1449 Resurrected: Invocations of the Tumu Crisis in Ming Political Discourse, 1517-1518", *Monumenta Serica: Journal of Oriental Studies*, 71(2):371-396.

58 范中義（1997），〈明代軍事思想簡論〉，《明清史》，1997年第1期，頁38。

59 Swope, Kenneth M. (2009), *A Dragon's Head and a Serpent's Tail: Ming China and the First Great Asian War, 1592-1598*(Norman: University of Oklahoma Press), pp. 13-40.

60 Baldanza, Kathlene (2016), *Ming China and Vietnam: Negotiating Borders in Early Modern Asia*(Cambridge: Cambridge University Press), pp. 63-71.

61 朱皓軒（2020），〈論明代西南土司治理中的「以夷攻夷」〉，《愛知大學國際問題研究所紀要》，第155號，頁199至215。

62 連瑞枝（2019），《邊疆與帝國之間：明朝統治下的西南人群與歷史》（新北：聯經出版），頁80至87。

63 《邊疆與帝國之間》，頁286至288。

64 《邊疆與帝國之間》，頁583至592。

65 *Practicing Kinship*, pp. 47-55; *Emperor and Ancestors*, pp. 67-78.

66 Shin, Leo K. (2006), *The Making of Chinese State: Ethnicity and Expansion in the Ming Borderlands*, (Cambridge: Cambridge University Press), pp. 58-74.

67 *The Making of Chinese State*, pp. 92-93.

68 Scott, James C. (2010), *The Art of Not Being Governed: An Anarchist History of Upland Southeast Asia*(New Haven: Yale University Press), pp. 137-142.

69 Smits, Gregory (2024), *Early Ryukyuan History: A New Model*(Honloulu: University of Hawai'i Press), pp. 5-10, 156-179.

70 曹永和（2000），〈試論明太祖的海洋交通政策〉，《中國海洋史論集》（新北：聯經出版），頁173至190；鄭永常（2008），《來自海洋的挑戰：明代海貿政策演變研究》（新北：稻鄉出版社），頁16至25。

71 《來自海洋的挑戰》，頁26至45。

72 《來自海洋的挑戰》，頁62至84。

73 陳國棟（2013），〈鄭和船隊下西洋的動機：蘇木、胡椒與長頸鹿〉，《東亞海域一千年》（臺北：遠流出版），頁104至126。

74 《忽必烈的獵豹》，頁112至122。

75 鄭永常（2011），《海禁的轉折：明初東亞沿海國際形勢與鄭和下西洋》（新北：稻鄉出版社），頁187至189。

76 湯錦台（2013），《閩南海上帝國：閩南人與南海文明的興起》（臺北：如果出版），頁60至77。
77 〈鄭和船隊下西洋的動機〉，頁124至126。
78 〈明洪武朝的中琉關係〉，《中國海洋史論集》，頁217至225。
79 Smits, Gregory (2019), *Maritime Ryukyu, 1050-1650*(Honolulu: University of Hawai'i Press), pp. 64-66.
80 *Maritime Ryukyu*, pp. 111-113.
81 *Early Ryukyuan History*, pp. 231-235.
82 *Maritime Ryukyu*, pp. 134-137.
83 *Maritime Ryukyu*, pp. 161-167; *Early Ryukyuan History*, pp. 254-255.
84 岩井茂樹著，廖怡錚譯（2022），《朝貢、海禁、互市：近世東亞五百年的跨國貿易真相》（新北：八旗文化），頁253至303。
85 鄧開頌（2005），〈明清時期澳門海上貿易〉，《中國海洋發展史論文集》第九輯（臺北：中央研究院中山人文社會科學研究所），頁100至103。
86 《來自海洋的挑戰》，頁205至222。
87 *Maritime Ryukyu*, pp. 206-223.

第八章　欺負鏈結構的形成

1 *Early Ming China*, pp. 100-105.
2 王毓銓（1965），《明代的軍屯》（北京：中華書局），頁39至51。
3 于志嘉（1996），〈明代江西衛所的屯田〉，《史語所集刊》，第六十七本，第三分，頁734；張金奎（2001），〈明承元制與北邊供餉體制的解體：以山西行都司為例〉，《明史研究》，第七輯，頁88至105。
4 Puk, Wing-kin (2016), *The Rise and Fall of a Public Debt Market in 16th Century China: The Story of Ming Salt Certificate*(Leiden: Brill), pp. 22-39. 明帝國朝廷於十五世紀後期試圖把官鹽專賣制度導回正軌，卻反倒損害鹽引制度的信用，參同書頁39至47。
5 Brook, Timothy (1999), *The Confusion of Pleasure: Commerce and Culture in Ming China*(Berkeley: University of California Press), pp. 65-73.
6 *The Confusions of Pleasure*, pp. 87-88.
7 上田信著，高瑩瑩譯（2014），《海與帝國：明清時代》（桂林：廣西師範大學出版社），頁194至196，252至256；Zurndorfer, Harriet (2021), "Silver, Piracy, Conspicuous Comsumption, and the Transformation of Ming China in the 16th Century", *Oxford Research Encyclopedia of Asian History*(Oxford: Oxford University Press).
8 Szonyi, Michael (2017), *The Art of Being Governed: Everyday Politics in Late Imperial China*(Princeton: Princeton University Press), pp. 218-220.
9 Tsai, Shih-shan Henry (1995), *The Eunuchs in the Ming Dynasty*(Albany: State University of New York Press), pp. 30-31, 39-44.
10 *Early Ming China*, pp. 213-215.
11 *The Eunuchs in the Ming Dynasty*, pp. 62-65.
12 *The Eunuchs in the Ming Dynasty*, pp. 170-177.

13 《明代黃冊制度》，頁169至237；Zhang, Wenxian (2008), "The Yellow Register Archives of Imperial Ming China", *Libraries and the Cultural Record*, 43(2):148-175.
14 *The Art of Being Governed*, pp. 6-10, 234-236.
15 *The Art of Being Governed*, pp. 36-48.
16 *The Art of Being Governed*, p. 77.
17 *The Art of Being Governed*, p. 139.
18 覃朗（2015），〈明代貴州衛所軍戶與科舉制度探究〉，《長江師範學院學報》，2015年第1期，頁10至16。
19 *The Art of Being Governed*, p. 123.
20 *The Art of Being Governed*, pp. 146-155.
21 *The Confusions of Pleasure*, pp. 120-122.
22 《來自海洋的挑戰》，頁138至141。
23 Antony, Robert J. (2003), *Like Froth Floating on the Sea: The World of Pirates and Seafarers in Late Imperial South China*(Berkeley: Institute of East Asian Studies, University of California), pp. 22-26.
24 *The Art of Being Governed*, pp. 97-106.
25 鄭維中（2021），《海上傭兵：十七世紀東亞海域的戰爭、貿易與海上劫掠》（新北：衛城出版），頁47至50。
26 《來自海洋的挑戰》，頁205至222。
27 *Like Froth Floating on the Sea*, pp. 27-28.
28 劉序楓（1999），〈明末清初的中日貿易與日本華僑社會〉，《人文及社會科學集刊》，第十一卷，第三期，頁441至442。
29 余英時（2018），《中國近世宗教倫理與商人精神》第三版（新北：聯經出版），頁97至104，122至136；*The Confusions of Pleasure*, pp. 210-215.
30 《王文成公全書》卷二十五，〈節菴方公墓表〉。
31 《中國近世宗教倫理與商人精神》，頁104至117。
32 《王陽明全集》，〈順生錄之八・年譜一・正德三年戊辰〉。
33 《王陽明全集》，〈知行錄之三・傳習錄下〉。
34 《王陽明全集》，〈悟真錄之十・補錄・傳習錄拾遺五十一條・第九條〉。
35 《宋明理學與政治文化》，頁275。
36 〈明代社學興衰原因初探〉，頁19至27。
37 林晉葳（2023），《聖諭與教化：明代六諭宣講文本〈聖訓演〉探析》（臺北：秀威資訊），頁53至64。
38 《宋明理學與政治文化》，頁300至302。
39 王守仁（2012），〈寄楊邃庵閣老書〉，束景南編，《陽明佚文輯考編年》下冊（上海：上海古籍出版社），頁839。
40 《王陽明全集》，〈悟真錄之十・補錄・傳習錄拾遺五十一條・第十三條〉。
41 《王陽明全集》，〈靜心錄之一・文錄一・與胡伯忠〉。
42 《王陽明全集》，〈靜心錄之一・文錄一・寄希淵・壬申〉。
43 《王心齋全集》，〈年譜・庚辰，正德十五年，三十八歲〉。

44 蔡至哲（2018），〈君子致權：陽明晚年政治思想新探〉，《國立政治大學歷史學報》，第四十九期，頁1至38。

45 《王陽明全集》，〈靜心錄之四・外集三・寄楊邃庵閣老・癸未〉。

46 《王陽明全集》，〈靜心錄之四・外集三・答方叔賢・丁亥〉。

47 《王陽明全集》，〈靜心錄之四・外集三・與霍兀崖宮端・丁亥〉。

48 《王龍溪先生全集》卷十二，〈與鄒穎泉〉。

49 《東越證學錄》卷六，〈天真講學圖序贈紫亭甘公〉。

50 彭國翔（2001），〈龍溪的《中鑒錄》及其思想史意義：有關明代儒學思想基調的轉換〉，《漢學研究》，第十九卷，第二期，頁68至76。

51 彭傳華（2018），〈王陽明《南贛鄉約》鄉治思想探析〉，《哲學與文化》，第四十五卷，第四期，頁5至17。

52 《王文成公全書》卷十七別錄九，〈南贛鄉約〉。

53 《中國鄉約制度》，頁110至106。

54 《中國鄉約制度》，頁125。

55 McDermott, Joseph P. (1999), "Emperor, Elite, and Commoners: The Community Pact Ritual of the Late Ming", Joseph. P. McDermott (ed.), *State and Court Ritual in China*(Cambridge: Cambridge University Press), pp. 299-351.

56 梁其姿（1997），《施善與教化：明清的慈善組織》（新北：聯經出版），頁51至57；*Confusions of Pleasure*, p. 209.

57 Faure, David (1992)，"The Written and the Unwritten: The Political Agenda of the Written Genealogy"，《近世家族與政治比較歷史論文集（上冊）》（臺北：中央研究院近代史研究所），頁261至298。

58 *Confusions of Pleasure*, pp. 121-124.

59 《海與帝國》，頁228至230；*Emperor and Ancestor*, pp.110-111.

60 *Confusions of Pleasure*, p. 150.

61 *Practicing Kinship*, pp. 88-89.

62 《孝經》，〈開宗明義章〉。

63 呂妙芬（2023），《孝治天下：〈孝經〉與近世中國的政治與文化》（新北：聯經出版），頁99至131。

64 《孝治天下》，頁133至168。

65 《孝經總類》申集，〈孝經邇言〉。

66 《欽定古今圖書集成・經濟彙編・禮儀典》第七十九卷，〈本宗五服圖〉。

67 丸山真男著，陳力衛譯（2018），《現代政治的思想與行動》（北京：商務印書館），頁19至20。

68 《宋明理學與政治文化》，頁330至332。

69 《資治通鑑皇家讀本》卷十三。

70 何威萱（2014），〈張居正理學思想初探：兼論與其禁毀書院的關係〉，《東吳中文學報》，第二十八期，頁125至129。

71 《明史紀事本末》卷六十七、六十八；小野和子（2013），《明季黨社考》（上海：上海古籍出版社），頁198至199；Huang, Ray (1981), *1587, A Year of No Significance: The Ming Dynasty in De-*

cline(New Haven: Yale University Press), pp. 75-79.
72 《明季黨社考》，頁141至161。
73 《明季黨社考》，頁130。
74 《明季黨社考》，頁146至147。
75 《東林書院志》卷三，〈麗澤衍〉。
76 《明季黨社考》，頁162至167。
77 《高子未刻稿》，〈朋黨說〉。
78 《顧憲成全集》卷二十七，〈自反錄〉。
79 《撫淮小草》，〈第二疏〉。
80 《明季黨社考》，頁168至196。
81 《馮少墟集》卷三，〈疑思錄卷六讀・孟子下〉。
82 《明季黨社考》，頁200至205。
83 Dardess, John W. (2002), *Blood and History in China: The Donglin Faction and its Repression, 1620-1627*(Honolulu: University of Hawai'i Press), pp. 49-53;《明季黨社考》，頁205至209。
84 *Blood and History in China*, p. 65.
85 *Blood and History in China*, pp. 62-70.
86 《明季黨社考》，頁212至214。
87 *Blood and History in China*, pp. 34-35.
88 *Blood and History in China*, pp. 40-43.
89 《明季黨社考》，頁216。
90 *Blood and History in China*, p. 58.
91 《明季黨社考》，頁217至220。
92 *Blood and History in China*, pp. 85-98.
93 《明季黨社考》，頁222至228。
94 *Blood and History in China*, pp. 131-133.
95 《明熹宗實錄》卷七十二。
96 *Blood and History in China*, pp. 117-118.
97 *Blood and History in China*, pp. 150-157.
98 *Blood and History in China*, pp. 159-164.
99 Wakeman, Frederick Jr. (1985), *The Great Enterprise: The Manchu Reconstruction of Imperial Order in Seventeenth-century China*(Berkeley: University of California Press), pp. 88-92.
100 《明季黨社考》，頁245至253。
101 Timothy Brook 著，馮奕達譯（2024），《價崩：氣候危機與大明王朝的終結》（新北：衛城出版），頁213至215。
102 《價崩》，頁187至188。
103 《價崩》，頁209至213。
104 《忽必烈的獵豹》，頁256至259。
105 Swope, Kenneth M. (2014), *The Military Collapse of China's Ming Dynasty, 1618-44*(London: Routledge), pp. 76-77.

106 *The Military Collapse of China's Ming Dynasty*, pp. 171-180.
107 *The Military Collapse of China's Ming Dynasty*, pp. 188-191.
108 *The Military Collapse of China's Ming Dynasty*, pp. 180-183.
109 *The Great Enterprise*, pp. 203-208.
110 *The Military Collapse of China's Ming Dynasty*, pp. 163-170.
111 *The Great Enterprise*, pp. 240-257.
112 *The Great Enterprise*, pp. 141-142, 152-153.
113 *The Military Collapse of China's Ming Dynasty*, pp. 203-207.
114 Lynn A. Struve 著，李榮慶等譯（1992），《南明史》（上海：上海古籍出版社），頁1至47。
115《南明史》，頁113至167。
116《海上傭兵》，頁513至516；Hang, Xing (2015), *Conflict and Commerce in Maritime East Asia: The Zheng Family and the Shaping of the Modern World*(Cambridge: Cambridge University Press), pp. 177-188.
117《明季黨社考》，頁342至349。
118《明夷待訪錄》，〈原君〉。
119《明夷待訪錄》，〈原臣〉。
120《明夷待訪錄》，〈原君〉。
121《明夷待訪錄》，〈原臣〉。
122《明夷待訪錄》，〈原法〉。
123《明夷待訪錄》，〈置相〉。
124《明夷待訪錄》，〈學校〉。
125 Bell, Daniel A. (2015), *The China Model: Political Meritocracy and the Limits of Democracy*(Princeton: Princeton University Press).
126 余英時（2008），〈民主、人權與儒家文化〉，《人文與理性的中國》（新北：聯經出版），頁427。
127〈試說儒家的整體規劃〉，頁393至394。
128 余英時（2018），《余英時回憶錄》（臺北：允晨文化），頁49至51。
129 Wakeman, Frederic Jr. (1997), "A Revisionist View of the Nanjing Decade: Confucian Fascism", *The China Quarterly*, 150:395-432.
130 Walder, Andrew G. (1988), *Communist Neo-Traditionalism: Work and Authority in Chinese Industry*(Berkeley: University of California Press), pp. 1-27.
131 *The Great Enterprise*, pp. 640-646.
132 王汎森（2013），〈何以三代以下有亂無治？——《明夷待訪錄》〉，《權力的毛細管作用：清代的思想、學術與心態》（新北：聯經出版），頁220至225；Zarrow, Peter (2012), *After Empire: The Conceptual Transformation of the Chinese State, 1885-1924*(Stanford: Stanford University Press), pp. 14-15.

第九章　形塑中華的外來者

1　《七錄齋集》，〈程墨表經序〉。

2 《七錄齋論略》，〈序〉。
3 《明末黨社考》，頁265至270。
4 王汎森（2013），〈清初思想中形上玄遠之學的沒落〉，《權力的毛細管作用》，頁10至33。
5 Elman, Benjamin A. (1985), *From Philosophy to Philology: Intellectual and Social Aspects of Change in Late Imperial China*(Cambridge, MA: Harvard University Asia Center), pp. 50-56.
6 王汎森（2013），〈對《文史通義・言公》的一個新認識〉，《權力的毛細管作用》，頁524。
7 *The Great Enterprise*, pp. 603-604.
8 王汎森（2013），〈清初「禮治社會」思想的形成》，《權力的毛細管作用》，頁51至67。
9 〈清初「禮治社會」思想的形成〉，頁67至68。
10 *The Great Enterprise*, pp. 640-646.
11 *The Great Enterprise*, p. 1084.
12 William T. Rowe 著，李仁淵、張遠譯（2013），《中國最後的帝國：大清王朝》（臺北：國立臺灣大學出版中心），頁115至125。
13 王汎森（2013），〈權力的毛細管作用：清代文獻中「自我壓抑」的現象〉，《權力的毛細管作用》，頁399至402。
14 《權力的毛細管作用》，頁486。
15 《權力的毛細管作用》，頁420至428。
16 《權力的毛細管作用》，頁462至465。
17 《中國最後的帝國》，頁158。
18 《中國最後的帝國》，頁164至168。
19 *The Great Enterprise*, pp. 41-44.
20 Elliott, Mark C. (2001), *The Manchu Way: The Eight Banners and Ethnic Identity in Late Imperial China*(Stanford: Stanford University Press), pp. 56-88.
21 *The Great Enterprises*, pp. 157-166.
22 *The Great Enterprises*, pp. 201-210.
23 Crossley, Pamela Kyle (1999), *A Translucent Mirror: History and Identity in Qing Imperial Ideology*-(Berkeley: University of California Press), pp. 214-215.
24 *The Great Enterprises*, pp. 415-416.
25 *The Great Enterprises*, pp. 453-454.
26 *The Great Enterprises*, pp. 1008-1013.
27 Zhao, Gang (2013), *The Qing Opening to the Ocean: Chinese Maritime Policies*(Honolulu: University of Hawai'i Press).
28 Barlett, Beatrice S, (1991), *Monarchs and Ministers: The Grand Council in Mid-Ching China, 1723-1820*(Berkeley: University of California Press), pp. 30-35.
29 *Monarchs and Ministers*, pp. 120-134.
30 *Monarchs and Ministers*, pp. 49-56.
31 *Monarchs and Ministers*, pp. 179-182.
32 *Monarchs and Ministers*, pp. 179-182.
33 *The Great Enterprises*, pp. 1018-1025.

34 Jonathan D. Spence 著，溫洽溢、吳家恆譯（2015），《雍正王朝之大義覺迷》（臺北：時報出版），頁17至31。

35 《雍正王朝之大義覺迷》，頁201至214。

36 《大義覺迷錄》卷一，〈雍正上諭二份〉。

37 《大義覺迷錄》卷二，〈奉旨訊問曾靜口供二十四條．第九條〉。

38 《大義覺迷錄》卷四，〈曾靜等供詞二條〉。

39 《雍正王朝之大義覺迷》，頁293至300。

40 溫春來、黃國信（2005），〈改土歸流與地方社會權力結構的演變：以貴州西北部地區為例〉，《中央研究院歷史語言研究所集刊》，第七十六本，第二分，頁352至400。

41 *A Translucent Mirror*, pp. 232-244.

42 Tsyrempilov, Nikolay (2006), "Dge Lugs Pa Divided: Some Aspects of the Political Role of Tibetean Buddhism in the Expansion of the Qing Dynasty", Bryan J. Cuevas and Kurtis R. Schaeffer (eds.), *Power, Politics, and the Invention of Tradition: Tibet in the Seventeenth and Eighteenth Centuries*(Leiden: Brill), pp. 47-62.

43 Perdue, Peter C. (2005). *China Marches West: The Qing Conquest of Central Eurasia*(Cambridge, MA: Belknap Press), pp. 254-255.

44 *China Marches West*, pp. 256-292.

45 Dunnell, Ruth W. and James A. Millward (2004), "Introduction", Ruth W. Dunnell, Mark C. Elliott, Philippe Foret, James A. Millward (eds.), *New Qing Imperial History: The Making of Inner Asian Empire at Qing Chengde*(London: Routledge), pp. 1-8.

46 Elliot, Mark C. and Ning Chia (2004), "The Qing Hunt at Mulan", *New Qing Imperial History*, pp. 66-81.

47 Chayet, Anne (2004), "Architectural Wonderland: An Empire of Fictions", *New Qing Imperial History*, pp. 36, 43-44.

48 Yu, Renqui (2004), "Imperial Banquets in the Wanshu Yuan", *New Qing Imperial History*, pp. 84-89.

49 Kuhn, Philip A. (1980), *Rebellion and its Enemies in Late Imperial China: Militarization and Social Structure, 1796-1864*(Cambridge, MA: Harvard University Press).

50 Schluessel, Eric (2020), *Land of Strangers: The Civilizating Project in Qing Central Asia*(New York: Columbia University Press).

51 *The Confusions of Pleasure*, pp. 198-201.

52 Vries, Peer (2015), *State, Economy and the Great Divergence: Great Britain and China, 1680s-1850s*(London: Bloomsbury).

53 張灝（2004），〈中國近百年來的革命思想道路〉，《時代的探索》，頁216至224。

54 葛兆光（2014），《何為中國？疆域、民族、文化與歷史》（香港：牛津大學出版社），頁78至85。

55 Wakeman, Frederic Jr. (1997), "A Revisionist View of the Nanjing Decade: Confucian Fascism", *The China Quarterly*, 150:395-432.

56 Fitzgerald, John (2022), *Cadre Country: How China became the Chinese Communist Party*(Sydney: University of New South Wales Press), pp. 157-159, 217-227.